Schickedanz
Die Formulierung von Patentansprüchen

Die Formulierung von Patentansprüchen

Deutsche, europäische und amerikanische Praxis

Von

Dipl.-Ing. Dr. Willi Schickedanz

Patentanwalt in Offenbach

Verlag C. H. Beck München 2000

Der Autor:
Dipl.-Ing. Dr. Willi Schickedanz
Langener Straße 70
63073 Offenbach (Main)

Die Deutsche Bibliothek – CIP-Einheitsaufnahme

Schickedanz, Willi:
Die Formulierung von Patentansprüchen : deutsche, europäische und amerikanische Praxis / Willi Schickedanz. – München : Beck, 2000
(Praxis des gewerblichen Rechtsschutzes und Urheberrechts)
Zugl.: Cottbus, Techn. Univ., Diss., 2000 u. d. T.: Schickedanz, Willi: Zur Technik der Beschreibung des wesentlichen Inhalts geistiger Leistungen unter besonderer Berücksichtigung von Erfindungen in der deutschen, europäischen und U.S. Patent-Praxis
ISBN 3 406 47281 8

Zugleich Dissertation an der Fakultät für Mathematik, Naturwissenschaften und Informatik der Brandenburgischen Technischen Universität Cottbus, 2000, „Zur Technik der Beschreibung des wesentlichen Inhalts geistiger Leistungen unter besonderer Berücksichtigung von Erfindungen in der deutschen, europäischen und US-Patentpraxis".

ISBN 3 406 47281 8

© 2000 Verlag C. H. Beck oHG,
Wilhelmstraße 9, 80801 München
Druck: Nomos Verlagsgesellschaft
In den Lissen 12, 76547 Sinzheim
Satz: M. O. P. S Kirsten Pfaff, 53773 Hennef
Gedruckt auf säurefreiem, alterungsbeständigem Papier
(hergestellt aus chlorfrei gebleichtem Zellstoff)

Vorwort

Die Formulierung von Patentansprüchen kann durchaus als die Hohe Schule des Patentpraktikers bezeichnet werden. Spätestens seit der Geltung des § 14 PatG bzw. des Art. 69 EPÜ von 1978, die auf Art. 8 (3) des Straßburger Übereinkommens von 1963 zurückgehen, steht unzweifelhaft fest, daß die Patentansprüche in Deutschland und in den Ländern des Europäischen Patentübereinkommens nicht mehr nur der Ausgangspunkt, sondern maßgebliche Grundlage für die Bestimmung des Schutzbereichs eines Patents sind. Entsprechendes gilt in den USA, wo seit jeher der Schutzbereich fest an den Wortlaut der Patentansprüche gekoppelt ist. Fehler, die etwa während des Patent-Erteilungsverfahrens vor dem deutschen, dem europäischen oder dem U.S.-Patentamt bei der Fassung von Patentansprüchen gemacht werden, sind in einem späteren Verletzungsprozeß oder Nichtigkeitsverfahren praktisch nicht mehr behebbar, da Änderungen der Patentansprüche nur noch in einem einengenden, nicht aber in einem erweiternden Sinn zulässig sind.

Die große Bedeutung, die den Patentansprüchen zukommt, spiegelt sich in der neueren deutschen und europäischen Patentliteratur indessen nur unzureichend wider. Insbesondere mangelt es an systematischen und geschlossenen Darstellungen. Die Entscheidungen der Obergerichte und der Beschwerdekammern des EPA, auf die sich die Kommentare zum Patentrecht überwiegend stützen, betreffen zumeist nur Einzelaspekte, ohne ein Gesamtbild der Problematik der Anspruchsformulierung zu vermitteln. In der älteren deutschsprachigen Literatur, von der nur die Monografien von HARTIG (1890), ISAY/WIRTH (1912), E. MÜLLER (1925) und DONY (1955) genannt seien, sind neuere Entwicklungen – z.B. Aufhebung des Stoffschutzverbots oder Zulassung des Schutzes von Mikroorganismen – naturgemäß nicht berücksichtigt. Außerdem leidet diese ältere Literatur oft daran, daß sie deduktiv argumentiert und damit die Vielfalt der Erscheinungsformen der Patentansprüche außer Acht läßt. Gerade diese Vielfalt ist es jedoch, die z.B. eine Präzisierung des Auslegungsprotokolls zu Art. 69 EPÜ erschwert bzw. einer internationalen Harmonisierung der Schutzumfangs-Rechtsprechung bisher entgegensteht. Von der jüngeren deutschsprachigen Literatur ist in erster Linie die Arbeit von BLUMER (1998) zu erwähnen, die einen sehr guten Überblick über „ewige" und aktuelle Probleme der Formulierung von Patentansprüchen vermittelt. Allerdings gibt auch BLUMER, dessen Arbeit ein weites Themenfeld überspannt und sich intensiv mit der Änderung von Patentansprüchen im europäischen Patentrecht beschäftigt, kaum praktische Hinweise für die Formulierung von Patentansprüchen. Ganz auf die Praxis ausgerichtet ist dagegen die bisher nur in englischer Sprache vorliegende Arbeit von LANDIS/FABER (1974–1997), in der sich zahlreiche Beispiele und Anleitungen für die Fassung von Patentansprüchen finden.

Mit der vorliegenden Arbeit soll die Lücke zwischen der mehr deduktiv-philosophisch ausgerichteten deutschsprachigen und der überwiegend praxisorientierten angelsächsischen Literatur geschlossen werden. Dabei wird – unter konsequenter Anwendung der induktiven Methode – sowohl die deutsche als auch die europäische und US-amerikanische Patentpraxis berücksichtigt. Neben zahlreichen praktischen Beispielen, die sich teilweise auf historisch interessante Erfindungen beziehen, finden sich in der vorliegenden Arbeit auch Darstellungen der Definitionslehren von ARISTOTELES (384–322 v. Chr.), DUBISLAV (1926) und KLEINKNECHT (1979) sowie der Bemühungen von KUMM (1962) und anderen, die Lehre von den Patentansprüchen auf eine wissenschaftliche Grundlage zu stellen. Den Abschluß der Arbeit bilden Überlegungen, wie die Grundsätze der Formulierung von Patentansprüchen auch auf andere Rechtsgebiete, z.B. auf das Geschmacksmusterrecht, übertragen werden können.

Den Professoren Dr. Günter Bayerl und Dr. Gerhard Banse danke ich für ihre Anregungen und ihre Bereitschaft zur konstruktiven Diskussion bei der Entstehung der Dissertation an der TU Cottbus, aus der das vorliegende Buch hervorgegangen ist.

Offenbach am Main, im Juli 2000   Willi Schickedanz

Inhaltsverzeichnis

Abkürzungsverzeichnis 1

Literaturverzeichnis 1

I. Einführung 1
   1 Problemstellung 1
   2 Abgrenzung zwischen Definition, Zusammenfassung und
      Patentanspruch 1
   3 Definitionen 3
      3.1 Klassische Definitionstheorien 4
      3.2 Moderne Definitionstheorien 4
   4 Zusammenfassungen 5
      4.1 Allgemeine Zusammenfassungen 6
      4.2 Zusammenfassungen in Wissenschaft und Technik 6
   5 Schutzrechtsansprüche 7
      5.1 Patentansprüche 8
      5.2 Gebrauchsmusteransprüche 8
      5.3 Ansprüche auf Geschmacksmuster, Urheberrechte etc. 8
   6 Zielsetzung 8
      6.1 Spezielle Zielsetzung 8
      6.2 Allgemeine Zielsetzung 10
      6.3 Zur Gliederung 10

II. Funktionen des Patentanspruchs 11
   1 Umfang des Patentschutzes (Schutzbereich) 11
      1.1 Die Rechtslage seit 1978 in Deutschland und in den Ländern des
           Europäischen Patentübereinkommens 11
      1.2 Die Rechtslage in den U.S.A. 19
      1.3 Schlußfolgerungen 20
   2 Gegenstand der Erfindung (Erfindungsdefinition) 21
      2.1 Gesetzliche Regelungen 21
      2.2 Regeln und Anmeldeverordnungen 23
      2.3 Prüfungsrichtlinien 26
      2.4 Die wesentlichen Merkmale der Erfindung 28
      2.5 Stand der Technik, Aufgabe und wesentliche Merkmale ... 31

III. Problem der Mehrfachfunktion des Patentanspruchs . 34

1 Das Beispiel „Transistor" 36
   1.1 Der Spitzentransistor 37
      1.1.1 Der Einfluß des Standes der Technik auf die
           Anspruchsformulierung 38
      1.1.2 Die Rolle der „wesentlichen Merkmale" bei der
           Anspruchsformulierung 50
      1.1.3 Kritik des Anspruchs 1 des deutschen Spitzentransistor-
           Patents 52
   1.2 Der Flächentransistor 55
      1.2.1 Vergleich der deutschen mit den U.S.-amerikanischen
           Flächentransistor-Patentansprüchen 57
          1.2.1.1 Die unabhängigen Ansprüche des U.S.-
                  amerikanischen Flächentransistor-Patents 58
      1.2.2 Erfordernis der Einheitlichkeit bei unabhängigen
           deutschen Patentansprüchen 59
      1.2.3 Erfordernis der Einheitlichkeit bei unabhängigen
           europäischen Patentansprüchen 59
      1.2.4 Dachdefinition von unabhängigen (nebengeordneten)
           Patentansprüchen 60

2 Zwischenbilanz 62

IV. Zur formalen Beschreibung des wesentlichen Inhalts von Erfindungen 68

1 Hauptanspruch, unabhängiger Patentanspruch und Nebenanspruch .. 68
   1.1 Unabdingbarkeit bzw. Nachholbarkeit des Patentanspruchs ... 75
   1.2 Der formale Aufbau des unabhängigen Patentanspruchs 77
      1.2.1 Der unabhängige einteilige Patentanspruch 78
          1.2.1.1 Der ungegliederte einteilige Anspruch .. 79
              1.2.1.1.1 Das Beispiel des Otto-Motor-Patents ... 80
              1.2.1.1.2 Das Beispiel des Metylenblau-Patents .. 81
              1.2.1.1.3 Das Beispiel des
                         Polymerisationsbeschleuniger-Patents .. 82
              1.2.1.1.4 Das Beispiel eines Schwellwertdetektors,
                         z.B. für einen automatischen
                         Scheibenwischer 82
          1.2.1.2 Der gegliederte einteilige Anspruch
                   (Merkmalsanalyse) 84
              1.2.1.2.1 Nochmals: Das Beispiel des
                         Polymerisationsbeschleuniger-Patents .. 85
              1.2.1.2.2 Das Beispiel des Ein-Chip-Computers .. 86
              1.2.1.2.3 Das Beispiel der Skistiefel-Auskleidung 87
      1.2.2 Der (gegliederte) Mehrsatz-Patentanspruch 88
      1.2.3 Der Omnibus-Anspruch 89

	1.2.4	Der unabhängige zweiteilige Anspruch (Hartig'scher Anspruch, Jepson's claim)	90
	1.2.4.1	Dominanz der zweiteiligen Patentansprüche	92
	1.2.4.1.1	Anforderungen an den Oberbegriff (Präambel) des zweiteiligen Anspruchs .	95
	1.2.4.1.2	Anforderungen an das Kennzeichen des zweiteiligen Anspruchs	98
	1.2.4.1.3	Der ungegliederte zweiteilige Anspruch .	99
	1.2.4.1.3.1	Nochmals: Das Beispiel der Skistiefel-Auskleidung	99
	1.2.4.1.3.2	Das Beispiel „Triode"	100
	1.2.4.1.3.2.1	Das Kathodenstrahlrelais nach v. Lieben	100
	1.2.4.1.3.2.2	Die Verstärkerröhre nach Lee de Forest .	102
	1.2.4.1.3.3	Abgrenzungsprobleme	104
	1.2.4.1.4	Der gegliederte zweiteilige Anspruch ...	107
	1.2.4.1.4.1	Der vollständig gegliederte zweiteilige Anspruch	107
	1.2.3.1.4.1.1	Das Beispiel Scheibenwischersteuerung .	107
	1.2.4.1.4.2	Der teilweise gegliederte zweiteilige Anspruch	108
	1.2.4.1.4.2.1	Der zweiteilige Anspruch mit gegliedertem Kennzeichen	109
	1.2.4.1.4.2.2	Der zweigeteilte Anspruch mit gegliedertem Oberbegriff	109
2	Vergleich und Bewertung der verschiedenen Anspruchstypen		110
2.1	Der Ein-Satz-Anspruch		110
	2.1.1	Das Beispiel der EDISON-Glühlampe	112
2.2	Der Mehrsatz-Anspruch		115
	2.2.1	Das Beispiel des BENZ-Fahrzeugs	115
2.3	Vergleich zwischen zweiteiligem und einteiligem Anspruch ...		119
	2.3.1	Das Problem des „Overclaiming"	120
	2.3.2	Der Jepson-type claim im Vergleich zum deutschen/europäischen zweiteiligen Anspruch	124
	2.3.3	Sachgründe für die richtige Formulierung des Oberbegriffs	129
	2.3.3.1	Vor- und Nachteile des Anspruchs mit Genus-Proximum-Oberbegriff	129
	2.3.3.1.1	Exkurs: Aristoteles, Klassifikationen und Anspruchsformulierungen	135
	2.3.3.2	Vor- und Nachteile des Anspruchs mit Disclaimer-Oberbegriff	146
	2.3.3.3	Vor- und Nachteile des Anspruchs mit einem Oberbegriff, der einen aus mehreren Druckschriften zusammengesetzten Stand der Technik aufweist.	150

	2.3.3.4	Vor- und Nachteile des Anspruchs mit einem Oberbegriff, der von nur einer Druckschrift ausgeht.	151
	2.3.3.5	Vor- und Nachteile des Anspruchs mit einem Oberbegriff nach dem Muster „means plus function"	159

3 Patentanspruchskategorien und Anspruchs-Sonderformen 164
   3.1 Erzeugnis- oder Sachpatentansprüche 167
      3.1.1 Vorrichtungen 168
         3.1.1.1 Das Beispiel „Walzwerk" 168
         3.1.1.2 Das Beispiel „Rüttelmaschine" 169
         3.1.1.3 Das Beispiel „Trockenrasierapparat" ... 173
            3.1.1.3.1 Anspruchsformulierung ohne Kenntnis des Standes der Technik 179
            3.1.1.3.2 Anspruchsformulierung bei Kenntnis des Standes der Technik 182
            3.1.1.3.3 Vergleich mit der Lösung gemäß dem „1997 Compendium" 185
      3.1.2 Einrichtungen 187
      3.1.3 Anordnungen und Schaltungen 188
         3.1.3.1 Schaltungen 189
         3.1.3.1.1 Topologische Darstellung 193
         3.1.3.2 Blockschaltbilder 196
         3.1.3.3 Schaltungen mit drahtlosen Wellen 198
         3.1.3.3.1 Die Marconi-Schaltung 199
      3.1.4 Stoffe 202
         3.1.4.1 Chemische Verbindungen 204
         3.1.4.1.1 Chemische Strukturformel 205
         3.1.4.1.2 Definition einer Verbindung über Parameter 209
         3.1.4.1.3 Definition einer Verbindung über die Herstellung 210
         3.1.4.1.4 MARKUSH-Ansprüche 211
         3.1.4.2 Mischungen, Lösungen, Legierungen .. 212
      3.1.5 Biotechnologische Sach-Ansprüche 213
         3.1.5.1 Lebende Organismen, z.B. Tiere und Pflanzen 217
         3.1.5.1.1 Tiere 217
         3.1.5.1.2 Pflanzen 219
         3.1.5.2 Mikroorganismen 220
         3.1.5.3 Chromosomen, Gene, Nucleinsäuren und Proteine 224
         3.1.5.3.1 Monoclonale Antikörper 225
         3.1.5.3.2 Nucleinsäuren, DNA-Sequenzen 227
   3.2 Verfahrensansprüche 229
      3.2.1 Herstellungsverfahren 231
         3.2.1.1 Mechanische Herstellungsverfahren ... 231
         3.2.1.2 Chemische Herstellungsverfahren 231

	3.2.2	Arbeitsverfahren	232
		3.2.2.1 Mechanische Arbeitsverfahren	234
		3.2.2.2 Elektrotechnische Arbeitsverfahren	235
	3.2.3	Biotechnologische Verfahren	236
		3.2.3.1 Herstellungsverfahren für lebende Organismen, z.B. Tiere und Pflanzen ...	236
		3.2.3.1.1 Tiere	236
		3.2.3.1.2 Pflanzen	237
		3.2.3.1.3 Mikroorganismen	238
		3.2.3.1.4 Chromosomen, Gene, Nucleinsäuren und Proteine	239
		3.2.3.1.4.1 Monoklonale Antikörper	240
		3.2.3.1.4.2 Nucleinsäuren, DNA-Sequenzen	240
	3.2.4	Computerprogramme	241
		3.2.4.1 Programmebenen	243
		3.2.4.2 Abriß der Patentfähigkeit von Computer-Programmen	244
		3.2.4.3 Patentansprüche auf Computer-Programme	248
3.3	Verwendungsansprüche		254
3.4	Sonderformen von Patentansprüchen		255
	3.4.1	Mischform-Ansprüche	256
	3.4.2	Kombinationsansprüche	256
		3.4.2.1 Unterkombinationen	258
	3.4.3	Aggregationsansprüche	258
	3.4.4	Mittelansprüche	258
	3.4.5	Erste medizinische Indikation	259
	3.4.6	Zweite medizinische Indikation	260
	3.4.7	Funktionsansprüche	260
	3.4.8	Anwendungsansprüche	261
	3.4.9	Übertragungsansprüche	261
	3.4.10	Auswahlansprüche	262
	3.4.11	Pionierpatentansprüche	263
	3.4.12	Wegelagerer- und Sperrpatentansprüche	263
	3.4.13	Zusatzpatentansprüche	263
4	Patentanspruchs-Vokabular		264
4.1	Unbestimmter und bestimmter Artikel		264
4.2	Relative Begriffe		264
4.3	Alternativausdrücke („oder")		265
4.4	Positive und negative Formulierungen		265
4.5	„-bar"-Wendungen		266
4.6	Disclaimer		266
4.7	Einschlußbegriffe „bestehend" bzw. „enthaltend"		267
4.8	Bezugszeichen		267
4.9	Bezugnahme auf Zeichnungen		268
4.10	„so daß"-Ansprüche		268
4.11	Annäherungsbegriffe „etwa", „im wesentlichen" etc.		268
4.12	Der Begriff „vorgesehen ist/sind"		268

   4.13 Mathematische Formeln im Anspruch 268
 5 Unteransprüche 269
   5.1 Unechte Unteransprüche 270
   5.2 Echte Unteransprüche 270
 6 Die Bedeutung der Patentkategorie, des technischen Gebiets der Erfindung und des Patentvokabulars auf den Schutzbereich und die Formulierungstechnik von Patentansprüchen 273

V. Zur Beschreibung des wesentlichen Inhalts von Gebrauchsmustern 278

VI. Zur Beschreibung des wesentlichen Inhalts von Geschmacksmustern 279

VII. Zur Beschreibung des wesentlichen Inhalts von Typographischen Schriftzeichen 280

VIII. Zur Beschreibung des wesentlichen Inhalts von Sorten   281

IX. Zur Beschreibung des wesentlichen Inhalts von Halbleiterschaltungen 282

X. Zur Beschreibung des wesentlichen Inhalts von Kunstwerken 284

XI. Zur Beschreibung des wesentlichen Inhalts des UWG-Produktschutzes 286

XII. Zur Beschreibung von derzeit nicht schützbaren geistigen Leistungen 287

XIII. Zusammenfassung 289

Abkürzungen

a.A.	anderer Auffassung
a.a.O.	am angegebenen Ort
AB1. EPA	Amtsblatt des Europäischen Patentamts
AIPPI	Association Internationale pour la Protection de la Proprieté Industrielle
a.M.	anderer Meinung
Anm.	Anmerkung
Art.	Artikel
ATCC	American Type Culture Collection
Aufl.	Auflage
BGB	Bürgerliches Gesetzbuch
BGBl	Bundesgesetzblatt
BGH	Bundesgerichtshof
BGHZ	Entscheidungen des Bundesgerichtshofs in Zivilsachen
Bl.	Blatt/Blätter
Bl.f.PMZ	Blatt für Patent-, Muster- und Zeichenwesen
BPatG	Bundespatentgericht
BPatGE	Entscheidungen des deutschen Bundespatentgerichts
BT-Drucks.	Bundestagsdrucksache
CAFC	United States Court of Appeals for the Federal Circuit
CCPA	United States Court of Customs and Patent Appeals
CIPA	Chartered Institute of Patent Agents (Großbritannien)
CR	Computer und Recht
DBP	Deutsches Bundespatent
Diss.	Dissertation
DPA	Deutsches Patentamt
DPMA	Deutsches Patent- und Markenamt
DRP	Deutsches Reichspatentamt
DSMZ	Deutsche Sammlung von Mikroorganismen und Zellkulturen GmbH
EPA	Europäisches Patentamt
EPC	European Patent Convention
EPI	Institut der beim Europäischen Patentamt zugelassenen Vertreter
EPOR	European Patent Office Reports, ESC Publishing Ltd., Oxford
EPU	Europäisches Patentübereinkommen

f.	folgende(r)
Fed. Cir.	Federal Circuit
ff.	fortfolgende(r)
Fußn.	Fußnote
GebrMG	Gebrauchsmustergesetz
GeschmMG	Geschmacksmustergesetz
GG	Grundgesetz
GPU	Übereinkommen über das Europäische Patent für den Gemeinsamen Markt (Gemeinschaftspatentübereinkommen)
GRUR	Gewerblicher Rechtsschutz und Urheberrecht
GRUR Int.	Gewerblicher Rechtsschutz und Urheberrecht, Internationaler Teil
h.M.	herrschende Meinung
Hrsg.	Herausgeber
IIC	International Review of Industrial Property and Copyright Law
IntPatÜG	Gesetz über internationale Patentübereinkommen vom 21. Juni 1976
i.V.m.	in Verbindung mit
JPOS	Journal of the Patent and Trademark Society
LASER	Light Amplification by Stimulated Emission of Radiation
LG	Landgericht
Nr.	Nummer
MASER	Molecular Amplification by Stimulated Emission of Radiation
MGK	Münchner Gemeinschaftskommentar
Mitt.	Mitteilungen der deutschen Patentanwälte
MPEP	Manual of Patent Examining Procedure
MuW	Markenschutz und Wettbewerb
OGH	Oberster Gerichtshof
OLG	Oberlandesgericht
PatAnmV	Patentanmeldeverordnung
PatG	Patentgesetz
PCT	Patent Cooperation Treaty
Phys. Rev.	Physical Review
PVU	Pariser Verbandsübereinkunft zum Schutz des gewerblichen Eigentums
Rdn.	Randnummer
RG	Reichsgericht
RGZ	Entscheidungen des Reichsgerichts in Zivilsachen
RPA	Reichspatentamt

S.	Seite
SortSchG	Sortenschutzgesetz
StrÜ	Straßburger Übereinkommen
TBK	Technische Beschwerdekammer des Europäischen Patentamts
UrhG	Urheberrechtsgesetz
U.S.C.	United States Code
USPQ	United States Patents Quarterly
UWG	Gesetz gegen den unlauteren Wettbewerb
vgl.	vergleiche
VO	Verordnung
vs.	versus
WIPO	World Intellectual Property Organisation
z.B.	zum Beispiel

Literaturverzeichnis

Aitken, Hugh G. J.	Syntony and Spark, The Origins of Radio, London, Sydney, Toronto, 1976.
Appel, Bernd	Der menschliche Körper im Patentrecht, München, Köln, Berlin 1995.
Aristoteles	Topik, Organon, Verlag von Felix Meiner, Hamburg, Philosophische Bibliothek, Band 12, Unveränderter Nachdruck 1968 der zweiten Auflage von 1922.
Armitage, Edward	Anspruchsformulierung und Auslegung nach den neuen Patentgesetzen der europäischen Länder. Bericht über die Benescience-Konferenz in London im Mai 1981. GRUR Int. 1981, 670
Balk, Manfred	Entität und Patentrecht, Mitt. 1987, 69 ff.
ders.	Zur Patentfähigkeit von Stoffauswahlerfindungen, Mitt. 1973, 45 ff.
ders.	Unteransprüche bei Stoffpatenten, Mitt. 1967, 7 ff.
ders.	Nochmals: Rückbeziehung bei Unteransprüchen, Mitt. 1969, 210 ff.
Ballhaus, Werner/ Sikinger, Josef	Der Schutzbereich des Patents nach § 14 PatG, GRUR 1986, 337 ff.
Banse, Gerhard	(Erste) Annäherung an eine Technikfolgebeurteilung. In: Geistiges Eigentum und Copyright im multimedialen Zeitalter. Positionen, Probleme, Perspektiven. Graue Reihe, 1999, Nr. 13, S. 96-119, Europäische Akademie zur Erforschung von Folgen wissenschaftlich-technischer Entwicklungen, Bad Neuenahr-Ahrweiler GmbH.
Bardeen, John	Research Leading to Point-Contact Transistor, Science, 1957, 105.
Bardeen/Brattain	The Transistor, A Semi-Conductor Triode, Phys. Rev., 1948, 230.
Bardehle, Heinz	Die praktische Bedeutung der Patentfähigkeit von Rechnerprogrammen, Mitt. 1973, 142 ff.
Barkhausen, H.	Lehrbuch der Elektronenröhren, 1. Band, Allgemeine Grundlagen, 10. Auflage, Leipzig 1962.

Bauer, Robert	Erscheint die gegenwärtig übliche Form der Patentansprüche (noch) sinnvoll? GRUR 1972, 25 ff.
ders.	Nochmals zum Thema Hartig'sche Anspruchsfassung, GRUR 1972, 508 f.
Baumbach, Fritz/ Rasch, Dorit	Kann man das menschliche Genom und damit den Menschen patentieren ?, Mitt. 1992, 209 ff.
Bayerl, Günter	Die Erfindung des Autofahrens: Technik als Repräsentation, Abenteuer und Sport. In: Cottbuser Studien zur Geschichte von Technik, Arbeit und Umwelt, Band 7, 1998, S. 317-329
Beier/Haertel/ Schricker (Hrsg.)	Europäisches Patentübereinkommen. Münchner Gemeinschaftskommentar, Köln 1984 ff, 1998 bis 23. Lieferung.
Beier Friedrich-Karl/ Straus, Josef	Der Schutz wissenschaftlicher Forschungsergebnisse, GRUR 1983, 100.
Belser, Paulus	Sind Verfahrensansprüche mit Vorrichtungsmerkmalen zulässig ?, GRUR 1979, 347 ff.
Benkard, Georg	Patentgesetz, Gebrauchsmustergesetz, 9. Aufl., München 1993.
Benton, John	The interpretation of United Kingdom patents, Mitt. 1992, 189 f.
Benton, John/ Bodenheimer, Stephen M.	Infringement by equivalents in the United States and Europe: A comparative analysis, Mitt. 1993, 99 f.
Bernhardt, Wofgang/ Kraßer, Rudolf	Lehrbuch des Patentrechts, 4. Aufl., München 1986
Betten, Jürgen	Zum Rechtsschutz von Computerprogrammen, Mitt. 1983, 62 ff.
ders.	Patentschutz von Computerprogrammen, GRUR 1995, 775 ff.
Beyer, Hans	Naturwissenschaftlich-technisches Selbstverständnis, Logik und Patentrecht, Mitt. 1988, 129 f
Blum, Rudolf E./ Pedrazzini, Mario M.	Das schweizerische Patentrecht. Kommentar zum Bundesgesetz, betreffend die Erfindungspatente vom 25. Juni 1954, 3 Bände, 2. Auflage, Bern 1975.
Blumer, Fritz	Formulierung und Änderung der Patentansprüche im europäischen Patentrecht. Köln, Berlin, Bonn, München, 1998. Schriftenreihe zum gewerblichen Rechtsschutz, Band 101.
Bocheński, I.M.	Die zeitgenössichen Denkmethoden, 5. Auflage, München 1971.
Bodewig, Theo	USA-Anmeldungen über Gen-Patente überfluten Patentamt, GRUR Int., 1996, 756.

Bösl, Raphael	Der unklare Patentanspruch, Mitt. 1997, 174 f.
Boguslawski, M.M.	Der Rechtsschutz von wissenschaftlichen Entdeckungen in der UdSSR, GRUR Int. 1983, 484 ff.
Brandi-Dohrn, Matthias	Der zu weite Patentanspruch, GRUR Int. 1995, 541 ff.
Breuer, Markus	Deutlichkeit von Patentansprüchen, Mitt. 1998, 340 f.
Brockhaus	Brockhaus Enzyklopädie in 24 Bänden, 19. Aufl. ab 1986 ff.
Brockhaus	Brockhaus Naturwissenschaften und Technik, Band 5, 1989.
Brockhaus	Brockhaus-Wahrig, Deutsches Wörterbuch, Band 2, 1981.
Brodeßer, Otto	Die sogenannte „Aufgabe" der Erfindung, ein unergiebiger Rechtsbegriff, GRUR 1993,185 f.
Bruchhausen, Karl	Der Schutzgegenstand verschiedener Patentkategorien, GRUR 1980, 364 f.
ders.	Der Stoffschutz in der Chemie: Welche Bedeutung haben Angaben über den Zweck einer Vorrichtung, der Sache oder des Stoffs durch ein Patent?, GRUR Int. 1991, 413 ff.
Bühring, Manfred	Gebrauchsmustergesetz, 5. Auflage, Köln, Berlin, Bonn, München, 1997.
Busche, Jan	Die Patentierung biologischer Erfindung nach Patentgesetz und EPÜ, GRUR 1999, 299 ff.
ders.	Die Reichweite des Patentschutzes – Zur Auslegung von Patentansprüchen im Spannungsfeld von Patentinhaber-schutz und Rechtssicherheit, Mitt. 1999, 161 ff.
Busse, Rudolf	Patentgesetz, 5. Auflage, Berlin, New York 1999.
Cavalli-Sforza, Luca/ Cavalli-Sforza, Francesco	Verschieden und doch gleich, München 1994.
Compendium	Prüfungsaufgaben für die Prüfung zum Vertreter vor dem EPA, herausgegeben von Europäischen Patentamt, 1992 ff.
Christ, Hans	Der „Crackkatalysator" oder das Ende der Zwiebelschalen-Ideologie, Mitt. 1988, 408 ff.
Damme, Felix/ Lutter, Richard	Das Deutsche Patentrecht, Ein Handbuch für Praxis und Studium, 3. Auflage, Berlin, 1925
Dehlinger, Peter J.	A Not-so-Radical Proposal for Selecting Radical Substitution in Markush-Type Claims, JPOS 1992, 463 ff.
Delevie, Hugo A.	Animal Patenting: Probing The Limits of U.S. Patent Laws, JPOS 1992, 492 ff.

Dolder, Fritz/ Faupel, Jannis	Der Schutzbereich von Patenten, Rechtsprechung zu Patentverletzungen in Deutschland, Österreich und der Schweiz, Köln, Berlin, Bonn, München 1999.
Dony, Karl-Alexis	Die Formulierung des deutschen Patentanspruchs, Inauguraldissertation der Juristischen Fakultät der Friedrich-Alexander-Universität zu Erlangen, 1955.
Eckermann, Erik	Vom Dampfwagen zum Auto, Hamburg 1981.
Encyclopaedia	Encyclopaedia Britannica. The New Encyclopaedia Britannica in 30 Volumes; 1977.
Engel, Friedrich-Wilhelm	Patentkategorien bei Vorrichtungserfindungen, Mitt. 1976, 227 ff.
Esslinger, Alexander	Auslegung unter den Wortlaut – die Interpretation von „means-plus-function"-Ansprüchen in den USA, Mitt. 1998, 132 ff.
Faber, Robert C.	Landis On Mechanics of Patent Claim Drafting, 4. Auflage, New York 1997.
Feldmann, Katrin	Die Geschichte des französischen Patentrechts und sein Einfluß auf Deutschland, Münsteraner Studien zur Rechtsvergleichung, Band 30, 1998, Zugl.: Münster (Westf.), Univ. Diss., 1997
Filarski, Thomas J.	Claim interpretation and patent infringement under United States patent law, Mitt. 1993, 42 ff.
Flad, Lothar	Aus der Praxis des Prüfungsverfahrens vor dem DPA, insbesondere Erfahrungen mit einteiligen Patentansprüchen, GRUR 1994, 478 ff.
Ford, Peter	Funktionelle Ansprüche, GRUR Int. 1985, 249 ff.
Fromm, Friedrich Karl/ Nordemann, Wilhelm	Urheberrecht, Stuttgart, Berlin, Köln, 8. Auflage, 1994.
Fromme	Zur Frage der Patentkategorie Verfahren, Bl.f.PMZ 1952, 254 ff.
Gatto, James G.	How a Dependent Claim Can Be Infringed When a Claim From Which It Depends Is Not, JPOS 1991, 61 ff.
Goebel, Frank Peter	Bio-/Gentechnik und Patentrecht – Anmerkungen zur Rechtsprechung, Mitt. 1999, 173 ff.
Goldbach/ Vogelsang-Wenke/ Zimmer	Protection of Biotechnological Matter under European and German Law: A Handbook for Applicants, 1997
Gumm, Heinz-Peter/ Sommer, Manfred	Einführung in die Informatik, 3. Auflage, München und Wien, 1998.

Hampar, Berge	Patenting of Recombinant DNA Technology: The Deposit Requirement, JPOS 1985, 569 ff.
Hansen, Bernd/ Hirsch, Fritjoff	Protecting Inventions in Chemistry, Weinheim, Berlin, New York, Chichester, Toronto, Brisbane, Singapore, 1997
Hantman, Ronald D.	Patent Infringement, Journal of the Patent and Trademark Office Society, 1990, S. 459 ff.
Hartig, Ernst	Studien in der Praxis des Kaiserlichen Patentamts, Leipzig 1890.
ders.	Zur Markscheidekunst der Patentverwaltung, Zivilingenieur 1896, 539 ff.
ders.	Die Formulierung der „Ansprüche" in den deutschen Patentschriften und der wesentliche Inhalt mechanisch-technischer Erfindungen, Patentblatt 1881, 136.
Hering, Ekbert	Software-Engineering, 3. durchgesehene Auflage, 1992.
Hermann, Klaus O.	Die andere Fassung der Patentansprüche, Mitt. 1987, 8 ff.
Hesse, Hans Gerd	Vorrichtungsansprüche in Verfahrenspatenten, Mitt. 1969, 246 ff.
Hilty, Reto M.	Die Bestimmung des Schutzbereichs nach schweizerischem Patentrecht im Lichte des europäischen Patentübereinkommens, Mitt. 1993, 1 ff.
Höfling, Oskar	Physik, Lehrbuch für Unterricht und Selbststudium, 15. Aufl., Bonn 1990.
Hoeren, T.	Der Schutz von Mikrochips in der Bundesrepublik Deutschland, Münster, New York 1988.
Hollemann, A.F./ Wiberg, Egon	Lehrbuch der Anorganischen Chemie, 91.-100. Auflage, Berlin, New York 1985.
Holzer, Walter	Der Schutzbereich nach Art. 69, die „unzulässige Erweiterung" nach 138 EPU und österreichisches Recht. Mitt. 1992, 129 ff.
Huber, Anton	Patentschutz für Datenverarbeitungsanlagen. Mitt. 1970,121
ders.	Computer-Programme und Software-Engineering in patentrechtlicher Sicht, Mitt. 1975, 101 ff.
Hubmann, Heinrich/ Götting, Horst-Peter	Gewerblicher Rechtsschutz, 6. Aufl. München 1998.
Hudson, John S.	Biotechnology Patents after the „Harvard Mouse": Did Congress Really Intend Everything Under the Sun to Include Shiny Eyes, Soft Fur and Pink Feet ? JPOS 1992, 510 ff.

Hügli/Lübcke	Philosophie-Lexikon, 2. Aufl., 1988.
Hultquist, Steven J.	The Introduction of Negative Claim Limitations During Ex Parte Prosecution: 35 U.S.C. 112 and the Issue of Antecedent Support, JPOS 1991, 218 ff.
Isay Hermann/ Wirth, Richard	Der Patentanspruch, Berlin 1912.
Isay, Hermann	Wesen und Auslegung des Patentanspruchs, Mitt. 1909, 138 ff.
ders.	Patentgesetz und Gesetz, betreffend den Schutz von Gebrauchsmustern, 6. Auflage, Berlin 1932.
Jaenichen, Hans-Rainer	Die Patentierung von Biotechnologie-Erfindungen beim Europäischen Patentamt, GRUR Int. 1992, 327 ff.
Jaenichen, Hans-Reiner/ Schrell, Andreas	Die „Harvard-Krebsmaus" im Einspruchsverfahren vor dem Europäischen Patentamt, GRUR Int. 1993, 451 ff.
Jander, Dieter	Zur Technizität von Computersoftware, Mitt. 1991, 90 ff.
Jeser, Jean-Pierre	Aufgabe und Anspruchsunterteilung, Mitt. 1985, 146 ff.
Jevon, W.S.	The Principles of Science, 1874.
Johannesson, B.	Schutzbereich und Patentansprüche des deutschen und europäischen Patents, GRUR Int. 1974, 301 ff.
Johannsen, Hans Rudolf	Eine Chronologie der Entdeckungen und Erfindungen vom Bernstein zum Mikroprozessor, 2. Aufl. 1987.
Junge, Hans-Dieter/ Möschwitzer, Albrecht	Lexikon Elektronik, Weinheim, New York, Basel, Cambridge, Tokyo 1994
Kant, Immanuel	Kritik der reinen Vernunft, Herausgegeben v. Heinrich Schmidt, Leipzig 1908
Kaspar, Jean-Georges	Auslegung der Patente nach Französischem Recht im Vergleich mit dem Europäischen Patentübereinkommen, Mitt. 1993, 359 ff.
Kemp, John A. (Hrsg.)	Patent Claim Drafting and Interpretation, London 1983.
Kent, P.	Das Patentgesetz, Kommentar, II. Band, Berlin 1907.
Kessler, Matthias	Aristoteles' Lehre von der Einheit der Definition, Dissertation an der Philosophischen Fakultät der Universität München, 1973.
Kindermann, M.	Die Rechenvorschrift im Patentanspruch, GRUR, 1969, 509 ff.
Kirchhoff, Heinrich	Patentauslegung und Rechtssicherheit, GRUR 1956, 453 ff.
Klauer, Georg/ Möhring, Philipp	Patentrechtskommentar, Band I, 3. Auflage, München 1971

Kleinknecht, R.	Grundlagen der modernen Definitionstheorie, Monographien Wissenschaftstheorie und Grundlagenforschung, Königstein 1979.
Klöpsch, Gerald	Die richtige Anspruchskategorie für Arzneimittel, Mitt. 130 ff.
Klug, Ulrich	Juristische Logik, 3. Aufl., Heidelberg, New York, 1966.
Kockläuner, Reinhard	Rückbeziehung von Unteransprüchen, Mitt. 1967, 210 ff.
ders.	Rückbeziehung von Unteransprüchen, Mitt. 1970, 107 ff.
ders.	Aufstellen und Rückbeziehung von Unteransprüchen, Mitt. 1987, 210 ff.
König, Reimar	Die Rechtsprechung des BGH zum Schutzumfang nach neuem Recht – von Formstein bis Befestigungsvorrichtung II, Mitt. 1991, 21 ff.
ders.	Der Patentrechtliche Teilschutz – Schutz der Teil/Unterkombination, Mitt. 1993, 32 ff.
ders.	Zum Schutzbereich und der BGH-Entscheidung „Zerlegevorrichtung für Baumstämme", Mitt. 1994, 178 ff.
ders.	Patentverletzung durch erfinderische Abwandlung, Mitt. 1996, 75 ff.
ders.	Zur Beschränkung des Anspruchsinhalts durch „bar"-Derivate, Mitt. 1997, 62 ff.
Kohler, Josef	Handbuch des deutschen Patentrechts in rechtsvergleichender Darstellung, 9. Aufl., Mannheim 1900.
ders.	Lehrbuch des Patentrechts, Mannheim und Leipzig 1908
Kreiss, Robert A.	Theory of Overclaiming and its Application to Diamond v. Diehr, JPOS 1984, 52 ff.
Kumm, Alfred	Zu einigen patentrechtlichen Scheinproblemen der Datenverarbeitungstechnik, GRUR 1970, 73 ff.
ders.	Die Formen des Patentanspruchs, GRUR Int. 1966, 72 ff.
ders.	Wie fortschrittlich ist die Patentrechtswissenschaft? Mitt. 1987, 234 ff.
ders.	System des patentrechtlichen Erfindungsschutzes, Baden-Baden 1962.
ders.	Die Formen des Patentanspruchs aus rechtsvergleichender und rechtsgestaltender Sicht, GRUR Int. 1966, 76 ff.
Kurig, Thomas	Anspruchsstrategien, Mitt. 1996, 13 f.
Kurz, Peter	Historische Patentprozesse – Teil II, Mitt. 1996, 372 ff.

Le-Barre, James A./ Wilson, David I.	The Semiconductor Chip Protection Act of 1984: A Preliminary Analysis, JPOS 1985, 57 ff.
Langenscheidt	Langenscheidts Enzyklopädisches Wörterbuch, Teil I, Englisch-Deutsch, 1. Band A-M, 1962
Lederer, Franz	Zur Äquivalenz beim chemischen Stoffpatent, GRUR 1998, 272 ff.
Lexikon Technik	Lexikon Technik und exakte Naturwissenschaften, Band 10, 1972.
Lueger	Lexikon der Technik, Band 2, Grundlagen der Elektrotechnik und Kerntechnik, Stuttgart 1960.
Lutter, Richard	Patentgesetz, Kommentar, 7. Aufl., 1908, 10. Aufl. Berlin und Leipzig 1936
Maikowski, Michael	Der Mittelanspruch, GRUR 1977, 200 ff.
Management Forum	Scriptum „European Claim Drafting", Seminar vom 14. und 15. Juni 1999 in London, veranstaltet von Management Forum Ltd., 48 Woodbridge Road, Guildford, Surrey GU1 4RJ.
Matt Kemeny, E.S.	Computer and Non-Patentable Matter: Rejections under Article I of the Constitution, JPOS 1992, 669 ff.
Mayr, Ernst	Artbegriff und Evolution, Hamburg und Berlin, 1967.
Melullis, Klaus-J.	Zur Patentfähigkeit von Programmen für Datenverarbeitungsanlagen, GRUR 1998, 843 ff.
Mes, Peter	Patentgesetz, Gebrauchsmustergesetz, München 1997.
Meyer-Dullheuer, Karl-Hermann	Möglichkeiten und Grenzen des Product-by-process-Anspruchs, GRUR Int. 1985, 435 ff.
Mirabel, Eric P.	Product-by-Process claims: a practical perspective, JPOS, 1986, 3 ff.
Mittelstraß, Jürgen (Hrsg.)	Enzyklopädie Philosophie und Wissenschaftstheorie I, Mannheim, Wien, Zürich, 1980.
Modiano, Guido	Der Schutzbereich nach Art. 2, 69 und 164 EPÜ im italienischen Patentrecht, Mitt. 1992, 286.
Möhring, Philipp	Die Schutzfähigkeit von Programmen für Datenverarbeitungsmaschinen, GRUR 1967, 269 ff.
Moser, Walter	Vergleichende Literaturuntersuchung hinsichtlich der Schutzfähigkeit von Rechenprogrammen für Datenverarbeitungsmaschinen, GRUR 1967, 639,641.
Moufang, Rainer	Patentierung menschlicher Gene, Zellen und Körperteile? Zur ethischen Dimension des Patentrechts, GRUR Int. 1993, 439 ff.

Mühleisen, Hans-Hermann/ Seipel, Klaus	Information, Grundlagen für die systematische Programmierung von Computern, 6. Auflage, München 1992.
Müller, Emil	Der Patentanspruch, Berlin und Leipzig 1925.
ders.	Zum Begriff der „Erfindung", Mitt. 1926, 122 ff.
Müller-Liebenau, Richard	Das Wesen der Erfindung. Ein Weg zu ihrer Erkenntnis und rechten Darstellung, Berlin 1924.
Münch, Volker	Patentbegriffe von A bis Z, Weinheim 1992.
Noyes, R.C.	European Patent Convention, CIPA, Band 4, 1974.
Öhlschlegel, Helmut	Zur Schutzfähigkeit von Rechenprogrammen für Datenverarbeitungsanlagen, GRUR 1968, 679 ff.
Osterrieth, A.	Lehrbuch des gewerblichen Rechtsschutzes, Leipzig 1908.
Papke, Horst	Abgrenzung als Rechtsbegriff, GRUR 1984, 855.
Pfeifer, Hans-Peter/ Rioufrays, Roger/ Checcacci, Giorgio/ Roberts, Simon	Patent claim interpretation in member countries of the European Patent Convention, Mitt. 1993, 93 ff.
Pietzcker, Eduard	Patentgesetz, Teil I, Leipzig 1929.
Pleister, Christian	Die neuen Richtlinien des U.S. Patent and Trade Mark Office zur Patentfähigkeit von computerbezogenen Erfindungen, GRUR Int. 1997, 694 ff.
Poth, Hartwig	Die „Stützung" des Patentanspruchs nach Art. 84 EPÜ, Mitt. 1991, 225.
Preu, Albert	Angemessener Erfindungsschutz und Rechtssicherheit, GRUR 1985, 728.
Radulescu, David C.	The Status of the Patentability of Subject Matter Containing „Mathematical Algorithmus" after Grams and Iwahashi: Part I, JPOS 1992, 96 ff.
Rau, Manfred	Die Patentfähigkeit von Programmen für elektronische Datenverarbeitungsanlagen, Dissertation TH München 1967.
Reichel, Hans-Rolf	Die technische Erfindung, Mitt. 1981, 69 ff.
Reimer, Eduard	Patentgesetz und Gebrauchsmustergesetz, Systematischer Kommentar, 3. Auflage, Köln, Berlin, Bonn, München 1968.
Rioufrays/Roberts	Patent claim interpretation in member countries of the European Patent Convention, Mitt. 1993, 93f.

Ritter, Joachim (Hrsg.)	Historisches Wörterbuch der Philosophie, Band 2, Basel, Stuttgart, 1972.
Robinson, R.	Definition, Oxford 1950.
Robinson, Christopher	Patentansprüche in der anglo-amerikanischen Rechtsprechung, GRUR 1972, 252 f.
Robolski, H.	Theorie und Praxis des deutschen Patentrechts unter Benutzung der Akten des kaiserlichen Patentamts, Berlin 1890.
ders.	Das Patentgesetz, Kommentar, Berlin 1893.
Rupprecht, Kay	Identitätsbereich und Schutzbereich eines Patents oder Gebrauchsmusters – ein Volkslied, Mitt. 1991, 235 ff.
ders.	Plädoyer für die „Zusammenfassung", Mitt. 1990, 75
Sambuc, Thomas	Der UWG-Nachahmungsschutz, München 1996.
Sass, Friedrich	Geschichte des deutschen Verbrennungsmotorenbaus von 1860 bis 1918, Berlin 1962.
Schamlu, Mariam	Patentschriften – Patentwesen. Eine argumentationstheoretische Analyse, Studien Deutsch, Band 1, München 1985.
Schar, Markus	Zum objektiven Technikbegriff im Lichte des Europäischen Patentübereinkommens, Mitt. 1998, 322 ff.
Schatz, Ulrich	Zur Patentierbarkeit gentechnischer Erfindungen in der Praxis des Europäischen Patentamts, GRUR Int. 1997, 588 ff.
Scheuber, Alfred	Zur Patentierbarkeit von Hardware/Software, Mitt. 1981, 232 ff.
Schickedanz, Willi	Zum Problem der Erfindungshöhe bei Erfindungen, die auf Entdeckungen beruhen, GRUR 1972, 161 ff.
ders.	Die Patentierbarkeit von Bionik-Erfindungen, Mitt. 1974, 232 ff.
ders.	Zur Offenbarung des Geschmacksmusters, GRUR 1999, 291 ff.
ders.	Patentversagung ohne entgegengehaltenen Stand der Technik, GRUR 1987, 71 ff.
ders.	Die Kombinationserfindung in neuerer Sicht, GRUR 1970, 340 ff.
ders.	Die wechselseitigen Beziehungen zwischen Funktions-, Anwendungs-, Auswahl- und zweckgebundenen Stofferfindungen, GRUR 1971, 192 ff.

ders.	Neuheit, Eigentümlichkeit und Offenbarung typographischer Schriftzeichen unter besonderer Berücksichtigung außereuropäischer Zeichen, Mitt. 1998, 281 ff.
ders.	Kunstwerk und Erfindung, GRUR 1973, 343 ff.
ders.	Wege zur Automatisierung des Patentrechts, GRUR 1974, 761 ff.
ders.	Die Patentanwaltsprüfung im Recht, Mitt. 1992, 111 ff.
ders.	Average Expert and Obviousness before the EPA and German Patent Office (in japanischer Sprache), Journal of the Japanese Group AIPPI, 1991, 604 ff.
Schmidt, Heinrich/ Schischkoff, Georgi	Philosophisches Wörterbuch, 22. Auflage, Stuttgart 1991
Schmidtchen, Jürgen	Zur Patentfähigkeit und zur Patentwürdigkeit von Computerprogrammen und von programmbezogenen Lehren, Mitt. 1999, 281 ff.
Scholl, Lars U.	Marconi versus Telefunken. Drahtlose Telegraphie und ihre Bedeutung für die Schiffahrt. In: Cottbuser Studien zur Geschichte von Technik, Arbeit und Umwelt, Band 7, 1998, S. 277-286.
Schulte, Rainer	Patentgesetz mit EPÜ, 5. Auflage, Köln, Berlin, Bonn, München, 1994.
Seligsohn, Arnold	Patentgesetz, Kommentar, Berlin, 1. Aufl. 1892 bis 4. Aufl. 1909.
ders.	Patentgesetz und Gesetz betreffend den Schutz von Gebrauchsmustern, 7. Aufl., Berlin und Leipzig 1932.
Sieckmann, Ralf	Der Verwendungsanspruch, GRUR 1998, 85 ff.
ders.	Der Disclaimer im Gewerblichen Rechtsschutz in der Bundesrepublik Deutschland, GRUR 1996, 177 ff.
Sievers, Hans-Joachim	Das britische Patentrecht, Entwicklung und Grundzüge, Münsteraner Studien zur Rechtsvergleichung, Band 38, 1998, Zugl.: Münster (Westf.), Univ. Diss, 1998
Singer, Romuald	Europäisches Patentübereinkommen, Köln, Berlin, Bonn, München 1989.
Singer/Lunze	The European Patent Convention, London 1995.
Spada, Paolo	Erzeugnis, Verfahren und Anwendung zwischen technologischer Realität und dem Patentrecht, GRUR Int., 1991, 416 ff.
Spieckermann, Peter	Legierungen – ein besonderes patentrechtliches Problem?, Mitt. 1973, 178 ff.

Stamm, Kurt	Ein Prinzip der Nichterfindung – zur Quantifizierung im Patentrecht, Mitt. 1997, 6 ff.
ders.	Abgrenzungen aus der Logik im Patentrecht, Beziehungen zwischen Inhalts- und Neuheitsbedingungen der Artikel 123 (2) und 54 EPU, Mitt. 1994, 85 ff.
Straus, Joseph / Frhr. v. Pechmann, Eckehard	Verhältnis zwischen Patentschutz für biologische Erfindungen und Schutz von Pflanzenzüchtungen, Patentierbarkeit von Tierrassen, Ber. AIPPI, GRUR Int. 1988, 58 ff.
Ströbele, Paul	Die Bindung der ordentlichen Gerichte an Entscheidungen der Patentbehörden, Band 33 der Schriftenreihe zum gewerblichen Rechtsschutz, Köln, Berlin, Bonn, München 1975.
Szabo, Georg S.A.	Probleme der Neuheit auf dem Gebiet der Auswahlerfindungen, GRUR Int. 1989, 447 ff.
Takenaka, Toshiko	Interpreting Patent Claims: The United States, Germany and Japan, 1995.
Tauchert, Wolfgang	Zur Beurteilung des technischen Charakters von Patentanmeldungen aus dem Bereich der Datenverarbeitung unter Berücksichtigung der bisherigen Rechtsprechung, GRUR 1997, 149 ff.
ders.	Elektronische Speicherelemente als Erzeugnisschutz für Computerprogramme?, Mitt. 1997, 207 ff.
ders.	Zur Patentierbarkeit von Programmen für Datenverarbeitungsanlagen, Mitt. 1999, 248-252
Ullmann, Eike	Die Verletzung von Patent und Gebrauchsmuster nach neuem Recht, GRUR 1988, 333 ff.
v. Falk, Kurt	Freiheit und Bindung des Patentverletzungsrichters, GRUR 1984, 392 ff.
ders.	Die Äquivalenzlehre im neuen Patentrecht, GRUR 1988, 1 ff.
ders.	Neues zum Schutzumfang von Patenten, GRUR 1990, 650 ff.
ders.	Die Beschränkung des auf ein Erzeugnis gerichteten Patentanspruchs auf eine bestimmte Art der Verwendung des Erzeugnisses, GRUR 1993, 199 ff.
v. Füner, Alexander	Einige Gedanken zur Form von Patentansprüchen, Mitt. 1985, 211 ff.
v. Hellfeld, Axel	Zweckangaben in Sachansprüchen, GRUR 1998, 243 ff.

v. Pechmann, Eckehard	Wieder aktuell: Ist die besondere technische, therapeutische und biologische Wirkung Offenbarungserfordernis bei der Anmeldung chemischer Stofferfindungen?, GRUR Int. 1988, 56 ff.
v. Savigny, Eike	Grundkurs im wissenschaftlichen Definieren, 5. Auflage 1980.
Valle, Domenico	Der Schutzbereich europäisch erteilter Patente, Mitt. 1999, 166 ff.
Vossius, Volker/ Schrell, Andreas	Die „Harvard-Krebsmaus" in der dritten Runde vor dem Europäischen Patentamt, GRUR Int., 1992, 269 ff.
Vossins, Volker/ Vossius, Oliver	Die Patentierbarkeit der 2. medizinischen Indikation nach deutschem und europäischen Patentrecht, GRUR 1983, 483 ff.
Vossius, Volker/ Schnappauf, Georg	Anmerkungen zum Vorlagebeschluß T 1054/96 – transgene Pflanze/NOVARTIS, Mitt. 1999, 253 ff.
Walleser, Fritz	Der Patentanspruch nach schweizerischem Recht, Dissertation Zürich, Derendingen, 1961.
Walterscheid, Edward C.	The Preamble of Jepson-Type Claims as Prior Art, JPOS 1980, 85 ff.
Wegner, Harold C.	Biotechnology Process Patents: Judicial or Legislative Remedy, JPOS 1991, 24 ff.
Weingärtner, P.	Wissenschaftstheorie II, 1; Grundlagenprobleme der Logik und Mathematik, Stuttgart – Bad Cannstadt, 1976.
Welte, Simon	Der Schutz von Pioniererfindungen, Schriftenreihe zum gewerblichen Rechtsschutz, Band 84, 1991.
Werner, Ulrich	Das Potenz (Un ?) Wesen im Patentwesen, Mitt. 1988, 203 ff.
Wertenson, Fritz	Patentschutz für nicht-technische Erfindungen, GRUR 1972, 59 ff.
Wiebe, Andreas	Gentechnikrecht als Patenthindernis, GRUR 1993, 88 ff.
Windisch, Ernst	„Merkmalsanalyse" im Patentanspruch ?, GRUR 1978, 385 ff.
Witte, Jürgen / Vollrath, Ulrich	Praxis der Patent- und Gebrauchsmusteranmeldung, 4. Aufl., Köln, Berlin, Bonn, München 1997.
Wüst, Christian	Das Ding, das vorwärtsdrängt, DER SPIEGEL, 23, 1999, S. 144 ff.
Wuesthoff, Franz	Kommentar zum Sortenschutzgesetz, Weinheim, New York, 1977.

Wuesthoff, Franz/ Leßmann, Herbert/ Würtenberger, Gert	Handbuch zum deutschen und europäischen Sortenschutz; Weinheim, New York, Chichester, Brisbane, Singapore, Toronto, 1999.
Zeunert, Gerhard	Das Patenterteilungsverfahren. Leitfaden durch die neue und neueste Gesetzgebung auf dem Gebiet des gewerblichen Rechtsschutzes, Düsseldorf 1950.
Zeunert, Gerhard	Die Rechtsprechung des Patentamts und der Gerichte hinsichtlich der Patentkategorie, Bl. f. PMZ 1952, 247 ff.
Zimmermann, Paul A.	Patentwesen in der Chemie, Ludwigshafen am Rhein, 1965.
Zipse, Erich	Sind Computerprogramme Anweisungen an den menschlichen Geist?, Mitt. 1973, 123

I. Einführung

1 Problemstellung

Zusammenfassungen und Patentansprüche geben in komprimierter Form den wesentlichen Inhalt von Aufsätzen bzw. Erfindungsbeschreibungen wieder. Während die formalen Bedingungen für die Abfassung von Zusammenfassungen und Patentansprüchen – beispielsweise Textlänge oder grammatikalische Struktur – oft genau reglementiert sind, bleibt weitgehend offen, welchen inhaltlichen Forderungen sie genügen müssen. Insbesondere im deutschen Sprachraum gibt es kaum Anleitungen für die optimale Formulierung von Zusammenfassungen oder Patentansprüchen. Mit der vorliegenden Arbeit werden zunächst die Grundlagen einer Formulierungstechnik erarbeitet sowie deren rechtliche Rahmenbedingungen dargestellt, während sodann diese Formulierungstechnik verfeinert und an praktischen Beispielen zur Anwendung gebracht wird. Im Mittelpunkt der Arbeit steht die Technik der Formulierung von Patentansprüchen, wobei die deutsche, europäische und U.S.-amerikanische Patentpraxis berücksichtigt werden.

2 Abgrenzung zwischen Definition, Zusammenfassung und Patentanspruch

Zwischen Definition, Zusammenfassung und Patentanspruch wird oft nicht sehr scharf unterschieden. Beispielsweise wird der Patentanspruch auch als Erfindungs-„Definition" bezeichnet. Die seit einigen Jahren für deutsche, europäische und amerikanische Patentanmeldungen vorgeschriebenen „Zusammenfassungen" sollen zwar ein Aliud zu den Patentansprüchen darstellen, stimmen jedoch in nicht wenigen Fällen wortwörtlich mit diesen überein, ohne daß dies von den Patentbehörden beanstandet würde. Im folgenden werden deshalb einige Unterschiede zwischen diesen drei Begriffen herausgearbeitet.

Definitionen werden im Recht und in der Technik zur Präzisierung von meist sehr allgemeinen oder unbestimmten Begriffen herangezogen. Beispielsweise enthält der erste Teil des § 242 des deutschen Strafgesetzbuchs eine sogenannte Legaldefinition des in der Volkssprache allgemein bekannten Begriffs „Diebstahl", die wie folgt lautet:

> *„Wer eine fremde bewegliche Sache einem anderen in der Absicht wegnimmt, dieselbe sich rechtswidrig zuzueignen, wird mit Freiheitsstrafe bis zu fünf Jahren oder mit Geldstrafe bestraft. Der Versuch ist strafbar."*

Der zweite Teil dieser Vorschrift, der die Rechtsfolge „wird mit Freiheitsstrafe bis zu fünf Jahren oder mit Geldstrafe bestraft" beinhaltet, ist nicht mehr Bestandteil der Legaldefinition, sondern bildet den für eine vollständige oder geschlossene Rechtsnorm notwendigen Zusatz. Der erste Teil weist dagegen Definitionsbegriffe auf, die in der

Volks- oder Umgangssprache mit dem Wort „Diebstahl" nicht ohne weiteres in Verbindung gebracht werden: „fremd", „beweglich", „Absicht", „rechtswidrig", „zueignen". Aus dieser Legaldefinition folgt beispielsweise, daß Gebäude als unbewegliche Sachen nicht gestohlen werden können oder daß kein Diebstahl vorliegt, wenn die Zueignungsabsicht fehlt, der Dieb die Sache also freiwillig alsbald zurückgibt.

Auch in der Technik werden bestimmte Begriffe definiert, um eine einheitliche Fachsprache und damit eine Verständigung unter Experten zu ermöglichen. Derartige Definitionen finden sich in Deutschland z.B. in den sogenannten DIN-Normen oder in VDE-Vorschriften. Aber auch allgemeine Lexika definieren technische Begriffe. So wird etwa der Transistor im *Brockhaus*[1] wie folgt definiert:

„Bauelement, das aus einem Halbleiterkristall mit Zonen unterschiedl. Störstellenleitung besteht und mindestens drei Elektroden besitzt."

Zusammenfassungen stellen insofern eine Umkehrung von Definitionen dar, als mit Ihnen nicht ein Begriff mittels mehrerer Wörter erklärt, sondern der Inhalt eines aus einer Vielzahl von Wörtern bestehenden Textes durch eine wesentlich geringere Anzahl von Wörtern erläutert wird. In § 36 Absatz 2 des deutschen Patentgesetzes heißt es beispielsweise:

„Die Zusammenfassung dient ausschließlich der technischen Unterrichtung. Sie muß enthalten:

1. die Bezeichnung der Erfindung;

2. eine Kurzfassung der in der Anmeldung enthaltenen Offenbarung, die das technische Gebiet der Erfindung angegeben und so gefaßt sein soll, daß sie ein klares Verständnis des technischen Problems, seiner Lösung und der hauptsächlichen Verwendungsmöglichkeit der Erfindung erlaubt;

3. eine in der Kurzfassung erwähnte Zeichnung; sind mehrere Zeichnungen erwähnt, so ist die Zeichnung hinzuzufügen, die die Erfindung nach Auffassung des Anmelders kennzeichnet."

Nach § 7 Absatz 1 der deutschen Patentanmeldeverordnung soll der Umfang der Kurzfassung aus nicht mehr als 150 Wörtern bestehen. Da 150 Wörter etwa einer halben Schreibmaschinenseite entsprechen, geht der Gesetzgeber offensichtlich davon aus, daß der wesentliche Inhalt einer Patentanmeldung auf maximal einer halben Schreibmaschinenseite beschreibbar ist.

Patentansprüche werden nicht nur als Erfindungsdefinitionen bezeichnet, sondern gelten auch selbst als die Zusammenfassung einer in einer Patentbeschreibung ausführlich dargestellten Erfindung. Ob der Patentanspruch eher eine Zusammenfassung des wesentlichen technischen Sachverhalts einer Erfindung oder mehr eine Definition eines Rechtsanspruchs ist, war und ist umstritten.

Gemeinsam ist Definition, Zusammenfassung und Patentanspruch, daß es sich um komprimiert wirkende Texte handelt, denn auch bei der Begriffs-Definition, die zur

---

1 Brockhaus Enzyklopädie, 1993, Band 22, S. 314, rechte Spalte.

Umschreibung eines einzigen Begriffs mehrere Begriffe benötigt, ist man bestrebt, mit relativ wenigen Worten auszukommen.

Daß es nicht in allen Fällen möglich ist, eine allgemein akzeptierte Definition eines unbestimmten Begriffs zu finden, zeigt sich am Begriff der „Erfindung" selbst, denn hierfür gibt es bis heute weder eine Legaldefinition noch eine sonstige allgemein akzeptierte Definition. Zwar wurden schon zahlreiche Erfindungs-Definitionen vorgeschlagen, z.B.

> „Eine Erfindung liegt dann vor, wenn die Lösung eines technischen Problems durch eine schöpferische Idee zustandegekommen ist und einen technischen Fortschritt zur Folge hat"[2]

doch wurden diese Definitionen nach näherer Prüfung allesamt verworfen. Sogar die aus Technikern und Juristen bestehende deutsche Patentanquête von 1886, die den Auftrag hatte, eine Legaldefinition der Erfindung zu schaffen, scheiterte an ihrer Aufgabe. Wie problematisch Definitionen generell sind, zeigt auch das Beispiel der oben wiedergegebenen lexikalischen Definition des Transistors. In der „New Encyclopaedia Britannica"[3] wird der Transistor wie folgt definiert:

> „Solid-state device for amplifying, controlling, and generating electrical signals"

Diese BRITANNICA-Definition unterscheidet sich erheblich von der *Brockhaus*-Definition, so daß sich die Frage stellt, welche der Definitionen denn nun die „richtige" ist.

3 Definitionen

Der Patentanspruch wird auch in neuesten Veröffentlichungen noch als „Definition der Erfindung" bezeichnet[4], so daß der Anschein erweckt wird, der Patentanspruch sei nur eine besondere Unterart der allgemeinen Definition. Schon *Hartig*[5] führte hierzu aus:

> „Es bedarf hiernach keines weiteren Beweises, daß die zuverlässige Umgrenzung von Erfindungsobjekten und anderen immateriellen Gütern die Kunst des Definierens in Anspruch zu nehmen hat; materielle Güter werden gezählt, gemessen und gewogen, immaterielle Güter werden definiert ..."

---

2 Erich Offermann: Rechtswissenschaftliche Untersuchungen zum Erfindungsbegriff, Dissertation Universität Zürich, 1949, S. 53.
3 Band 10 der Micropaedia, 1977, S. 91, rechte Spalte.
4 Fritz Blumer: Formulierung und Änderungen der Patentansprüche im europäischen Patentrecht, Köln, Berlin, Bonn, München, 1998, Schriftenreihe zum gewerblichen Rechtsschutz, Band 101, Seite 58, gleichzeitig Dissertation an der Universität St. Gallen/Schweiz.
5 Ernst Hartig: Studien in der Praxis des Kaiserlichen Patentamtes, Leipzig, 1890, S. 172.

Auch heißt es in einer Entscheidung des Europäischen Patentamts:

Dabei „sieht Artikel 84 EPÜ (durch die Formulierung „gestützt")... vor, daß der „Gegenstand des Schutzbegehrens (durch die Ansprüche) im Vergleich zur spezifischen Beschreibung der Erfindung allgemein definiert werden kann"[6]

Weitere Entscheidungen des europäischen Patentamts[7] sprechen ebenfalls davon, daß die Ansprüche den technischen Gegenstand des Patents „definieren".[8] *H. Poth*[9] bezeichnet den Patentanspruch als „Realdefinition".

Was jedoch eine „Definition" ihrerseits ist, ist selbst strittig. Der Begriff „Definition" kommt aus dem Lateinischen und bedeutet soviel wie „Abgrenzung" (definire = abgrenzen). Mit Hilfe einer Definition sollen Begriffe eindeutig bestimmt oder Sachverhalte fixiert werden. Wie dies im einzelnen geschieht bzw. geschehen soll, wird von den klassischen und den modernen Definitionstheorien unterschiedlich beantwortet.

3.1 Klassische Definitionstheorien

Bei den auf die Antike, insbesondere Aristoteles, zurückgehenden klassischen Definitionstheorien unterscheidet man zwischen „Wesensdefinition" und „Nominaldefinition". Bei der Wesensdefinition, die auch Realdefinition genannt wird, soll das Wesen eines Objekts definiert werden, während die Nominaldefinition im wesentlichen eine Worterklärung ist. Außerdem hat Aristoteles eine dritte Art der Definition unterschieden, die später „definitio causalis" bzw. „definitio genetica" genannt wurde. Bei dieser Definition kommt es auf die Ursache (causa) bzw. auf die Herkunft an. Als eine vierte Art der Definition erscheint bei Aristoteles auch noch die „definitio descriptiva", mit der etwas umschrieben wird.

Über den Stand der Definitionstheorien bis 1926 berichtet *Dubislav*.[10] Die verschiedenen Definitionsarten und ihr Verhältnis zueinander werden ausführlich dargestellt bei *Robinson*[11] oder *Weingärtner*.[12]

3.2 Moderne Definitionstheorien

Die modernen Definitionstheorien verstehen unter einer Definition im weitesten Sinne jede Art der Feststellung oder Festsetzung einer Zeichenverwendung. Das zu definierende oder definierte Zeichen heißt Definiendum oder Definitum, das definierende - Zeichen heißt Definiens. Dabei unterscheidet man zwischen syntaktischen und semantischen Definitionen. Syntaktische Definitionen lassen die inhaltliche (semantische) Interpretation der Zeichen zunächst unberücksichtigt und regeln lediglich deren Gebrauch in formalen Kalkülen. Die semantischen Definitionen lassen sich einteilen in solche, die die Bedeutung eines Zeichens feststellen und solche, die die Bedeutung eines Zeichens

---

6 ABl. EPA 1988, 441, „Änderungen" 5.
7 Abl. EPA 1990, 93; ABl. EPA 1990, 114; ABl. EPA 1984, 105.
8 Entsprechend Art.84 englische und französische Fassung i.V.m. Art. 177 Abs.1 EPÜ und Regel 29 (1) AusfO englische und französische Fassung i.V.m. Art. 164 (1) und 117 (1) EPÜ.
9 Die „Stützung" des Patenanspruchs nach Art. 84 EPÜ, Mitt. 1991, S. 226.
10 W. Dubislav: Über die Definition, Berlin 1926.
11 R. Robinson: Definition, Oxford 1950.
12 P. Weingärtner: Wissenschaftstheorie II,1; Grundlagenprobleme der Logik und Mathematik, Stuttgart-Bad Cannstadt, 1976.

festsetzen.¹³ Da man semantische Definitionen oft in Lexika und Nachschlagewerken findet, werden sie meist lexikalische Definitionen genannt.

Ein erstes Ergebnis der modernen Definitionstheorien war, daß die in der philosophischen Tradition übliche Beschränkung der Definitionen auf die Angabe des Oberbegriffs („genus proximum") und der unterscheidenden Merkmale („differentiae specificae") aufgehoben wurde. Nachdem schon *Leibniz* darauf hingewiesen hatte, daß die Unterscheidung von Oberbegriff und unterscheidenden Merkmalen nicht berechtigt sei, weil beide miteinander vertauschbar seien, ging man dazu über, neutral von „Merkmalen" zu sprechen, aus denen ein Begriff zusammengesetzt sei.¹⁴

Die modernen Definitionstheorien gehören zur Metatheorie formaler Systeme. Sie unterscheiden sich von der traditionelle Definitionstheorie nicht nur in ihren Ergebnissen, sondern auch in methodischer Hinsicht. Erst dadurch, daß man formalisierte Theorien mit einer exakten Symbolsprache zum Gegenstand der Betrachtung machte, sind die meisten Untersuchungen überhaupt möglich geworden.¹⁵ Diese z.T. recht komplizierte Symbolsprache hat indessen verhindert, daß die moderne Definitionstheorie im Patentrecht wie auch im allgemeinen Recht eine praktische Rolle spielt.

Die bisher zu erkennenden Ansätze¹⁶ geben jedenfalls keine konkrete und allgemein anerkannte Lehre für eine knappe Beschreibung des wesentlichen Inhalts geistiger Leistungen. Die beiden Seiten der modernen Definitionstheorie – Definition als Feststellung (nicht Festsetzung) der Bedeutung, die ein Zeichen besitzt bzw. Definition als Festsetzung (nicht Feststellung) über die Bedeutung eines neu zu benutzenden Zeichens – lassen nur schwer eine Übertragung auf das Patentrecht zu, so daß die Aristotelische Realdefinition im Patentrecht immer noch im Vordergrund steht.

4 Zusammenfassungen

Mit Hilfe von Zusammenfassungen sollen an sich komplexe Ereignisse, Erkenntnisse oder Zustände auf das Wesentliche reduziert werden. Zwischen einer Zusammenfassung und einem (modernen) Patentanspruch besteht rein äußerlich der Unterschied, daß der Patentanspruch aus einem einzigen – oft sehr langen – Satz besteht, während die Zusammenfassung in der Regel mehrere – oft kurze – Sätze aufweist. Eine Verwandschaft zwischen Zusammenfassung und Patentanspruch besteht allerdings insofern, als in alten – vorzugsweise französischen – Patentschriften, am Ende eine „Zusammenfassung" (abrégé) statt Ansprüchen angegeben wurde. Außerdem beruht ein langjähriger Streit über den „Gegenstand der Erfindung", der in Deutschland etwa von 1890 bis 1940 währte, wenigstens teilweise auf einer nicht klaren Trennung zwischen Zusammenfassung und Patentanspruch.

Zusammenfassungen können nach verschiedenen Prinzipien aufgebaut sein. Bei dem Prinzip des historischen Aufbaus werden die einzelnen Punkte von Ereignissen etc. chronologisch in Kurzfassung wiedergegeben, während beim sachlichen Aufbau die

---

13 J. Mittelstraß (Hrsg.): Enzyklopädie Philosophie und Wissenschaftstheorie I, Mannheim, Wien, Zürich, 1980, S, 439.
14 J. Mittelstraß, a.a.O. (Fußn. 22), S. 440.
15 R. Kleinknecht: Grundlagen der modernen Definitionstheorie, Monographien Wissenschaftstheorie und Grundlagenforschung, Königstein, 1979, S. 4.
16 U. Klug: Juristische Logik, 3. Aufl., Heidelberg, New York, 1966; M. Balk: Entität und Patentrecht, Mitt. 1987, S. 69; H. Beyer: Naturwissenschaftlich-technisches Selbstverständnis, Logik und Patentrecht, Mitt. 1988, S. 129; K. Stamm: Abgrenzung aus der Logik im Patentrecht, Mitt. 1994, S. 85-103.

Kernpunkte oder -aussagen von Ereignissen, Erkenntnissen oder Zuständen im Mittelpunkt stehen.

4.1 Allgemeine Zusammenfassungen

Zusammenfassungen im weitesten Sinn sind im Grunde alle Berichte über Ereignisse, Erkenntnisse oder Zustände, da diese Berichte stets nur kleine Ausschnitte der Wirklichkeit wiedergeben. Selbst der ausführlichste Artikel in einer Wochen- oder Monatszeitschrift, z.B. über einen Parteikongreß oder über einen Flugzeugabsturz stellt gegenüber der Realität eine Verkürzung und somit eine Zusammenfassung dar. Gleiches gilt für die voluminösesten Geschichtswerke, die trotz ihres gewaltigen Umfangs oft ganze Kulturperioden ausblenden. In verstärktem Maß gilt dies natürlich für Artikel in bebilderten Tageszeitungen, die praktisch eine bloße Aneinanderreihung von Zusammenfassungen darstellen, wobei diese Zusammenfassungen noch einmal durch eine sogenannte Schlagzeile zusammengefaßt werden. Dennoch wird man im täglichen Leben nicht jeden Artikel als eine Zusammenfassung im engeren Sinne des Wortes auffassen, was z.B. durch den Umstand veranschaulicht wird, daß seriöse Wochenzeitschriften schon seit längerer Zeit den Aufsätzen eigene Zusammenfassungen voranstellen. Dies liegt darin begründet, daß man unterscheiden muß zwischen einem Bericht über Ereignisse oder Sachverhalte einerseits und einer Kurz-Aussage über den Bericht andererseits. Unter einer Zusammenfassung soll im folgenden stets nur die verkürzte Beschreibung des Inhalts eines Schriftstücks und nicht eines Ereignisses oder Sachverhalts verstanden werden.

4.2 Zusammenfassungen in Wissenschaft und Technik

Wissenschaftliche und technische Aufsätze enthalten seit jeher eine kurze Zusammenfassung: den Titel oder die Überschrift. Offensichtlich reicht aber der Titel in vielen Fällen nicht aus, um den Inhalt eines Aufsatzes hinreichend zu charakterisieren, weshalb sich neben dem Titel die „Zusammenfassung" auf zahlreichen Gebieten etabliert hat. Diese „Zusammenfassung" wurde bis vor kurzem noch in drei oder vier Sprachen abgefaßt, während sie heute fast nur noch in englischer Sprache abgefaßt ist, was darauf hinweist, daß sich Englisch sehr weit in Richtung einer „lingua franca" entwickelt hat. Noch 1968[17] und 1971[18] wiesen die Aufsätze der bei Pergamon Press erscheinenden Zeitschrift „Vision Research" an ihrem Ende eine Zusammenfassung in englischer, französischer, deutscher und russischer Sprache auf. Bereits 1997 gab es jedoch nur noch einen in englischer Sprache abgefaßten „Abstract" zwischen Titel und Text.[19] Die Reduktion auf ein englisches Abstract findet sich auch in neueren medizinischen Fachzeitschriften,[20] allerdings nur dann, wenn es sich um englischsprachige Zeitschriften handelt. Deutsche Fachzeitschriften[21] stellen oft dem eigentlichen Aufsatztext eine deut-

---

17 Daniel G. Green: Sinusoidal Flicker Characteristics of the Color-Sensitive Mechanisms of the Eye, 1968, S. 591-601).
18 L. Festinger, M. Allyn, C. White: The Perception of Color with Achromatic Stimulation, 1971, S. 591-612.
19 C. Ingling, Jr.: The Spectral Sensivity of the Opponent-Color Channels, 1977, S. 1083-1089.
20 A. Arakawa et al.: MR Imaging of Lingual Carcinoma: Comparison with Surgical Staging Radiation Medicine, 1996, S. 25-29.
21 A. Leunig et al: Photodynamische Diagnostik von Neoplasien der Mundhöhle nach lokaler Application von 5-Aminolävulinsäure, Laryngo-Rhino-Otol., 1996, S. 459-464.

sche und englische Zusammenfassung voran; soweit die Zeitschriften kein internationales Renommée haben, begnügen sie sich auch mit einer rein deutschen Zusammenfassung.[22] Anerkannte Regeln für die Abfassung derartiger Zusammenfassungen sind nicht bekannt; einige Verlage schreiben lediglich eine Maximalzahl von Wörtern vor, die nicht überschritten werden soll. Es bleibt somit jedem Wissenschaftler – oder der Redaktion einer Zeitschrift – überlassen, wie eine Zusammenfassung formuliert wird. So enthält die Zusammenfassung des vorstehend erwähnten Aufsatzes von Leunig über 200 Wörter, während ein anderer Aufsatz auf einem ähnlichen Sachgebiet[23] mit 51 Wörtern auskommt. In der erwähnten Zusammenfassung, die mehr als 200 Wörter benötigt, ist allerdings auch noch eine Untergliederung in „Hintergrund", „Methodik", „Ergebnisse" und „Diskussion" enthalten. Zusätzlich zu der eigentlichen Zusammenfassung sind außerdem noch vier sogenannte Schlüsselwörter genannt, die in der Regel für Computer-Recherchen benötigt werden.

Diese Schlüsselwörter (engl. „key words") können ihrerseits als eine Art Zusammenfassung aufgefaßt werden. Somit kann man bei modernen Publikationen im wesentlichen drei Arten von „Zusammenfassungen" feststellen: die Überschrift bzw. den Titel, Schlüsselwörter sowie die eigentliche Zusammenfassung, bei der es sich um eine in ganzen Sätzen formulierte Kurz-Inhaltsangabe handelt. Für alle Zusammenfassungen gilt, daß sie die „wesentlichen" Begriffe enthalten müssen. Die Wesentlichkeit der verwendeten Begriffen ist das Hauptkriterium für Zusammenfassungen aller Art.

5 Schutzrechtsansprüche

Der „Anspruch" ist ein Zentralbegriff des Privatrechts und bedeutet nach der Legaldefinition des § 194 BGB das Recht, von einem anderen ein Tun oder Unterlassen zu verlangen. Der Begriff „Anspruch" wird aber auch im öffentlichen Recht gebraucht. Beispielsweise spricht man von einem „Strafanspruch" des Staates oder einem „Entschädigungsanspruch" eines enteigneten Bürgers. Allerdings hat der Anspruch im öffentlichen Recht nicht die zentrale Bedeutung wie im Privatrecht.

Privatrechtliche Ansprüche können nur gestellt werden, wenn sich ein Anspruchsinhaber und ein Anspruchsgegner gegenüberstehen. Außerdem muß eine Anspruchsgrundlage vorhanden sein.

Die Ansprüche des Privatrechts richten sich in der Regel gegen natürliche oder juristische Personen. Anders dagegen im gewerblichen Rechtsschutz, der eine Mittelstellung zwischen Privatrecht und öffentlichem Recht einnimmt. Dort richten sich die Ansprüche, die im Patentrecht als Patentansprüche und im Gebrauchsmusterrecht als Schutzansprüche bezeichnet werden, zunächst an die Allgemeinheit. Die Schutzrechtsansprüche werden deshalb bisweilen mit Gesetzesnormen verglichen, die von jedermann zu respektieren sind. Erst in einem Verletzungsfall nehmen die Schutzrechtsansprüche den Charakter von privatrechtlichen Ansprüchen an, die dann gegen einen bestimmten Patentverletzer gerichtet werden.

---

22 D. Feischmann: Zur Dimensionierung von Gleichrichterschaltungen, nachrichten elektronik 34, 1980, Heft 8, S. 281-282; P,M. Pfleiderer; Das Pfleidprinzip, Funkschau 1980, S. 77.
23 vgl. Debois, Journal Belge de Radiologie, 77, 1994, S. 1-4.

5.1 Patentansprüche

Patentansprüche sind nicht notwendigerweise eine Voraussetzung für die Gewährung eines Patentschutzes. Beispielsweise enthielten französische Patentschriften im 19. Jahrhundert und in der ersten Hälfte des 20 Jahrhunderts gar keine Schutzansprüche. In Japan war es noch bis vor wenigen Jahren nicht gestattet, mehr als einen Patentanspruch mit einer Anmeldung einzureichen, d.h. das amerikanische bzw. deutsche Mehr-Anspruchssystem war unzulässig. Heute sind praktisch alle Staaten zu dem Mehr-Anpruchssystem übergegangen, wobei allerdings bisweilen bei Überschreiten einer bestimmten Zahl von Ansprüchen Zusatzgebühren entrichtet werden müssen. Die über den ersten Anspruch hinausgehenden Patentansprüche sind in der Regel solche, die vom ersten Anspruch abhängen und damit keinen eigenständigen Schutz gewähren. Der erste Anspruch wird deshalb auch oft Hauptanspruch genannt, während die nachfolgenden Ansprüche als Unteransprüche bezeichnet werden. Allerdings kann es sich bei den nachfolgenden Ansprüchen auch um unabhängige oder nebengeordnete Ansprüche handeln. Insbesondere in den USA sind sogenannte „independent claims" weit verbreitet.

5.2 Gebrauchsmusteransprüche

Zwischen Patentansprüchen und Gebrauchsmusteransprüchen gibt es keine grundsätzlichen Unterschiede. Weil es sprachlich nicht angeht, die Schutzansprüche von Gebrauchsmustern Patentansprüche zu nennen, werden sie zur Unterscheidung in Deutschland Schutzansprüche genannt.

5.3 Ansprüche auf Geschmacksmuster, Urheberrechte etc.

Bei Geschmacksmusteranmeldungen oder Urheberrechten ist es nicht üblich, Schutzansprüche im vorstehenden Sinn zu formulieren. Ob es möglich ist, auch für diese Rechtsgebiete Schutzrechtsansprüche aufzustellen, soll weiter unten noch untersucht werde.

6 Zielsetzung

Das Werk verfolgt einerseits das Ziel, die Beschreibung des wesentlichen Inhalts geistiger Leistungen auf einer möglichst breite Basis zu untersuchen und andererseits auf dem speziellen Gebiet des Patentrechts konkrete Regeln und Anleitungen herauszuarbeiten, die für den Praktiker verwertbar sind.

6.1 Spezielle Zielsetzung

Den Schwerpunkt des Werkes bildet die Technik des Formulierens von Patentansprüchen, und zwar insbesondere eines Hauptanspruchs bzw. eines unabhängigen Anspruchs. Für seine zweckmäßige Formulierung sollen Regel herausgearbeitet werden, die in der Praxis anwendbar sind. Derartige Regeln sind in Deutschland rar, wie z.B. der Aufsatz „Anspruchsstrategien" von *Kurig* zeigt,[24] wo – mehr als 100 Jahre nach *Hartig* – die Uralt-Frage aufgeworfen wird, ob ein Patentanspruch bei Einreichung einer Patentanmeldung eher weit oder eng gefaßt werden sollte. Im Gegensatz zur bisherigen

---

24 Thomas Kurig: Anspruchsstrategien, Mitt. 1966, S. 13-14.

deutschen Lehre zum Patentanspruch wird im vorliegenden Werk die induktive Methode bevorzugt, bei der vom konkreten Fall auf das Allgemeine geschlossen wird. Die bisher in deutscher Sprache vorliegende Literatur hat überwiegend die deduktive Methode gewählt und von abstrakten Überlegungen auf die konkrete Formulierung von Patentansprüchen geschlossen. Ein typischer Vertreter der deduktiven Methode ist *Dony*,[25] der – ausgehend vom Kriterium der Teleologie, wie sie in der Philosophie von *Windelband, Schwinge, Hessen* und *Stammler* entwickelt wurde eine teleologische Anspruchsformulierung fordert, aber nur ein einziges Beispiel eines konkreten Patentanspruchs nennt, und zwar den Anspruch des deutschen Patents Nr. 690 825, der ein Verfahren zur Herstellung künstlicher Wursthüllen betraf und zu dem eine Entscheidung des OGH der Britischen Zone ergangen war.[26] Am Ende seiner Abhandlung stellt *Dony* fest: „Wie die teleologische Anspruchsformulierung im einzelnen auszubauen ist, bedarf noch eingehender Erwägung. Diese Arbeit sollte nur ein erster Versuch sein. Sie sollte nur den neuen Gesichtspunkt bringen, der dem Wandel der Anschauungen der neueren Philosophie entnommen wurde und nach Ansicht des Verfassers im Patentrecht nutzbringend realisiert werden kann".[27]

Den Praktiker, der regelmäßig mit Erfindern aus Fleisch und Blut zu tun hat und deren Ideen in Patentansprüche gießen muß, läßt *Dony* ratlos zurück. Die „teleologische Methode" führt zu der einzigen konkreten Lehre, in Patentansprüchen Zweckangaben einzubauen. Diese Lehre ist jedoch so alt wie das Patentrecht selbst. Bereits die im 19. Jahrhundert vom Kaiserlichen Patentamt ausgegebenen Patentschriften enthalten Patentansprüche mit Zweckangaben in Fülle.

Die in der vorliegenden Arbeit bevorzugte induktive Methode hat ein Vorbild in der angelsächsischen Literatur, innerhalb welcher insbesondere das Buch von John L. Landis „The Mechanics Of Patent Claim Drafting", 1970, hervorzuheben ist,[28] zu dem es in deutscher Sprache kein Gegenstück gibt und das de facto auf der induktiven Methode beruht. Bei der induktiven Methode wird durch das nichtlogische Schließen von mehreren Einzelbeobachtungen, dem Besonderen, auf einen allgemeinen Sachverhalt geschlossen. Unter induktiver Methode wird in dieser Arbeit die unvollständige bzw. enumerierte Induktion verstanden, die nicht mit der vollständigen Induktion der Mathematik verwechselt werden darf. Die Versuche, aus philosophischen Konzepten etwas Allgemeingültiges für die Formulierung von Patentansprüchen abzuleiten, können alle als gescheitert gelten. Schon lange vor *Dony* hatte ein anderer, der eine Monographie über den Patentanspruch schrieb, Emil *Müller*, die Philosophie erfolglos als Hilfsmittel für die Formulierung von Patentansprüchen bemüht. Dabei berief er sich auf die zu seiner Zeit populäre Philosophie des Lebens oder Erlebens, als deren Vertreter er *Nietzsche, Dilthey* und *Simmel* nannte.[29] Für die Praxis kaum verwertbar ist auch die Studie von *Müller-Liebenau* über das Wesen der Erfindung, in welcher er sich auf *Wilhelm Ostwald, Francis Bacon, Arthur Schopenhauer* und andere Philosophen bezieht.[30]

---

25 Dony: Die Formulierung des deutschen Patentanspruchs, Inaugural-Dissertation der Juristischen Fakultät der Friedrich-Alexander-Universität zu Erlangen, 1955.
26 Entscheidung vom 14.10.1949, GRUR 1950, 140 ff. mit Anmerkungen von Lindenmaier in GRUR 1950, 326 ff.
27 Dony, a.a.O., S. 168.
28 Robert C. Faber: „Landis On Mechanics of Patent Claim Drafting", 4. Aufl., 1997.
29 E. Müller: Der Patentanspruch, Berlin und Leipzig, 1925, S. 8.
30 R. Müller-Liebenau: Das Wesen der Erfindung, Ein Weg zu ihrer Erkenntnis und rechten Darstellung, Berlin 1924, S. 2, 3, 12.

Bei der vom Verfasser verwendeten induktive Methode ist der philosophische Anspruch erheblich niedriger angesetzt. Es werden hierbei eine Reihe von konkreten Erfindungen betrachtet und analysiert, in der Hoffnung, auf einige allgemeingültig erscheinende Regeln zu stoßen. Besonderer Wert wird in der vorliegenden Arbeit darauf gelegt, daß die ausgewählten Beispiele möglichst einfach und überschaubar sind. Wo immer möglich, werden überdies Beispiele gewählt, die wenigstens unter Fachleuten auch einen gewissen Bekanntheitsgrad und/oder eine historische Bedeutung besitzen. Obgleich die Umformulierung von Patentansprüchen im Laufe eines Prüfungsverfahrens von erheblicher praktischer Bedeutung ist, sollen die damit zusammenhängenden Probleme – unzulässige und zulässige nachträgliche Änderungen von Patentansprüchen, Berücksichtigung des Kriteriums der erfinderischen Tätigkeit – hier nur in dem absolut notwendigen Umfang erörtert werden. Im Vordergrund steht die Formulierung von Patentansprüchen im Zusammenhang mit der Ersteinreichung einer Patentanmeldung. Da die hier gefundenen Ergebnisse in der Praxis anwendbar und verwertbar sein sollen, versteht es sich, daß sie mit den gesetzlichen Vorschriften kompatibel sein müssen, welche die Formulierung von Patentansprüchen betreffen. Es ist deshalb erforderlich, diese Vorschriften darzustellen und zu diskutieren.

6.2 Allgemeine Zielsetzung

Eine allgemeine oder generalisierende Zielsetzung dieser Arbeit besteht darin, festzustellen, ob und gegebenenfalls inwieweit die Technik der Formulierung von Patentansprüchen auch auf andere geistige Leistungen, insbesondere auf Geschmacksmuster und urheberrechtliche Werke übertragen werden können.

6.3 Zur Gliederung

Bei dem Aufbau bzw. der Gliederung dieser Arbeit steht zunächst die Doppelfunktion des Patentanspruchs im Mittelpunkt, weil diese Doppelfunktion nach weit verbreiteter Ansicht einem optimalen Patentanspruch entgegensteht. Die Probleme, die sich aus dieser Doppelfunktion ergeben, werden ausführlich analysiert und anhand praktischer Beispiele erläutert. Dabei stehen diejenigen Merkmale eines Patentanspruchs im Mittelpunkt, die für Schutzbereich und Erfindungsdefinition „wesentlich" sind. Im Anschluß an die Untersuchung der Doppelfunktion des Patentanspruchs und der Diskussion der Möglichkeit, beide Funktionen in einem Anspruch zu vereinen, wird die formale Behandlung des Patentanspruchs erörtert, d.h. es wird geprüft, welches grammatikalische Gefäß für den Patentanspruch am geeignetsten erscheint. Hierbei wird stillschweigend unterstellt, daß alle Erfindungsarten in der gleichen Patentsprache ausgedrückt werden können. Ob diese Unterstellung richtig ist, wird in einer darauffolgenden Untersuchung geprüft, in welcher die verschiedenen Patentkategorien und Anspruchs-Sonderformen zur Diskussion stehen. Sodann werden Einzelbegriffe der in Ansprüchen verwendeten Patentsprache vorgestellt und auf ihre Relevanz geprüft. Die Formulierung der Unteransprüche, die in der Regel keinen eigenständigen Rechtsschutz gewähren, bildet den Abschluß der Untersuchungen über Patentansprüche. Ob die Lehren, die sich aus Theorie und Praxis der Patentanspruchsformulierung ergeben, auch auf andere Rechtsgebiete übertragbar sind, wird am Ende erörtert.

II. Funktionen des Patentanspruchs

1 Umfang des Patentschutzes (Schutzbereich)

Um Regeln und Anleitungen für die Formulierung eines Patentanspruchs aufstellen zu können, muß klar sein, welcher Zweck mit einem Patentanspruch überhaupt verfolgt werden soll. Dieser Zweck war und ist keineswegs unumstritten. Die historische Entwicklung des Patentanspruchs in Deutschland illustriert deutlich die verschiedenen Funktionen, die ihm im Laufe der letzten 120 Jahre zugewiesen wurden. Sein Zweck wurde einmal im Abstecken eines Rechtsanspruchs, dann wieder im bloßen Zusammenfassen des technischen Inhalts der Patentbeschreibung und schließlich in der Definition des Erfindungsgedankens gesehen. Durch die Verwendung der nicht sehr klaren Begriffe „Gegenstand der Erfindung" und „Umfang des Patentschutzes" bzw. „Schutzbereich" wurde diese Entwicklung gekennzeichnet. Nachfolgend wird zunächst eine kurze Historie des Umfangs des Patentschutzes oder des – nach neuerer Terminologie – Schutzbereichs in Deutschland dargestellt, also die Bedeutung des Patentanspruchs aus der Sicht des Verletzungsrichters, wobei nur die letzten Jahrzehnte Berücksichtigung finden. Im Anschluß hieran wird der Gegenstand der Erfindung betrachtet, wie er sich aus der Sicht des Patentprüfers darstellt.

1.1 Die Rechtslage seit 1978 in Deutschland und in den Ländern des Europäischen Patentübereinkommens

Nachdem schon 1968 eine bedeutsame Änderung des deutschen Patentgesetzes, die Aufhebung des bis dahin geltenden Stoffschutzverbots, vorgenommen worden war,[1] brachte den nächsten größeren Einschnitt das Europäische Patentverfahren im Jahre 1978,[2] das es ermöglichte, mit einer Patentanmeldung für mehrere europäische Staaten Schutz zu erlangen. Hinzu kam noch der PCT (= Patent Cooperation Treaty), über den mittels einer einzigen Anmeldung in praktisch allen wichtigen Industriestaaten eine Art Option für einen Patentschutz erlangt werden kann.[3]

Auch das deutsche Gebrauchsmustergesetz wurde mehrfach geändert,[4] wobei die Laufzeit von früher maximal sechs Jahren auf zunächst acht Jahre und dann zehn Jahre verlängert wurde.

Erfindungen, die bis dahin aus prinzipiellen Gründen dem Gebrauchsmusterschutz nicht zugänglich waren, z.B. elektrische Schaltungen, unbewegliche Sachen, Stoffe ohne feste Gestalt sowie Nahrungs-, Arznei- und Genußmittel, können nun bedenkenlos als

---

1   Patentgesetz in der Fassung vom 2. Januar 1968, BGBl I, S. 2 = BlfPMZ 1968, S. 7).
2   Gesetz vom 5.10.1973 i.d.F.v. 21.12.1978, zuletzt geändert am 5.12.1996. Textausgabe herausgegeben vom Europäischen Patentamt, 1997.
3   Vertrag vom 19.6.1970 über die internationale Zusammenarbeit auf dem Gebiet des Patentrechts, GRUR Int. 1971, S. 119-163 mit Ausführungsverordnung auf S. 164-248.
4   Gbm-ÄndG vom 31.12.1986, BlfPMZ 1986, S. 310; Pr-PG (Art. 5 Nr. 7), BlfPMZ 1990, S. 161, 168.

II. Funktionen des Patentanspruchs

Gebrauchsmuster angemeldet werden.[5] Die geforderte „Raumform" eines Gebrauchsmusters, die jahrzehntelang den 5. Senat des Bundespatentgerichts (= Gebrauchsmustersenat) beschäftigt hatte,[6] war plötzlich nicht mehr wichtig.

Im Patentrecht fiel neben dem bereits erwähnten Stoffschutzverbot ein weiteres Verbot weg: das Verbot, Erfindungen zu patentieren, bei denen kein „technischer Fortschritt" feststellbar war. Neu eingefügt wurde zudem in das Patentgesetz der § 14, der an Art. 69 Abs. 1 EPÜ[7] und an Art. 8 des Straßburger Abkommens angepaßt war und der für alle nach dem 1.1.1978 angemeldeten Patentansprüche gilt.[8] Diese Vorschrift lautet:

Der Schutzbereich des Patents und der Patentanmeldung wird durch den Inhalt der Patentansprüche bestimmt. Die Beschreibung und die Zeichnungen sind jedoch zur Auslegung der Patentansprüche heranzuziehen.

Die entsprechende Regelung des Art. 69 EPÜ lautet fast wortgleich:

Der Schutzbereich des europäischen Patents und der europäischen Patentanmeldung wird durch den Inhalt der Patentansprüche bestimmt. Die Beschreibung und die Zeichnungen sind jedoch zur Auslegung der Patentansprüche heranzuziehen.

Der Schutzbereich ist somit seitdem per Gesetz durch den Inhalt der Patentansprüche festgelegt, von denen der Verletzungsrichter nicht abweichen kann.[9] Dabei werden unter Patentansprüchen im Sinne des § 14 PatG ebenso wie nach Art. 69 I EPÜ diejenigen Ansprüche verstanden, die von den zuständigen Erteilungsbehörden erteilt wurden. Durch die Anbindung des Schutzbereichs des Patents und der Patentanmeldung an den Inhalt der Patentansprüche enthält § 14 Satz 1PatG die seit Jahrzehnten wohl folgenschwerste Änderung des Patentgesetzes.[10] Es ist deshalb nicht verwunderlich, daß zu der „neuen Lehre" zahlreiche Stellungnahmen abgegeben wurden.[11] Der BGH führt in seiner grundlegenden Entscheidung „Formstein" vom 29.4.1986[12] zur neuen Rechtslage aus:

„ ... Im Gegensatz zur Rechtslage bis 1978 sind nunmehr die Patentansprüche nicht nur der Ausgangspunkt, sondern maßgebliche Grundlage für die Bestimmung des Schutzbereichs. Nach § 14 Satz 2 PatG 1981 ist der Inhalt der Patentansprüche durch Auslegung zu ermitteln, wobei die Beschreibung und die Zeichnungen heranzuziehen sind. Wie aus dem Protokoll über die Auslegung des § 14 PatG 1981 entsprechenden Art. 69 Abs. 1 EPÜ (BGBl. 1976/II, 1000) hervorgeht, dient die Auslegung nicht nur zur Behebung etwaiger Unklarheiten in den Patentansprüchen verwendeten technischen Begriffe sowie zur Klärung der Bedeutung und Tragweite der dort beschriebenen Erfindung. In der Amtlichen Begründung des Regierungsentwurfs zum heutigen § 14 PatG (damals § 6a) hat die

---

5   Bühring, Gebrauchsmustergesetz, 5. Aufl., Köln, Berlin, Bonn, München, 1997, § 1 Rdn. 72.
6   vgl. z.B. BPatG 15, 62.
7   BGBl 1977/11, 826,864; Bekanntmachung über das Inkrafttreten des EPÜ vom 9. September 1977, BGBl 1977/II, 792.
8   vgl. Art. XI §§ 1, 3 Abs. 5; IV Nr. 6 IntPatÜG.
9   Schulte, Patentgesetz mit EPÜ, 5. Aufl., Köln, Berlin, Bonn, München, 1994, § 14 Rdn. 82.
10 Mes, Patentgesetz, Gebrauchsmustergesetz, München 1997, § 14 Rdn. 4.
11 v. Falk: Freiheit und Bindung des Patentverletzungsrichters, GRUR 1984, S. 392 ff.; Preu: Angemessener Erfindungsschutz und Rechtssicherheit, GRUR 1985, S. 728.
12 GRUR 1986, S. 803-806.

Bundesregierung auf dieses Protokoll Bezug genommen und dabei zum Ausdruck gebracht, daß die darin niedergelegten Grundsätze auch für das deutsche Recht maßgeblich sein sollten (BT-Drucks. 7/3712,30); nur so sei das mit der Einfügung der neuen Vorschrift angestrebte Ziel einer möglichst einheitlichen Bestimmung des Schutzbereichs von Patenten in Europa zu erreichen. Dieser Gesetzeszweck gebietet es, bei der Bemessung des Schutzbereichs deutscher Patente die Auslegungsgrundsätze zu beachten, auf die sich die Vertragsstaaten des EPÜ in dem Auslegungsprotokoll zu Art. 69 EPÜ geeinigt haben".[13]

Die zwischen 1877 und 1978 ergangenen Entscheidungen der Gerichte zum Schutzumfang sowie die Lehre hierzu, sind deshalb heute nur noch von beschränktem Wert bei der Auslegung des § 14 PatG. Maßgebend ist jetzt, worauf der BGH in der o.g. Formstein-Entscheidung hingewiesen hat, das Protokoll vom 5. Oktober 1973 über die Auslegung des Art. 69 I EPÜ, das nach Art. 164 I Bestandteil des EPÜ bildet und in dem es wörtlich heißt:

„Artikel 69 ist nicht in der Weise auszulegen, daß unter dem Schutzbereich des europäischen Patents der Schutzbereich zu verstehen ist, der sich aus dem genauen Wortlaut der Patentansprüche ergibt, und daß die Beschreibung sowie die Zeichnungen nur zur Behebung etwaiger Unklarheiten in den Patentansprüchen anzuwenden sind. Ebensowenig ist Artikel 69 dahingehend auszulegen, daß die Patentansprüche lediglich als Richtlinie dienen und der Schutzbereich sich auch auf das erstreckt, was sich dem Fachmann nach Prüfung der Beschreibung und der Zeichnungen als Schutzbegehren des Patentinhabers darstellt. Die Auslegung soll vielmehr zwischen diesen extremen Auffassungen liegen und einen angemessenen Schutz für den Patentinhaber mit ausreichender Rechtssicherheit für Dritte verbinden".

Dieses Protokoll interpretiert der BGH dahingehend, daß der Weg für eine Bemessung des Schutzbereichs über den Anspruchswortlaut hinaus auf Abwandlungen der in den Patentansprüchen umschriebenen Erfindung offen sei. Die Erstreckung des Schutzbereichs über den Anspruchswortlaut hinaus auf äquivalente Ausführungsformen entspreche nach den derzeitigen Kenntnissen des Senats der Rechtsvorstellung der am EPÜ beteiligten Staaten, wenn auch im einzelnen noch erhebliche Abweichungen sowohl in der Methode der Ermittlung des sachlichen Schutzbereichs von Patenten als auch im Umfang des gewährten Schutzes bestünden. Der Schutzbereich eines nach dem 1. Januar 1978 angemeldeten Patents bemesse sich hinsichtlich der Benutzung der Erfindung durch Äquivalente nach dem durch Auslegung zu ermittelnden Inhalt der Patentansprüche. Es sei dabei auf die vom Fachmann erkennbare Tragweite der Erfindung abzustellen. Zu fragen sei, ob der Fachmann aufgrund der in den Ansprüchen unter Schutz gestellten Erfindung dazu gelange, das durch die Erfindung gelöste Problem mit gleichwirkenden Mitteln zu lösen, d.h. den angestrebten Erfolg auch mit anderen Mitteln, die zum Erfolg führen, zu erreichen. Im amtlichen Leitsatz Nr. 1 zur Formstein-Entscheidung heißt es entsprechend:

---

13 GRUR 1986, S. 805, linke Spalte.

"Nach § 14 PatG 1981 erstreckt sich der Schutzbereich regelmäßig auf Äquivalente der in den Patentansprüchen unter Schutz gestellten Erfindung".[14]

Wie man unschwer erkennt, hat der BGH hierdurch den sogenannten „Gegenstand der Erfindung" aus der Zeit von 1944-1978 in die neue Rechtslage hinübergerettet. Der Anschein, mit dem neuen Gesetz sei wieder der *Hartig*'sche Idealzustand erreicht, daß das Patentamt von vornherein eindeutig den Schutzumfang festlegt, erweist sich somit als trügerisch. Vielmehr gilt nach wie vor, daß der Patentanspruch keine eindeutige Aussage über den Schutzumfang zuläßt. Vielmehr müssen die Äquivalente hinzugedacht werde. Der Wortlaut des Patentanspruchs zuzüglich der Äquivalente wurde aber vom Patentamt gar nicht auf Schutzfähigkeit geprüft, so daß diese Schutzfähigkeit vom BGH unterstellt werden muß, wenn er nicht selbst eine Prüfung der Äquivalente auf Patentfähigkeit vornehmen will. In seinem zweiten Leitsatz schränkt der BGH allerdings wieder etwas ein. Dort heißt es:

„Dabei ist der Einwand zugelassen, die als äquivalent angegriffene Ausführungsform stelle mit Rücksicht auf den Stand der Technik keine patentfähige Erfindung dar."

Die Formstein-Entscheidung wurde mehrfach kommentiert[15] und kurze Zeit später durch weitere höchstrichterliche Entscheidungen ergänzt und klargestellt. Bei diesen Entscheidungen handelt es sich um folgende: „Rundfunkübertragungssystem"[16], „Ionenanalyse"[17], „Schwermetalloxidationskatalysator"[18], „Batteriekastenschnur"[19], „Autowaschvorrichtung"[20], „Befestigungsvorrichtung II"[21], „Mechanische Befestigungsrichtung"[22], „Heliumeinspeisung"[23], „Zerlegvorrichtung für Baumstämme"[24] und „Kabeldurchführung".[25]

In der Ionenanalyse-Entscheidung führt der BGH aus, zur Begründung einer Benutzung einer unter Schutz gestellten Erfindung reiche die bloße Feststellung einer Gleichwirkung nicht aus, vielmehr müsse der Fachmann auch am Sinngehalt der Ansprüche, d.h. an der darin beschriebenen Erfindung, anknüpfen.[26] Die Äquivalente werden hierdurch gewissermaßen wieder an den Patentanspruch angebunden.

Der Durchschnittsfachmann muß also gleichwirkende Mittel mit Hilfe seiner Fachkenntnisse und aufgrund von Überlegungen auffinden können, die sich an der in den Patentansprüchen umschriebenen Erfindung orientieren.

---

14 GRUR 1986, S. 803, linke Spalte.
15 v. Falk: Die Äquivalenzlehre im neuen Patentrecht (einschließlich Diskussionsbeiträge hierzu von Bruchhausen, Gaul, Klaka, Krieger, Preu), GRUR 1988, S. 1 ff.; Ullmann: Die Verletzung von Patent und Gebrauchsmuster nach neuem Recht, GRUR 1988, S. 333 ff.
16 GRUR 1987, S. 626 ff.
17 GRUR 1988, S. 896-900.
18 BGH GRUR 1989, S. 205, 208.
19 BGH GRUR 1989, S. 903, 905.
20 BGH Mitt. 1991, S. 35.
21 BGH Mitt. 1991, S. 37.
22 BGH GRUR 1992, S. 594-597.
23 BGH Mitt. 1992, S. 64, 67.
24 BGH Mitt. 1994, S. 181, 188.
25 BGH GRUR 1997, S. 454-458.
26 a.a.O., S. 899, linke Spalte.

Ergänzend und verdeutlichend hat der BGH im oben erwähnten Urteil „Schwermetalloxidationskatalysator" ausgeführt :

> *„Eine Ausweitung des Schutzbereichs eines Patents auf ein Verfahren, das der Fachmann zwar aufgrund seines Fachwissens anhand der Patentbeschreibung auffinden kann, das aber in der Anspruchsfassung keinen Niederschlag gefunden hat, ist mit den auch für das deutsche Recht maßgebenden Grundsätzen des Auslegungsprotokolls zu Art. 69 EPÜ nicht vereinbar."*

In der Entscheidung „Batteriekastenschnur" bestätigt der BGH, daß die Auslegung der Patentansprüche nicht nur der Behebung etwaiger Unklarheiten, sondern auch zur Klarstellung der darin verwendeten technischen Begriffe sowie zur Klärung der Bedeutung und der Tragweite der dort beschriebenen Erfindung dient. Darüber hinaus heißt es in dieser Entscheidung:

> *„Maßgebend ist dabei die Sicht des Fachmanns, dessen Verständnis sich bereits bei der Ermittlung des Inhalts der in den Patentansprüchen verwendeten Begriffe auswirkt und das auch bei der Feststellung des über den Wortsinn hinausgehenden Gesamtzusammenhangs der Patentansprüche maßgebend ist. Bei der Prüfung der Frage, ob die im Patent unter Schutz gestellte Erfindung benutzt wird, ist daher zunächst unter Zugrundelegung des fachmännischen Verständnisses der Inhalt der Patentansprüche festzustellen, d.h. der dem Anspruchswortlaut vom Fachmann beigelegte Sinn zu ermitteln. Wird bei der angegriffenen Ausführungsform entsprechend dem so ermittelten Sinngehalt eines Patentanspruchs Gebrauch gemacht, dann wird die unter Schutz stehende Erfindung benutzt. Eine Benutzung kann auch dann vorliegen, wenn eine vom Sinngehalt der Patentansprüche abweichende Ausführung zur Beurteilung steht, der Fachmann aber aufgrund von Überlegungen, die an den Sinngehalt der in den Ansprüchen beschriebenen Erfindung anknüpfen, die bei der angegriffenen Ausführungsform eingesetzten abgewandelten Mittel mit Hilfe seiner Fachkenntnisse zur Lösung des der Erfindung zugrundeliegenden Problems als gleichwirkend auffinden konnte."*[27]

Die „Autowaschvorrichtung"-Entscheidung stellt klar, daß der Schutzbereich eines europäischen Patents nicht auf eine Ausführungsform erstreckt werden kann, die auf den entsprechenden Vorteil der Erfindung verzichtet, indem sie ein im Leistungsergebnis übereinstimmendes Mittel benutzt, dessen Einsatz zu vermeiden Hauptzweck der Erfindung ist. Außerdem äußert sie sich zum alten Thema der Unterkombination und weist darauf hin, daß bei einem europäischen Patent der Schutz für eine Unterkombination jedenfalls dann ausscheidet, wenn auf ein für die unter Schutz gestellte Lehre wesentliches und bestimmendes Merkmal des Patentanspruchs verzichtet wird. Ob Unterkombinationen generell vom Schutz ausgeschlossen sind, bleibt dabei offen.

In dem Urteil „Befestigungsvorrichtung II" vom 12. Juli 1990 bestätigt der BGH ein auch schon im alten Recht geltenden Grundsatz:

> *„In den Schutzbereich eines Patents können auch solche Ausführungsformen fallen, die von der geschützten Lehre Gebrauch machen und zugleich eine erfinde-*

---

27 GRUR 1989, S. 904, rechte Spalte.

rische weitere Ausgestaltung verwirklichen; es handelt sich dann um eine abhängige Erfindung".[28]

Und weiter:

„Eine Patentverletzung mit äquivalenten Mitteln ist auch dann gegeben, wenn die konkrete Ausführungsform in einem oder in mehreren Merkmalen als Ausgestaltung einer allgemeineren Aussage zu verstehen ist, die der Fachmann der im Patentanspruch umschriebenen und in der Patentbeschreibung erläuterten Ausbildung als gleichwirkend entnehmen kann. Unter diesen Voraussetzungen kommt es nicht darauf an, ob auch die konkrete Ausgestaltung für den Fachmann naheliegend war oder erfinderisch ist" (Leitsatz Nr. 2)

Diese letztgenannte Feststellung besagt, daß eine konkrete Ausführungsform einer allgemeinen, aus einem Patent ableitbaren Idee durchaus selbst patentiert sein kann, ohne daß sie dadurch aus dem Schutzbereich der allgemeinen Idee herausfällt. Diese Auffassung des BGH scheint nicht ganz unbedenklich, denn wenn der Fachmann die konkrete Ausführungsform der im Patentanspruch umschriebenen und in der Patentbeschreibung erläuterten Ausbildung als gleichwirkend entnehmen kann, fragt es sich, wie die konkrete Ausführungsform überhaupt noch erfinderisch sein kann. Es scheint, als ob der BGH den schon begraben geglaubten „Allgemeinen Erfindungsgedanken" mit neuer Begründung wieder auferstehen lasse wolle.

R. König[29] meint, der Schutzbereich eines Patents erfasse somit nach neuem Recht auch einen erweiterten Äquivalenzbereich, der sich für den Fachmann erst aufgrund besonderer, am Wortsinn und an der abgewandelten bzw. weiterentwickelten Ausführungsform ansetzender Überlegungen, nämlich einer abstrahierenden Rückführung eines Merkmals der angegriffenen Ausführungsform auf ein artbestimmendes Kriterium mittelbar ergebe.

Die Entscheidung „Befestigungsvorrichtung II" schaffe damit eine Differenzierung innerhalb des Äquivalenzbereichs, die zu ähnlichen Abgrenzungsschwierigkeiten führen dürfte wie die frühere Unterscheidung in glatte und nicht-glatte Äquivalenz.

In dem Urteil „Mechanische Betätigungsvorrichtung" vom 5.5.1992 hat der BGH mit seinem ersten Leitsatz noch einmal seine bisherige Rechtsprechung bestätigt und ausgeführt, daß die Auslegung des Inhalts der Patentansprüche nicht nur der Behebung etwaiger Unklarheiten diene, sondern auch zur Klarstellung der darin verwendeten Begriffe sowie zur Klärung der Bedeutung und Tragweite der dort beschriebenen Erfindung. Maßgebend sei dabei die Sicht des Fachmanns.

Der zweite Leitsatz geht indessen in seiner Deutlichkeit insofern über die bisherige Rechtsprechung des BGH zum neuen Recht hinaus, als er feststellt:

„Die Frage, ob und unter welchen Voraussetzungen bei einem europäischen Patent Schutz für eine Unterkombination zu gewähren ist, bleibt offen"

---

28 Leitsatz Nr. 1, Mitt. 1991, S. 37, rechte Spalte.
29 Reimar König: Die Rechtsprechung des BGH zum Schutzumfang nach neuem Recht – von Formstein bis Befestigungsvorrichtung II, Mitt. 1991, S. 21-31, 39, vgl. auch v. Falk: Neues zum Schutzumfang von Patenten, GRUR 1990, S. 650 und K. Rupprecht: Identitätsbereich und Schutzbereich eines Patents oder Gebrauchsmusters – ein Volkslied, Mitt. 1991, S. 225-238 mit Replik hierauf von H. Goddar: Identitätsbereich und Schutzbereich eines Patents oder Gebrauchsmusters – Volkslied. Nachtrag eines besorgten Lesers.

1 Umfang des Patentschutzes (Schutzbereich) 17

Da eine Unterkombination nichts anderes darstellt als ein Erfindungsteil, werden Erinnerung an die alten Diskussionen um den Teilschutz wach,[30] die im Licht des neuen Rechts als überholt gelten konnten.

Zwar hatte der BGH auch schon in der Batteriekastenschnur-Entscheidung und in der Entscheidung „Heliumeinspeisung"[31] den Teilschutz nicht generell ausgeschlossen,[32] doch war in diesen Entscheidungen noch keine Tendenz erkennbar, eines Tages tatsächlich wieder Teilschutz zu gewähren.

In seiner Entscheidung „Zerlegvorrichtung für Baumstämme" vom 17. März 1994 rückt der BGH überraschenderweise von seiner Entscheidung „Befestigungsvorrichtung II" ab. Im ersten Leitsatz dieser Entscheidung heißt es:

„Der Schutzbereich eines Patents ist nach § 14 PatG 1981 jedenfalls nicht weiter als der Schutzbereich eines Patents nach dem vormals geltenden Recht. Er erfaßt keine äquivalenten Abwandlungen, die auf erfinderischer Tätigkeit beruhen."[33]

In seiner Anmerkung zu dieser Entscheidung bemerkt R. *König*[34], die neue Auffassung des BGH erscheine einleuchtend, denn der Äquivalenzbegriff sei bestimmt durch den Bereich des Gleichwirkenden und Naheliegenden; er schließe allein schon rein begrifflich Erfinderisches aus. Ein erfinderisches Äquivalent wäre eine contradictio in adjecto. Zu dieser klaren Aussage hatte sich *König* allerdings in seiner Besprechung der Entscheidung „Befestigungsvorrichtung II" noch nicht durchringen können. Jetzt[35] sieht er in der erfinderischen Abwandlung eine atypische, weil weder wortsinngemäße noch äquivalente Ausführungsform, die je nach Einzelfall neben wortsinngemäßen und/oder äquivalent verwirklichten Mitteln noch solche konkreten Mittel umfasse, die sich bei analytischer Betrachtung als erfinderische Ausgestaltungen wortlaut- bzw. wortsinngemäßer oder äquivalenter Lösungsmittel erwiesen und vermittels dieser im Anspruchsinhalt und/oder im Äquivalenzbereich wurzelten. Auf diese Weise stelle sich die erfinderische Abwandlung mit der Gesamtheit ihrer rechtserheblichen, d.h. wortsinngemäßen, äquivalenten und erfinderisch abgewandelten gleichwirkenden konkreten Merkmalen vom Typus her als Benutzung der patentierten Erfindung dar.

Eine Bestätigung des Formstein-Einwands hat der BGH in seinem Urteil „Kabeldurchführung" vom 4.2.1997[36] gegeben, das sich auf das Gebrauchsmusterrecht bezieht und dessen erster Leitsatz wie folgt lautet:

„Auch in dem wegen Verletzung eines seit dem 1.1.1987 angemeldeten Gebrauchsmuster geführten Prozeß ist der Einwand zugelassen, die als äquivalent angegriffene Ausführungsform stelle mit Rücksicht auf den Stand der Technik keine Erfindung dar (Ergänzung zu BGHZ 98,12= GRUR 1986,803 – Formstein)"

---

30 vgl. RG vom 18. Januar 1890, Bl.f.PMZ 1906, S. 37-39, wörtlich zitiert auch bei Emil Müller, a.a.O., S. 86/87.
31 BGH Mitt. 1992, S. 64, 66.
32 vgl. hierzu auch Reimar König: Der Patentrechtliche Teilschutz – Schutz der Teil/Unterkombination, Mitt. 1993, S. 32-41, 32.
33 Mitt. 1994, S. 181.
34 Reimar König: Zum Schutzbereich und der BGH-Entscheidung „Zerlegevorrichtung für Baumstämme", Mitt. 1994, S. 178-181, 179.
35 Reimar König: Patentverletzung durch erfinderische Abwandlung, Mitt. 1996, S. 75-81, 78/79.
36 GRUR 1997, S. 454-458.

Nach Auffassung des BGH ist das Verletzungsgericht nach einem Löschungsverfahren nur an den „Gegenstand des Gebrauchsmusters" gebunden, wie er von den Patentbehörden festgelegt wurde. Die Berufung auf den Stand der Technik nach den Grundsätzen der „Formstein"-Entscheidung erfordere dagegen die Prüfung, ob der Fachmann die das Schutzrecht (lediglich) mit Abwandlungen verwirklichende angegriffene Ausführungsform ohne erfinderische Tätigkeit dem Stand der Technik entnehmen konnte oder ob dies nicht festgestellt werden kann. Grundlage dieser Prüfung sei nicht der Gegenstand des Schutzrechts, sondern eine davon abweichende angegriffene Ausführungsform und ihre Vorwegnahme durch den Stand der Technik. Die zu beurteilende Frage sei damit grundsätzlich verschieden von der Prüfung des Bestandes eines Schutzrechts. Die im Verhältnis der Parteien des Löschungsverfahrens bindende Entscheidung hindere daher nicht ohne weiteres, mit einer Entgegenhaltung gerade im Hinblick auf die angegriffene Ausführungsform den Schutzumfang in Zweifel zu ziehen.[37]

Die Rechtslage in den übrigen Ländern der europäischen Patentübereinkunft ist ähnlich wie die in Deutschland, weil Art. 69 EPÜ zumindest für die Europa-Patente in allen diesen Ländern gelten soll. Dennoch gibt es einige Unterschiede, was u.a. dadurch bedingt ist, daß die Dichte der nationalen Gerichtsentscheidungen nicht in allen Ländern gleich ist und Art. 69 nicht in allen Ländern in nationales Recht transformiert wurde. So gibt es in Frankreich noch keine Gerichtsentscheidung oder Gesetzesnorm, welche die Anwendung des Art. 69 EPÜ auch für nationale französische Patente festschreibt. Das gleiche gilt für Italien.[38] Dagegen gilt für Großbritannien, daß Art. 69 EPÜ auch auf nationale Schutzrechte anwendbar ist.[39] Was die nationalen italienischen Patentansprüche betrifft, so werden diese anders behandelt als die europäischen, was sich daraus erklärt, daß es in Italien keine materielle Patentprüfung gibt und folglich den Patentansprüchen keine große Bedeutung zugemessen wird.[40] Die Auslegungspraxis europäischer Patente ist derzeit in Großbritannien am engsten und in Deutschland am weitesten. Die Schweiz dürfte eine Position zwischen Deutschland und Großbritannien einnehmen.[41] Die Tatsache, daß für England eine enge Auslegung vermutet wird, hat historische Gründe. Das englische Patentgesetz von 1883 war das erste in Europa, das die Stellung der Patentansprüche regelte. Die entsprechende Regelung des Patents Act 1883, Section 5 (5) lautete:

> „A specification, whether provisional or complete, must commence with a title, and in the case of a complete specification must end with a distinct statement of the invention claimed"

Diese Regelung, die unverändert in das Gesetz von 1907 übernommen wurde, wurde von der Praxis dahingehend interpretiert, daß durch Patentansprüche der Schutzumfang festgelegt werden sollte. Im Fall EMI vs. Lissen wurde 1939 festgestellt:

---

37 a.a.O., Punkt 6c, vgl. auch Kurt von Falck: Überlegungen zum „Formstein"-Einwand, GRUR 1998, S. 218-222.
38 H.-P. Pfeifer, R. Rioufrays, G. Checcacci, S. Roberts: Patent claim interpretation in member countries of the European patent convention, Mitt. 1993, S. 93-99.
39 J. Beton: The interpretation of United Kingdom patents, Mitt. 1992, S. 189-202.
40 G. Modiano: Der Schutzbereich nach Art. 2,69 und 164 EPÜ im italienischen Patentrecht, Mitt. 1992, S. 286-288.
41 Reto M. Hilty: Die Bestimmung des Schutzbereichs nach schweizerischem Patentrecht im Lichte des europäischen Patentübereinkommens, Mitt. 1993, S. 1-18.

„The function of the claim is to define clearly and with precision the monopoly claimed, so that others may know the exact boundaries of the area within they will be trespassers".[42]

Wegen dieser englischen Rechtstradition wird vermutet, daß England den Artikel 69 EPÜ im Rahmen des Möglichen eng auslegen wird.

Frankreich kannte unter der Herrschaft des Patentgesetzes vom 5. Juli 1844, das bis 1968 galt, keine Patentansprüche. Vielmehr genügten eine Beschreibung und ein Resumée der Erfindung, das jedoch keine beschränkende Wirkung aufwies. Mit dem Patentgesetz vom 2. Januar 1968 wurden auch in Frankreich Patentansprüche eingeführt. Bereits 10 Jahre später, am 13. Juli 1978, wurde das französische Patentgesetz erneut geändert und an die europäische Patentübereinkunft angepaßt. Zwar wurde das Protokoll über die Auslegung des Art. 69 EPÜ nicht in das französische Patentgesetz übernommen, doch folgt die französische Rechtsprechung der durch das Protokoll empfohlenen mittleren Linie. Diese Rechtsprechung wird von zehn spezialisierten Gerichten der ersten Instanz (Tribunaux de Grande Instance, TGI), zehn Berufungsgerichten (Cours d'Appel, CA) sowie des Kassationsgerichts (Cour de Cassation) geschaffen und fortgebildet.[43] Für Österreich gilt, daß neben der unmittelbaren Anwendung des Art. 69 EPÜ hinsichtlich europäischer Patentanmeldungen und Patente in Österreich die Anwendung des Art. 69 EPÜ für nationale österreichische Patente aus § 22 a des österreichischen Patentgesetzes 1970 folgt.[44]

Eine sehr anschauliche Darstellung der neueren Rechtslage in Deutschland, Österreich und der Schweiz hinsichtlich des Schutzbereichs von Patenten geben *Dolder* und *Faupel*.[45]

Wie unterschiedlich der gleiche Erfindungsgegenstand in den verschiedenen Ländern hinsichtlich seines Schutzumfangs beurteilt werden kann, zeigt der bekannte EPILADY-Fall, der ein Gerät zum Auszupfen von (Damen-)Körperhaaren betraf. Die Fundstellen zu den einzelnen nationalen Gerichtsentscheidungen können der Fußnote 5 eines Aufsatzes von *Busche*[46] entnommen werden.

1.2   Die Rechtslage in den U.S.A.

In den U.S.A. erweitern die Gerichte seit jeher nicht den Wortlaut eines Patentanspruchs; sie interpretieren ihn nur. Wurde ein Patentanspruch einmal interpretiert, muß die gleiche Interpretation auch bei der Bestimmung einer Patentverletzung und der Rechtsbeständigkeit angewendet werden.[47] Dabei gilt die Regel, daß keines der Elemente eines Patentanspruchs weggelassen werden kann: es herrscht die „All Elements

---

42   Electric and Musical Industries v. Lissen, 1939, 56 RPC 266, zitiert nach Bodenheimer/Beton, Mitt. 1993, S. 99-110; Zum britischen Patentrecht vgl. Sievers, Das britischen Patentrecht, 1998.
43   Jean-Georges Kaspar: Auslegung des Patents nach französischem Recht im Vergleich mit dem Europäischen Patentübereinkommen, Mitt. 1993, S. 359-363.
44   W. Holzer: Der Schutzbereich nach Art. 69, die „unzulässige Erweiterung" nach 138 EPÜ und österreichisches Recht, Mitt. 1992, S. 129-132.
45   Fritz Dolder/Jannis Faupel: Der Schutzbereich von Patenten. Rechtsprechung zu Patentverletzungen in Deutschland, Österreich und der Schweiz; Köln, Berlin, Bonn, München, 1999.
46   Jan Busche: Die Reichweite des Patentschutzes – Zur Auslegung von Patentansprüchen im Spannungsfeld von Patentinhaberschutz und Rechtssicherheit, Mitt. 1999, S. 161-166.
47   Gary M. Ropski und Thomas J. Filarski: Claim interpretation and patent infringement under United States patent lwa, Mitt. 1993, S. 42-51; vgl. auch Toshiko Takenaka: Interpreting Patent Claims: The United States, Germany and Japan, 1995.

Rule", welche besagt, daß jegliche Einschränkung des Patentanspruchs wesentlich ist. Soll ein Gericht die Verletzung eines Patents feststellen, muß der Patentinhaber nachweisen, daß sich jede Einschränkung des Patentanspruchs bzw. die Äquivalente[48] hierzu in der verletzenden Ausführungsform wiederfindet. Im Gegensatz zum EPÜ und dem deutschen PatG gibt es in den USA eine explizite gesetzliche Regelung für die sogenannten „means-plus-function"-Ansprüche, die eine Besonderheit hinsichtlich der Auslegung darstellen. Unter „means-plus-function"-Ansprüchen versteht man Patentansprüche, in denen eines oder mehrere Merkmale der Erfindung durch das zu erzielende Ergebnis gekennzeichnet sind.[49] Nachdem der Supreme Court in der Entscheidung Halliburton[50] einen „means-plus-function"-Anspruch als unzulässig abgelehnt hatte, wurde der sechste Absatz des 35 U.S.C § 112 hinzugefügt, der lautet:

> *„An element in a claim for a combination may be expressed as a means or step for performing a specified function without recital of structure, material, or acts in support thereof, and such claim shall be construed to cover the corresponding structure, material, or acts described in the specification and equivalents thereof."*

Danach sind funktionelle means- oder step-plus-function-Ansprüche zulässig, in ihrer Auslegung aber auf die Strukturen, Stoffe und Handlungen in der Beschreibung sowie deren Äquivalente beschränkt. Wie *Esslinger* ausgeführt hat,[51] wird hierdurch eine Auslegung eines Anspruchs unter den Wortlaut ermöglicht, was der europäischen und deutschen Praxis fremd ist.

1.3 Schlußfolgerungen

Die Konsequenzen, die aus dieser Rechtslage im In- und Ausland für die Formulierung von Patentansprüchen gezogen werden können, scheinen im Grunde recht einfach. Um etwa die Problematik der Äquivalenzlehre zu umgehen, scheint es sinnvoll, im Patentanspruch möglichst allgemeine statt spezielle Begriffe zu wählen, also „Verbindungselement" statt „Schraube" oder „Niete". Ist ein Anspruch in seiner allgemeinsten Fassung definiert, erübrigt sich ein Rückgriff auf Äquivalente. Dabei sollten allerdings in der Beschreibung deutscher und europäischer Patentanmeldungen wenigstens zwei spezielle Lösungen angegeben werden, um zu belegen, daß der allgemeine Begriff durch konkrete technische Lehren gedeckt ist. Wird in Deutschland ein Elemente- oder Teileanspruch angestrebt, der in den U.S.A. ausgeschlossen ist, empfiehlt es sich, in der Beschreibung auf die besondere Bedeutung einzelner Elemente des Anspruchs hinzuweisen. Falls der BGH eines Tages Elementenschutz gewähren sollte, könnte er in einem solchen Hinweis in der Beschreibung eine Basis für seine Rechtsprechung finden.

Aus der Sicht des Patentanmelders steht eindeutig der Schutzumfang im Vordergrund, der durch einen Patentanspruch gewährt wird. Ein besonderes Interesse des Anmelders, seine Erfindung für die Allgemeinheit – sprich: Patentprüfer – klar zu definieren, besteht nicht. Dies bedeutet, daß der Patentanspruch nicht in erster Linie eine klare

---

48 Stephen M. Bodenheimer, John Beton: Infringement by equivalents in the United States and Europe: A comparative analysis, Mitt. 1993, S. 99-110).
49 GRUR Int. 1985, S. 264.
50 Halliburn Oil Well Cementing v. Walker, 329 U.S. 1,67 S.Cr. 6,91 L.Ed 3, Supreme Court 1946.
51 A. Esslinger: Auslegung unter den Wortlaut – die Interpretation von „means-plus-function"-Ansprüchen in den USA, Mitt. 1998, S. 132-134.

Definition der Erfindung darstellen sollte, die sich an den Techniker wendet, als vielmehr eine reine claim-Absteckung. Das Interesse der Öffentlichkeit, den „Gegenstand der Erfindung" im Patentanspruch exakt präsentiert zu bekommen, muß gegenüber dem Interesse des Anmelders an einem möglichst weiten Schutzumfang – der allerdings klar abgesteckt sein muß – zurückstehen. Ist der Schutzbereich im Sinne des Erfinders eindeutig definiert, dann ist damit auch dem Interesse der Öffentlichkeit Genüge getan, denn sie kann dann nicht mit überraschenden Ansprüchen des Patentinhabers konfrontiert werden. Der Vorrang der Schutzbereichsbestimmung muß spätestens seit der gesetzlichen Pflicht gelten, auch Zusammenfassungen bei Patentanmeldungen einzureichen, denn in diesen Zusammenfassungen kann der technische Gegenstand so beschrieben werden, daß dem Interesse der Techniker Genüge getan wird, das „Wesen der Erfindung" aufbereitet zu bekommen. Nach Poth[52] sind deshalb der Patentansprüche weder nur ein weiterer Teil der Beschreibung noch eine Zusammenfassung des Anmeldeinhaltes für den, der sich über den Anmeldungsinhalt kurz informieren möchte. Dafür gebe es nach Art. 85 EPÜ ausdrücklich eine gesonderte Zusammenfassung, die wiederum nicht für andere Zwecke, insbesondere nicht für die Bestimmung des Umfanges des begehrten Schutzes, also auch nicht zur Auslegung der Patentansprüche, herangezogen werden könne.

Leider ist eine klar am Schutzumfang-Interesse orientierte Anspruchsformulierung in der Praxis nicht ohne weiteres möglich, weil sowohl das deutsche als auch das europäische und amerikanische Patentgesetz strenge Vorschriften enthalten, wie ein Patentanspruch zu formulieren ist. Ob und gegebenenfalls in welchem Umfang diese Vorschriften mit einer möglichst umfassenden Bestimmung des Schutzumfangs vereinbar sind, wird im folgenden näher untersucht.

2 Gegenstand der Erfindung (Erfindungsdefinition)

Wie bereits oben ausgeführt, besteht keine einheitliche Auffassung darüber, was der „Gegenstand einer Erfindung" ist. In der Regel wird hierunter jedoch eine Erfindungsdefinition verstanden, die sich an den Techniker und nicht an den Verletzungsrichter wendet. Nachfolgend wird der Begriff des „Gegenstands der Erfindung" im Sinne der herrschenden Meinung verwendet.

2.1 Gesetzliche Regelungen

§ 34 Abs. 3 Nr. 3 des deutschen Patentgesetzes in der Fassung vom 16. Juli 1998 schreibt vor, daß eine Patentanmeldung enthalten muß

einen oder mehrere Patentansprüche, in denen angegeben ist,
was als patentfähig unter Schutz gestellt werden soll

Diese Formulierung entspricht fast wörtlich der entsprechenden Vorschrift der alten Patentgesetznovelle von 1891.

Wäre der Begriff „als patentfähig" nicht in dieser Vorschrift enthalten, könnte ein Patentanspruch, der beschreibt, was unter Schutz gestellt werden soll, relativ leicht formuliert werden. Es fragt sich deshalb, welche Bedeutung dieser Begriff hat, der sich

---

52 H. Poth: Die „Stützung" des Patentanspruchs nach Art. 84, Mitt. 1991, S. 225-235.

über 100 Jahre im deutschen Patentgesetz gehalten hat. Daß auf die Wendung „als patentfähig" verzichtet werden kann, ergibt sich aus der entsprechenden Regelung der Europäischen Patentübereinkunft (EPÜ), Art. 84, der besagt:

Die Patentansprüche müssen den Gegenstand angeben, für den Schutz begehrt wird. Sie müssen deutlich, knapp gefaßt und von der Beschreibung gestützt sein.

Es wird in dieser Vorschrift nicht verlangt, daß der Gegenstand, für den Schutz begehrt wird, patentfähig sein soll. Vielmehr läßt der erste Satz der vorstehenden Regelung eine Anspruchs-Formulierung zu, die ganz am Schutzumfang orientiert ist und sich nicht an den Techniker wendet, um diesem eine klare Erfindungsdefinition an die Hand zu geben. Unklar sind die deutschen und europäischen Vorschriften allerdings insoweit, als in beiden nicht angegeben ist, was unter dem Pluralwort „Patentansprüche" zu verstehen ist. Einen wirklichen Sinn ergibt dieses Wort nur dann, wenn man hierunter unabhängige Ansprüche, also Haupt- und Nebenansprüche, aber nicht Unteransprüche versteht. Unteransprüche geben nicht das an, was unter Schutz gestellt wird, sondern sie definieren Merkmale, die nur in Verbindung mit einem Hauptanspruch einen „Gegenstand" bilden, für den Schutz begehrt wird.

Eine Selbstverständlichkeit ist wohl, daß die Patentansprüche deutlich sein müssen, wobei allerdings im Einzelfall strittig sein dürfte, wo die Deutlichkeit endet und die Undeutlichkeit beginnt. Weniger selbstverständlich ist, daß die Patentansprüche „knapp gefaßt" sein müssen. Ein Grund für diese Forderung ist schon deshalb nicht ersichtlich, weil ein Patentanspruch keine Zusammenfassung ist. In der Praxis spielt die Forderung nach knapp gefaßten Patentansprüchen allerdings keine große Rolle, weil die Anmelder in der Regel ein größeres Interesse an knappen und damit umfassenden Ansprüchen haben als die Prüfer der Patentämter. Die Prüfer sind überwiegend daran interessiert, den Gegenstand von Patentansprüchen einzuschränken und damit „einspruchssicher" bzw. „nichtigkeitsklagensicher" zu machen. Damit werden die Patentansprüche aber automatisch umfangreicher. Ein ursprünglich „knapper" Hauptanspruch wird im Laufe eines Patent-Prüfungsverfahrens oft immer länger, weil in ihn noch Merkmale aus den Unteransprüchen aufgenommen werden. Spielt schon die „Knappheit" des Anspruchs in der Praxis keine Rolle, so ist außerdem zweifelhaft, wo die Grenze zwischen knapp und weitschweifig liegt. Eine zahlenmäßige Begrenzung der Wörter wie bei der „Zusammenfassung" gibt es beim Patentanspruch nicht.

Die weitere Bedingung des Art. 84 EPÜ, daß die Patentansprüche von der Beschreibung gestützt sein müssen, ist ebenfalls nicht ohne weiteres einzusehen, denn wenn ein Patentanspruch ohnehin deutlich ist, erübrigt sich eine Stütze in der Beschreibung. Im U.S.-Patentrecht geht man deshalb konsequenter Weise davon aus, daß es genügt, wenn der alleinige Sitz der Offenbarung einer Erfindung der Patentanspruch ist.

Was den merkwürdigen Ausdruck „als patentfähig" des § 34 Abs. 3 Nr. 3 des deutschen Patentgesetzes betrifft, so kann dieser als ein Hartig'sches Relikt angesehen werden, welches besagt, daß der Patentanspruch sowohl eine Erfindungsdefinition als auch eine Schutzumfangsangabe sein soll. Im Vordergrund steht dabei die Erfindungsdefinition („als patentfähig"), die gleichzeitig den Schutzumfang festlegt („unter Schutz gestellt werden soll"). Trotz dieser Interpretation bleibt noch offen, ob „patentfähig" subjektiv oder objektiv gemeint ist, d.h. ob bereits der Stand der Technik berücksichtigt sein soll – denn nur dann, wenn die Erfindung neu und erfinderisch ist, ist sie auch patentfähig – oder ob der subjektive Eindruck des Erfinders genügt, eine Erfindung gemacht zu haben.

Da im europäischen Patentrecht ein der Floskel „als patentfähig" entsprechender Begriff fehlt, scheint das europäische Patentrecht insofern klarer als das deutsche.

Die wichtigste gesetzliche Regelung in den U.S.A., die den oben genannten deutschen und europäischen Regelungen entspricht, ist 35 U.S.C., section 112, Satz 2, die wie folgt lautet:

> *„The specification shall conclude with one or more claims particularly pointing out and distinctly claiming the subject matter which the applicant regards as his invention."*

Im Gegensatz zur deutschen gesetzlichen Regelung liegt hierbei die Betonung mehr auf dem Schutzumfang als auf dem technischen Gegenstand der Erfindung. Zwar ist auch hier von einer Erfindung („invention") die Rede, doch handelt es sich hierbei klar um die subjektive Erfindung („... which the applicant regards as ...") und nicht um die „patentfähige", bei welcher bereits der Stand der Technik berücksichtigt ist.

Die deutschen, europäischen und U.S.-amerikanischen gesetzlichen Regelungen lassen indessen noch viele Fragen offen, was auch die Gesetzgeber erkannt und deshalb spezielle Auslegungsregeln erlassen haben. Diese Auslegungsregeln sind de facto bindend und müssen deshalb von den Patentanmeldern beachtet werden, wenn diese nicht die Zurückweisung ihrer Patentanmeldung riskieren wollen.

2.2 Regeln und Anmeldeverordnungen

Regel 29 EPÜ stellt einiges klar, was Art. 84 EPÜ noch offen läßt. Es heißt dort:

(1) Der Gegenstand des Schutzbegehrens ist in den Patentansprüchen durch Angabe der technischen Merkmale der Erfindung anzugeben. Wo es zweckdienlich ist, haben die Patentansprüche zu enthalten:

a) Die Bezeichnung des Gegenstands der Erfindung und die technischen Merkmale, die zur Festlegung des beanspruchten Gegenstands der Erfindung notwendig sind, jedoch in Verbindungmiteinander zum Stand der Technik gehören;

b) einen kennzeichnenden Teil, der durch die Worte „dadurch gekennzeichnet" oder „gekennzeichnet durch" eingeleitet wird und die technischen Merkmale bezeichnet, für die Verbindung mit den unter Buchstabe a angegebenen Merkmalen Schutz begehrt.

(2) Vorbehaltlich Artikel 82 können in einer europäischen Patentanmeldung zwei oder mehr unabhängige Patentansprüche der gleichen Kategorie (Erzeugnis, Verfahren, Vorrichtung oder Verwendung) enthalten sein, sofern es mit Rücksicht auf den Gegenstand der Anmeldung nicht zweckmäßig ist, diesen in einem einzigen Anspruch wiederzugeben.

(3) zu jedem Patentanspruch, der die wesentlichen Merkmale der Erfindung wiedergibt, können ein oder mehrere Patentansprüche aufgestellt werden, die sich auf besondere Ausführungsarten dieser Erfindung beziehen.

(4) Jeder Patentanspruch, der alle Merkmale eines anderen Patentanspruchs enthält (abhängiger Patentanspruch), hat, wenn möglich in seiner Einleitung, eine Bezugnahme auf den anderen Patentanspruch zu enthalten und nachfolgend die zusätzlichen Merkmale anzugeben, für die Schutz begehrt wird. Ein abhängiger Patentanspruch ist auch zulässig, wenn der Patentanspruch, auf den er sich unmittelbar bezieht, selbst ein abhängiger Patentanspruch ist. Alle abhängigen Patentansprüche, die sich auf einen oder mehrere vorangehende Patentansprüche beziehen, sind soweit wie möglich und auf die zweckmäßigste Weise zusammenzufassen.

(5) Die Anzahl der Patentansprüche hat sich bei Berücksichtigung der Art der beanspruchten Erfindung in vertretbaren Grenzen zu halten. Mehrere Patentansprüche sind fortlaufend mit arabischen Zahlen zu numerieren.

(6) Die Patentansprüche dürfen sich, wenn dies nicht unbedingt erforderlich ist, im Hinblick auf die technischen Merkmale derErfindung nicht auf Bezugnahmen auf die Beschreibung oder die Zeichnungen stützen. Sie dürfen sich insbesondere nicht auf Hinweise stützen wie: „wie beschrieben in Teil ... der Beschreibung" oder „wie in Abbildung ... der Zeichnung dargestellt".

(7) Sind der europäischen Patentanmeldung Zeichnungen beigefügt, so sollen die in den Patentansprüchen genannten technischen Merkmale mit Bezugszeichen, die auf diese Merkmale hinweisen, versehen werden, wenn dies das Verständnis des Patentanspruchs erleichtert; die Bezugszeichen sind in Klammern zu setzen. Die Bezugszeichen dürfen nicht zu einer einschränkenden Auslegung des Patentanspruchs herangezogen werden."

Im deutschen Patentrecht übernimmt die Auslegung des § 34 PatG die „Verordnung über die Anmeldung von Patenten", auch Patentanmeldeverordnung oder PatAnmV genannt.[53] Im § 4 dieser Verordnung, der mit „Patentansprüche" überschrieben ist, heißt es:

„(1) In den Patentansprüchen kann das, was als patentfähig unter Schutz gestellt werden soll (§ 34 Abs. 3 Nr. 3 desPatentgesetzes), einteilig oder nach Oberbegriff und kennzeichnenden Teil geteilt (zweiteilig) gefaßt sein. In beiden Fällen kann die Fassung nach Merkmalen gegliedert sein.

(2) Wird die zweiteilige Anspruchsfassung gewählt, sind in den Oberbegriff die durch den Stand der Technik bekannten Merkmale der Erfindung aufzunehmen; in den kennzeichnenden Teil sind die Merkmale der Erfindung aufzunehmen, für die in Verbindung mit den Merkmalen des Oberbegriffs Schutz begehrt wird. Der kennzeichnende Teil ist mit den Worten „dadurch gekennzeichnet, daß" oder „gekennzeichnet durch" oder einer sinngemäßen Wendung einzuleiten.

(3) Werden Patentansprüche nach Merkmalen oder Merkmalsgruppen gegliedert, so ist die Gliederung dadurch äußerlich hervorzuheben, daß jedes Merkmal oder

---

53 BGBl I 521 = Bl.f.PMZ 1981, 229, zuletzt geändert durch Gesetz vom 16. Juli 1998, BGBl I, S. 1827, Bl.f.PMZ 1998, 382.

jede Merkmalsgruppe mit einer neuenZeile beginnt. Den Merkmalen oder Merkmalsgruppen sind deutlich vom Text abzusetzende Gliederungszeichen voranzustellen.

(4) Im ersten Patentanspruch (Hauptanspruch) sind die wesentlichen Merkmale der Erfindung anzugeben.

(5) Eine Anmeldung kann mehrere unabhängige Patentansprüche (Nebenansprüche) enthalten, soweit der Grundsatz der Einheitlichkeit gewahrt ist (§ 34 Abs. 5 des Patentgesetzes). Absatz 4 ist entsprechend anzuwenden. Nebenansprüche können eine Bezugnahme auf mindestens einen der vorangehenden Patentansprüche enthalten.

(6) Zu jedem Haupt- bzw. Nebenanspruch können ein oder mehrere Patentansprüche (Unteransprüche) aufgestellt werden, die sich auf besondere Ausführungsarten der Erfindung beziehen. Unteransprüche müssen eine Bezugnahme auf mindestens einen der vorangehenden Patentansprüche enthalten. Sie sind soweit wie möglich und auf die zweckmäßigste Weise zusammenzufassen.

(7) Werden mehrere Patentansprüche aufgestellt, so sind sie fortlaufend mit arabischen Ziffern zu numerieren.(8) Die Patentansprüche dürfen, wenn dies nicht unbedingt erforderlich ist, im Hinblick auf die technischen Merkmale der Erfindung keine Bezugnahme auf die Beschreibung oder die Zeichnungen enthalten, z.B. „wie beschrieben in Teil ... der Beschreibung" oder „wie in Abbildung ... der Zeichnung dargestellt".(9) Enthält die Anmeldung Zeichnungen, so sollen die in den Patentansprüchen angegebenen Merkmale mit ihren Bezugszeichen versehen sein, wenn dies das Verständnis des Patentanspruchs erleichtert."

In den U.S.A. übernehmen die „Rules of Practice" die Rolle der Regeln bzw. Verordnungen. Dort heißt es unter § 1.75 Claim(s):

(a) The specification must conclude with a claim particularly pointing out and distinctly claiming the subject matter which the applicant regards as his invention or discovery.

(b) More than one claim may be presented provided they differ substantially from each other and are not unduly multiplied.

(c) One or more claims may be presented in dependent form, referring back to and further limiting another claim or claims in the same application ...

(d) The claim or claims must conform to the invention as set forth in the remainder of the specification and the terms and phrases used in the claims must find clear support or antecedent basis in the description so that the meaning of the terms in the claims may be ascertained by reference to the description ... "

Von den vorstehend wiedergegebenen Regelungen beziehen sich mehrere auf die Darstellung von Unter- und Nebenansprüchen (z.B. Regel 29, Abs. 1, 3, 4, 5 EPÜ bzw.

§ 4 Abs. 5, 6, 7 PatAnmV bzw. § 1.75 (c)). Was bei der Formulierung des Hauptanspruchs zu beachten ist, wird in den oben genannten Vorschriften nur unvollkommen geregelt. In Regel 29 Abs. 1 EPÜ ist davon die Rede, daß die technischen Merkmale der Erfindung anzugeben sind, und im Absatz 3 heißt es indirekt, daß in einem Hauptanspruch die „wesentlichen Merkmale der Erfindung" angegeben werden müssen. Entsprechend heißt es im Absatz 4 des § 4 PatAnmV, daß in einem Anspruch (Hauptanspruch) die „wesentlichen Merkmale der Erfindung" anzugeben sind. Die übrigen deutschen und europäischen Vorschriften beziehen sich auf Nebensächlichkeiten wie die Einfügung von Bezugszahlen oder auf das Verbot, im Anspruch auf Beschreibungsteile oder auf Zeichnungen Bezug zu nehmen. Auch die „Rules of Practice" gehen hinsichtlich der Details der Anspruchsformulierung nicht über das hinaus, was schon im Gesetz steht. 35 U.S.C. 111 Satz 2 und § 1.75 (a) sind im Wortlaut fast identisch.

Im Hinblick auf die dürftigen Ausführungen der Gesetze und Verordnungen wundert deshalb nicht, daß die vorstehenden Gesetze, Regeln und Verordnungen noch einmal ihrerseits durch Gerichtsentscheidungen bzw. Prüfungsrichtlinien konkretisiert worden sind.

2.3 Prüfungsrichtlinien

In den sehr ausführlichen „Richtlinien für die Prüfung im Europäischen Patentamt" finden sich im Teil C unter den „Richtlinien für die Sachprüfung" unter Kapitel III „Patentansprüche" weitere Anmerkungen zur Anspruchsformulierung.

Dort ist unter 2.1 und unter Bezugnahme auf Regel 29(1) erläutert, daß die Pflicht zur Angabe der „technischen Merkmale" der Erfindung bedeute, daß die Patentansprüche beispielsweise keine Angaben über kommerzielle Vorteile oder sonstige nichttechnische Angaben enthalten dürfen; Angaben über den Zweck seien dagegen zulässig, wenn sie zur Festlegung der Erfindung beitrügen. Nicht jedes Merkmal müsse als strukturelle Beschränkung ausgedrückt werden. Funktionelle Merkmale seien zulässig, sofern ein Fachmann ohne weiteres Mittel zur Ausführung dieser Funktionen angeben könne, ohne daß er dabei schöpferisch tätig werde. Auch Patentansprüche auf die Verwendung der Erfindung im Sinne ihrer technischen Anwendung seien zulässig.

Weiterhin ist in Kapitel III erläutert, was unter der „Bezeichnung des Gegenstands der Erfindung" zu verstehen ist, nämlich die Angabe der allgemeinen technischen Klasse der Vorrichtung des Verfahrens usw., worauf sich die Erfindung bezieht. Neben weiteren Erläuterungen, die sich auf den Unterschied zwischen „Oberbegriff" und „Kennzeichen" sowie auf die „Patentkategorien" und „unabhängige und abhängige Patentansprüche" beziehen, finden sich im Punkt 4 des Kapitels 3 wichtige Erläuterungen zur „Klarheit und Auslegung der Patentansprüche" nach Art. 84 EPÜ bzw. Art 14 Absatz 7 EPÜ (Punkte 4.1 bis 4.3 i bzw. ii):

„Das Erfordernis der Klarheit gilt sowohl für einzelne Patentansprüche als auch für die Patentansprüche insgesamt. Die Klarheit der Patentansprüche ist von größter Bedeutung, da sie den Gegenstand bestimmen, für den Schutz begehrt wird. In Anbetracht der Unterschiede im Schutzumfang, der mit den verschiedenen Kategorien von Patentansprüchen verbunden sein kann, sollte der Prüfer darauf achten, daß der Wortlaut eines Patentanspruchs hinsichtlich der Kategorie, unter die er fällt, keinen Zweifel zuläßt ...

Widersprüche zwischen der Beschreibung und den Patentansprüchen sind zu vermeiden, wenn sie im Hinblick auf Art. 69 (1) Satz 2 möglicherweise Zweifel über den Schutzbereich entstehen lassen und damit die Klarheit des Patentanspruchs beeinträchtigen Diese Widersprüche können folgender Art sein:

i) Widerspruch im Wortlaut ...

ii) Widerspruch betreffend anscheinend wesentliche Merkmale ..."

Auch im deutschen Patentrecht gibt es Richtlinien für die Prüfung von Patentanmeldungen,[54] die allerdings nicht so detailliert sind wie die des europäischen Patentrechts. Unter Punkt 3.3.7.1 und 3.3.7.2 dieser Richtlinien sind Ausführungen zur Fassung von Patentansprüchen gemacht, wo es u.a. heißt:

„Da nach § 14 PatG der Inhalt der Patentansprüche für den Schutzbereich des Patents maßgebend ist und ein nur in der Beschreibung dargestellter Erfindungsteil, der nicht hinreichend deutlich in einem Patentanspruch einbezogen ist, nicht unter Schutz gestellt ist, sollte der Erfindungsgedanke so abstrakt beschrieben werden, daß sämtliche denkbaren Ausführungen von ihm umfaßt werden(BGH In GRUR 1987, 626 – Rundfunkübertragungssystem)."

Weiterhin heißt es:

„Nicht notwendige Lösungsmerkmale sind möglichst nicht aufzunehmen, d.h. die Umschreibung sollte mit möglichst wenigen Merkmalen erfolgen ..."

Hieraus kann im Umkehrschluß gefolgert werden, daß notwendige Lösungsmerkmale möglichst aufgenommen werden sollen. Der Eindruck, daß die Aussage, der Erfindungsgedanke sei so abstrakt wie möglich zu beschreiben, eine Festlegung des Schutzumfang beinhalte, wird allerdings durch eine nachfolgende Regelung konterkariert, die besagt

„Im Erteilungsverfahren ist grundsätzlich nur der Gegenstand des Patents, nicht aber der Schutzumfang festzulegen ...[55]

Diese Aussage stimmt inhaltlich mit Punkt 3.3.2.1 der Richtlinien überein, wo es heißt

„Der Gegenstand der Prüfung ist das Schutzbegehren des Anmelders, wie es sich in erster Linie aus den Patentansprüchen ergibt. Festzulegen ist vom Prüfer grundsätzlich nur der Gegenstand des Patents, nicht dessen Schutzumfang ..."[56]

Wird der Erfindungsgedanke im Patentanspruch so abstrakt wie möglich beschrieben, ist damit offenbar nach Auffassung des Deutschen Patentamts (noch?) nicht der

---

54 Vgl. Mitteilung Nr. 10/1995 des Präsidenten des Deutschen Patentams über die Neufassung der Richtlinien für die Prüfung von Patentanmeldungen, Bl.f.PMZ 1995, S. 269-283.
55 Fußn. 116, S. 278, rechte Spalte.
56 Fußn. 116, S. 274, linke Spalte.

Schutzumfang festgelegt. Eine Erklärung dafür, worin der Unterschied zwischen der allgemeinsten Fassung eines Patentanspruchs und dem Schutzumfang besteht, findet sich in den deutschen „Richtlinien" nicht.

Das U.S.-amerikanische Pendant zu den Prüfungsrichtlinien ist das „Manual of Patent Examining Procedure". In der Vorschrift 608.01 (m) „Form of Claims" des erwähnten „Manual" heißt es:

> „While there is no set statutory form for claims, the present practice is to insist that each claim must be the object of a sentence starting with „I (or we) claim", „The invention claimed is" (or the equivalent). If, at the time of allowance, the quoted terminology is not present, it is inserted by the clerk. Each claim begins with a capital letter and ends with a period. Periods may not be used elsewhere in the claims except for abbreviations ..."

Diese Ausführungen betreffen lediglich Formulierungs-Formalien, die für das materielle Recht ohne wesentliche Bedeutung sind. In der Vorschrift 2173.05(1) „Incomplete claims" finden sich indessen noch einige bemerkenswerte Ausführungen:

> „Claim can be rejected as incomplete if it omits essential elements, steps or necessary structural cooperative relationship of elements, such omission amounting to a gap between the elements, steps or structural connections. See In re Collier, 397 F.2d 1003. 158 USPQ 266 (CCPA 1968) ...
>
> ... The claim should also be rejected under the first paragraph of 35 U.S.C. 112 as based upon a disclosure which is not enabling. In re Mahew, 527 F.2d 1229, 188 USPQ 356 (CCPA 1976) See MPEP § 2164.08 (c)."

Es taucht hier der Begriff der „wesentlichen Elemente" („essential elements") auf, der eigentlich für das schutzumfang-orientierte U.S.-Patentgesetz untypisch ist. Außerdem wird ein Anspruch nicht für zulässig erachtet, der keine ausführbare Lehre beinhaltet („not enabling"). Hierdurch zeigt sich, daß die Unterschiede zwischen der deutschen, europäischen und U.S.-amerikanischen Erteilungspraxis nicht so groß sind, wie es die Theorie bisweilen vermuten läßt, denn auch im U.S.-Patentrecht muß offenbar ein technisch orientierter „Gegenstand der Erfindung" definiert werden.

2.4 Die wesentlichen Merkmale der Erfindung

Obgleich in den Patentgesetzen von den „wesentlichen Merkmalen der Erfindung" nicht die Rede ist und bei den Regeln und Verordnungen diese Merkmale mehr oder weniger nur gefordert, aber nicht definiert werden, spielen Sie in der Praxis eine große Rolle.

Oft fordern die Patentprüfer die Aufnahme eines Merkmals in den Patentanspruch, weil es ein wesentliches Merkmal der Erfindung darstelle. Durch die zusätzliche Aufnahme eines Merkmals wird aber der Schutzumfang eines Patents automatisch eingeengt. Das Erteilungsverfahren wirkt sich somit über das Erfordernis der wesentlichen Merkmale gravierend auf das Verletzungsverfahren aus, in dem der erteilte Anspruch ausgelegt wird. Im Hinblick auf diese erhebliche Bedeutung der „wesentlichen Merkmale" ist es erstaunlich, daß eigentlich nur in den Prüfungsrichtlinien des EPA hierüber nähere Ausführungen zu finden sind. Unter 4.3 ii) „Widerspruch betreffend anscheinend wesentliche Merkmale" (s.o.) heißt es im Kapitel III der Richtlinien:

> *„Aus dem allgemeinen Fachwissen bzw. aus den Angaben oder dem Zusammenhang der Beschreibung kann z.B. hervorgehen, daß ein bestimmtes technisches Merkmal, das in einem unabhängigen Patentanspruch nicht erwähnt ist, für die Ausführung der Erfindung wesentlich ist oder, anders ausgedrückt, zur Lösung der erfindungsgemäßen Aufgabe erforderlich ist. In diesem Fall ist der Patentanspruch unklar; Art. 84 in Verbindung mit Regel 29(1) und (3) ist nämlich so zu verstehen, daß ein unabhängiger Patentanspruch nicht nur technisch gesehen verständlich sein, sondern auch den Gegenstand der Erfindung eindeutig kennzeichnen, d.h. alle seine wesentlichen Merkmale angeben muß (siehe T 32/82, ABl. 8/1984,354). Legt der Anmelder auf einen solchen Einwand hin z.B. durch weitere Unterlagen oder sonstiges Beweismaterial überzeugend dar, daß das Merkmal tatsächlich nicht wesentlich ist, so darf er den Anspruch unverändert beibehalten und gegebenenfalls die Beschreibung ändern. Der umgekehrte Fall, in dem ein unabhängiger Anspruch Merkmale enthält, die für die Ausführung der Erfindung nicht wesentlich erscheinen, ist nicht zu beanstanden. Hier bleibt die Entscheidung dem Anmelder überlassen. Der Prüfer sollte daher nicht vorschlagen, daß ein Anspruch durch Weglassen offensichtlich unwesentlicher Merkmale erweitert wird, es sei denn möglicherweise dann, wenn dem Anmelder kein zugelassener Vertreter zur Seite steht ...*
>
> *In einem unabhängigen Patentanspruch sind alle wesentlichen Merkmale, die zur Angabe der Erfindung notwendig sind, deutlich aufzuführen, es sei denn, daß die Gattungsbezeichnung diese Merkmale beinhaltet; so braucht bei einem Patentanspruch für ein „Fahrrad" beispielsweise nicht angegeben zu werden, daß es Räder hat..."*

Diese Ausführungen belegen, daß es vor dem EPA keineswegs dem Anmelder überlassen bleibt, die wesentlichen Merkmale zu bestimmen, wie dies das schweizerische Bundesgericht einmal gefordert hatte.[57] Vielmehr versucht das EPA über die Vorschrift des Art. 84 EPÜ den Schutzumfang einzuengen. Dem Anmelder wird zwar nicht verwehrt, unnötige Merkmale in seinen Anspruch aufzunehmen und sein Schutzrecht damit unnötigerweise zu beschränken, doch hat er nicht das Recht, nur diejenigen Merkmale aufzunehmen, die nach seiner Auffassung für die Erreichung des technischen Erfolges nötig sind.[58] Wenn Blumer[59] meint, die ausdrückliche Forderung nach wesentlichen Merkmalen im unabhängigen Patentanspruch, wie sie in § 4 Abs. 4 der deutschen PatAnmVO festgehalten sei, sei im EPÜ nicht enthalten, werde aber aus Art. 84 und Regel 29 Abs. 3 abgeleitet, so stimmt dies nicht ganz, weil Regel 29 Abs. 3 EPÜ direkt von den „wesentlichen Merkmalen" spricht und somit eine Ableitung gar nicht erforderlich ist.

Die Frage, wann ein Merkmal wesentlich ist und wann nicht, wurde und wird keineswegs einheitlich beantwortet. Einige Kritiker sind sogar der Meinung, die Unter-

---

57 BGE 47 II 490,495.
58 Hartwig Poth: Die „Stützung" des Patentanspruchs nach Art. 84 EPÜ, Mitt. 1991, S. 225.
59 a.a.O., S. 101, Fußn. 121.

scheidung zwischen wesentlichen und unwesentlichen Merkmalen sei abzulehnen, weil sie unscharf und daher wenig hilfreich sei.[60]

Insbesondere Dolder und Faupel[61] stehen dem Begriff der Wesentlichkeit der Anspruchsmerkmale kritisch gegenüber und werden hierin von König[62] bestärkt. Zwar beziehen sich die Kritiker in erster Linie auf die Auslegung eines Patentanspruchs im Verletzungsprozeß, wo ebenfalls nachgefragt werden kann, ob ein Merkmal eines Patentanspruchs „wesentlich" ist, doch können die Bedenken der Kritiker auch auf das Erteilungsverfahren übertragen werden. Da der Schutzumfang eines Patentanspruchs weitgehend durch seinen Wortlaut bestimmt wird, kommt der Frage der Wesentlichkeit gerade im Erteilungsprozeß eine erhöhte Bedeutung zu. Hat ein Prüfer die Aufnahme eines Merkmals in einen Hauptanspruch als wesentlich erst einmal erzwungen, wird es einem Verletzungsrichter nur noch schwer gelingen, das aufgenommene Merkmal wieder als unwesentlich zu eliminieren.

Als wesentlich werden vom EPA diejenigen Merkmale angesehen, die zur Lösung der technischen Aufgabe, um die es in der Anmeldung geht, erforderlich sind.[63] Allerdings hat das EPA die „Aufgabe" mit der „Erzielung der gewünschten Wirkung" gleichgesetzt wird, was nicht präzis ist, weil die Aufgabe im Sinne des objektiv gegenüber dem Stand der Technik erreichten Erfolges verstanden wird.[64]

Die Aufgabe ist hiernach bestimmend dafür, was als wesentlich für die Erfindung angesehen wird. Da wesentliche Merkmale vom Anmelder nicht beliebig gewählt werden können, läßt sich der Umkehrschluß ziehen, daß auch die Aufgabe nicht frei wählbar ist. In der Tat geht das deutsche Patentrecht hiervon aus. Nicht entscheidend ist, welche Aufgabe der Erfinder sich subjektiv vorgestellt hat, sondern das Problem, das durch die Erfindung tatsächlich, d.h. objektiv, bewältigt wird.[65]

„Aufgabe bedeutet nicht die gewollte Geistesrichtung des Erfinders, sondern den erreichten technischen Erfolg, angeschaut aus der Zeit vor der Vollendung der Erfindung, enthält also eine objektive Charakteristik der fertigen Erfindung, nicht einer subjektive Charakteristik dessen, was der Erfinder wollte".[66]

Im Ergebnis scheint der Erfinder bzw. Patentanmelder durch diese Rechtsprechung entmündigt. Weder darf er bestimmen, welche Aufgabe er lösen will, noch darf er festlegen, welche Merkmale ihm wesentlich erscheinen.

Dabei ist eine Beziehung zwischen der Aufgabe und den wesentlichen Merkmalen eines Patentanspruchs im deutschen Patentrecht noch nicht einmal sehr deutlich hergestellt. Zwar sind auch nach deutschem Recht nur die wesentlichen Merkmale im Anspruch anzugeben, die für den Fachmann zum Verständnis der Lehre notwendig sind, um den Kern der Erfindung zu erkennen,[67] doch ist keine Methode angegeben, um diese Merkmale im einzelnen zu ermitteln. Lediglich in frühen Entscheidungen hat das BPatG allgemein festgestellt, daß der Hauptanspruch wenigstens die Merkmale enthalten müs-

---

60 Werner Ballhaus/Josef Sikinger: Der Schutzbereich des Patents, GRUR 1986, 337-344.
61 Dolder/Faupel: Der Schutzbereich von Patenten, Rechtsprechung zu Patentverletzungen in Deutschland, Österreich und der Schweiz, 1999, Seiten 27, 74, 92, 93, 101, 129 Ziff.2, 247.
62 Reimar König, Rezension in Mitt. 1999, S. 199.
63 T 32/82, Abl. EPA 1984, S. 354; T 115/83, T 126/89.
64 Otto Brodeßer: Die sogenannte „Aufgabe" der Erfindung, ein unergiebiger Rechtsbegriff, GRUR 1993, 185-190.
65 BGH GRUR 1981,186 – Spinnturbine II, GRUR 1991, 811 – Falzmaschine.
66 BGH GRUR 1960, S. 546 – Bierhahn; BGH GRUR 1967, 194 – Hohlwalze.
67 BGH GRUR 1985, S. 31 – Acrylfasern.

se, die zur Lösung der gestellten Aufgabe und zur Erreichung der erstrebten Wirkung unerläßlich sind.[68]

In einer jüngeren Entscheidung hat das EPA[69] ausgeführt, bei der Ermittlung der wesentlichen Merkmale müsse zunächst beantwortet werden, worum es bei einer Erfindung im wesentlichen gehe. Hierzu bestimme man zunächst die der Erfindung objektiv zugrunde liegende Aufgabe, um danach im Lichte der erfindungsgemäßen Lösung der Aufgabe die zentrale Idee der Erfindung festzustellen. Anschließend müßten alle Anspruchsmerkmale dahingehend überprüft werden, ob sie einerseits klar und deutlich formuliert seien und andererseits keinen Anlaß zu einer falschen Auslegung des Wortlauts ergäben. Hierbei sei zu berücksichtigen, daß es nicht immer notwendig sei, die technischen Merkmale in allen Einzelheiten festzulegen, sondern lediglich die zur Lösung der technischen Aufgabe erforderlichen, d.h. wesentlichen Merkmale.[70] Es genüge, wenn die Anmeldung als Ganzes, d.h. die Patentansprüche in Verbindung mit der Beschreibung und gegebenenfalls den Zeichnungen, die notwendigen Merkmale der Erfindung so genau beschreiben, daß ein Fachmann in die Lage versetzt werde, die Erfindung unter normalen Bedingungen unter Zuhilfenahme des von ihm zu erwartenden allgemeinen Fachwissens im gesamten Bereich ohne unzumutbaren Aufwand auszuführen.[71] Ansprüche, die auch Ausführungsformen umfassen, welche die technische Aufgabe nicht lösen, werden als nicht klar und deutlich im Sinne von Art. 84 EPÜ zurückgewiesen.[72] Hiernach muß der Patentanspruch so viele Merkmale enthalten, wie objektiv nötig sind, um ihn auf die patentfähigen Ausführungsformen zu begrenzen, die die objektiv ermittelte Aufgabe der Erfindung lösen.

2.5 Stand der Technik, Aufgabe und wesentliche Merkmale

Nach der Praxis des deutschen, des europäischen und des U.S.-Patentamts sind an einen gewährbaren Patentanspruch mindestens folgende Anforderungen zu stellen:

- er muß gegen den Stand der Technik abgegrenzt sein, weil nur Neues patentiert werden kann (vgl. z.B. den oben angegebenen § 4 PatAnmV, Abs. 2);
- er muß alle wesentlichen Merkmale des beanspruchten Gegenstands beinhalten.

Kriterien zur Überprüfung, ob ein Anspruch alle wesentlichen Merkmale enthält, wurden bisher nur spärlich entwickelt. Soweit ersichtlich, gibt eigentlich nur die oben erwähnte Entscheidung des EPA hierzu nähere Anleitungen. Es erscheint deshalb sinnvoll, diese Entscheidung[73] näher darzustellen. Die Leitsätze dieser Entscheidung lauten:

1. Form und Inhalt der Ansprüche einer europäischen Patentanmeldung unterliegen den Anforderungen des Artikels 84 und der Regel 29 EPÜ. Gemäß Artikel 84 müssen die Ansprüche den Gegenstand angeben, für den Schutz begehrt wird.

---

68 BPatGE 3, 48; 7, 15.
69 ABl. EPA 1995, S. 214.
70 Abl. EPA 1984, 354.
71 ABl. EPA 1990, 22; ABl. EPA 1995, 188; vgl. hierzu auch Raphael Bösl: Der unklare Patentanspruch, Mitt. 1997, S. 174-176.
72 T 283/84.
73 Entscheidung der Technischen Beschwerdekammer vom 31. März 1994, T 1055/92 – 3.5.1.; ABl. EPA 1995, 214-226.

Diese Funktion der Ansprüche sollte von dem Erfordernis streng getrennt werden, daß die europäische Patentanmeldung die Erfindung so offenbaren muß, daß ein Fachmann sie ausführen kann.

II. In Artikel 83 wird eine ausreichende Offenbarung in der europäischen Patentanmeldung gefordert; dies gilt für die Anmeldung als Ganzes, einschließlich der Ansprüche, der Beschreibung und der Zeichnungen, und nicht für einen einzelnen Anspruch als solchen.

III. Ein Anspruch in einer europäischen Patentanmeldung muß die wesentlichen Merkmale der Erfindung angeben (vgl. T 32/82, ABl. EPA 1984,354); dazu gehören insbesondere jene Merkmale, welche die Erfindung vom nächstliegenden Stand der Technik unterscheiden.

Es werden also im Leitsatz III insbesondere die neuen, noch nicht aus dem Stand der Technik bekannten Merkmale als „wesentlich" bezeichnet. Bei einem zweigeteilten Patentanspruch sind dies die im Kennzeichen erwähnten Merkmale. Diese können aber über eine Aufgabenstellung nur dann als wesentlich definiert werden, wenn die Aufgabenstellung auf die kennzeichnenden Merkmale „zugeschnitten", also in der Regel bei Auftauchen eines vorher nicht bekannten Standes der Technik geändert wird. Hält man es – wie der BGH – nicht für erforderlich, die Aufgabenstellung zu ändern, wenn ein unerwarteter Stand der Technik auftritt, dann erfaßt die alte Aufgabenstellung in der Regel alle Merkmale eines Anspruchs, also auch die des Oberbegriffs. Eine Hervorhebung der Wichtigkeit bestimmter Merkmale aufgrund der Aufgabenstellung ist dann nicht möglich.

In den Entscheidungsgründen (Punkt 5, Seite 223) führt die Beschwerdekammer weiter aus:

Die Kammer stimmt jedoch auch der vom Beschwerdeführer vertretenen Auslegung der Bedeutung des zweiten Teils des zweiten Satzes von Artikel 84 EPÜ (wonach die Ansprüche durch die Beschreibung gestützt sein müssen – vgl. Nr. IV) zu, wonach alle in der Beschreibung als zur Erfindung notwendig bezeichneten Merkmale (wesentliche Merkmale) in einem entsprechenden Anspruch vorkommen müssen (vgl. T 32/82, Abl. EPA 1984,354).

Es müssen daher zur Lösung der betreffenden technischen Aufgabe notwendigen Merkmale in dem Anspruch enthalten sein. Im Verfahren vor der Prüfungsabteilung kommt es häufig vor, daß sachdienliche Dokumente angeführt werden, was zu Folge hat, daß das Kernstück einer beanspruchten Erfindung abgeändert werden muß und damit auch die entsprechende Aufgabenstellung in geänderter Form erscheint. In diesen Fällen müssen dem Anspruch oft noch neue wesentliche Merkmale hinzugefügt werden, um die Lösung deutlich zu kennzeichnen und um die Erfindung vom Stand der Technik abzugrenzen.

Wie sich hieraus ergibt, kann sich die Aufgabe ändern, je nachdem, welcher Stand der Technik aufgefunden wird. Damit wäre die Aufgabe, welche zur Bestimmung der Vollständigkeit eines Anspruchs herangezogen wird, ihrerseits eine Funktion des Standes der Technik.[74] Dachte der Erfinder z.B. ursprünglich, er könne die Aufgabe eines variablen RC-Glieds durch die Parallelschaltung eines Kondensators mit einer Zener-Diode lösen und stellt sich heraus, daß diese Aufgabe bereits durch die Parallelschaltung von Kondensator und Potentiometer gelöst ist, kann er die Aufgabe z.B. dahingehend umstellen, daß er ein RC-Glied mit variablem ohmschen Widerstand schaffen will, das seinen Widerstand in Abhängigkeit von der anliegenden Spannung ändert.

Der Stand der Technik soll zwar für die Bestimmung der Aufgabe insofern keine Rolle spielen, als die Aufgabe nicht neu zu sein braucht,[75] doch wird in der Praxis von Prüfern des Patentamts nach dem Auffinden eines einschlägigen Standes der Technik vom Anmelder die Umformulierung der Aufgabe gefordert. Selbst wenn der Stand der Technik nicht zu einer Umformulierung des Patentanspruchs zwingt, hat er doch einen Einfluß auf die Beurteilung von Neuheit und erfinderischer Tätigkeit.[76] Da zum Zeitpunkt der Anmeldung der einschlägige Stand der Technik in der Regel nicht oder nicht vollständig bekannt ist, kann der Anmelder die Aufgabe noch nicht auf diesen Stand der Technik abstimmen. Damit ist es aber auch noch nicht möglich, die wesentlichen Merkmale, die der Erfindung dem bereits Vorhandenen gegenüber zur Patentfähigkeit verhelfen, gegenüber den unwesentlichen Merkmalen abzugrenzen. Dies anerkennt auch das EPA, das deshalb dem Anmelder nicht zumuten will, „bereits bei der Anmeldung alle jene Merkmale besonders hervorzuheben, auf die er sich gegebenenfalls im Laufe des Anmelde- oder Einspruchsverfahrens zurückziehen muß, um sich gegenüber einem eingewendeten näherliegenden Stand der Technik abzugrenzen".[77]

---

74 Vgl. hierzu auch BPatG Mitt. 1983, 70, 71.
75 Schulte, Patentgesetz, 5. Aufl., § 1 Rdn. 38.
76 BGH GRUR 1991, 811 – Falzmaschine; BGH GRUR 1989, 103 – Verschlußvorrichtung für Gießpfanne.
77 T 169/ABl. EPA 1985, S. 193.

III. Problem der Mehrfachfunktion des Patentanspruchs

Wie sich aus dem Vorstehenden ergibt, ist der Anspruch mit mehreren Funktionen befrachtet, so daß sich die Frage stellt, ob er den unterschiedlichen Anforderungen immer genügen kann. Einerseits soll der Patentanspruch die Erfindung exakt definieren, andererseits soll er genau das umgrenzen, was der Anmelder als Schutz beansprucht. Bei der Erfindungsdefinition soll darüber hinaus sogar der Stand der Technik berücksichtigt werden. Dem Anmelder bzw. seinem Patentanwalt obliegt es dann, durch das Minenfeld der gesetzlichen Anforderungen einen Pfad zu finden, der zu einem Patentanspruch mit großem Schutzbereich führt. *Blumer*[1] spricht deshalb von einem „Konflikt zwischen den verschiedenen Funktionen des Patentanspruchs". Er sieht sogar „Unlösbare Gegensätze zwischen den Hauptfunktionen". Wenn es, so Blumer, gelingen würde, eine Erfindung im Patent so zu definieren, daß alle möglichen Handlungen, die als Verletzungen gelten sollen, unter den Wortlaut der einmal gewählten Definition fallen, könnte der gleiche Patentanspruch problemlos sowohl zur eindeutigen Definition der patentfähigen Erfindung als auch zur klaren Begrenzung des Schutzbereichs dienen. Dieses Ziel sei aber nicht erreichbar, weil einerseits die für eine solche Definition nötigen Kenntnisse der Erfindung nicht vorhanden seien und andererseits auch gewisse Dritthandlungen als patentverletzend gelten sollten, die nicht vom Wortlaut des Patentanspruchs erfaßt würden. *Blumer* wiederholt damit eine Erkenntnis, die bereits *Nastelski*[2] und *Dony*[3] vor ihm gewonnen hatten. In der Tat scheint ein unlösbarer Konflikt zwischen den Forderungen der Erteilungsbehörden und den Maßstäben der Verletzungsgerichte zu bestehen. Poth[4] kommt – aus der Sicht der Erteilungsbehörde – zu dem merkwürdig erscheinenden Ergebnis, daß die „realdefinitorischen, technischen Anspruchsmerkmale möglichst so eng gefaßt werden (sollen), daß ihre typische Aussage nicht über den Offenbarungsgehalt hinausgeht. Der Anspruch soll also so weit wie nötig und dabei so präzise bzw. eng wie möglich formuliert sein." Poth schwebt hierbei offenbar vor, die weitestmögliche Anspruchsfassung an die Wortwahl der Patentbeschreibung zu binden; d.h. im Anspruch keine verallgemeinernden Begriffe zu verwenden, die von den speziellen Begriffen in der Beschreibung abweichen. Er übersieht hierbei allerdings, daß eine derart strikte Praxis des Patentamt, würde sie konsequent durchgesetzt, sofort durch die Patentanmelder gekontert würde, indem alle speziellen Ausrücke der Beschreibung durch die allgemeinen Begriffe des Anspruchs ersetzt würden. Der Versuch z.B. des Deutschen Patentamts, hierauf wieder mit der Vorschrift zu reagieren, die engen DIN-Bezeichnungen in der Beschreibung zu verwenden, müßte an der Praxis anderer Patentämter scheitern, die verallgemeinerte Bezeichnungen zulassen. Letztlich würden Erfinder in Deutschland

---

1   a.a.O., S.60.
2   in Reimer, a.a.O., S. 272, 273.
3   a.a.O., S. 160.
4   Mitt. 1991, 235.

einen im Vergleich zu den U.S.A. dürftigeren Patentschutz erhalten, was eine nicht zu rechtfertigende Benachteiligung darstellen und den „Standort Deutschland" verschlechtern würde.

Wird der Anspruch mittels einer „means-plus-function"-Formulierung allerdings so abgefaßt, daß er einen möglichst weiten Schutzumfang hat, kann es geschehen, daß er im Verletzungsprozeß in den USA unter seinem Wortlaut ausgelegt wird,[5] wodurch gerade das Gegenteil von dem erreicht würde, was beabsichtigt war. Selbst in Deutschland, wo es keine gesetzliche „means-plus-function"-Doktrin gibt, kann es geschehen, daß ein bewußt breit angelegter Schutzumfang de facto zu einer Verengung führt. So wird mit der Wortendung „-bar" versucht, die Einengung einer „Ist-Formulierung" zu sprengen. Ein Anspruch, der z.B. das Wort „verbindbar" verwendet, ist sicher weiter als ein Anspruch, der den Begriff „verbunden ist" enthält, weil auch der Zustand geschützt ist, in dem zwei Elemente noch nicht verbunden sind, aber verbunden werden können. Wie jedoch *König*[6] unter Hinweis auf die Entscheidung des BGH auf die Entscheidung „Prospekthalter"[7] gezeigt hat, kann ein solches „-bar"-Derivat aber zu einer Einschränkung des Schutzumfangs führen.

Die Formulierung eines Patentanspruchs erscheint im Hinblick auf die zahlreichen Funktionen, die er erfüllen soll, wie die Quadratur des Kreises, so daß es erstaunlich ist, daß sich überhaupt noch Patentfachleute trauen, Patentansprüche zu formulieren. Immerhin ist nicht ausgeschlossen, daß einem Patentfachmann, z.B. einem Patentanwalt, von einem Erfinder oder Anmelder, den er betreut hat, nach einem verlorenen Verletzungsprozeß oder nach einer verlorenen Nichtigkeitsklage vorgeworfen wird, er habe nicht die „optimale Anspruchsfassung" gewählt. Sollte dieser Vorwurf von einem Gericht geteilt werden, könnte der Patentfachmann schadensersatzpflichtig werden.

Obgleich die Schwierigkeiten bei der Formulierung eines „optimalen Patentanspruchs" seit langem bekannt sind, wurde – soweit ersichtlich – noch niemals systematisch und unter Berücksichtigung des geltenden Rechts versucht, eine Strategie zu entwickeln, die es gestattet, einen Anspruch zu formulieren, der einerseits aus der Sicht des Fachmanns die technische Erfindung „optimal" definiert und der andererseits aus der Sicht des Verletzungsgerichts ebenfalls „optimal" ist. *Kumm*[8] schlägt zwar Regeln zur Formulierung von Patentansprüchen vor, hat dabei aber – ähnlich wie *Hartig* – in erster Linie nur die exakte Definition der Erfindung und weniger den optimalen Schutz des Anmelders im Auge. Es bleibt deshalb die Frage, ob es nicht doch eine Möglichkeit gibt, beiden Aspekten eines Patentanspruchs zu genügen. Theoretisch nicht auszuschließen ist außerdem, daß die verschiedenen Patentkategorien (z.B. Erzeugnispatente, Verfahrenspatente, Verwendungspatente etc.) nicht in gleichem Maße „empfindlich" auf die beschriebene Ambivalenz reagieren.

Im folgenden soll anhand eines konkreten Beispiels untersucht werden, ob und gegebenenfalls in welcher Weise unterschiedliche Ansprüche zur selben Erfindung formuliert werden können und welche Formulierung sowohl dem Prüfer des Patentamts als auch dem Verletzungsrichter optimal bzw. quasi-optimal erscheinen könnte. Als konkretes technisches Beispiel soll dabei der „Transistor" dienen, der zumindest vom Wort her weitesten Bevölkerungskreisen bekannt ist. Da der Transistor gewissermaßen den Startschuß für die ganze Mikroelektronisierung gegeben hat und damit wohl eine der

---

5 A. Esslinger, Mitt. 1998, S. 132 ff.
6 R. König: Zur Beschränkung des Anspruchsinhalts durch „bar"-Derivate, Mitt. 1997, S. 62, 63.
7 BGH Mitt. 1997, S. 66.
8 Alfred Kumm: Die Formen des Patentanspruchs, GRUR Ausl. 1966, S. 72-79.

folgenreichsten Erfindungen darstellt, scheint es gerechtfertigt, diese Erfindung exemplarisch und vertieft zu betrachten.

1 Das Beispiel „Transistor"

Oben wurden bereits zwei lexikalische Definitionen des Transistors wiedergegeben, die sich jedoch sehr stark voneinander unterschieden. Sie seien hier noch einmal wiederholt:

> *„Bauelement, das aus einem Halbleiterkristall mit Zonen unterschiedl. Störstellenleitung besteht und mindestens drei Elektroden besitzt".*[9]

> *„Solid-state device for amplifying, controlling, and generating electrical signals".*[10]

Sichtet man die Fachliteratur, so stellt man unschwer fest, daß die obigen Definitionen keineswegs die einzigen sind. Beispielsweise wird der Transistor auch wie folgt definiert:

> *„Der T. (aus dem englischen: transfer resistor, svw. Übertragungswiderstand) wurde 1948 von Shockley, Bardeen und Brattain erfunden. Seine Wirkungsweise beruht auf der Elektronen- und Defektelektronen-(Löcher-) Leitung in Halbleitern, vor allem in Germanium, das als Einkristall mit sehr hoher Reinheit zur Herstellung von T. dient. Der T. wird auch als Halbleitertriode bezeichnet und vor allem als Verstärker verwendet ..."*[11]

> *„Unter einem Transistor versteht man einen Halbleiterkristall aus Germanium oder Silizium mit drei scharf gegeneinander abgegrenzten Bereichen aus p- bzw. n-Germanium. Es sind also in jedem Fall zwei pn-Übergänge vorhanden".*[12]

> *„Transistor, ein steuerbares Halbleiterbauelement, in dem ein Strom von elektrischen Ladungsträgern in einem Halbleitergebiet zwischen zwei Elektroden mit Hilfe einer weiteren Elektrode kontinuierlich verändert (gesteuert) werden kann. Da die zur Steuerung notwendige Leistung kleiner ist als die Leistung des gesteuerten Stromflusses, ist der T. zur Verstärkung von elektrischen Signalen geeignet (Kristallverstärker)".*[13]

Ähnliche Definitionen könnten noch in großer Zahl angegeben werden, wobei wahrscheinlich kaum eine der anderen gleichen würde. Der tatsächliche Patentanspruch 1, der auf den ersten Transistor gerichtet war, wird nachfolgend wiedergegeben.

---

9   Brockhaus Enzyklopädie in 24 Bänden, 19. Auflage, 1986 ff.
10 The New Encyclopaedia Britannica, Micropaedia Band X, Seite 91.
11 Lueger, Lexikon der Technik, Band 2, Grundlagen der Elektrotechnik und Kerntechnik, 1960, S. 526, 527.
12 Oskar Höfling: PHYSIK, Lehrbuch für Unterricht und Selbststudium, 1990, 15. Auflage, S. 608.
13 H.-D. Junge und A. Möschwitzer: Lexikon Elektronik, VCH Verlag, 1994, S. 832.

1.1 Der Spitzentransistor

Ein Patent auf den Transistor als solchen gibt es nicht. Statt dessen gibt es mehrere Transistor-Patente, von denen das zeitlich erste den sogenannten Spitzentransistor betrifft. Dieser ist im Anspruch 1 des deutschen Patents Nr. 966 492 beschrieben, der wie folgt lautet:

„Elektrisch steuerbares Schaltelement, bestehend aus einem Halbleiterelement und drei daran angebrachten Elektrodenanschlüssen, dadurch gekennzeichnet, daß an einem Halbleiter wie Germanium oder Silizium einerseits eine Basiselektrode und andererseits zwei je mit der Basiselektrode eine gleichrichtende Wirkung ergebende Elektroden angeordnet sind und daß jede dieser Elektroden in einem zur Ausdehnung der gemeinsamen Oberflächenschicht kleinen Bereich Kontakt macht und sie so angeordnet sind, daß bei einer Vorspannung der einen Elektrode (Emitter) mit Bezug auf die Basis in Flußrichtung und der anderen Elektrode (Kollektor) mit Bezug auf die Basis in Sperrichtung durch den Emitter Ladungsträger, deren Vorzeichen demjenigen der in dem Gebiet der Basiselektrode vorhandenen Ladungsträger entgegengesetzt ist, in das Gebiet der Basiselektrode eingeführt werden und wenigstens zum Teil zum Kollektor fließen."[14]

Wie man aus den Anmeldedaten ersehen kann, wurden bei der deutschen Patentanmeldung die Prioritäten zweier USA-Patentanmeldungen in Anspruch genommen; d.h. die deutsche Patentanmeldung ist entweder eine Zusammenfassung von zwei USA-Patentanmeldungen oder sie beruht auf einer US-Continuation-Anmeldung.

Außerdem kann aus dem späten Erteilungstermin (1957), also acht Jahre nach der Patentanmeldung (1949) geschlossen werden, daß das Patent durch Einsprüche und/oder Nichtigkeitsklagen angegriffen wurde. Einzelheiten sind leider nicht mehr erfahrbar, weil das Deutsche Patentamt die entsprechenden Akten bereits vernichtet hat.

Vergleicht man den vorstehenden komplizierten und nur schwer verständlichen Patentanspruch mit den oben wiedergegebenen einfachen und anscheinend klaren Transistor-Definitionen der Lexika, so stellt sich die Frage, weshalb nicht letztere als Patentanspruch gewählt wurden.

Besonders leicht verständlich und in hohem Maße geeignet, dem Patentinhaber einen sehr weiten Schutzumfang zu gewähren, erscheint die Definition der Encyclopaedia Britannica, die auch in die Grammatik eines zweiteiligen Patentanspruchs gegossen werden kann:

Einrichtung zum Verstärken, Steuern und Erzeugen elektrischer Signale, dadurch gekennzeichnet, daß sie aus einem Festkörper besteht.

Da es „Einrichtungen zum Verstärken, Steuern und Erzeugen elektrischer Signale" bereits vor 1948 in Form von Röhren, Gleichrichtern und Oszillatoren gab, müssen diese Einrichtungen den Oberbegriff eines zweiteiligen Anspruchs bilden. Als Festkörper ausgebildete Verstärker oder Oszillatoren gab es damals noch nicht, jedenfalls nicht als

---

14 Deutsches Patent Nr. 966 492. Erfinder: John Bardeen und Walter Hauser Brattain. Anmelderin: Western Electric Company, Incorporated, New York. Beanspruchte Priorität: USA vom 26. Februar und 17. Juni 1948. Angemeldet am 20. Januar 1949 beim Deutschen Patentamt, Patentanmeldung bekanntgemacht am 1. August 1957.

funktionierende Bauelemente, weshalb die Festkörper-Eigenschaft in das Kennzeichen des Anspruchs gehört. Mit dem obigen Anspruch könnte ein Patentinhaber zufrieden sein, wäre es ihm doch möglich, gegen jeden vorzugehen, der Festkörper als Steuerungselemente, z.B. Schalter, Verstärker oder dergleichen verwendet. Weshalb hat die Anmelderin Western Electric dann aber nicht diesen Patentanspruch gewählt bzw. weshalb ist dieser Anspruch nicht vom Patentamt gewährt worden? Hierfür können verschiedene Gründe angeführt werden. Bei Ansprüchen mit einem derart weiten Umfang wie dem oben angegebenen beanstanden viele Prüfer, daß sie keine vollständige Lehre zum technischen Handeln beinhalten und nur eine Aufgabe beschreiben. Es sei lediglich ein Wunsch, aber keine Lösung, Verstärker und dergleichen als Festkörper herzustellen. Eine Erfindung müsse jedoch beschreiben, wie dies geschehen soll. Hiergegen könnte man erwidern, daß eine konkrete Lösung in der Patentbeschreibung angegeben und ihre Wiederholung im Patentanspruch deshalb nicht erforderlich sei. Wenn eine an sich bekannte Aufgabe erstmalig gelöst werde, müsse der Schutzumfang eines entsprechenden Patents auch alle äquivalenten Lösungen umfassen. Dabei könnte man sich auf eine Entscheidung der Technischen Beschwerdekammer 3.3.2 des Europäischen Patentamts berufen, in welcher die Kammer auf den Pioniercharakter der Erfindung abstellte und einen extrem weiten Schutzanspruch zuließ.[15] Eventuelle Alternativ-Transistoren könnten dann allenfalls in vom Grund-Transistor-Patent abhängigen Patenten resultieren.

Aus der Sicht des Patentanmelders, der an einem weiten Schutzumfang interessiert ist, wäre der obige Anspruch angemessen. Dieser Anspruch müßte auch die Zustimmung der Verletzungsrichter finden, da relativ leicht festzustellen ist, ob eine Einrichtung, mit der elektrischer Strom gesteuert werden kann, aus einem Festkörper besteht.

1.1.1 Der Einfluß des Standes der Technik auf die Anspruchsformulierung

In § 1 Abs. 1 des deutschen Patentgesetzes heißt es:

„Patente werden für Erfindungen erteilt, die neu sind, auf einer erfinderischen Tätigkeit beruhen und gewerblich anwendbar sind."

Die entsprechende Regelung des Europäischen Patentübereinkommens (Artikel 52 Absatz 1 EPÜ) lautet:

„Europäische Patente werden für Erfindungen erteilt, die neu sind, auf einer erfinderischen Tätigkeit beruhen und gewerblich anwendbar sind".

Es besteht somit eine praktisch wörtliche Übereinstimmung zwischen dem deutschen und europäischen Patentgesetz.

Da nach deutschem Recht im Hauptanspruch das, was als patentfähig unter Schutz gestellt werden soll, zu beschreiben ist (§ 34 Abs. 3 Nr. 3 PatG), muß dieser Anspruch Merkmale enthalten, die neu sind. Dies entspricht der oben erwähnten Feststellung des EPA, daß zu den wesentlichen Merkmalen der Erfindung insbesondere jene Merkmale gehören, welche die Erfindung vom nächstliegenden Stand der Technik unterscheiden.[16]

Aufgrund dieser Regelungen muß der vom Anmelder des deutschen Spitzentransistor-Patents ursprünglich eingereichte Patentanspruch auf Patentfähigkeit geprüft wer-

---

15 ABl. EPA 7/1989, S. 275, 296.
16 T 1055/92; ABl. EPA 1995, S. 214-226, Leitsatz III.

den. Wie dieser Anspruch aussah, ist nicht mehr feststellbar, weil die Patentamtsakten nicht mehr existieren. Es ist jedoch der Patentanspruch bekannt, der vom Prüfer akzeptiert wurde und in der Auslegeschrift P 32 044 VIIIc/21g wiedergegeben ist:

„1. Elektrische Kreisvorrichtung aus Halbleitermaterial mit einer dünnen Oberflächenschicht, die eine andere Art Leitfähigkeit besitzt als der Halbleiterkörper, dadurch gekennzeichnet, daß eine erste, als Aussender wirkende Elektrode mit der Oberflächenschicht auf einem im Vergleich zu deren Ausdehnung kleinen Bereich Kontakt macht, daß eine zweite als Sammler wirkende Elektrode mit der Oberflächenschicht ebenfalls in Berührung steht und so angeordnet ist, daß sie den von der ersten Elektrode aus sich in der Schicht ausbreitende Strom sammelt, und eine dritte Elektrode, welche als Basiselektrode dient, an dem Halbleitermaterial anliegt und eine solche Lage einnimmt, daß sie die Größe des sich ausbreitenden Stromes beeinflußt, wodurch eine kleine Änderung der zwischen zwei Elektroden angelegten Potentialdifferenz eine vergleichsweise große Änderung des zur verbleibenden Elektrode fließenden Stromes hervorruft."

Man erkennt, daß sich der am Ende erteilte Patentanspruch von dem ursprünglich eingereichten Patentanspruch im wesentlichen dadurch unterscheidet, daß eine andere Terminologie verwendet wurde – „Elektrisch steuerbares Schaltelement" statt „Elektrische Kreisvorrichtung" – und im erteilten Patent die gleichrichtende Wirkung der Elektrodenanordnungen hervorgehoben wurden.

Welcher Stand der Technik vom Prüfer zu diesem Patentanspruch recherchiert wurde, ist der Auslegeschrift nicht entnehmbar. Es ist jedoch bekannt, welche Druckschriften insgesamt, d.h. nach Abschluß eines Einspruchs- oder Nichtigkeitsverfahrens, berücksichtigt worden waren. Diese sind auf der letzten Seite des Patents Nr. 966 492 als „In Betracht gezogene Druckschriften" bezeichnet:

- österreichische Patentschrift Nr. 130 102
- britische Patentschriften Nr. 349 584, 439 457, 500 342
- USA-Patentschriften Nr. 1 251 378; 1 745 175; 1 900 018; 1 949 383; 2 173 904; 2 208 455; 2 402 661; 2 402 662
- Zeitschrift für Physik, 1939, S. 399 ff.
- Jahrbuch der drahtlosen Telegraphie und Telefonie, Bd. 37, 1931, S. 162 ff. und 175 ff. Journal of Applied Physics, 1946, S. 912
- Bericht über „German Research on Rectifiers and Semi-Conductors" des British Intelligence objectives sub-commitee vom 1.7.1946, S. 22, 23
- älteres Recht: deutsche Patentanmeldung H 11624 VIIIc/21g, W 2733 VIIIc/21g

Bevor auf diese Druckschriften eingegangen wird, soll kurz auf den technischen Hintergrund eingegangen werden, der 1948 gegeben war. BARDEEN, einer der Transistor-Erfinder, hat diesen Hintergrund anläßlich der Nobelpreis-Verleihung selbst beschrieben und etwas später auch veröffentlicht.[17] Er schreibt u.a.:

„The discovery of the transistor effect occurred in the course of a fundamental research program on semiconductors initiated at Bell Telephone Laboratories in early 1946 ...

---

17 John Bardeen: Research Leading to Point-Contact Transistor, Science, 19. Juli 1957, No. 3264, S. 105 ff.

A sound theoretical foundation was available from the following work done during the 1930's.

1. Wilson's quantum mechanical theory, based on the energy band model, and describing conduction in terms of excess electrons and holes. This theory is fundamental to all subsequent developments. It shows how the concentration of carriers depends on the temperature and impurities.

2. Frenkel's theories of a certain photoconductive phenomena (change of contact potential with illumination and the photomagnetoelectric effect) in which general equations were introduced that describe current when non-equilibrum concentrations of both holes and conduction electrons are present. Frenkel recognized that flow may occur by diffusion in a concetration gradient as well as by an electric field.

3. Independent and parallel developments of theories of contact rectifiers by Mott, Schottky, and Davydov. The most complete mathematical theories were worked out by Schottky, and his coworker, Spenke. [18] *..."*

Aside from intrinsic scientific interest of semiconductors, an important reason for choosing this group of material as a promising field in which to work was that they had many and increasing applications in electronic devices, which, in 1945, included diodes, varistors, and thermistors. There had long been the hope of making a triode, or an amplifying device, with a semiconductor ... . [19]

Einzelheiten darüber, wie die Entwicklung zum Transistor bei den Bell Telephone Laboratories vorangetrieben wurde, finden sich auch an anderen Stellen .[20]

Der Wunsch, der herkömmlichen Röhren-Triode eine Festkörper- bzw. Halbleiter-Triode zur Seite zu stellen, bestand schon lange vor der Erfindung des Transistors.

Dies ergibt sich auch aus der an erster Stelle im deutschen Patent 966 492 genannten Entgegenhaltung, der österreichischen Patentschrift Nr. 130 102[21], deren Hauptanspruch wie folgt lautet:

„*1. Kontaktgleichrichter mit zwei durch eine Sperrschicht getrennten Metallelektroden, dadurch gekennzeichnet, daß in der Sperrschicht zwischen den Hauptelektroden eine Steuerelektrode untergebracht ist.*"

In der Beschreibungseinleitung dieses Patents heißt es u.a., Gegenstand der Erfindung sei die Verbesserung eines Gleichrichters in der Richtung, daß er sowohl zur Gleichrichtung von Wechselstrom als auch zur Steuerung dieses Stroms benutzt werden könne. Damit war eine aus einem Festkörper bestehende Einrichtung zum Steuern von Signalen bereits lange vor 1948 bekannt, d.h. der oben auf der Basis der Definition der Encyclopaedia Britannica formulierte Patentanspruch beschreibt keinen neuen Gegenstand. Er

---

18   a.a.O., S. 105.
19   a.a.O., S. 106, linke Spalte.
20   z.B. An Age of Innovation, The World of Electronics 1930-2000, 1981, S. 66 ff.
21   Anmelder: Allgemeine Elektricitäts-Gesellschaft, angemeldet am 11. Juli 1930, beanspruchte USA-Priorität vom 11. Juli 1929.

muß somit aufgegeben werden. Ob der in der Patentschrift angegebenen Lösung eine praktisch realisierte Ausführungsform gegenüberstand, ist nicht bekannt, aber unwahrscheinlich, weil sich sonst wohl die Erfindung des Transistors erübrigt hätte.

Die im Vergleich zur Encyclopaedia-Definition engere BROCKHAUS-Definition des Transistors ist allerdings noch nicht durch das österreichische Patent Nr. 130 102 vorweggenommen, weil in dieser Patentschrift nicht von einem Halbleiterkristall mit Zonen unterschiedlicher Störstellenleitung die Rede ist. Die dort verwendeten Elektroden bestehen aus Tellur und Magnesium, d.h. leitenden Stoffen. Es wird allerdings auch eine Zwischenschicht aus Magnesiumtellurid verwendet, das im weitesten Sinn als Halbleiter bezeichnet werden könnte. Es ergäbe sich dann ein gegen die österreichische Patentschrift abgegrenzter und aus der BROCKHAUS-Definition abgeleiteter Patentanspruch mit folgendem Wortlaut:

Bauelement mit einem Halbleiter und mindestens drei Elektroden, dadurch gekennzeichnet, daß der Halbleiter ein Kristall mit Zonen unterschiedlicher Störstellenleitung ist.

Ein solcher Anspruch wäre immer noch wesentlich weiter als der des erteilten Patents bzw. der der korrespondierenden Auslegeschrift und würde daher dem Patentinhaber einen sehr guten Schutz bieten. Der Begriff „Störstellenleitung" müßte allerdings in der Beschreibung definiert werden, damit der Inhalt des Anspruchs zu keinen Zweifeln Anlaß gibt. Im Hinblick auf den bisher berücksichtigten Stand der Technik ist der obige Anspruch durch den Begriff „Kristall" unnötig eingeschränkt, weil die Entgegenhaltungen keinen Kristall beschreiben. Ein „bereinigter" Patentanspruch könnte deshalb wie folgt lauten:

Festkörper-Bauelement mit mindestens drei Elektroden, gekennzeichnet durch zwei Halbleiter-Zonen mit unterschiedlicher Störstellenleitung.

Dieser Anspruch würde auch deutlich den mittleren Teil der Fig.1 des deutschen Patents 966 492 beschreiben, die wie folgt aussieht:

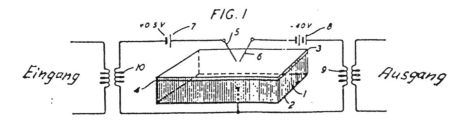

Abb. 1

In dieser Figur ist ein Block 1 aus Germanium vom n-Leitfähigkeits-Typ gezeigt, auf dessen unterer Seite sich ein Metallfilm 2 befindet. Die dünne Schicht 3 an der oberen Oberfläche ist vom p-Leitfähigkeits-Typ.

Der Begriff „Störstellenleitung" ist in dem obigen Anspruch etwas unglücklich gewählt, weil es nicht auf die Störstellen, sondern auf den Leitfähigkeitstyp ankommt. Bei Berücksichtigung dieser Korrektur würde der Anspruch besser wie folgt lauten:

Festkörper-Bauelement mit mindestens drei Elektroden, gekennzeichnet durch zwei Halbleiter-Zonen, von denen die eine Zone einem ersten Leitfähigkeitstyp zugehört, während die andere Zone einem zweiten Leitfähigkeitstyp zugehört.

Berücksichtigt man den Aufsatz, den *Bardeen* und *Brattain* am 25. Juni 1948 an den Herausgeber von Physical Review gesandt haben[22], könnte man den Eindruck gewinnen, daß sowohl die „Störstellen" als auch die „Leitfähigkeitstypen" Überbestimmungen sind, denn in dem erwähnten Aufsatz hatten die beiden Autoren folgende Darstellung ihres Transistors gegeben:

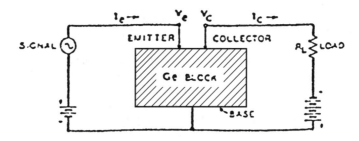

Abb. 2

Diese Darstellung entspricht weitgehend der obigen Patent-Figur; es fehlt jedoch die dünne obere Schicht. Hierzu geben Bardeen und Brattan auch eine Beschreibung, die fast wie eine Definition Ihrer Erfindung klingt:

„A three-element electronic device which utilizes a newly discovered principle involving a semiconductor as the basis element is described. It may be employed as an amplifier, oscillator, and for other purposes for which vacuum tubes are ordinarily used. The device consists of three electrodes placed on a block of Germanium as shown schematically in Fig.1. Two, called the emitter and collector, are of the pointcontact rectifier type and are placed in close proximity (separation - .005 to .025 cm) on the upper surface. The third is a large area low resistance contact on the base ..."[23]

Von der oberen Schicht ist auch hier noch nicht die Rede. Einige Zeilen weiter heißt es indessen:

---

22 J. Bardeen and W.H. Brattain: The Transistor, A Semi-Conductor Triode, Phys. Rev. Nr. 74, 1948, S. 230-231, Letters to the Editor.
23 a.a.O., S. 230.

„Each point, when connected separately with the base electrode, has characteristics similar to those of the high back-voltage rectifier. Of critical importance for the operation of the device is the nature of the current in the forward direction. We believe, for reasons discussed in detail in the accompanying letter, that there is a thin layer next to the surface of P-type (defect)conductivity ..."

Hier wird also die dünne Schicht vom p-Typ angesprochen, die auf dem Ge-Block vom n-Typ liegt. So ganz sicher schienen sich die Erfinder damals noch nicht gewesen zu sein, daß diese dünne Schicht ein „wesentliches Element" ihrer Erfindung ist, denn sonst hätten sie nicht das Wort „believe" benutzt. Wäre diese Schicht nicht wesentlich, müßte der Hauptanspruch lauten:

Festkörper-Bauelement mit mindestens drei Elektroden, dadurch gekennzeichnet, daß der Festkörper ein Halbleiter ist.

Es gibt jedoch keine ernsthaften Hinweise, daß die Erfinder wirklich glaubten, ein gewöhnlicher Halbleiter genüge für die Realisierung ihrer Erfindung, so daß der letzterwähnte Anspruch wohl nicht im Sinne der Erfinder gelegen hätte. Außerdem wäre man mit diesem Anspruch wieder bei der Transistor-Definition der Encyclopaedia Britannica angekommen, die im Hinblick auf die österreichische Patentschrift 130 102 nicht haltbar ist. Es bleibt somit bei der vorangegangenen Anspruchsformulierung. Diese könnte indessen durch andere Entgegenhaltungen vorweggenommen sein, die vom deutschen Patentamt „in Betracht gezogen" wurden.

Das entgegengehaltene britische Patent Nr. 349 584 wurde von der Dubilier Condenser Company Ltd. aus London am 27. November 1929 unter dem Titel „A New or Improved Electric Amplifier" angemeldet. Es beruhte auf einer deutschen Priorität vom 27. November 1928; Erfinder war Johannes Linke aus Berlin-Charlottenburg. In diesem Patent wurde eine elektrische Verstärker-Einrichtung unter Schutz gestellt, die eine Steuerelektrode aufwies, die in einer oder dicht bei einer elektronisch aktiven Schicht angeordnet war. Die elektronisch aktive Schicht befand sich zwischen einer Anode und einer Kathode, und zwar derart, daß der elektrische Stromfluß zwischen Anode und Kathode durch elektrische Potentiale beeinflußt wurden, die auf die Steuerelektrode gegeben wurden. Gekennzeichnet war diese Verstärker-Einrichtung dadurch, daß ein Elektronen aufweisendes Material von beliebigem Widerstand zwischen der aktiven Schicht und der Anode angeordnet war. Als elektronisch aktive Schichten wurden z.B. Kupferoxid oder Bleisulfid verwendet. Bei einem Ausführungsbeispiel waren vier Schichten und drei Elektroden vorgesehen, wobei die vier Schichten von unten nach oben aus einer Metallplatte, einer elektronisch aktiven Schicht, einem Material aus hohem elektrischen Widerstand und einer zweiten Metallplatte bestehen. Die Elektroden waren an den beiden Metallplatten sowie an der Steuerelektrode in der elektronisch aktiven Schicht angeschlossen. Von zwei Halbleitern mit unterschiedlicher Leitfähigkeit ist in diesem Patent nicht die Rede.

Die britische Patentschrift 439 457, die auf eine deutsche Priorität vom 2. März 1934 zurückgeht und von Oskar Heil aus Berlin angemeldet wurde, offenbarte bereits einen Festkörper-Verstärker. Bei diesem Verstärker wurden auch eine oder mehrere Schichten von Halbleitern eingesetzt. Diese waren jedoch nicht von unterschiedlichen Leitfähigkeitstypen. Als Halbleiter schlug *Heil* Tellur, Iod, Kupferoxid oder Vanadiumpentoxid vor.

Im britischen Patent Nr. 500 342 der British Thomson-Houston Company, das auf einer deutschen Priorität vom 18. September 1937 beruhte, wurde eine Festkörper-Triode unter Schutz gestellt, die eine oder mehrere metallische Steuergitter enthielt, wobei diese Gitter in der Sperrschicht lagen und mit einer Halbleiter-Beschichtung versehen waren. Von zwei verschiedenen Leitungstypen war auch hier nicht die Rede.

Auch die alte USA-Patentschrift No. 1 251 378 von 1917, die auf den Franzosen *Horace Hurm* zurückgeht, erwähnt keine verschiedenen Halbleiter-Typen. Es ist allerdings ein Kristall mit mehreren Federkontakten dargestellt, so daß sich eine gewisse formale Ähnlichkeit mit dem oben dargestellten Spitzentransistor ergibt.

Entsprechendes gilt für das am 8. Oktober 1926 angemeldete USA-Patent 1 745 175 des aus Deutschland eingewanderten Julius Edgar Lilienfeld, das eine „Method and Apparatus For Controlling Electric Currents" betraf. Lilienfeld meldete am 23. März 1928 ein weiteres USA-Patent 1 900 018 an, das ein „Device For Controlling Electric Current" betraf, aber ebenfalls keine zwei Halbleiter von verschiedenem Leitungstyp offenbarte.

Der im USA-Patent Nr. 1 949 383 beschriebene Festkörper-Verstärker von Harold C. Weber enthält zwar Materialien mit unterschiedlichen Leitfähigkeiten, doch handelt es sich hierbei nicht um Halbleiter.

In der USA-Patentschrift 2 173 904 der holländischen Firma PHILIPS mit der Priorität vom 9. März 1935 ist ein Elektrodensystem von unsymmetrischer Leitfähigkeit beschrieben. Unterschiedliche Halbleitertypen sind nicht erwähnt.

Die auf eine deutsche Priorität vom 15. November 1938 zurückgehende USA-Patentschrift Nr. 2 208 455 der General Electric Company mit dem Titel „Dry Plate Electrode System Having A Control Electrode" beschreibt ebenfalls ein Elektrodensystem von unsymmetrischer Leitfähigkeit, die dem Transistor schon recht nahe zu kommen scheint. Der Anspruch 1 lautet:

> *„In an electrode system of non-symmetrical conductivity a cathode, an anode, a dielectric layer separating said cathode, and anode and composed of a crystalline material characterized by relatively high refractive index and distorted stoichiometrical equilibrum, and a control electrode embedded in said dielectric layer."*

Von zwei verschiedenen Halbleitermaterialien ist aber auch hier nicht die Rede.

Die USA-Patentschrift Nr. 2 402 661 der Bell Laboratories vom 1.3.1941 betrifft lediglich einen Gleichrichter, wobei allerdings Silizium eingesetzt wird. Von der gleichen Anmelderin und dem gleichen Erfinder (Russel S. Ohl) stammt die USA-Patentschrift Nr. 2 402 662, die sich auf eine lichtempfindliche elektrische Vorrichtung bezieht, welche ein speziell aufbereitetes Silizium verwendet.

In der Druckschrift „Jahrbuch zur drahtlosen Telegraphie und Telefonie, Bd. 37, 1931, 162-167 und 175-187" lassen sich *W. Schottky*, *R. Störmer* und *F. Waibel* „Über Gleichrichterwirkungen an der Grenze von Kupferoxydul gegen aufgebrachte Metallelektroden" aus. In diesem Aufsatz wird u.a. eine Sondenmeßreihe mitgeteilt, aus der hervorgeht, daß an einer Kupferplatte mit aufgewachsener Oxydulschicht und mit Graphitschicht-Vorderelektrode eine besondere Sperrwirkung praktisch nur an der Grenze Oxydul-Mutterkupfer, nicht an der Grenze Oxydul-Graphitschicht auftritt. Hinweise auf Effekte mit dotiertem Germanium oder Silizium finden sich in dem Aufsatz nicht. Lediglich der Schlußsatz lautet: „Ähnliche Versuche mit anderen Halbleitern weisen darauf hin, daß diese Erscheinungen nicht auf Kupferooxydul beschränkt sind". Eine Lehre zur Verstärkung elektrischer Signale mittels Halbleitern ist indessen nicht offenbart.

R. Hilsch und *R.W. Pohl* beschreiben in der „Zeitschrift der Physik, 1939, S. 399-408" in ihrem Aufsatz „Steuerung von Elektronenströmen mit einem Dreielektrodenkristall und ein Modell einer Sperrschicht" ein aus KBr bestehendes Modell einer Sperrschicht. Durch Einbau eines Steuergitters in die Sperrschicht wird ein Dreielektrodenkristall hergestellt. Dieser soll einer Dreielektrodenröhre entsprechen. Von seinem grundsätzlichen Ansatz her weist der Aufsatz frappierende Ähnlichkeiten zu den Transistor-Grundpatenten auf. Allerdings erfolgt die Steuerung von Ströme mit dem Dreielektrodenkristall äußerst träge, so daß eine technische Anwendung kaum in Frage kam. Dies hatten schon *Hilsch* und *Pohl* erkannt, weshalb sie ausführten: „Für technische Zwecke wird man stets Steuerorgane geringer Trägheit erstreben. Dann muß man von einem Modell mit dünner Sperrschicht ausgehen und das Gitter in die Sperrschicht selbst verlegen, nicht in den vorgelagerten Teil …. Sicher ist der Einbau einer Steuerelektrode in eine dünne Sperrschicht experimentell nicht so einfach wie bei einer dicken." Letztendlich weisen auch *Hilsch* und *Pohl* keinen Weg zur Signalverstärkung mittels dotierter Halbleiter.

Eine recht exotische Entgegenhaltung ist der bei den „in Betracht gezogenen Druckschriften" zum deutschen Spitzentransistor-Patent 966 492 an letzter Stelle genannte „Bericht über GERMAN RESEARCH ON RECTIFIERS AND SEMI-CONDUCTORS des British Intelligence objectives sub-committee vom 1.7.1946, S. 22, 23". Derartige Berichte werden normalerweise in einem Prüfungsverfahren vom Prüfer so gut wie niemals entgegengehalten, weil der Prüfer an solche Quellen kaum herankommt. Erst in Einspruchs- oder Nichtigkeitsverfahren, in denen die angreifende Partei keine Mittel scheut, um ein Patent zu Fall zu bringen, werden solche Druckschriften von der angreifenden Partei „ausgegraben". Mit den Exoten- Druckschriften verhält es sich somit ähnlich wie mit den „offenkundigen Vorbenutzungen", zu denen ein Prüfer in der Regel ebenfalls keinen Zugang hat. Der Zweck des besagten Berichts wurde von Britischen Geheimdienst wie folgt angegeben:

„Introduction
The purpose of this Report is to give information on rectifiers and semi-conductors. Seperate on other subjects investigated by Trip No. 2015 are concerned with:
(1) ferric oxide and ferrites and their application to radar absorption (by Lt. G.B. Richardson, R.N.V.R. and A.C. Lynch)
(2) (jointly with Trip No. 2011) relay contact metarials (by N. E. Hyde and others).
A further Report is intended later (see below).

Object of trip
Information was required on the state of technical development and research work on rectifiers and semi-conductors.
The type of information sought was:
theory of operation of rectifiers;
range of materials known to give rectification:

> *chemical and physical structure of blocking-layers; causes of ageing, and methods of life-testing of rectifiers and similar information on semi-conductors, and on related such as that of photo-electricity.*
> *Interrogation, in Britain, of Herr Weise suggested that his laboratories in Berlin and in Erlangen would be of interest. A source of supply of germanium was also to be looked for."*

Interessant ist hierbei, daß einerseits die Verstärkerwirkung nicht erwähnt ist, aber andererseits Germanium in Betracht gezogen wurde, welches bei den späteren Transistor-Patenten eine wichtige Rolle spielte. In dem Bericht wurden die Arbeiten von ca. 37 deutschen Forschern untersucht, wobei die Forscher selbst interviewt und festgestellt wurde, ob sie gut, schlecht oder gar nicht Englisch sprachen (Ability to speak English: „fair", „some", „good", „none", „very good"). Lediglich bei dem Göttinger Professor Dr. R.W. Pohl, Verfasser eines bei Physik-Studenten bekannten und mehrbändigen Lehrbuchs der Experimentalphysik, hieß es „Will not speak English". Die Materialien Germanium und Silizium, die vorzugsweise bei Transistoren zum Einsatz kommen, wurden offensichtlich in Deutschland nicht sehr intensiv erforscht. Prof. Ott in Würzburg scheint eine Ausnahme gewesen zu sein. Von ihm heißt es in dem Bericht (Seite 17):

> *„Dr. Ott has worked on silicon detectors, but not on other type of rectifier. Interrogation was almost impossible, owing to language difficulties, but he is to send a report on his work"*

Wichtig erscheint außerdem, daß bereits der Einfluß von Verunreinigungen in Halbleitern erkannt worden war:

> *„Semi-conduction is always caused by impurities (Joos has discussed this with Prof. Pohl), which provide intermediate energy-levels. In Selenium, there must be a broadening of the energy-levels into bands, but this effect is important only with very pure materials – i.e. in the laboratory – and not in commercial rectifiers." (Seite 18 des Berichts)*

Weiterhin heißt es in dem Bericht:

> *„Prof. Pohl confirmed that Dr. König had studied germanium and silicon rectifiers at Göttingen, without being able to explain the mechanism of rectification" (Seite 20 des Berichts)."*

Auf den Seiten 22 und 23 des Berichts, die im Verfahren vor dem Deutschen Patentamt eine besondere Bedeutung spielten, finden sich kaum weitergehende Offenbarungen. Es wird dort lediglich darauf hingewiesen, daß auch in Deutschland an einigen Stellen mit Germanium gearbeitet wurde.

> *„Hence single crystals of a metal were needed, Germanium was suggested because of the ease with which it could be purified. The normal method of purification was used; germanium oxide is extracted from the ore by by nitric acid and reduced by hydrogen. Arsenic remains, but is readily removed ...*

... Prof. Kluvius had no knowledge of impurities being added to the Germanium before use, but some sub-oxide may remain undetected." (Seite 22 des Berichts).

Hier war also bereits die „Dotierung" von Germanium mit Verunreinigungen angesprochen. Außerdem wurde von weiteren Studien mit Silizium und Germanium berichtet:

„Dr. Günther was said to have worked with many types of detectors including Si, Ge and synthetic pyrite ones. He had also tried to use condensed Germanium films; such detectors had a large reverse current, which Welker believed to be partly due to small crystal size ... " (Seite 23 des Berichts).

Der Bericht kommt zu dem Ergebnis, daß die Forschungen in Deutschland auf dem Gebiet der Gleichrichter während des Kriegs, bedingt durch andere Forschungsschwerpunkte oder durch Luftangriffe oder durch Abordnung der Forscher in die Wehrmacht, nicht sehr intensiv waren („that the standard of research work was not very high"). Von erfolgreichen Versuchen, mit Hilfe von Festkörpern elektrische Signale zu verstärken, ist in dem Bericht nirgendwo die Rede.

Dem Spitzentransistor-Patent sind auch noch sogenannte „ältere Rechte" entgegengehalten worden: Deutsche Patentanmeldungen H 11624 VIIIc/21g, W 2733 VIII c/21g. Unter älteren Rechten versteht man Patentanmeldungen, die zwar zeitlich früher als die zu prüfende Patentanmeldung beim Patentamt eingereicht wurden, aber zum Zeitpunkt der zu prüfenden Anmeldung noch nicht veröffentlicht waren.

Bei der Patentanmeldung W 2733 VIII c/21g handelt es sich um eine am 2.10.1942 beim Deutschen Patentamt eigereichte Patentanmeldung, die erst am 11.12.1952 als sogenannte Bekanntmachungsschrift ausgegeben wurde. Als gemeinsame Erfinder und Anmelder wurden benannt: Dr. habil. Heinrich Welker aus Erlangen, Prof. Dr. Klaus Clusius aus Zürich und der Feinmechanikermeister Erich Holz aus München. Im Anspruch 1 dieser Auslegeschrift ist überraschend Germanium erwähnt. Dieser Anspruch lautet:

„Elektrisches Halbleitergerät, dadurch gekennzeichnet, daß als Halbleiter kristallines Germanium mit eingebauten Störatomen (durch Verunreinigungen, d.h. Fremdstoffe gebildet) verwendet ist, deren Zahl im Höchstfall den 10ten Teil der Gesamtatomzahl der als Halbleiter dienenden Germaniummenge beträgt."

Bei der Lektüre hat man zunächst den Eindruck, der Transistor sei vorweggenommen. Auf Seite 3 der Auslegeschrift lesen wir jedoch:

„Das neue Halbleitergerät kann, wie oben schon angedeutet ist, z.B. als Detektor ausgebildet werden. Es kann ferner auch als Dünnschichtgleichrichter oder, in anderer Bezeichnung, als Flächengleichrichter ausgebildet werden. Dies läßt sich z.B. in der Weise durchführen, daß das Germanium unter Schutzgas (Argon) bei einigen Millimetern Quecksilberdruck aufgedampft wird ... "

Einen Hinweis auf eine Triodenlösung bzw. auf eine Verstärkerfunktion kann man dieser Auslegeschrift nicht entnehmen, so daß das Transistorpatent nicht vorweggenommen oder nahegelegt ist. Auf die Frage, ob das Transistorpatent möglicherweise von dem Gegenstand der obigen Welker-Clusius-Holz-Erfindung abhängig gewesen sein könnte, soll hier nicht eingegangen werden.

Bei dem zweiten „älteren Recht" handelt es sich um eine Patentanmeldung vom 21.9.1942 des Dr. Erich Habann aus Berlin, deren Anspruch 1 wie folgt lautet:

> *„1. Einrichtung zur Verstärkung elektrischer Ströme und Spannungen mittels Gleichrichteranordnungen, dadurch gekennzeichnet, daß die auf der einen Seite einer Halbleiterschicht, beispielsweise Selen, anliegende Elektrode unterteilt ist, ihr einer Teil als Steuerelektrode verwendet wird und aus einem Material besteht, das nur schlecht Elektronen in die Halbleiterschicht zuemittieren vermag, während der andere Teil der unterteilten Elektrode und die Gegenelektrode als Kathode bzw. Anode der Verstärkungseinrichtung benutzt werden."*

Der Öffentlichkeit zugänglich gemacht wurde diese Patentanmeldung erst am 20.8.1953. Eine Vorwegnahme des Transistorpatents ist auch in diesem „älteren Recht" nicht zu erblicken, weil es in der Tradition der bereits oben erwähnte frühen britischen und USA-Patente liegt, d.h. es soll bei mehr oder weniger herkömmlichen Gleichrichtern ein Steuergitter eingefügt werden. Die Materialien Germanium und Silizium bzw. die Störstellendotierung werden nicht erwähnt.

Der zum Spitzentransistor recherchierte Stand der Technik – der hier bewußt in seiner vollen Breite dargestellt wurde, um exemplarisch wenigstens die Umrisse eines patentamtlichen Prüfungsverfahrens darzustellen – zeigt ein Phänomen auf, das auch bei zahlreichen anderen Erfindungen in Erscheinung tritt: Es waren vor der Anmeldung eines Patents eine Reihe von Merkmalen, Erkenntnisse und Einzelheiten bekannt, die auch bei der beanspruchten Erfindung eine Rolle spielen, so daß man sich wundert, weshalb diese Erfindung nicht früher gemacht wurde. Die Prüfer der Patentämter werden durch diese scheinbare Nähe des Standes der Technik oft verleitet, der Erfindung keine Erfindungshöhe zuzubilligen oder zu behaupten – wie es in modernem Patent-Deutsch heißt – sie beruhe nicht auf einer „erfinderischen Tätigkeit" (§ 4 Satz 1 PatG; Art. 56 EPÜ, 35 U.S.C. 103), weil sie sich für den Fachmann in naheliegender Weise aus dem Stand der Technik ergäbe. Das Gegenargument gegen eine solche Behauptung besteht in der Regel darin, dem Prüfer eine rückblickende Betrachtungsweise („hind sight") vorzuwerfen. Jeder Prüfer, der eine Erfindung zu bewerten hat, befindet sich in einer anderen Ausgangssituation als der Durchschnittsfachmann vor der Einreichung einer Patentanmeldung: er kennt bereits die Erfindung (ex-post-Betrachtung). In Kenntnis dieser Erfindung, d.h. der Lösung für eine bestimmte Aufgabe, wird der Stand der Technik natürlich mit anderen Augen gesehen als ohne diese Kenntnis. Das Sich-Hineinversetzen in die Situation am Anmeldetag ist deshalb eine der schwierigsten und vornehmsten Aufgabe eines Patent-Prüfers. Wer jemals mit Entwicklungs-Ingenieuren einer größeren Firma zu tun hatte, die in direkter Konkurrenz mit einer anderen größeren Firma steht, wird feststellen, daß diese Entwicklungs-Ingenieure fast immer glauben, das Patentamt würde die Konkurrenz hinsichtlich der erteilten Patente bevorzugen. Aussprüche wie: „Derart simple Ideen würden uns niemals geschützt, die Fa ... muß einen besonders guten Draht zu den Patent-Prüfern haben" sind nicht selten, aber in aller Regel unbegründet. Sie zeigen lediglich, daß die Kritiker des Patentamts die der Konkurrenz patentierten Erfindungen in „rückblickender Betrachtung" gewertet haben. Ihre eigenen Erfindungen entsprechen bei objektiver Betrachtung meistens auch keinen höheren Standards.

Im vorliegenden Fall des Spitzentransistor-Patents muß zugegeben werden, daß trotz erfolgreicher Versuche, mit Festkörpern Verstärkungen vorzunehmen (z.B. Fig. 6 bei *Hilsch* und *Pohl*, Zeitschrift der Physik, Bd. 37, 1931, S. 407) oder die Eigenschaften von Silizium- oder Germanium-Gleichrichter zu erforschen, der entscheidende Gedanke des Spitzentransistorpatents nicht vorweggenommen war.

Somit müßte der oben formulierte und aus der BROCKHAUS-Definition abgeleitete Anspruch, der nicht aus dem Stand der Technik bekannt ist und von diesem auch nicht nahegelegt wird, eigentlich patentierbar sein. Er würde dem Patentinhaber einen sehr weiten Schutz gewähren, ohne daß ein Verletzungsrichter eine künstliche Dehnung eines engen Patentanspruchs vornehmen müßte.

Wenn ein „Kopist" einen Transistor herstellte, bei dem nicht „jede dieser Elektroden in einem zur Ausdehnung der gemeinsamen Oberflächenschicht kleinen Bereich Kontakt macht", fiele er nicht mehr unter das tatsächlich erteilte Spitzentransistor-Patent. Anders ausgedrückt: bereits der Flächentransistor, der weiter unten noch beschrieben wird, würde schon keine Patentverletzung mehr darstellen. Bei dem hier auf der Grundlage der Brockhaus-Definition erarbeiteten Anspruch kommt es dagegen auf diese Ausdehnung nicht an. Der letztgenannte Anspruch ist deshalb umfassender als der tatsächlich patentierte Anspruch. Ein Verletzungsrichter kann überdies auf einfache Weise anhand des hier vorgeschlagenen Anspruchs feststellen, ob eine Patentverletzung vorliegt oder nicht. Er braucht nur zu prüfen bzw. von Sachverständigen prüfen zu lassen, ob ein Verletzungsgegenstand drei Elektroden sowie einen n-leitenden und einen p-leitenden Halbleiterbereich aufweist.

Es ist in diesem Zusammenhang von Interesse, den Patentanspruch 1 des korrespondierenden USA-Spitzentransistor-Patents mit dem obigen Anspruch des deutschen Patents zu vergleichen. Bei diesem Patent handelt es sich um das USA-Patent Nr. 2 524 035, das am 3. Oktober 1950 unter dem Titel „Three-Electrode Circuit Element Utilizing Semiconductor Materials" ausgegeben wurde. Patentinhaberin war übrigens nicht – wie beim korrespondierenden Patent – Western Electric, sondern die Bell Telephone Laboratories, Inc. Der Anspruch 1 dieses Patents lautet:

„1. A circuit element which comprises a block of semiconductor material of which the body is of one conductive type and a thin surface layer is of the opposite conductive type, an emitter electrode making contact with said layer, a collector electrode making contact with said layer disposed to collect current spreading from said emitter electrode, and a base electrode making contact with the body of the block."

Man erkennt unschwer, daß dieser Anspruch erheblich näher dem hier entwickelten „Schutzbereichs"-Anspruch kommt als der Anspruch 1 des deutschen Spitzentransistor-Patent, der mehr dem Erfordernis der *Hartig*'schen „Erfindungs-Definition" entspricht. Der geringe Abstand zwischen Basis und Emitter sowie die Diodenbildung, die im deutschen Patentanspruch erwähnt sind, spielen im korrespondierenden USA-Patent keine Rolle. Der Anspruch 1 des USA-Patents 2 524 035 ist somit weiter als der entsprechende Anspruch 1 des deutschen Patents 966 492. Mehr noch: dieser USA-Anspruch ist auch weiter als der Anspruch 1 der deutschen Auslegeschrift p 32044VIIIc/21gD zum Patent 966 492, denn er enthält nicht das einschränkende Merkmal dieser Auslegeschrift, „dass eine erste, als Aussender wirkende Elektrode mit der Oberflächenschicht auf einem im Vergleich zu deren Ausdehnung kleinen Bereich Kontakt macht …". Ein

Verletzungsrichter hätte es mit dem USA-Anspruch sicher leichter als mit dem deutschen Anspruch eine Verletzungshandlung festzustellen. Bei dem obigen USA-Patent 2 524 035 wurden übrigens 10 Entgegenhaltungen berücksichtigt, die nur teilweise mit den beim korrespondierenden deutschen Patent genannten Druckschriften übereinstimmen. Es handelt sich dabei um folgende Vorveröffentlichungen: USA-Patentschriften 1 745 175 (Lilienfeld), 1 900 018 (Lilienfeld), 1 949 383 (Weber), 2 173 904 (Holst), 2 402 662 (Ohl), 2 438 893 (Bieling), 2 441 603 (Storks), 2 447 829 (Whaley), 2 464 807 (Hansen), Britisches Patent 439 457. Die zahlreichen Druckschriften, die beim deutschen Patent 966 492 berücksichtigt wurden, ergeben sich aus dem Umstand, daß lange vor der Ausgabe des deutschen Patents 966 492 das USA-Patent 2 524 035 ausgegeben war. Die deutsche Erteilungsbehörde kannte somit das Ergebnis des Prüfungsverfahrens in den USA, als sie das deutsche Patent erteilte.

1.1.2 Die Rolle der „wesentlichen Merkmale" bei der Anspruchsformulierung

Nachdem vorstehend aufgezeigt wurde, daß ein umfassender Patentanspruch, bei dem auch der Stand der Technik berücksichtigt wurde, möglich erscheint, stellt sich die Frage, weshalb dieser „bessere" oder „umfassendere" Anspruch in Deutschland nicht tatsächlich patentiert wurde. Der Grund hierfür ergibt sich aus den oben wiedergegebenen Rechtsnormen, denen die Vorstellung zugrundeliegt, ein Patentanspruch müsse die „Erfindung" genau definieren und zumindest die Andeutung einer „Anleitung zum Nachbau" sein. Es soll nicht der Schutzumfang festgelegt werden – was durch den hier erarbeiteten Anspruch weitestgehend der Fall wäre – sondern der „Gegenstand der Erfindung". Hätte die Anmelderin einen Patentanspruch der hier vorgeschlagenen Art eingereicht und der Prüfer weder dessen Neuheit noch dessen Erfindungshöhe bestritten, wäre dieser Anspruch mit großer Wahrscheinlichkeit dennoch nicht vom Prüfer akzeptiert worden. Er hätte wohl beanstandet, daß der Anspruch keine vollständige Lehre zum technischen Handeln vermittelt und argumentiert, daß drei lose auf einem Tisch liegende Elektroden und zwei Halbleiterblöcke, von denen einer n-leitend und der andere p-leitend ist, ebenfalls den Anspruch erfüllen würde. Ein Prüfer des Europäischen Patentamts, den es 1948 natürlich noch nicht gab, würde sich auf Kapitel III der Prüfungsrichtlinien berufen und feststellen, daß der Anspruch nicht alle Merkmale enthält, um die der Erfindung zugrunde liegende Aufgabe zu lösen.

Merkwürdigerweise enthält das deutsche Spitzentransistor-Patent 966 492 gar keine eindeutige Aufgabenstellung. Sie muß deshalb „objektiv" herauskristallisiert werden. Als Basis hierfür können die Ausführungen auf Seite 2, linke Spalte, Zeilen 45-50 des Patents dienen, wo es heißt:

„Die Erfindung macht zur Verwirklichung einer Verstärkung von Halbleitergleichrichtern Gebrauch. Die Erfindung bezieht sich auf ein elektrisch steuerbares Schaltelement, welches aus einem Halbleiterelement und drei daran angebrachten Elektrodenanschlüssen besteht."

Hieraus könnte eine Aufgabenstellung wie folgt abgeleitet werden:

Der Erfindung liegt die Aufgabe zugrunde, ein steuerbares Schaltelement unter Verwendung von Halbleitern zu schaffen.

Ausgehend von dieser Aufgabenstellung würde ein deutscher oder europäischer Patentprüfer beanstanden, daß der oben wiedergegebene Patentanspruch nicht alle „wesentlichen" Merkmale enthält, um die gestellte Aufgabe zu lösen, weil mit bloß zusammengewürfelten Elektroden und Halbleiterzonen noch kein Schaltelement herstellbar sei. Die Anmelderin würde also vom Prüfer gezwungen, den Patentanspruch zu „präzisieren", was de facto einer Beschränkung des Schutzumfangs gleichkäme. Wenn der Anspruch eine technische und nachvollziehbare Lehre vermitteln soll, müßte natürlich angegeben werden, wie die Halbleiterzonen und die Elektroden relativ zueinander angeordnet sind. Die beiden Halbleiterzonen müßten deshalb als zwei übereinander liegende Schichten definiert werden, wobei die obere Schicht mit zwei und die untere Schicht mit einer Elektrode versehen ist. Damit würde der obige Anspruch derart ergänzt werden, daß er z.B. folgende Form annimmt:

Festkörper-Bauelement mit mindestens drei Elektroden, gekennzeichnet durch

a) eine erste Halbleiter-Zone (3) von einem ersten Leitfähigkeitstyp mit einer Ober- und einer Unterseite;

b) eine zweite Halbleiterzone (1) von einem zweiten Leitfähigkeitstyp mit einer Ober- und Unterseite, die mit ihrer Oberseite auf der Unterseit der ersten Halbleiter-Zone (3) aufliegt;

c) zwei Elektroden (5,6), die mit der Oberseite der ersten Halbleiter-Zone (3) verbunden sind

d) eine Elektrode, die mit der Unterseite der zweiten Halbleiter-Zone (1) verbunden ist.

Ein solcher Anspruch könnte vor einigen deutschen oder europäischen Prüfern Gnade finden. Andere Prüfer könnten jedoch noch nachlegen und verlangen, daß auch die Polaritäten der angelegten Spannungen angegeben werden müßten, weil nicht bei jeder beliebig angelegten Spannung der Steuerungseffekt erzielbar sei. Außerdem könnte verlangt werden, den Abstand zwischen den beiden oberen Elektroden im Anspruch zu definieren, weil nicht jeder beliebige Abstand zu einem Stromsteuerungseffekt führe. Das Spannungsproblem könnte in verallgemeinerter Form durch den Zusatz folgender Merkmale gelöst werden:

e) eine erste Spannung (8) zwischen der mit der Unterseite der zweiten Halbleiter-Zone (1) verbundenen Elektrode und einer der beiden mit der Oberseite der ersten Halbleiter-Zone (3) verbundenen Elektrode

f) eine zweite Spannung (7) zwischen der mit der Unterseite der zweiten Halbleiter-Zone (1) verbundenen Elektrode und der anderen mit der Oberseite der ersten Halbleiter-Zone (3) verbundenen Elektrode.

Mit einem solchen Anspruch wäre man sachlich schon recht dicht an den tatsächlich erteilten deutschen Patentanspruch herangerückt, wenngleich die jeweils gewählten Formulierungen kaum Ähnlichkeiten aufweisen.

1.1.3 Kritik des Anspruchs 1 des deutschen Spitzentransistor-Patents

Der Anspruch 1 des Patents 966 492 weist einige sprachlich unglückliche Formulierungen auf, die sich u.a. daraus ergeben, daß eine Analogie zu den Trocken-Gleichrichtern gesucht wurde, die nur historisch eine große Rolle bei der Entwicklung des Transistors gespielt haben. Das erste kennzeichnende Merkmal enthält jedoch auch aus heutiger Sicht einen Formal-Fehler, der von den meisten Prüfern beanstandet würde. Es heißt dort:

„ ... daß an einem Halbleiter wie Germanium oder Silizium einerseits ...

Hier ist von einem „Halbleiter" die Rede, während im Oberbegriff ein „Halbleiterelement" erwähnt wurde. Ein solcher Begriffswechsel wird von vielen Prüfern nicht zugelassen, weil er einen nicht exakten Rückbezug beinhaltet und somit den Anspruch „verunklart" (Art.84 EPÜ). Außerdem erscheint der Halbleiter im Kennzeichen mit dem unbestimmten Artikel, obgleich er im Oberbegriff bereits erwähnt wurde. Unter diesen Voraussetzungen muß der bestimmte Artikel gewählt werden. Sprachlich korrekter wäre deshalb folgende Formulierung des Anspruchs 1 des deutschen Patents 966 492 gewesen:

„ ... daß das Halbleiterelement ein Halbleiter wie Germanium oder Silizium ist und an diesem Halbleiter einerseits ...

Allerdings ist auch diese Formulierung nicht gerade elegant, was daran liegt, daß der Passus „wie Germanium oder Silizium" eigentlich nichts im Kennzeichen zu suchen hat. Entweder hätten Germanium und Silizium in einen Unteranspruch aufgenommen oder ihre gemeinsamen Eigenschaften im Hauptanspruch genannt werden müssen. Im ersten Fall würde das Merkmal dann lauten:

„ ... daß an dem Halbleiterelement einerseits eine Basiselektrode und andererseits zwei mit der Basiselektrode eine gleichrichtende Wirkung ergebende Elektroden angeordnet sind ...

Auch dieses Merkmal ist nicht besonders glücklich formuliert. Das hier verwendete Wort „Basiselektrode" war für den damaligen Durchschnittsfachmann unverständlich, weil es erst durch die Transistortechnik in die deutsche Sprache einging. Dieses Wort hätte somit im Anspruch erst erklärt werden müssen. Zur Vermeidung des unklaren Ausdrucks „Basiselektrode" wurden in dem oben formulierten eigenen Anspruch die Begriffe Unter- und Oberseite von Halbleiterzonen verwendet.

Außerdem enthält der erwähnte Passus des Patentanspruchs 1 des erteilten deutschen Patents eine mittelbare Funktionsangabe, die nicht sehr klar ist. Es handelt sich hierbei um die „gleichrichtende Wirkung", die dadurch erreicht werden soll, daß

- an dem Halbleiter eine Basiselektrode und zwei andere Elektroden angeordnet sind und
- die Basiselektrode mit jeweils einer der anderen Elektroden eine gleichrichtende Wirkung ergibt.

Es bleibt dabei offen, wie die gleichrichtende Wirkung erzielt werden soll und ob die Gleichrichtungen gleich- oder gegengerichtet sind. Hierzu nimmt der Anspruch erst später Stellung.

Das weitere Merkmal

> „... und daß jede dieser Elektroden in einem zur Ausdehnung der gemeinsamen Oberflächenschicht kleinen Bereich Kontakt macht ..."

ist ebenfalls unklar, weil nicht ersichtlich ist, auf was sich die „gemeinsame" Oberflächenschicht bezieht. Ist damit die gesamte Oberflächenschicht des Halbleiterelements gemeint, die beiden Elektroden gemeinsam ist? Oder handelt es sich um die Oberflächenschicht der Elektroden? In der Beschreibung der Patentschrift ist zu den Elektroden ausgeführt (Seite 4, rechte Spalte, Zeile 92 ff.):

> „... Die besten Ergebnisse wurden erzielt, wenn der längs der Blockoberfläche gemessene Abstand zwischen der Kollektorelektrode und der Emitterelektrode zwischen 0,01 bis 0,1 mm beträgt ..."

Die „gemeinsame Oberflächenschicht" wird offenbar durch den erwähnten Abstand von 0,01 bis 0,1 mm definiert. Ganz klar ist dies indessen nicht, und auch der Patentanspruch der Auslegeschrift bleibt mit der Formulierung

> „... daß eine erste, als Aussender wirkende Elektrode mit der Oberflächenschicht auf einem im Vergleich zu deren Ausdehnung kleinen Bereich Kontakt macht ..."

im Dunkeln. Bezieht sich das Wort „deren" auf die Oberflächenschicht, dann besagt der Anspruch, daß die Elektrode mit einer Fläche auf der Oberflächenschicht aufliegt, die klein ist gegenüber der gesamten Oberflächenschicht.

Die „Flußrichtung" der „gleichrichtenden Wirkung" ist in dem nachfolgenden Merkmal angegeben:

> „... daß (diese Elektroden) so angeordnet sind, daß bei einer Vorspannung der einen Elektrode (Emitter) mit Bezug auf die Basis in Flußrichtung und der anderen Elektrode (Kollektor) mit Bezug auf die Basis in Sperrichtung durch den Emitter Ladungsträger, deren Vorzeichen demjenigen der in dem Gebiet der Basiselektrode vorhandenen Ladungsträger entgegengesetzt ist, in das Gebiet der Basiselektrode eingeführt werden und wenigstens zu dem Kollektor fließen."

Diese Umschreibung ist aus patentrechtlicher Sicht sehr unglücklich, weil sie physikalische Vorgänge in einem Festkörper beschreibt, die von einem Verletzungsrichter kaum überprüft werden können. Eine konkrete Lehre zur Anordnung der Elektroden und deren Versorgung mit konkreten Spannungen wird nicht vermittelt. Man erfährt, daß Emitter und Kollektor mit der Basis „so" verbunden sind, daß sich Dioden ergeben, von denen die eine in Durchlaßrichtung und die andere in Sperrichtung gepolt ist. Sodann sollen die Elektroden auch noch „so" angeordnet sein, daß Ladungsträger vom Emitter in das Gebiet der Basiselektrode eingeführt werden. Was man tun muß, damit dies geschieht, ist nicht erwähnt. Die in das Gebiet der Basiselektrode eingeführten Ladungsträger sollen dann auch noch „wenigstens zu dem Kollektor fließen". Auch hier ist keine

Anweisung gegeben, was der Fachmann tun muß, damit die Ladungsträger tatsächlich zum Kollektor fließen. Bei den vom Emitter zur Basis geschickten Ladungsträger soll es sich überdies um solche handeln, deren Vorzeichen demjenigen der in dem Gebiet der Basiselektrode vorhandenen Ladungsträger entgegengesetzt ist. Wieder steht der Fachmann vor der Frage, wie er das Vorzeichen der Ladungsträger in der vorgeschriebenen Weise beeinflussen kann. Der Patentanspruch berücksichtigt nicht, daß physikalische Entdeckungen (Ladungsträgerfluß etc.) zwar die Basis für eine Erfindung bilden, aber nicht selbst Gegenstand einer Erfindung sein können.[24]

Ein Patentanspruch sollte so formuliert sein, daß bei Befolgen „handwerklicher" Vorschriften die erfindungsgemäße Wirkung eintritt, und zwar unabhängig davon, ob die physikalischen Abläufe verstanden werden oder nicht. Wie sich unschwer aus der sehr simplen Figur 1 des deutschen Patents 966 492 ergibt, besteht die ganze Anordnung aus speziellen Materialien und Beschaltungen. Deshalb hätte der Anspruch auch nur unter Angabe von Materialien, deren relative Zuordnung und die elektrischen Beschaltungen definiert werden können. Einer Erwähnung von Ladungsträgern, die ohnehin ohne Kenntnis der Halbleiterphysik (Löcherleitung!) kaum verständlich sind, hätte es folglich nicht bedurft.

Obgleich der Anspruch 1 des Patents 966 492 unnötig eingeengt ist, stellt er noch nicht einmal eine „vollständige Lehre zum technischen Handeln" dar, die in der Regel von Prüfern als Begründung für die Einengung eines Patentanspruchs angeführt wird. Mehr noch: er enthält noch nicht einmal die für die Erfindung „wesentlichen Merkmale".

Vergleicht man den weiten Patentanspruch, der sich selbst im Hinblick auf den Stand der Technik noch als neu und auf einer erfinderischen Tätigkeit beruhend formulieren läßt, nämlich

Festkörper-Bauelement zur Steuerung elektrischer Größen mit mindestens drei Elektroden, gekennzeichnet durch

a) eine erste Halbleiterzone von einem ersten Leitfähigkeitstyp und

b) eine zweite Halbleiterzone von einem zweiten Leitfähigkeitstyp

mit dem tatsächlich erteilten deutschen Patentanspruch, so ergibt sich, daß in der Tat ein erheblicher Konflikt zwischen den Interessen des Anmelders an einem möglichst weiten Patentanspruch und den Interessen des Patentamts an einem Patentanspruch mit allen „wesentlichen Merkmalen" bestehen kann. Der die Interessen des Patentanmelders optimal berücksichtigende Patentanspruch sieht jedenfalls ganz anders aus als der vom Patentamt tatsächlich gewährte. Ihm fehlen einige Merkmale, die für das Verständnis der Erfindung oder für den Nachbau durch einen Fachmann notwendig sind. Die Forderung nach einer vollständigen Definition der Erfindung, die schon von *Hartig* aufgestellt wurde, kann somit einen Anspruch mit möglichst weitem Schutzumfang verhindern. Der Konflikt zwischen den verschiedenen Funktionen des Patentanspruchs erscheint in der Tat – wie es *Blumer*[25] vermutete – unlösbar. Es mag zwar dahinstehen, ob ein weiter

---

24   vgl.W. Schickedanz: Zum Problem der Erfindungshöhe bei Erfindungen, die auf Entdeckungen beruhen, GRUR 1972, S. 161-165 sowie W. Schickedanz: Die Patentierbarkeit von Bionik-Erfindungen, Mitt. 1974, S. 232-234).
25   a.a.O., S. 60.

Schutzumfang eines Patentanspruchs in jedem Fall durch die Aufnahme der „wesentlichen Merkmale" verhindert wird oder ob es nicht doch Beispiele gibt, wo beide Aspekte eines Anspruchs vereint werden können, doch ist es für den Nachweis der oft behaupteten Interessenkollision ausreichend, daß eine solche Verhinderung auftreten kann. Dies wurde vorstehend anhand des Beispiels des Spitzentransistors nachgewiesen. Ob der Flächentransistor ein Beispiel für das Zusammenfallen der verschiedenen Funktionen des Patentanspruchs darstellen könnte, soll nachfolgend untersucht werden.

1.2 Der Flächentransistor

Außer dem auf *Bardeen* und *Brattain* zurückgehenden deutschen Spitzentransistor-Patent Nr. 966 492 gibt es auch noch ein auf *Shockley* zurückgehendes deutsches Flächentransistor-Patent Nr. 814 487. Dieses Flächentransistor-Patent beruht auf einer Priorität, die nur wenige Monate bzw. Tage hinter der des Spitzentransistors liegt. Es wurde in Deutschland ca. vier Monate später als das Spitzentransistor-Patent angemeldet (am 5. Mai 1949), aber schon am 26. Juli 1951 erteilt, also sechs Jahre früher als dieses. Deshalb hat das Flächentransistor-Patent, abwohl später angemeldet, eine niedrigere Patent-Nummer als das Spitzentransistor-Patent. Sein Hauptanspruch lautet wie folgt:

„Feste, leitende elektrische Vorrichtung unter Verwendung von Halbleiterschichten zur Steuerung elektrischer Energie, dadurch gekennzeichnet, daß das Halbleitermaterial wenigstens zwei Zonen von entgegengesetztem Leitfähigkeitstyp aufweist, von denen jeweils zwei Zonen unterschiedlichen Leitfähigkeitstyps in einem Sperrschichtbereich aneinanderstoßen und daß Spannungen an elektrische Anschlüsse für jede Zone an relativ weit vom Sperrschichtbereich liegenden Punkten und an einen Anschluß an dem Sperrschichtbereich angelegt sind."[26]

Man erkennt unschwer, daß dieser Anspruch sehr weit gefaßt ist und fast noch den Spitzentransistor einschließt. Lediglich das Merkmal „... und an einen Anschluß an dem Sperrschichtbereich angelegt sind" wird nicht durch den Spitzentransistor erfüllt.

Welte[27] meint deshalb, der Anspruch sei so gut formuliert, daß es unmöglich war, einen Transistor zu produzieren, ohne das Patent zu verletzen. Dies habe nicht nur für Deutschland gegolten, sondern auch und vor allem für die USA.

Es scheint deshalb, als ob das Flächentransistor-Patent in der Tat einen klassischen Fall darstellt, bei dem die Interessen von Anmelder und Patentamt bzw. Öffentlichkeit zusammenfallen.

Der Beurteilung *Weltes* kann man sich anschließen, wenn man die damalige Rechtsprechung des BGH berücksichtigt, die den Schutzumfang eines Patentanspruchs nicht nur auf dessen engen Wortlaut stützte. Geht man jedoch davon aus, daß bereits der Wortlaut so weit gefaßt sein sollte, daß es keiner ausweitenden Interpretation des Gerichts bedarf, genügt schon der Oberbegriff des Anspruchs 1 nicht ganz diesen Forderungen. Der Ausdruck „zur Steuerung elektrischer Energie" würde von jemanden nicht verletzt, der nur eine leistungslose Steuerung vornimmt. Besser wäre deshalb ein Aus-

---

26 Deutsche Patentschrift Nr. 814 487, angemeldet am 5. Mai 1949 beim Deutschen Patentamt unter Inanspruchnahme der USA-Priorität vom 26. Juni 1948, Erfinder: William Shockley; Anmelder: Western Electric Company, Incorporated, New York.
27 Simon Welte: Der Schutz von Pioniererfindungen, Schriftenreihe zum gewerblichen Rechtsschutz, Band 84, zugl. Diss. an der Universität München, Seite 39.

druck wie „zur Steuerung elektrischer Größen" gewesen. Die weiteren Merkmale des erteilten Flächentransistor-Patentanspruchs sind allerdings wesentlich klarer und entsprechen weitgehend den vorstehend gemachten eigenen Vorschlägen zum Spitzentransistor. Eine Fassung des ersten Teils des Patentanspruchs wie

> „Feste, leitende elektrische Vorrichtung unter Verwendung von Halbleiterschichten zur Steuerung elektrischer Größen, dadurch gekennzeichnet, daß das Halbleitermaterial wenigstens zwei Zonen von entgegengesetztem Leitfähigkeitstyp aufweist."

entspricht im wesentlichen der oben vorgeschlagenen weitesten Fassung für den Spitzentransistor. Wäre das Spitzentransistor-Patent eine Vorveröffentlichung zum Flächentransistor-Patent gewesen, hätte der obige Patentanspruch den Oberbegriff zum Flächentransistor-Patent bilden müssen. Da es jedoch nur ein „älteres Recht" war, mußte eine solche Abgrenzung nicht erfolgen. Auch das weitere Merkmal, das eine Einschränkung gegenüber der weitesten Fassung darstellt

> „... von denen jeweils zwei Zonen unterschiedlichen Leitfähigkeitstyps in einem Sperrschichtbereich aneinanderstoßen ..."

ist schon aus dem Spitzentransistor-Patent bekannt. Der Ausdruck „in einem Sperrschichtbereich" erscheint überflüssig und irritierend, weil der Sperrschichtbereich erst durch das Aneinanderstoßen der Zonen gebildet wird.

Die im Vergleich zum Spitzentransistor wesentlichen Unterschiede kommen erst in den nachfolgenden Merkmalen zum Ausdruck

> „... und daß Spannungen an elektrische Anschlüsse für jede Zone an relativ weit vom Sperrschichtbereich liegenden Punkten und an einem Anschluß an dem Sperrbereich angelegt sind."

Was damit gemeint ist, ergibt sich bei Betrachtung der Fig.1 des Patents Nr. 814 487, die hier in Abb. 3 dargestellt ist.

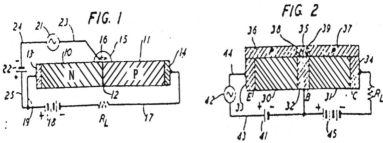

Abb. 3

Nach den heutigen deutschen und europäischen Anmeldebestimmungen, die Bezugszahlen vorschreiben, würde sich der obige Passus wie folgt lesen:

und daß Spannungen (18 ,22, 21) an elektrische Anschlüsse für jede Zone (10, 11) an relativ weit vom Sperrschichtbereich (12) liegenden Punkten (13, 14) und an einen Anschluß (16) an dem Sperrschichtbereich (12) angelegt sind.

Der Ausdruck „relativ weit ... vom liegenden ..." ist indessen alles andere als eine von Prüfern begrüßte Formulierung, die überdies auch einem Verletzungsrichter erhebliche Probleme bereiten könnte. Wäre es noch eine Patentverletzung, wenn einer der Punkte 13, 14 oder auch beide Punkt 13, 14 in die Nähe der Schicht 12 rücken würde? Da kein Bezug für die Auslegung des Worts „relativ" angegeben ist, kann nicht erkannt werden, wann die Schwelle zur Patentverletzung überschritten wird. Ein absolutes Muster an Klarheit und eines umfassenden Schutz gewährenden Anspruchs stellt somit auch das deutsche Flächentransistor-Patent nicht dar. Außerdem könnte auf das „relativ weit" ganz verzichtet werden. Folgende Formulierung hätte genügt:

„ *... und daß Spannungen (18, 22, 21) an elektrischen Anschlüssen (13, 14) der Zonen (10, 11) außerhalb des Sperrschichtbereichs und an einem Anschluß an dem Sperrschichtbereich (12) angelegt sind.*"

Sieht man von den vorstehend erwähnten Mängeln ab, ist anzuerkennen, daß der Anspruch 1 des erteilten deutschen Flächentransistorpatents kaum umgehbar ist. Allerdings war dieses Ergebnis wohl nur möglich, weil der Patentprüfer hinsichtlich der Formalien – Abgrenzung gegen den Stand der Technik und Aufnahme aller wesentlichen Merkmale – offenbar „ein Auge zugedrückt" hat. Die im Patentanspruch beschriebene Erfindung funktioniert natürlich nicht bei x-beliebigen Spannungen, die an die Zonen und an den Sperrschichtbereich angelegt werden. Vielmehr müssen diese Spannungen bestimmte Polaritäten und Amplituden aufweisen. Aus dem Anspruch ist auch nicht erkennbar, wie die elektrische Energie (welche?) gesteuert werden soll. Bei den im Kennzeichen erwähnten Spannungen sind wohl nur die Gleichspannungen 18 und 22 gemeint, nicht aber die zu steuernde Wechselspannung 21. Wo diese Wechselspannung 21 angelegt werden soll, müßte bei einem Anspruch, der alle wesentlichen Elemente enthält, eigentlich angegeben sein.

1.2.1 Vergleich der deutschen mit den U.S.-amerikanischen Flächentransistor-Patentansprüchen

Der Anspruch 1 des korrespondierenden USA-Flächentransistor-Patents Nr. 2 569 347 hat folgenden Wortlaut:

„*1. A solid conductive device for controlling electrical energy that comprises a body of semiconductor material having two zones of one conductivity type separated by a zone of the opposite conductive type, said two zones being contiguous with opposite faces of said zone of opposite conductive type, and means for making electrical connection to each zone.*"

Die Abweichungen dieses Anspruchs 1 vom korrespondierenden deutschen Anspruch 1 sind erheblich geringer als im Fall des Spitzentransistors, was u.a. wohl damit zusammenhängt, daß gegen das deutsche Flächentransistor-Patent kein Einspruch eingelegt wurde.

1.2.1.1 Die unabhängigen Ansprüche des U.S.-amerikanischen Flächentransistor-Patents

Allerdings fällt auf, daß der deutsche Patentanspruch 1 von einem „Sperrschichtbereich" spricht, der beim USA-Anspruch 1 nicht erwähnt ist. Außerdem erwähnt der deutsche Anspruch Spannungen, die an „weit vom Sperrschichtbereich liegenden Punkten" angelegt sind. Auch hier gilt wieder, daß der amerikanische Anspruch einen größeren Schutzbereich aufzuweisen scheint als der deutsche. Allerdings ist das Erwähnen von drei Zonen bestimmter Leitfähigkeit im amerikanischen Anspruch 1 einschränkend. Diese Einschränkung findet sich jedoch nicht im unabhängigen Anspruch 4 des USA-Patents Nr. 2 569 347, wo es heißt:

„An electrical translating device comprising a body of semiconductor material including zones of opposite conductivity type and an intervening barrier, means for establishing electrical connections to said zones, and means including a third connection to said body for producing in said body an electrical field substantially parallel to said barrier"

Hier ist nur von „zones of opposite conductivity type and an intervening barrier" die Rede, ohne daß gesagt wird, daß die „intervening barrier" von einem bestimmten „conductivity type" ist. Damit kann die „intervening barrier" auch durch zwei aneinanderstoßende Halbleiterzonen selbst erzeugt werden. Dadurch, daß in den USA mehrere sogenannte unabhängige Patentansprüche in einer einzigen Patentanmeldung nicht ungewöhnlich sind – vor dem deutschen und europäischen Patentamt sind sogenannte nebengeordnete Patentansprüche, bei denen es sich ebenfalls um unabhängige Patentansprüche handelt, zwar auch zugelassen, doch werden relativ hohe Anforderungen an ihre Zulässigkeit gestellt – ergibt sich in den USA die Möglichkeit, mehrere Aspekte einer Erfindung unter Schutz zu stellen. Von dieser Möglichkeit ist in den beiden USA-Transistor-Patenten in ungewöhnlichem Umfang Gebrauch gemacht worden. Während das deutsche Spitzentransistor-Patent 966 492 insgesamt 14 Patentansprüche besitzt, von denen die Ansprüche 2 bis 14 abhängige Ansprüche sind, weist das korrespondierende USA-Patent Nr. 2 524 035 insgesamt 40 Patentansprüche auf, von denen es sich bei den Ansprüchen 1, 6, 16-24,26-28,33,38-40 um unabhängige Ansprüche handelt. Die USA-Patentschrift 2 524 035 enthält somit 19 unabhängige Patentansprüche, was de facto 19 beanspruchten Erfindungen entspricht. Entsprechendes gilt für das USA-Flächentransistor-Patent Nr. 2 569 347, das 34 Patentansprüche aufweist, von denen die Ansprüche 1,4-11,14-27,29-34 unabhängige Ansprüche sind. Das deutsche Flächentransistor-Patent Nr. 814 487 beinhaltet dagegen insgesamt 31 Patentansprüche, von denen außer dem Anspruch 1 nur der der Anspruch 29 ein unabhängiger Anspruch ist. Es zeigt sich somit, daß die vorstehenden Betrachtungen nur der Ansprüche 1 der USA-Patente und der deutschen Patente eigentlich nur im Fall des deutschen Spitzentransistor-Patents 966 492 korrekt war. In den anderen Fällen hätten auch noch alle unabhängigen Patentansprüche einer Analyse unterworfen werden müssen, um den durch die Patente abgedeckten Schutzbereiche abschätzen zu können. Die meisten der unabhängigen Patentansprüche in den beiden USA-Patenten weisen zwar einen ersichtlich geringeren Schutzumfang auf als die bereits abgehandelten Ansprüche 1, doch finden sich darunter so weite Ansprüche wie der Anspruch 17 der USA-Patentschrift 2 569 347:

„A solid conductive device for amplifying electrical energy that comprises a body of germanium having two zones of one conductivity type contiguous with opposite faces of and separated by a zone of the opposite conductive type, and means for making electrical connection to each zone."

Von konkreten Elektroden oder Spannungen ist hier überhaupt nicht mehr die Rede!

1.2.2 Erfordernis der Einheitlichkeit bei unabhängigen deutschen Patentansprüchen

Vor dem deutschen Patentamt scheitern derart zahlreiche und weit gefaßte unabhängige Ansprüche in der Regel. Das Ausschluß-Kriterium hierfür ist die sogenannte „Einheitlichkeit", die z.B. durch § 34 Abs. 5 PatG und § 4 Absatz V Nr. 1 der PatAnmV für alle unabhängigen Ansprüche gefordert wird. Die Einheitlichkeit zwischen Haupt- und Nebenanspruch ist nach deutschem Recht gewahrt, wenn

a) die jeweils selbständigen Erfindungen unterschiedliche Lösungen der gleichen Aufgabe sind
oder
b) wenn ihnen ein übergeordnetes Problem zugrunde liegt[28]
oder
c) wenn sie technolgisch zusammen gehören, d.h. wenn die eine Erfindung auf die andere hin konzipiert ist[29]

1.2.3 Erfordernis der Einheitlichkeit bei unabhängigen europäischen Patentansprüchen

Im europäischen Patentrecht wird durch Regel 30 festgelegt, daß ein Nebenanspruch auch einer anderen Kategorie als der Hauptanspruch angehören kann. So werden Erzeugnis + angepaßtes Verfahren zu dessen Herstellung + seine Verwendung und ein Verfahren + eine Vorrichtung oder ein Mittel zur Ausführung des Verfahrens sowie ein Erzeugnis + angepaßtes Herstellungsverfahren + Vorrichtung oder Mittel zur Ausführung des Verfahrens als einheitlich angesehen. Unabhängige Patentansprüche der gleichen Kategorie werden jedoch sowohl von deutschen wie auch europäischen Prüfern nur selten akzeptiert. Dahinter steht die Überlegung, daß eine „Dachdefinition" gefunden werden sollte, die alle nebengeordneten Ansprüche einer gemeinsamen Idee unterordnet. In einem solchen Fall würden nebengeordnete Ansprüche als überflüssig angesehen, da sie nur noch Spezifikationen eines allgemeinen Gedankens wären und damit als ganz normale oder „echte" Unteransprüche formuliert werden könnten. Das übliche Schema, ein Hauptanspruch mit mehreren abhängigen Unteransprüchen, wäre dann wieder erfüllt.

---

28 BGH GRUR 1979, 451 – Farbbildröhre.
29 Schulte, Patentgesetz, a.a.O., § 35 Rdn. 63; Busse, Patentgesetz, a.a.O., § 34 Rdn. 115-130.

1.2.4 Dachdefinition von unabhängigen (nebengeordneten) Patentansprüchen

Was mit einer solchen Dachdefinition gemeint ist, soll nun anhand der Ansprüche 1 und 29 des deutschen Flächentransistor-Patents 814 487 dargelegt werden. Der unabhängige oder nebengeordnete Anspruch 29 dieses Patents lautet:

„29. Feste, leitende elektrische Vorrichtung unter Verwendung von Halbleiterschichten zur Steuerung elektrischer Energie, dadurch gekennzeichnet, daß das Halbleitermaterial wenigstens zwei Zonen vom gleichen Leitfähigkeitstyp, eine dritte zwischen je zwei der genannten Zonen liegende Zone von entgegengesetztem Leitfähigkeitstyp aufweist und daß Spannungen über elektrische Anschlüsse an jede der zwei Zonen vom gleichen Leitfähigkeitstyp angelegt sind."

Man erkennt unschwer, daß sich der Anspruch 1 in erster Linie auf die Fig. 1 bezieht, während der Anspruch 29 hauptsächlich die Fig. 3 abdeckt. Die im Anspruch 29 erwähnte „dritte Zone" ist nicht in der Fig.1 zu erkennen, so daß der Anspruch 29 die Figur 1 nicht abdecken kann. Andererseits ist im Anspruch 1 von einem Sperrschichtbereich die Rede, der nicht mit der „dritten Zone" des Anspruchs 29 identisch ist, so daß der Anspruch 1 nicht die Fig. 3 abdeckt.

Um die nebengeordneten Ansprüche 1 und 29 zu vermeiden, müßte ein verallgemeinerter Anspruch gefunden werden, der sowohl die Lösung der Fig.1 als auch die der Fig.3 umfaßt. Um zu einem solchen verallgemeinerten Anspruch zu gelangen, kann man alle Merkmale, die beiden Ansprüchen gemeinsam sind, erfassen und die übrigen Merkmale weglassen. Damit ergibt sich folgender Anspruch:

„Feste, leitende elektrische Vorrichtung unter Verwendung von Halbleiterschichten zur Steuerung elektrischer Energie dadurch gekennzeichnet, daß das Halbleitermaterial wenigstens zwei Zonen ... aufweist und daß Spannungen ... angelegt sind."

Da jedoch jedes Halbleitermaterial „zwei Zonen" aufweist, wenn diese nicht näher definiert sind, ist der obige Patentanspruch im Hinblick auf den Stand der Technik nicht haltbar. Bereits in dem USA-Patent Nr. 2 402 661 vom 1 März 1941 heißt es im Anspruch 1:

„An electrical transmission device comprising a body of silicon solidified in two zones of different formations with an integral interposed boundary surface, and an electrical terminal electrically connected to each zone ... "

Es ist hierdurch also bereits ein Zwei-Zonen-Halbleiter (Silizium) mit einer Grenzfläche bekannt, wobei Spannungen an den Zonen liegen. Damit tritt genau der Effekt auf, der die Verallgemeinerung einer Idee erschwert: die Anspruchs-Formulierung auf der nächst höheren Abstraktionsebene beinhaltet Bekanntes, d.h. sie beschreibt den Stand der Technik. Um diesem Problem zu entgehen, werden unabhängige oder nebengeordnete Ansprüche gewählt, die konkreter gefaßt und damit gegenüber dem Stand der Technik abgegrenzt sind.

Im vorliegenden Fall ist es indessen nicht uninteressant, zu prüfen, ob es nicht doch einen Anspruch gibt, der die Inhalte der Ansprüche 1 und 29 abdeckt. Gemeinsam ist beiden Ansprüchen, daß sie zwei Zonen von entgegengesetztem Leitfähigkeitstyp aufweisen. Im Anspruch 1 sind unter diesen Zonen allerdings die durch den Sperrschichtbereich getrennten n- bzw. p-Zonen gemeint, während im Anspruch 29 die mittlere p-Schicht und eine der n-Schichten gemeint sind. Wenn man deshalb in dem obigen verallgemeinerten Anspruch hinter „zwei Zonen" den Ausdruck „von entgegengesetztem Leitfähigkeitstyp" hinzufügt, deckt der so ergänzte Anspruch beide Varianten der Fig.1 und 3 ab. In beiden Varianten liegen auch Spannungen an den beiden Zonen, so daß sich der ergänzte verallgemeinerte Anspruch wie folgt liest:

Feste, leitende elektrische Vorrichtung unter Verwendung von wenigstens zwei Halbleiterschichten zur Steuerung elektrischer Energie, dadurch gekennzeichnet, daß die Halbleiterschichten von unterschiedlichem Leitfähigkeitstyp sind und daß Spannungen an diese Halbleiterschichten gelegt sind.

Dieser Anspruch weist eine frappierende Ähnlichkeit mit dem oben bereits aus der BROCKHAUS-Definition abgeleiteten Spitzentransistor-Anspruch auf, dessen Wortlaut zum Vergleich noch einmal wiedergegeben wird.

Festkörper-Bauelement mit mindestens drei Elektroden, gekennzeichnet durch zwei Halbleiter-Zonen, von denen die eine Zone einem ersten Leitfähigkeitstyp zugehört, während die andere Zone einem zweiten Leitfähigkeitstyp zugehört.

Da auf zwei verschiedenen Wegen nahezu das gleiche Ergebnis erzielt wurde – den an die Halbleiterschichten gelegten Spannungen des oberen Anspruchs entsprechen die drei Elektroden des unteren Anspruchs – kann man davon ausgehen, daß die beiden obigen Ansprüche in etwa der weitesten Fassung eines Transistor-Anspruchs entsprechen, und zwar sowohl des Spitzen- als auch des Flächentransistors. Nur dem Spitzentransistor-Patent als dem älteren Schutzrecht hätte allerdings einer dieser Ansprüche zugebilligt werden können. Bei dem Flächentransistor hätte man nach einem Unterscheidungskriterium ausschauen müssen. Dieses Kriterium könnte in der Anordnung von Kollektor und Emitter gesehen werden. Während beim Spitzentransistor Emitter und Kollektor an der gleichen Schicht liegen, liegen sie beim Flächentransistor an verschiedenen Schichten. Ein entsprechender Flächentransistor-Anspruch könnte deshalb wie folgt lauten, wobei zum besseren Verständnis die Bezugszahlen aus dem Flächentransistor-Patent eingefügt sind:

„*Festkörper-Bauelement mit mindestens drei Elektroden (13, 14, 15; 56, 58, 57) gekennzeichnet durch zwei Halbleiter-Zonen (10,11 bzw. 52,51), von denen die eine Zone (z.B. 10 oder 52) einem ersten Leitfähigkeitstyp (z.B. n) zugehört, während die andere Zone (11 oder 51) einem zweiten Leitfähigkeitstyp (z.B. p) zugehört und wobei eine dritte Zone (12, 53) vorgesehen ist, und an jeder Zone (51, 52, 53) eine der drei Elektroden (57, 56, 58) liegt.*"

Dieser gegen das Spitzentransistor-Patent (aber nicht in dem Sinne, daß der Spitzentransistor den Oberbegriff bildete!) abgegrenzte Fächentransistor-Anspruch enthält nicht die Einschränkungen der Ansprüche 1 und 29 des deutschen Patents Nr. 814 487, weil weder eine Sperrschicht noch Punkte „relativ weit von der Sperrschicht" erwähnt sind und auch nicht angegeben ist, von welchem Leitfähigkeitstypus die mittlere Halbleiterschicht ist. Auch im Verhältnis zum Anspruch 1 des korrespondierenden USA-

Flächentransistor-Patent Nr. 2 569 347 ist der obige Anspruch als der weitere anzusehen, weil nicht festgelegt ist, daß zwei Zonen durch eine dritte Zone getrennt sind, wobei diese dritte Zone von einem anderen Leitfähigkeitstyp ist. Es zeigt sich somit, daß weder der deutsche noch der US-amerikanische Patentanspruch 1 den optimalen Schutz für den Patentinhaber bieten, wenn man den Schutzbereich am bloßen Wortlaut festmacht, daß diese Ansprüche jedoch dem optimalen Schutz sehr nahe kommen. Hiernach scheint der Satz, die verschiedenen Funktionen des Patentanspruchs seien nicht miteinander vereinbar, falsifiziert.

2 Zwischenbilanz

Wie die vorstehenden Analyse des Falls „Spitzen-Transistor" gezeigt hat, läßt sich der Konflikt zwischen den verschiedenen Aufgaben des Patentanspruchs, die ihm vom Gesetzgeber zugewiesen sind, nicht leugnen. Andererseits scheint der Fall „Flächen-Transistor" zu beweisen, daß es möglich ist, den Konflikt zu überwinden.

Bei einem Vergleich der oben genannten gesetzlichen Vorschriften für die Formulierung von Patentansprüchen mit den erteilten Flächentransistor-Patentansprüchen fällt auf, daß diese Vorschriften nicht oder nicht vollständig erfüllt wurden. Die Prüfer des deutschen wie auch des US-amerikanischen Patentamts waren – bewußt oder unbewußt – offensichtlich sehr großzügig, so daß letztlich die weiten Schutzbereiche des deutschen wie des amerikanischen Flächentransistor-Patents darauf beruhen, daß die Regelungen für die Definition der Erfindung – jedenfalls aus heutiger Sicht – nicht sehr streng angewendet wurden. Ist man mit dem Europäischen Patentamt der Meinung, ein Anspruch müsse im Hinblick auf Art. 84 Satz 1 bzw. Art. 84 Satz 1 i.V.m. Regel 29(1) und (3) alle Merkmale enthalten, die zur Lösung der technischen Aufgabe, um die es in der Anmeldung geht, erforderlich sind[30], so genügen die Flächentransistor-Patentansprüche diesen Anforderungen nicht. Insbesondere die Bedingung, daß die Patentansprüche wegen Art. 84 EPÜ keine Ausführungsformen umfassen dürfen, welche das technische Problem nicht lösen[31], ist durch die besagten Ansprüche nicht erfüllt. So ist ersichtlich, daß der Anspruch 1 der USA-Patentschrift 2 569 347 auch nichtfunktionierende Lösungen zuläßt, nämlich solche, bei denen die „means for making electrical connection to each zone" überhaupt keine oder die falschen Spannungspotentiale aufweisen. Außerdem können die geometrischen Abmessungen der Halbleiterzonen so gewählt werden, daß kein Transistor-Effekt mehr auftritt, beispielsweise wenn die mittlere Zone, welche die beiden äußeren trennt, wesentlich größer als diese ist. Selbst wenn die Zonen alle die richtige Größe und räumliche Zuordnung haben und auch die Spannungen richtig anliegen, gibt es Spannungen, die zu keinem Transistor-Effekt führen, z.B. zu hohe Spannungen im Megavolt-Bereich, die zu einem Durchschlag führen.

Bei einem strengen Prüfer des EPA, der sich auf die vorstehenden Entscheidungen gestützt hätte, wäre es folglich nicht zu den von *Welte* gerühmten weiten Schutzbereichen der Flächentransistor-Patente gekommen.

Es stellt sich deshalb die Frage, wie in der Praxis der „optimale" Patentanspruch unter Berücksichtigung der bestehenden gesetzlichen Vorschriften formuliert werden muß. Da sich das Definieren der Erfindung zur Bestimmung der Patentfähigkeit, das während des patentamtlichen Prüfungsverfahrens im Vordergrund steht, nicht oder wenigstens nicht

---

30 T 32/82, ABl. EPA 1984, 354; T 115/83, T 126/89.
31 T 282/84.

immer mit der Festlegung des Schutzumfangs, die vor den Verletzungsgerichten relevant ist, vereinbaren läßt, muß eine Werteentscheidung darüber getroffen werden, welcher Aspekt Vorrang hat.

Nach der hier vertretenen Auffassung muß eindeutig der dem Erfinder oder Anmelder gewährte Patentschutz Vorrang genießen. Das Interesse der Öffentlichkeit an einer präzisen Definition der Erfindung ist nicht so groß wie das Interesse des Erfinders an einem möglichst weiten Schutzbereich. Mehr noch: auch die Öffentlichkeit muß eher daran interessiert sein, den Schutzbereich eines Patents klar und deutlich zu kennen, als eine einwandfreie Beschreibung von Aufgabe und Lösung zu erhalten. Eine saubere Definition der Erfindung mag dem Techniker, der – wie *Hartig* – das „Wesen der Erfindung" ergründen möchte, ein ästhetisches Bedürfnis sein, sie hat jedoch keinen Vorrang, weil sie keinen rechtlichen Zweck erfüllt. Auch das Interesse des Patentprüfers an einem Patentanspruch mit allen „wesentlichen Merkmalen", ist von sekundärer Bedeutung, weil eine Prüfung auf Neuheit und erfinderische Tätigkeit auch anhand eines Anspruchs vorgenommen werden kann, der nicht alle wesentlichen Merkmale einer „vollständigen Lehre zum technischen Handeln" enthält. Hinzu kommt, daß der Patentanspruch die Basis für den Schutzbereich darstellt und nicht aus anderen Teilen des Patents direkt hergeleitet werden kann. Dagegen kann die Erfindungsdefinition, die sich an den Techniker wendet, auch aus anderen Teilen der Patentbeschreibung, insbesondere der Zusammenfassung, hergeleitet werden.

Die hier vertretene Auffassung wird auch von einer Entscheidung eines Technischen Beschwerdesenats des Europäischen Patentamts geteilt, in der ausgeführt ist, daß es nicht immer notwendig ist, daß in einem Anspruch die technischen Merkmale oder Schritte in allen Einzelheiten beschrieben sind, da die wichtigste Funktion eines Patentanspruchs darin bestehe, den für die Erfindung begehrten Schutzumfang festzulegen.[32] Um das Erfordernis von Art. 83 EPÜ zu erfüllen, ist es lediglich erforderlich, daß die Anmeldungsunterlagen als Ganzes, d.h. die Ansprüche in Verbindung mit der Beschreibung und den Zeichnungen, die Erfindung so ausführlich darstellen, daß ein Fachmann die Erfindung mit Hilfe seines allgemeinen Fachwissens innerhalb des gesamten beanspruchten Bereiches ausführen kann.[33] Auch die Breite eines Patentanspruchs kann nicht als solche angegriffen werden, sondern nur im Zusammenhang mit anderen Kriterien wie Neuheit oder erfinderischer Tätigkeit.[34] Ähnliche Überlegungen gelten auch im US-Patentrecht. Der rechtliche Standard für die Bestimmtheit ist, ob ein Patentanspruch einen Fachmann von seinem Schutzumfang in Kenntnis setzt.[35] Ob das, was beansprucht wird, neu, nützlich, nicht offensichtlich oder ansonsten patentfähig ist, ist eine andere Frage. Lord Milton, eine Autorität auf dem Gebiet des britischen Patentrechts, unterschied im Sinne der hier vertretenen Auffassung die Aufgabe der Ansprüche von der Aufgabe der Beschreibung:

„Ansprüche werden zu dem Zweck eingefügt, Rechte zu bestimmen, und nicht dazu, die Öffentlichkeit zu unterrichten oder ihr die notwendige Information darüber zu vermitteln, wie die Erfindung auszuführen ist. Das ist die Aufgabe der

---

32 T 1055/92, ABl. EPA 1955, S. 214.
33 T 409/91, ABl. EPA 1994, S. 653.
34 T 939/92, ABl. EPA 1996, 309.
35 In re Warmerdam, 33 F 3d 1354, 31 USPQ 2d 1754, Fed.Cir. 1994.

Beschreibung" (Pugh v. Riley, (1914), R.P.C. 266, 277 (H.L.), zitiert nach Robinson[36]

Leider wird die Priorität der Festlegung des Schutzbereichs durch den Patentanspruch durch andere gesetzliche Vorschriften oder Beschwerdekammer-Entscheidungen konterkariert, so daß die meisten Patentprüfer mehr an der Vollständigkeit eines Patentanspruchs als an dessen breitem Schutzumfang interessiert sind. Hierbei können sie sich sogar auf Rechtsverordnungen und Anmeldebestimmungen beziehen, wie oben bereits im Zusammenhang mit den „wesentlichen Merkmalen" eines Patentanspruchs dargelegt wurde. *Breuer*[37] führt in diesem Zusammenhang sogar noch Regel 35 Abs. 12 letzter Satz an, die lautet:

„Grundsätzlich sind nur solche technischen Bezeichnungen, Zeichen und Symbole zu verwenden, die auf dem Fachgebiet allgemein anerkannt sind"

Aus dieser Bestimmung könne das zusätzliche Erfordernis abgeleitet werden, daß die technischen Merkmale der Erfindung durch allgemein anerkannte technische Bezeichnungen beschrieben werden müßten. Dies stehe im Gegensatz zur Praxis in den USA, wo der Patentanmelder auch wortschöpferisch tätig werden könne.

Außerdem fordert die Entscheidung T 2/80[38], daß es möglich sein müsse, die Patentansprüche ohne Bezug auf die Beschreibung zu verstehen. Dies wurde in der Entscheidung T 454/89 (nicht veröffentlicht, zitiert bei Breuer, a.a.O.) weiter ausgeführt, wo die Beschwerdekammer die Auffassung vertreten hatte, daß die Patentansprüche aus sich heraus deutlich sein müßten, wenn sie mit durchschnittlichen Fähigkeiten unter Einschluß von Kenntnissen des Standes der Technik, jedoch ohne jegliche Kenntnisse, die aus der Beschreibung stammten, gelesen würden. Die Kammer argumentierte, daß Art. 69 EPÜ nicht die Definition des Gegenstands des Schutzbegehrens im Patentanspruch betreffe, wie dies bei Artikel 84 der Fall sein, so daß die Bestimmung, daß die Beschreibung und die Zeichnungen zur Auslegung der Ansprüche herangezogen werden sollen, in Zusammenhang mit der Deutlichkeit der Patentansprüche nicht gelte.

Diese Rechtsprechung sei, so *Breuer*[39], offensichtlich die Grundlage für die Forderung in den Richtlinien (Teil C, Kapitel III, 4.2), daß der Prüfer, wenn den Wörtern in einem Patentanspruch durch die Beschreibung eine besondere Bedeutung gegeben wird, möglichst verlangen sollte, „daß der Patentanspruch so geändert wird, daß die Bedeutung aus dem Wortlaut des Patentanspruchs allein deutlich wird".

Art. 84 und Regel 29 EPÜ sind indessen so unbestimmt abgefaßt, daß die restriktiven Auslegungen dieser Normen durch einige Beschwerdekammer-Entscheidungen und durch die „Richtlinien" nicht gerechtfertigt erscheinen. In der Entscheidung T 860/93[40] stellt deshalb die Beschwerdekammer fest, daß die Ansprüche in ihrem Zusammenhang ausgelegt werden müßten. Nach Ansicht der Beschwerdekammer folgt dies aus dem allgemein anerkannten Rechtsgrundsatz, nachdem die richtige Auslegung eines Dokuments aus dem Dokument als Ganzem abzuleiten ist. Dies wiederum bedeute, daß die

---

36 Christopher Robinson: Patentansprüche in der anglo-amerikanischen Rechtsprechung, GRUR 1972, S. 252-255, 252, linke Spalte.
37 M. Breuer: Deutlichkeit von Patentansprüchen, Mitt. 1998, S. 340-346.
38 ABl. EPA 1981, S. 431.
39 a.a.O., S. 341.
40 ABl. EPA 1995, S. 47.

Beschreibung und die Zeichnungen bei der Auslegung eines Patentanspruchs heranzuziehen seien, wie es in Art. 69 (1) EPÜ gefordert werde.

Aus all den Gesetzen, Regeln, Richtlinien und Kammer- oder Gerichtsentscheidungen zur Formulierung von Patentansprüchen scheinen sich die bei *Breuer* zitierten Sätze zu bewahrheiten:

> *„The very nature of words would make a clear and unambiguous claim a rare occurence"*[41] bzw.

> *„The specification and claims of a patent ... constitute one of the most difficult legal instruments to draw with accuracy"* [42]

Für einen Patentanmelder, der einerseits einen möglichst umfassenden Schutz anstrebt, andererseits aber auch nicht an den restriktiven Formvorschriften der Patentbehörden scheitern möchte, zeichnet sich aufgrund der vorstehend beschriebenen Umstände folgende Lösung ab:

- Formulierung des Hauptanspruchs unter strikter Beachtung des eigenen Interesses an einem weitestmöglichen Schutzumfang, insbesondere durch Weglassen aller Merkmale, die den Schutzumfang einengen könnten, auch wenn diese Merkmale von Prüfern als „wesentlich" angesehen werden könnten;
- Berücksichtigung aller für die Erfindung aus der Sicht der Patentprüfer als „wesentlich" angesehenen Merkmale in den Unteransprüchen;
- Detaillierte Beschreibung des Zusammenhangs der Merkmale des Hauptanspruchs mit den Merkmalen der Unteransprüche.

Bezieht man diese strategischen Schritte auf das Europäische Patentübereinkommen, so wäre der erste Schritt ausschließlich an Artikel 69 EPÜ orientiert, während der zweite Schritt den Artikel 84 EPÜ berücksichtigt und der dritte Schritt den Vorschriften des Art. 83 genügen würde.

Sollte ein Prüfer einen strikt am Art. 69 EPÜ orientierten Anspruch nicht zulassen, weil diesem angeblich oder tatsächlich Merkmale fehlen, die zur Definition des „Gegenstands der Erfindung" erforderlich sind, so könnte der ursprünglich eingereichte Hauptanspruch durch Aufnahme von Merkmalen aus den Unteransprüchen immer noch an das angepaßt werden, was der Prüfer unter den Forderungen des Art. 84 EPÜ versteht. Dies wäre nach der hier vertretenen Auffassung zwar ein objektiv unnötiger Schritt zurück, doch ist es für einen Anmelder oft besser, ein Patent mit eingeschränktem Schutzumfang zu erhalten als gar keines. Sollte sich die Praxis der Patentämter der hier vertretenen Auffassung anschließen, wäre ein Zurückweichen vor den Forderungen der Prüfer natürlich nicht mehr angebracht.

Der dritte Schritt ist erforderlich, weil gefordert wird, daß die Patentansprüche – auch und gerade die während eines Patenterteilungsverfahrens neu formulierten Ansprüche – eine Basis in der Beschreibung haben müssen.[43] Bisweilen wird von Prüfern vorgetragen, in der Beschreibung sei nirgendwo angedeutet, daß gerade in der Kombination der

---

41 Autogiro Co. of America v. United States 384 F. 2d 391, 155 USPQ 697 (Ct. CL. 1967).
42 Slimfold Manufacturing Co.Inc. v. Kinkead Industries, Inc., 810 F.2d 1113,1 USPQ 2d 1563 (Fed.Cir. 1987).
43 Schulte, Patentgesetz, a.a.O., § 35 Rdn. 76,77.

Merkmale des neuen und geänderten Patentanspruchs eine Erfindung erblickt werde. Um diesem Argument vorbeugend die Basis zu entziehen, ist es ratsam, bereits in der Beschreibung die Zusammenhänge zwischen den Merkmalen der einzelnen Ansprüche hervorzuheben. Eventuell sollte sogar auf die eigentlich als überholt geltende Methode zurückgegriffen werden, die Ansprüche noch einmal komplett in der Beschreibung zu wiederholen, d.h. auf die heute übliche „Kurzform" zu verzichten. Nach der hier vertretenen Auffassung ist, objektiv betrachtet, auch dieser Schritt überflüssig, doch sind die von den Patentämtern praktizierten Realitäten zu beachten, und diese bestehen oft darin, einen Verstoß gegen Art. 83 EPÜ in der Nichtbeachtung der hier empfohlenen Maßnahmen zu sehen.

Die Gestaltung der Beschreibung, bestehend aus Beschreibungseinleitung (mit Zweckangabe, Würdigung des Standes der Technik und Angabe der zu lösenden technischen Aufgabe) und Figurenbeschreibung, ist nicht Gegenstand dieses Werks, weil die Technik der Formulierung von Patentansprüchen im Vordergrund steht. Obgleich die Patentbeschreibung bei der Durchsetzung von geänderten Patentansprüchen eine nicht unerhebliche Rolle spielt, ist ein Verzicht auf die Berücksichtigung der Patentbeschreibung im Rahmen dieses Werks statthaft, weil eine allen Forderungen genügende Patentbeschreibung nicht erforderlich ist, um Patentansprüche zu formulieren.

Es ist bekannt, daß es Patentpraktiker gibt, die zuerst die Patentansprüche formulieren und dann erst zur Patentbeschreibung übergehen. Andere Praktiker gehen den umgekehrten Weg und fixieren erst die Patentbeschreibung, um dann zur Formulierung der Patentansprüche zu gelangen. Wieder andere wenden einmal die eine und einmal die andere Methode an, und zwar in Abhängigkeit von der jeweiligen Erfindung.

Es leuchtet ein, daß bei einer überschaubaren Erfindung, die z.B. von einem Patentanwalt aufgrund einer Schilderung des Erfinders voll und ganz verstanden wurde, eine sofortige Formulierung der Patentansprüche möglich ist.

Bei einer komplexen Erfindung oder bei einer Erfindung, deren Kern der Erfinder selbst nicht anzugeben vermag, ist es oft zweckmäßiger, zuerst die Patentbeschreibung anzufertigen, weil sich während des Bemühens um die Patentbeschreibung der Gegenstand der Erfindung allmählich herauskristallisiert.

In dem vorliegenden Werk wird davon ausgegangen, daß eine Erfindung hinreichend klar bestimmt ist, um Patentansprüche formulieren zu können. Hierzu ist nicht erforderlich, daß eine komplette Patentbeschreibung vorliegt.

Außerdem wird davon ausgegangen, daß nicht in allen Fällen der komplette Stand der Technik bekannt ist, der bei der Formulierung eines Patentanspruchs berücksichtigt werden muß.

Bekanntlich können noch in relativ späten Stadien eines Patentverfahrens, z.B. im Nichtigkeits-Berufungsverfahren vor dem BGH, Druckschriften auftauchen, die eine Änderung der Patentansprüche erzwingen. Da es unmöglich ist, derartige Extremfälle von vornherein bei der Formulierung von Patentansprüchen zu berücksichtigen, empfiehlt es sich, bei der Anspruchsformulierung – je nach gegebener Sachlage – von folgenden Situationen auszugehen:

a) es ist gar kein Stand der Technik bekannt
b) es ist ein „Erfahrungs-Stand-der-Technik" bekannt
c) es liegt ein ordnungsgemäßer Recherchenbericht vor.

Im Fall a) ist eine „freie Formulierung" der Patentansprüche möglich, da kein Stand der Technik zu berücksichtigen ist.

Im Fall b) liegt zwar kein druckschriftlicher Stand der Technik vor, doch kennt der Anspruchsformulierer aus seiner Erfahrung doch einen bestimmten Stand der Technik. Beispielsweise ist ihm bekannt, daß es 12-Zylinder-Otto-Motoren schon gibt, ohne deren Existenz druckschriftlich belegen zu können.

Der Fall c) ist dann gegeben, wenn vor der Einreichung einer Patentanmeldung eine professionelle Recherche durchgeführt wurde oder – noch deutlicher – wenn z.B. vor der Einreichung einer Europa-Patentanmeldung das patentamtliche Recherchenergebnis des deutschen Patentamts in einer prioritätsbegründenden korrespondierenden deutschen Patentamts vorliegt.

Wie der Stand der Technik im Anspruch berücksichtigt werden sollte oder könnte, wird weiter unten (IV, 2) noch näher dargelegt. An dieser Stelle sei jedoch schon festgestellt, daß ein Patentanspruch, bei dem von einem bekannten Stand der Technik ausgegangen wird, wenigstens ein neues Merkmal im Hinblick auf jede einzelne Entgegenhaltung aufweisen muß, wobei jede Entgegenhaltung für sich mit dem Gegenstand des Patentanspruchs zu vergleichen ist.

Nachdem anhand der Beispiele der Transistor-Patente verifiziert wurde, daß es durchaus möglich ist, Patentansprüche zu formulieren, die einen kaum umgehbaren Schutzbereich aufweisen – allerdings unter Verzicht allzu strenger Regeln im Hinblick auf die Erfindungsdefinition bzw. den Gegenstand der Erfindung – wird nachfolgend untersucht, in welche grammatikalische Form diese Patentansprüche gekleidet werden sollen oder müssen.

IV. Zur formalen Beschreibung des wesentlichen Inhalts von Erfindungen

1 Hauptanspruch, unabhängiger Patentanspruch und Nebenanspruch

Im Zusammenhang mit den oben abgehandelten Transistor-Patenten wurden die Begriffe Hauptanspruch, Nebenanspruch und unabhängiger Anspruch eingeführt, ohne diese Begriffe jedoch näher zu erläutern. Das Erwähnen dieser Begriffe ergab sich auf Grund des Umstands, daß die deutschen Transistor-Patente auf U.S.-amerikanischen Prioritätsanmeldungen mit mehreren unabhängigen Ansprüchen beruhten. Hätte es sich um deutsche Prioritätsanmeldungen gehandelt, wäre mit großer Wahrscheinlichkeit nur jeweils ein unabhängiger Anspruch formuliert wurde, der sogenannte Hauptanspruch, der dann an erster Stelle gestanden hätte. Im folgenden sollen die Unterschiede zwischen den drei mit verschiedenen Begriffen belegten Anspruchstypen näher betrachtet werden.

§ 14 PatG und Art. 69 EPÜ legen fest, daß der Schutzbereich des Patents und der Patentanmeldung durch den Inhalt der Patentansprüche bestimmt wird. Es ist also von den Patentansprüchen (Plural) und nicht von dem Patentanspruch (Singular) die Rede. Hierdurch wird der Eindruck erweckt, als ob auch die Unteransprüche den Schutzbereich bestimmen, was jedoch nicht zutrifft. Der Schutzbereich eines Patents wird nur durch unabhängige Ansprüche bestimmt, nicht aber durch die Unteransprüche, die abhängige Ansprüche sind. Unteransprüche sind auf einen unabhängigen Patentanspruch rückbezogen und gewähren nur in Verbindung mit diesem Schutz.[1] Werden Unteransprüche mit einem unabhängigen Anspruch zu einem neuen unabhängigen Anspruch verbunden, bestimmt der hierdurch entstandene neue unabhängige Anspruch zwar ebenfalls einen Schutzbereich, doch ist dieser Schutzbereich stets enger als der des alten unabhängigen Anspruchs. Die Bezugnahme eines Unteranspruchs auf einen vorangehenden unabhängigen Anspruch bedeutet, daß dessen Inhalt als Oberbegriff für den nachgeordneten Anspruch gelten soll.[2] Der maximale Schutzbereich wird also stets durch einen unabhängigen Anspruch bestimmt, der nicht mit einem Unteranspruch kombiniert wurde. § 14 PatG und Art. 69 EPÜ sollten deshalb besser festlegen, daß der Schutzbereich des Patents und der Patentanmeldung durch die unabhängigen Patentansprüche bestimmt wird. Damit würde die irreführende Verbindung zwischen Unteransprüchen und Schutzbereich vermieden.

In ähnlicher Weise ungenau ist auch § 34 Abs. 3 Nr. 3 PatG (vgl. hierzu Punkt II.2.1)

Da in den Unteransprüchen nicht angegeben ist, was unter Schutz gestellt werden soll, sondern allenfalls was in Verbindung mit einem unabhängigen Anspruch als patentfähig angesehen wird, müßte im § 34 Abs. 3 Nr. 3 PatG eigentlich von „einem oder

---

1 Benkard, a.a.O., § 14 Rdn. 17.
2 BGH GRUR 1965, 355 – Bolzenschießgerät.

mehreren unabhängigen Patentansprüchen" die Rede sein. Immerhin erwähnt § 34 PatG, anders als § 14 PatG, daß ein einziger Patentanspruch statt mehrerer Patentansprüche in einer Patentanmeldung möglich ist.
Leider ist auch die PatAnmV nicht viel präziser als das Patentgesetz. In § 4 Abs. 4 PatAnmV heißt es:

> *„Im ersten Patentanspruch (Hauptanspruch) sind die wesentlichen Merkmale der Erfindung anzugeben."*

§ 4 Abs. 5 PatAnmV stellt weiterhin klar:

> *„Eine Anmeldung kann mehrere unabhängige Patentansprüche (Nebenansprüche) enthalten, soweit der Grundsatz der Einheitlichkeit gewahrt ist ... Nebenansprüche können eine Bezugnahme auf mindestens einen der vorangehenden Patentansprüche enthalten."*

Enthält eine Anmeldung mehrere unabhängige Ansprüche, nennt man in Deutschland den an erster Stelle stehenden den Hauptanspruch und die nachfolgenden unabhängigen Ansprüche Nebenansprüche.[3] Diese Terminologie erscheint insofern unsystematisch, als die Begriffe „Hauptanspruch", „Nebenanspruch" und „unabhängiger Anspruch" in wahlloser Reihenfolge erwähnt und nicht näher erläutert werden. Auch die Regeln des Europäischen Patentübereinkommens sind in dieser Hinsicht nicht klarer. In Regel 29 heißt es:

> *„(1) Der Gegenstand des Schutzbegehrens ist in den Patentansprüchen durch Angabe der technischen Merkmale der Erfindung anzugeben ..."*

Wieder wird der Eindruck erweckt, als ob die Unteransprüche, die ja auch Patentansprüche sind, den Gegenstand des Schutzbegehrens bestimmten. Absatz 2 der Regel 29 lautet:

> *Vorbehaltlich Artikel 82 können in einer europäischen Patentanmeldung zwei oder mehr unabhängige Patenansprüche der gleichen Kategorie (Erzeugnis, Verfahren, Vorrichtung oder Verwendung) enthalten sein, sofern es mit Rücksicht auf den Gegenstand der Anmeldung nicht zweckmäßig ist, diesen in einem einzigen Anspruch wiederzugeben."*

Weder taucht in Regel 29 der Begriff „Hauptanspruch" überhaupt auf, noch ist der „Nebenanspruch" erwähnt. In der Tat kann man ohne diese Begriffe auskommen, denn materiell-rechtlich gibt es nur unabhängige und abhängige Ansprüche. Ein unabhängiger Anspruch bezieht sich auf keinen anderen Anspruch, d.h. er ist autonom und muß deshalb auch alle Merkmale enthalten, welche den beanspruchten Gegenstand ausmachen. Der abhängige Patentanspruch bezieht sich dagegen auf einen anderen Anspruch und hängt deshalb von diesem ab, weshalb er auch nicht selbst alle Merkmale enthalten muß, welche die Erfindung definieren.

---

3   Schulte, Patentgesetz, a.a.O., § 35 Rdn. 60.

„Hauptansprüche" und „Nebenansprüche" sind spezielle unabhängige Patentansprüche, die ihre Namen im wesentlichen aufgrund ihrer räumlichen Stellung innerhalb der Patentansprüche erhalten haben. Ein Hauptanspruch ist ein unabhängiger Patentanspruch, der an erster Stelle steht, während ein Nebenanspruch ein unabhängiger Anspruch ist, der eine nachgeordnete Position hat.

Leider widerspricht § 4 Abs. 5 Satz 3 PatAnmV insofern dieser klaren Systematik, als hiernach Nebenansprüche auch eine Bezugnahme auf mindestens einen der vorangehenden Patentansprüche enthalten können. Dies würde bedeuten, daß Nebenansprüche eigentlich Unteransprüche sind, was sie aber gerade per definitionem (§ 4 Abs. 5 Satz 1 PatAnmV) nicht sein sollen. Nach deutschem Recht hat der Nebenanspruch eine vom Hauptanspruch unabhängige Erfindung zum Gegenstand, enthält beispielsweise eine selbständige Erweiterung der Erfindung des Hauptanspruchs, die dem Hauptanspruch zur Seite tritt, oder hat mit dem Hauptanspruch nur die Aufgabenstellung gemeinsam, stellt aber eine vom Hauptanspruch verschiedene Lösung unter Schutz oder hat gar eine Erfindung zum Gegenstand, die nur derselben Gesamtaufgabe dient wie die Erfindung nach dem Hauptanspruch, die jedoch von dieser nach Aufgabe und Lösung verschieden ist.[4] Von diesen verschiedenen Nebenanspruchstypen unterfällt nur der erste der Bedingung, daß er auf vorangehende Patentansprüche rückbezogen wird. Dieser Typ stellt jedoch im Grunde einen Unteranspruch dar, dem selbständiger Schutz gewährt werden soll, wie es der früheren Praxis entsprach.[5] Diese Art von Nebenanspruch dürfte im Hinblick auf die neue Rechtslage ihre Existenzberechtigung verloren haben.

Praktische Beispiele für Nebenansprüche sind äußerst selten. Bei *Witte/Vollrath*[6] sind jedoch Ansprüche angegeben, von denen der Anspruch 2 der nebengeordnete Anspruch ist.

> *1. Einbruchssicherung für umbaute Räume mit einem Ventilator zur Erzeugung eines Luftdruckgefälles und Mitteln zur Anzeige einer Störung des Drucksgefälles infolge einer Öffnung der Raumumgrenzung, dadurch gekennzeichnet, daß der Ventilator in einem Durchbruch einer Zwischenwand des zu sichernden Raumes angeordnet ist und daß Mittel zur Erfassung der Rückwirkung einer Strömungsänderung auf den Ventilator vorgesehen sind.*

> *2. Einbruchssicherung für umbaute Räume mit einem durch einen Elektromotor angetriebenen Ventilator zur Erzeugung eines Luftdruckgefälles und Mitteln zur Anzeige einer Störung des Druckgefälles infolge einer Öffnung der Raumumgrenzung, insbesondere nach Anspruch 1, gekennzeichnet durch Mittel zur Überwachung der vom Elektromotor aufgenommenen elektrischen Leistung.*

Nach *Witte/Vollrath* wird die technische Lehre des Kennzeichens von Anspruch 2 in Verbindung mit pneumatischen Raumschutzanlagen für neu und erfinderisch angesehen. Ein einheitliches Problem behandelten beide Ansprüche insofern, als auch der Anspruch 2 vom zweiten Kennzeichenmerkmal des Hauptanspruchs Gebrauch macht. Formal wäre es, so *Witte/Vollrath*, möglich, für dieses Merkmal, nämlich für die Registrierung einer Strömungsänderung unmittelbar durch das Betriebsverhalten des Ventilators (statt durch einen besonderen Strömungs- oder Druckmesser), als Erfindungsge-

---

4   Benkard, a.a.O., § 14 Rdn. 20.
5   vgl. RGZ 158, 385, 388; RG GRUR 35, 161; 38, 832, 834.
6   Witte/Vollrath: Praxis der Patent- und Gebrauchsmusteranmeldung, 4. Auflage, 1997, Kap. 17.

danken in einem selbständigen Anspruch Schutz zu beanspruchen und auf einen solchen Hauptanspruch einen Unteranspruch mit dem ersten Kennzeichenmerkmal des obigen Anspruchs 2 zurückzubeziehen. Da ein deratiger Hauptanspruch aber mangels erfinderischer Tätigkeit nicht durchzusetzen wäre (die auf diese Weise miterfaßte Überwachung der Ventilatorendrehzahl sei zur Lösung einer technisch ähnlichen Aufgabe bekannt), sei die obige Formulierung gewählt worden.

Dieses von *Witte/Vollrath* angegebene Beispiel ist unglücklich gewählt, denn im Grunde stellt der Anspruch 2 einen Unteranspruch dar, der sich wie folgt formulieren ließe:

> *2. Einbruchssicherung nach Anspruch 1, dadurch gekennzeichnet, daß der Ventilator durch einen Elektromotor angetrieben wird und daß die Mittel zur Erfassung der Rückwirkung einer Strömungsänderung auf den Ventilator ein Meßgerät zur Messung der vom Elektromotor aufgenommenen elektrischen Leistung ist.*

Ein „klassischer" Nebenanspruch bezieht sich nicht auf einen anderen Anspruch zurück.

> *„Zwar enthält ein Nebenanspruch im allgemeinen keine Bezugnahme. Eine solche ist jedoch nicht grundsätzlich ausgeschlossen, sie kann der Vereinfachung dienen*[7]

Findet ein solcher Rückbezug statt, ist damit jedoch fast automatisch eine Umwandlung eines unabhängigen Anspruchs in einen Unteranspruch verbunden. Dies kommt deutlich im Leitsatz der BGH-Entscheidung „Bolzenschießgerät" zu Ausdruck, wo es heißt[8]:

> *„Handelt es sich bei einem Patentanspruch, der auf einen anderen Anspruch Bezug nimmt, der Sache nach um einen Nebenanspruch, so hat die Bezugnahme zur Folge, daß der Inhalt des in Bezug genommenen Anspruchs in den Oberbegriff des Nebenanspruchs einzubeziehen ist"*

Allerdings zieht der BGH nicht die Konsequenz, daß ein solcher Anspruch eigentlich ein Unteranspruch ist, sondern er leitet den Charakter des Nebenanspruchs aus der anderen Aufgabenstellung dieses Anspruch im Vergleich zum in Bezug genommenen Anspruch ab, wobei er offenläßt, wie die Aufgabe des Nebenanspruchs eigentlich anders sein kann, wenn er doch den Anspruch des in Bezug genommenen Anspruchs enthält. Die Folgen, die sich aus einem derartigen Nebenanspruch für den Verletzungsprozeß ergeben, hat der BGH offengelassen.

> *„Welche Folgerungen daraus für den Schutzumfang zu ziehen sind, ist im Nichtigkeitsverfahren nicht zu entscheiden."*

Nach der Rechtslage ab 1978 kann der „rückbezogene Nebenanspruch" eigentlich nur einen Schutzbereich wie ein ganz gewöhnlicher Unteranspruch haben, es sei denn, diesem Unteranspruch wird im Verletzungsprozeß eigenständiger Schutz zugebilligt. In

---

[7] BGH GRUR 1965, 355, r. Sp. – Bolzenschießgerät.
[8] a.a.O., unter Bezugnahme auf sein Urteil vom 26.9.1963 -Ia ZR 194/63, S. 11.

diesem Fall ist aber nicht einzusehen, weshalb der Inhalt des in Bezug genommenen Anspruchs in einem Nichtigkeitsverfahren in den Oberbegriff des Nebenanspruchs einzubeziehen ist. Die selbständige Prüfung auf Schutzfähigkeit, der ein Nebenanspruch im Nichtigkeitsverfahren zu unterwerfen ist, kann kein Grund für diese Maßnahme sein. Im Gegenteil: wenn der Inhalt des in Bezug genommenen Anspruchs in den Nebenanspruch einzubeziehen ist, erübrigt sich die Prüfung des Nebenanspruchs, weil er – bei schutzfähigem in Bezug genommenen Anspruch – automatisch selbst schutzfähig ist. Die Addition eines schutzfähigen (Haupt-) Anspruchs mit einem schutzunfähigen Unter- oder Nebenanspruch ergibt stets einen schutzfähigen Anspruch.

In seiner Anmerkung zur Bolzenschießgerät-Entscheidung hat *Fischer*[9] den Nebenanspruch mit dem unechten Unteranspruch verglichen. Hiernach hat der Nebenanspruch mit dem unechten Unteranspruch gemeinsam, daß er einen eigenen Erfindungsgehalt hat; er unterscheidet sich aber vom unechten Unteranspruch dadurch, daß er eine andere technische Aufgabe und eine andere technische Lehre als der Hauptanspruch enthält. Wenn dem aber so wäre, stellte sich die Frage, wozu ein Rückbezug des Nebenanspruchs auf einen anderen Anspruch von Nutzen wäre. Der Vereinfachung, wie der BGH meint, dient ein solcher Rückbeziehung nicht. Ein praktischer Grund liegt viel näher: bei fehlendem Rückbezug wird der Prüfer sofort prüfen, ob Haupt- und Nebenanspruch einheitlich sind. Bezieht sich dagegen der Nebenanspruch auf einen Hauptanspruch, wird eine Einheitlichkeit durch Abhängigkeit vorgetäuscht, wobei letztere dann im Verletzungsprozeß bestritten werden dürfte.

Fischer hat allerdings noch einen Unterschied zwischen unechtem Unteranspruch und Nebenanspruch übersehen. Während der Nebenanspruch gemäß der Spülbecken-Entscheidung des BGH[10] im Nichtigkeitsverfahren auf alle Patenterfordernisse zu prüfen ist, ist in einem Nichtigkeitsverfahren nicht zu prüfen, ob es sich um einen „unechten" oder „echten" Unteranspruch – d.h. mit einem erfinderischen Gehalt oder ohne einen solchen – handelt.

Die Logik dieser Rechtsprechung ist nicht ganz einsehbar. Der BGH führt an anderer Stelle seiner Spülbecken-Entscheidung aus:[11]

> *„So wenig wie ein „echter" Unteranspruch erteilt werden kann, ohne daß der ihn beherrschende Haupterfindungsgedanke geschützt wird, so wenig kann er bestehen bleiben, wenn sein Hauptanspruch fällt. Dagegen ist der „unechte" Unteranspruch, der eigenen Erfindungsgehalt trägt, eines selbständigen Schutzes und damit eines von dem seines Hauptanspruchs unabhängigen Rechtsbestandes fähig."*

Hier ist der BGH ungenau. Zwar kann kein „echter" Unteranspruch erteilt werden, wohl aber eine Kombination aus schutzunfähigem Hauptanspruch und schutzunfähigem „echtem" Unteranspruch, denn ob beispielsweise die Kombination zweier naheliegender Maßnahmen – die eine aus dem Hauptanspruch, die andere aus dem Unteranspruch – selbst wieder naheliegend ist, muß erst noch geprüft werden. In der Praxis werden zahlreiche Patente, deren ursprünglich eingereichter Anspruch 1 sich als nicht patentfähig erweist, durch die Kombination dieses Anspruchs 1 mit einem oder mehreren Unteransprüchen gerettet.

9   GRUR 1965, S. 356.
10 BGH GRUR 1955, 476, 479 – Spülbecken.
11 GRUR 1955, S. 478, r. Sp.

Die schwer verständliche deutsche Rechtsprechung zu der Spezialität des sogenannten Nebenanspruchs wird noch komplizierter, wenn sie auf das Zusatzpatent – welches das europäische Patentrecht nicht kennt – angewendet wird, wie dies z.b. in der Halteorgan-Entscheidung des BGH[12] geschehen ist. In der besagten Entscheidung hat der BGH dem Anspruch 4 eines Zusatzpatents trotz der Bezugnahme auf den Anspruch 1 dieses Zusatzpatents und damit auf das Hauptpatent den Charakter eines Nebenanspruchs zugebilligt, und zwar sowohl gegenüber dem Anspruch 1 des Zusatzpatents als auch gegenüber dem Hauptpatent[13].

Da der Sinn des Rückbezugs eines Nebenanspruchs auf einen anderen Anspruch nicht erkennbar ist, sollte die Möglichkeit des Rückbezugs abgeschafft und § 4 V 3 PatAnmV entsprechend geändert werden.

Eine Spezialität des Nebenanspruchs ergibt sich nach Auffassung des Bundespatentgerichts dann, wenn ein Anspruch einer ersten Kategorie auf einen Anspruch einer anderen Kategorie rückbezogen wird. In einer Entscheidung vom 30. Mai 1972 hat der 12. Senat ohne nähere Begründung im Leitsatz festgestellt:[14]

„Bei einem Anspruch, der auf einen vorangehenden Anspruch rückbezogen ist, jedoch eine andere Patentkategorie als dieser aufweist, handelt es sich nicht um einen Unteranspruch, sondern um einen nebengeordneten Anspruch, der regelmäßig eine selbständige Erfindung enthält. Die Bezugnahme auf den vorangehenden Anspruch hat nur die Bedeutung eines bestimmten Verwendungszweckes"

Diesen sehr allgemeinen Leitsatz hat der gleiche Senat in einer Entscheidung vom 23. Juli 1985[15] für das Verhältnis Sachanspruch zu Verfahrensanspruch konkretisiert. Die Leitsätze dieser Entscheidung lauten:

„1. Ein Sachanspruch, der auf ein Verfahrenspatent zurückbezogen ist, ist als Nebenanspruch einzustufen, dessen Gegenstand selbständig auf Patentfähigkeit zu prüfen ist (Bestätigung von BPatG in Mitt. 1973,32).

2. Sofern in dem Verfahrensanspruch Merkmale der Sache angegeben sind, sind diese bei der Prüfung in den Gegenstand des Sachanspruchs mit einzubeziehen."

Zur Begründung führt das BPatG an, daß aus dem Wechsel der Patentkategorie folge, daß der besagte Anspruch trotz seiner Rückbeziehung auf die vorhergehenden Ansprüche als Nebenanspruch und nicht als Unteranspruch einzustufen sei. Das ergebe sich zum einen daraus, daß er als Sachanspruch nur räumlich-körperliche Merkmale enthalte und damit nicht geeignet sei, das Verfahren nach den vorangegangenen Ansprüchen weiter auszugestalten oder eine besondere Ausführungsart des Verfahrens anzugeben, da hierfür nur Verfahrensmerkmale geeignet seien. Somit seien die Kriterien nicht gegeben, die ein Anspruch erfüllen müsse, um als Unteranspruch gelten zu können. Zum anderen seien die Rechtsfolgen eines Verfahrensanspruchs verschieden von denen eines Sachanspruchs, weshalb eine gegenseitige Über- oder Unterordnung in Form von Haupt- und

---

12 BGH GRUR 1968, S. 305-307 – Halteorgan.
13 a.a.O., S. 306, r.Sp.
14 Mitt. 1973, S. 32-34.
15 BPatG 27, 183,184.

Unteranspruch auszuschließen ist und nur eine Nebenordnung in Frage kommen könne. Aus der Einstufung eines Anspruchs als Nebenanspruch folge, daß sein Gegenstand selbständig auf Patentfähigkeit geprüft werden müsse.
Im europäischen Patentrecht sind Nebenansprüche nicht vorgesehen, vgl. Regel 29 EPÜ. Dies gilt auch für das amerikanische Patentrecht.
In den Rules of Practice der USA wird bei § 1.75 lediglich gefordert, daß die Patentbeschreibung mit einem Anspruch enden muß. Unter § 1.75 (b) heißt es:

> *„More than one claim may be presented provided they differ substantially from each other and are not unduly multiplied. "*

Hierbei ist nur von einem Anspruch oder von den Ansprüchen die Rede, ohne zwischen abhängigen und unabhängigen Ansprüchen zu unterscheiden. Eine solche Unterscheidung trifft indessen der nachfolgende Abschnitt (c) der § 1.75:

> *„One or more claims may be presented in dependent form, referring back to and further limiting another claim or claims in the same application. Any dependent claim which refers to more than one other claim („multiple dependent claim") shall refer to such other claims in the alternative only ... "*

Zwar ist auch hier nicht von einem unabhängigen Anspruch („independent claim") die Rede, doch ergibt sich der unabhängige Anspruch als Gegenstück zum abhängigen Anspruch („dependent claim"). Die Begriffe „Hauptanspruch" („main claim") oder „Nebenanspruch" („co-ordinated claim") werden in den USA so gut wie niemals verwendet; vielmehr spricht man in der Regel nur von „dependent" and „independent" claims. Da in den USA von der Möglichkeit der „independent claims" wesentlich häufiger Gebrauch gemacht wird als in den europäischen Ländern, wäre der Begriff des „Hauptanspruchs" auch unangemessen, zumal es keine Vorschrift oder Praxis in den USA gibt, den ersten unabhängigen Anspruch „Hauptanspruch" zu nennen. Nicht selten sind die unabhängigen Patentansprüche mit den größten Schutzbereichen in US-Patenten an hinterer Stelle plaziert, was besonders für europäische Patentvertreter eine Gefahrenquelle darstellen kann, wenn sie gebeten werden, festzustellen, ob ein US-Patent durch einen bestimmten Gegenstand verletzt wird. Als Europäer sind sie es gewöhnt, nur den ersten Anspruch zu prüfen, welcher in der Regel in deutschen und europäischen Patenten der einzige unabhängige Patentanspruch und damit der Hauptanspruch ist. Die nachfolgenden Ansprüche sind fast immer abhängige Unteransprüche und können deshalb bei einer Verletzungsprüfung zunächst vernachlässigt werden. In US-Patenten dagegen, die nicht selten 40 oder mehr Ansprüche haben, können durchaus 10 unabhängige Ansprüche enthalten sein, von denen etwa der Anspruch 29 derjenige mit dem größten Schutzbereich ist. Dieser versteckte Anspruch 29 darf natürlich nicht übersehen werden.

In dem vorliegenden Werk wird davon ausgegangen, daß der wesentliche Inhalt von Erfindungen in den sogenannten unabhängigen Ansprüchen – welche den Hauptanspruch und den nicht rückbezogenen Nebenanspruch einschließen – definiert wird. Einen Schwerpunkt der Arbeit bildet deshalb die optimale Formulierung von unabhängigen Ansprüchen. Diese unabhängigen Ansprüche können auf verschiedene Weise formuliert werden, beispielsweise in einteiliger oder zweiteiliger Form. Auf diese verschiedenen Formen soll nachfolgend eingegangen werden.

1.1 Unabdingbarkeit bzw. Nachholbarkeit des Patentanspruchs

Wie oben bereits angedeutet, waren im deutschen Patentgesetz von 1877 Patentansprüche überhaupt noch nicht erwähnt. § 20 dieses Gesetzes verlangte lediglich, daß der Gegenstand, welcher durch das Patent geschützt werden soll, genau bezeichnet werde. Dementsprechend hatte das deutsche Patent Nr. 1 noch gar keinen Patentanspruch. Da es aus heutiger Sicht extrem knapp gefaßt ist, kann es hier vollständig wiedergegeben werden (s. Abb. 4):

Abb. 4

In den Motiven der Regierung zum § 20 des ersten deutschen Patentgesetzes heißt es:

„Um für das weitere Verfahren eine feste Grundlage zu gewähren, soll die Anmeldung in einer bestimmten Antragformel den Anspruch des Patentsuchers genau feststellen, so daß Patentamt und Betheiligte nicht genöthigt werden, aus weitläufigen Beschreibungen den Inhalt dieses Anspruchs zu ermitteln, ohne damit gleichwohl über dessen wirkliche Tragweite Sicherheit zu erhalten." [16]

Der „Anspruch des Patentsuchers" ist hier noch als eine Soll-Vorschrift formuliert, wobei nicht angegeben ist, an welcher Stelle der Patentbeschreibung der Anspruch wiedergegeben werden soll. Offenbar hatte der Anmelder des deutschen Patents Nr. 2 von diesen „Motiven" bereits Kenntnis, denn in diesem Patent fand sich bereits ein Patentanspruch (s. Abb. 5):

---

16 zitiert bei Hartig, Patentblatt 1881, S. 136.

> **PATENTSCHRIFT**
>
> 1877.   — № 2 —   Klasse 86.
>
> ROBERT SCHULZ zu COTTBUS.
>
> Eine neue Art von Teppichgeweben.
>
> Patentirt im Deutschen Reiche vom 4. Juli 1877 ab.
>
> Bei allen in den Handel gebrachten Teppich-Geweben der Neuzeit findet sich der Uebelstand, dafs zufolge der Weichheit des Gewebes, welche erforderlich ist, damit der Teppich bequem sei und warm halte, die Ecken und Kanten desselben nach ganz kurzem Gebrauch sich umbiegen und umkrempeln, ja sogar dafs sich die Kanten vollständig aufrollen. Das Gewebe wird bald an solchen Stellen einseitig abgenutzt und zerrissen, während es im Uebrigen noch gut und wohl erhalten ist. Um diesen Nachtheil zu vermeiden, hat der Erfinder die Anordnung getroffen, dafs das Gewebe durch eine biegsame, aber feste elastische Einlage steif gemacht ist, was z. B. durch flache oder runde Eisen oder Stahlstäbe, durch Fischbein, Rohr oder ein anderes passendes Material bewerkstelligt werden kann.
>
> Die stabförmige Einlage ist durch das Gewebe vollständig verhüllt und von diesem allseitig eingeschlossen, so dafs dasselbe an keiner Stelle zu Tage tritt. Die Art des Gewebes ist hierbei vollständig nebensächlich, und man kann jedes Gewebe, welches zu Teppichen verwandt wird, mit der elastischen Einlage versehen. Die Wirkungsweise dieser Einlage ist leicht einzusehen. Durch diese Versteifung wird dem Umlegen, Umkrempeln und Aufrollen der Kanten ein gewisser Widerstand entgegengesetzt, der hinreichend ist, dies vollständig zu verhüten.
>
> Da das Gewebe an seiner Weichheit nichts eingebüfst hat, so sind seine Vorzüge geblieben, während zugleich durch die steife Einlage einem Umlegen der Kanten und damit verbundenen einseitigen Abnutzen des Gewebes in der wirksamsten Weise vorgebeugt ist. Zugleich wird durch die vielen eingeschlossenen todten Lufträume das Gewebe in einen schlechten Wärmeleiter umgewandelt; in Folge dessen trägt dasselbe zum Warmhalten bei.
>
> PATENT - ANSPRUCH: Das vorbeschriebene Teppichgewebe, welches dadurch charakterisirt wird, dafs es mit einem steifen, elastischen Material wie z. B. Stahl, Eisen, Rohr, Fischbein oder Aehnlichem derartig versteift ist, dafs sich die Ecken und Kanten nicht mehr umlegen oder umkrempeln können, und wodurch einem einseitigen Abnutzen des Gewebes wirksam vorgebeugt wird.

Abb. 5

In der Bekanntmachung von 1881 (Patentblatt 1881, S. 6) verlangte das Patentamt:

> *§ 3 Die Anmeldung muß ... enthalten:*
>
> *a) eine kurze, aber genaue Bezeichnung dessen, was den Gegenstand der Erfindung bildet. Aus der Bezeichnung soll sich mit Sicherheit der Patentanspruch, d.h. dasjenige ergeben, was der Patentsucher als neu und patentfähig ansieht."*

In § 6 dieser Bekanntmachung ist außerdem präzisiert, daß „am Schlusse" der Beschreibung „die Patentansprüche näher, als es in der Anmeldung geschehen, zu bezeichnen" sind. Während der Patentanspruch vom Gesetzgeber noch wie ein Klageanspruch verstanden wurde, wurden mit der obigen Bekanntmachung schon Ort und Inhalt für Patentansprüche in heutigem Sinn vorgeschrieben. Die erste Neufassung des Patentgesetzes von 1891 sieht solche Patentansprüche nunmehr zwingend vor. Der Begriff „Patentanspruch" erschien allerdings nur als Klammerzusatz zum fünften Satz im ersten Absatz des PatG 1891 innerhalb einer formalen Regel, die besagte, daß „am Schluß der Beschreibung (der Erfindung in der Anmeldung) dasjenige anzugeben war, was als patentfähig unter Schutz gestellt werden soll." Dabei blieb es die nächsten sieben Jahrzehnte.

Der Umstand, daß in Deutschland seit langem per Gesetz oder Verordnung ein Patentanspruch gefordert wird, heißt indessen noch nicht, daß dieser bereits gleichzeitig mit den sonstigen Patent-Anmeldungsunterlagen eingereicht werden muß. Merkwürdigerweise hatte sich das Bundespatentgericht mit der Frage, wann der Patentanspruch eingereicht sein muß, noch im Jahre 1996, also 120 Jahre nach dem ersten deutschen Patentgesetz, zu beschäftigen.

Hiernach ist der Patentanspruch eine nachholbare Bedingung; d.h. ein Patentanspruch muß nicht gleichzeitig mit einer Patentanmeldung eingereicht werden. In seiner Entscheidung vom 11. Dezember 1996 stellt das Bundespatentgericht[17] fest:

„Die Wirksamkeit einer Patentanmeldung und damit der Zuerkennung eines Anmeldetags steht nicht entgegen, daß den eingereichten Anmeldeunterlagen kein Patentanspruch beigefügt ist."

Das Bundespatentgericht führt weiter aus, daß für die Wirksamkeit einer Patentanmeldung lediglich eine Erklärung eingereicht werden müsse, daß ein Schutzrecht in Form eines Patents erworben werden soll, die schriftliche Formulierung des Anmeldungsgegenstands (Offenbarung) in deutscher Sprache vorliegen und die Identität des Anmelders klargestellt sein müsse. Darüber hinaus sei es für die Wirksamkeit einer Anmeldung nicht erforderlich, daß der angemeldete Gegenstand in der Form des § 35 Abs. 1,2 PatG (jetzt: § 34 Abs. 3 Nr. 3 PatG) in Verbindung mit § 4 PatAnmV beschrieben und beansprucht werde. Es genüge, daß dieser offenbart sei und die Anmeldung erkennen lasse, für welchen Patentschutz begehrt werde. Hierbei bezieht sich das BPatG auf die Rechtsprechung des BGH und seine eigene frühere Rechtsprechung sowie auf die Literatur.[18]

Die Nachholbarkeit des Patentanspruchs eröffnet die Möglichkeit, noch zu einem Zeitpunkt nach der Einreichung einer Patentanmeldung zu entscheiden, ob ein einteiliger oder zweiteiliger Anspruch eingereicht werden soll und in welcher Weise dieser formuliert wird. Allerdings wird in der Praxis von der Möglichkeit der Nachreichung eines Patentanspruchs kaum Gebrauch gemacht.

1.2 Der formale Aufbau des unabhängigen Patentanspruchs

Unabhängige Patentansprüche können grob in einteilige und zweiteilige Patentansprüche unterschieden werden, wobei sich der zweiteilige vom einteiligen Anspruch durch das Vorhandensein der Worte „dadurch gekennzeichnet" oder „gekennzeichnet durch" oder eine ähnliche Floskel unterscheidet. Diese Worte teilen den Patentanspruch in zwei Teile. Eine weitere Unterscheidung wird hinsichtlich der „gegliederten" und der „ungegliederten" Patentansprüche getroffen, wobei „gegliederte" Patentansprüche deutlich hervorgehobene Einzelmerkmale aufweisen, während bei den ungegliederten Patentansprüchen die einzelnen Merkmale nicht gesondert hervorgehoben sind. Deutsche und europäische Patentansprüche weisen in der Regel – anders als amerikanische Ansprüche – sogenannte Bezugszeichen auf. Bezugszeichen sind allerdings weder durch

---

17 BPatGE 37, 187 ff.
18 BGH Bl.f.PMZ 1979, 51 – Etikettiergerät II; BPatG 26, 198; 27, 100 f.; 29, 36, 38; 29, 117 ff.; Benkard a.a.O., 9.Aufl., § 35 Rdn. 40; Schulte a.a.O., Rdn. 35, 19 ff.

das deutsche Patentgesetz noch durch die Verordnung über die Anmeldung von Patenten zwingend vorgeschrieben. § 4 Ab. 9 PatAnmVO besagt lediglich, daß dann, wenn die Anmeldung Zeichnungen enthält, die in den Patentansprüchen angegebenen Merkmale mit ihren Bezugszeichen versehen sein sollen, wenn dies das Verständnis des Patentanspruchs erleichtert. Die Bezugszeichen in den Patentansprüchen sollen kein Hinweis darauf sein, daß nur die konkreten, im Ausführungsbeispiel beschriebenen Baumittel durch das Patent geschützt sein sollen.[19] Sie sollen lediglich das Verständnis der Patentansprüche erleichtern.[20] Zu einer einschränkenden Auslegung des Patentanspruchs sollen die Bezugszeichen nicht herangezogen werden.[21] In den USA sind Bezugszeichen, obgleich selten anzutreffen, doch erlaubt. Im Manual of Patent Examining Procedure, MPEP 601.08 (m), ist folgendes geregelt:

„*Reference characters corresponding to elements recited in the detailed description and the drawings may be used in conjunction with the recitation of the same element or group of elements in the claims. The reference characters, however, should be enclosed within parentheses so as to avoid confusion with other numbers or characters is to be considered as having no effect on the scope of the claims.*"

Dies entspricht im wesentlichen der deutschen oder europäischen Regelung. Weitere Besonderheiten, die den formalen Aufbau eines unabhängigen Anspruchs betreffen, werden noch im Zusammenhang mit speziellen Anspruchstypen besprochen.

1.2.1 Der unabhängige einteilige Patentanspruch

Unter einem einteiligen Anspruch versteht man einen Patentanspruch, der die berühmten Worte „dadurch gekennzeichnet" oder „gekennzeichnet durch" nicht aufweist. Als gegliedert soll ein solcher Anspruch bezeichnet werden, wenn seine Merkmale durch a), b) c) ... oder 1.1., 1.2. 1.3 ... oder auf sonstige Weise äußerlich voneinander getrennt sind. Ungegliedert ist ein einteiliger Anspruch dann, wenn er keine die Trennung der Merkmale hervorhebenden Zeichen enthält.

Der einteilige Patentanspruch ist im deutschen und europäischen Patenterteilungsverfahren zwar zugelassen, aber nicht sehr verbreitet. Der Grund hierfür ist in der früheren Dominanz des Hartig'schen Anspruchs zu sehen, die bis heute nicht ganz eliminiert ist. Obgleich Großbritannien, Frankreich und andere europäische Länder den Hartig'schen Anspruch eigentlich gar nicht kannten, hat Deutschland dem EPÜ bezüglich dieser Anspruchsform seinen Stempel aufgedrückt. Kurioserweise ist heute das deutsche Patenterteilungsverfahren im Hinblick auf einteilige Ansprüche liberaler als das europäische Verfahren. In den USA liegen die Verhältnisse gerade umgekehrt. Dort ist zwar auch der zweiteilige Anspruch gestattet, doch wird von dieser Möglichkeit kaum Gebrauch gemacht. Die wenigen zweiteiligen Ansprüche, die man in US-Patenten finden kann, gehen meistens auf europäische Prioritäten bzw. Anmelder zurück.

---

19   BGH GRUR 1963, S. 563, 564 – Aufhängevorrichtung.
20   EPA GRUR Int. 1987, 696 – Bezugszeichen/Philips.
21   Regel 19 Abs. 7, Satz 2 EPÜ.

Charakteristisch für einen einteiligen Anspruch ist, daß alle Merkmale gleichrangig erscheinen. Den Merkmalen ist nicht anzusehen, ob sie neu sind oder zum Stand der Technik gehören. Dieser Umstand läßt den einteiligen Anspruch in den Augen deutscher und europäischer Prüfer wenig durchsichtig erscheinen. Er erscheint nicht hinreichende gegen den Stand der Technik „abgegrenzt", obgleich eine solche Abgrenzung in der Regel natürlich vorliegt. Bei der einteiligen Fassung sind die bekannten Merkmale der Erfindung nur aufgrund eines Studiums des Standes der Technik feststellbar. Das unmittelbare Erkennen, welche Merkmalskombination vom Patentschutz ausgeschlossen ist und welche Merkmale demgegenüber die Erfindung kennzeichnen, ist aus dem Anspruch allein nicht möglich.[22] Dem Nachteil der von außen nicht erkennbaren Abgrenzung gegen den Stand der Technik steht der Vorteil gegenüber, daß der einteilige Anspruch streng logisch aufgebaut werden kann, weil der Zwang entfällt, gemeinsame Merkmale zwischen einer neuen Erfindung und den am nächsten kommenden Stand der Technik suchen zu müssen. Technisch zusammengehörige Merkmale müssen nicht – wenn sie teils bekannt, teils neu sind – zum Zwecke der Verteilung auf Oberbegriff und kennzeichnenden Teil auseinandergerissen werden. Die einteilige Fassung führt daher zu übersichtlichen Ansprüchen und vermeidet eine das Verständnis beeinträchtigende Wiedergabe der Erfindung.[23]

1.2.1.1 Der ungegliederte einteilige Anspruch

Ungegliederte einteilige Patentansprüche sind in neueren Patentschriften sehr selten zu finden. Sie waren jedoch in den Anfangsjahren des modernen Patentrechts weit verbreitet. Das deutsche Patent 30 084, das am 27. Mai 1884 von PEUGEOT angemeldet wurde und eine „Pfeffermühle" betraf, weist einen solchen ungegliederten einteiligen Anspruch auf. Dieses Patent ist in rechtlicher Hinsicht von besonderer Bedeutung, weil sein Anspruch Gegenstand einer Kontroverse unter Patentfachleuten war. Weiter unten wird noch einmal auf dieses Patent zurückgekommen. Der einzige Anspruch, der die Patentbeschreibung von nur zwei halben Spalten abschließt, lautet wie folgt:

> „Eine Pfeffermühle, bei welcher die Drehung des Reibkegels durch den Vorratsbehälter selbst eingeleitet wird, so daß die Drehachse nicht durch diesen Behälter hindurchzugehen braucht."

Dieser Anspruch läßt nicht erkennen, von welchem Stand der Technik die Erfindung ausgeht. Da auch in der Patentbeschreibung kein Stand der Technik in Form eines Literaturzitats angegeben ist, kann aus heutiger Sicht nicht genau überprüft werden, ob der Anspruch wirklich den Kern der Erfindung hinreichend beschreibt und/oder einen befriedigenden Schutz gewährt.

Streng genommen könnte man in dem obigen Patentanspruch auch einen zweiteiligen Anspruch erblicken, wenn man in dem Begriff „Eine Pfeffermühle" das „genus proximum" und in dem Rest die „differentia specifica" sieht. Hier sollen jedoch Patentansprüche, die keine abgrenzenden Begriffe wie „dadurch gekennzeichnet" oder „gekennzeichnet durch" aufweisen, nicht als zweiteilige Ansprüche angesehen werden.

---

22 Witte/Vollrath, a.a.O., S. 35.
23 Schulte, Patentgesetz, a.a.O., § 35 Rdn. 48.

1.2.1.1.1 Das Beispiel des Otto-Motor-Patents

Ein anderes berühmtes Patent, das ebenfalls ungegliederte einteilige Patentansprüche aufweist, ist das deutsche Patent Nr. 532, das am 4. August 1877 von der Gasmotoren-Fabrik Deutz unter dem Titel „Gasmotor" angemeldet wurde. Dieses Patent betrifft den sogenannten OTTO-Motor, der nach seinem Erfinder Nikolaus August *Otto* benannt ist und heute in den meisten Kraftfahrzeugen zu finden ist. Seine insgesamt fünf Ansprüche lauten:

„*1. In einem geschlossenen Raume brennbare, mit Luft gemischte Gase vor ihrer Verbrennung mit einer anderen Luftart in solcher Weise zusammenzubringen, daß die an einer Stelle eingeleitete Verbrennung von Gas- zu Gaskörperchen verlangsamend sich fortpflanzt, die Verbrennungsproducte sowohl, als die sie umhüllende Luftart durch die erzeugte Wärme sich ausdehnen und so durch Expansion Betriebskraft abgeben.*

2. Die unter 1 ausgesprochene Wirkungen zu erzeugen mit Gasarten, welche bis zur eintretenden Verbrennung atmosphärische Spannung haben.

3. Die unter 1 ausgesprochenen Wirkungen zu erzeugen mit Gasarten, welche von der Verbrennung mehr als atmosphärische Spannung haben.

4. Die Wirkungsweise des Kolbens im Cylinder eines Gasmotors mit Kurbelbewegung so einzurichten, dass bei zwei Umdrehungen der Kurbelwelle auf einer Seite des Kolbens die nachstehenden Wirkungen erfolgen:

a) Ansaugen der Gasarten in den Cylinder,

b) Kompression derselben,

c) Verbrennung und Arbeit derselben,

d) Austritt derselben aus dem Cylinder.

5. Die Konstruktion der Maschine, wie beschrieben.

Die vorstehend wiedergegebenen fünf Ansprüche sind aus heutiger Sicht ungewöhnlich. Es sind zwei unabhängige Ansprüche in ihnen enthalten, der Anspruch 1 und der Anspruch 4. Der Anspruch 1 ist ein Konglomerat aus Verfahrens- und Wirkungsangaben, während der Anspruch 4 ein fast reiner Verfahrensanspruch – Schritte a) bis d) – mit aufgabenhaften Merkmalen („so einzurichten") ist. Im Gegensatz zum Pfeffermühlen-Anspruch läßt der obige Anspruch 1 keine Interpretation als zweiteiliger Anspruch zu, weil kein „genus proximum" vorangestellt ist. Anspruch 5 ist ein damals noch als gewährbar angesehener „Omnibus"-Anspruch. *Kurz*[24] hält diese Ansprüche für bemerkenswert, nicht nur wegen deren prägnanter Kürze, insbesondere im Vergleich zu den ausufernden Anspruchssätzen mancher moderner – insbesondere amerikanischer – Patente, sondern auch wegen ihrer Tragweite für die weitere Entwicklung der Technik der Verbrennungsmotoren.

---

24 Peter Kurz: Historische Prozesse – Teil II, Mitt. 1996, S. 372.

Die Ansprüche 1 bis 3 befassen sich alle mit der geschichteten Ladung, während der unabhängige Anspruch 4 das Viertakt-Arbeitsverfahren unter Schutz stellt. Nach *Kurz*[25] lassen diese Ansprüche unschwer erkennen, daß sie der Gasmotorenfabrik Deutz praktisch ein Monopol für die Motorenentwicklung einräumten: Der Anspruch 4 las sich auf jede Art von Viertaktmotor, weswegen *Daimler* seine Entwicklung des Viertaktmotors zunächst im Geheimen betrieb[26], während *Carl Benz* (1844 bis 1929) zumindest zeitweilig auf den Zweitaktmotor setzte.[27]

Da *Otto* meinte, das Prinzip der geschichteten Ladung erfunden zu haben, machte er sein Patent auch gegen die Hersteller von Zweitaktmotoren geltend. Er glaubte, jeder ruhig und ohne Explosionsstöße laufende Motor müsse notwendigerweise eine geschichtete Ladung verwenden. Im Dezember 1880 verwarnte er beispielsweise die Hannover'sche Maschinenbau-AG wegen deren Fertigung von Zweitaktmotoren, und im Juli 1881 kam es zu Klage.

Krasser[28] vertritt die Auffassung, daß ein Anspruch auf den Otto-Motor so weit gefaßt werden durfte, daß, sofern zum Stichtag das Prinzip, Kolben durch Explosion eines gasförmigen Gemisches zu bewegen, neu und nicht naheliegend war, auf dieses Prinzip bezogen werden durfte, und zwar ohne Rücksicht darauf, daß spätere erfinderische Abwandlungen des Prinzips wie der Dieselmotor von dem Patent abhängig werden könnten. Das zu schützende Prinzip ende dort, wo auch noch die bereits bekannten Dampfmaschinen – bei denen ebenfalls ein Kolben durch Gasexpansion bewegt werde – mitumfaßt würden. In welcher Weise der Otto-Motor-Patentanspruch hätte gefaßt werden müssen, soll hier jedoch nicht weiter vertieft werden.

1.2.1.1.2 Das Beispiel des Metylenblau-Patents

Der ungegliederte einteilige Anspruch eines weiteren berühmten Patents aus der Anfangszeit des deutschen Patenrechts, des Patents Nr. 1886 der Badischen Anilin- und Soda-Fabrik, das unter dem Titel „Verfahren zur Darstellung blauer Farbstoffe aus Dimethyl-Anilin und anderen tertiären aromatischen Monaminen" am 15. Dezember 1877 angemeldet wurde, lautet wie folgt:

„Das vorstehend beschriebene Verfahren zur Darstellung blauer Farbstoffe aus dem Dimethylanilin und anderen tertiären Monaminen durch Überführung desselben in ihre Amidosubstitutionsderivate und Behandlung letzterer mit Schwefelwasserstoff und Oxydationsmitteln in kalten, verdünnten und sauren Lösungen."

Bei dem Patent Nr. 1886 handelt es sich um das als „Methylenblau-Patent" berühmt gewordene Patent, das grundlegende Bedeutung erlangte. Es wurde schon kurz nach seiner Erteilung zum Gegenstand von Auseinandersetzungen mit den deutschen Konkurrenzfirmen: am 1.1.1881 hatte die „Actiengesellschaft für Anilin-Fabrikation", die Agfa, ein neues Herstellungsverfahren für Methylenblau, von ihr „Phenylblau" genannt, angemeldet (deutsches Patent Nr. 18 579), dessen einziger Anspruch ebenfalls ein einteiliger, ungegliederter Anspruch war und wie folgt lautete:

---

25 a.a.O., S. 372.
26 Erik Eckermann: Vom Dampfwagen zum Auto, Hamburg 1981, S. 450.
27 Friedrich Sass; Geschichte des deutschen Verbrennungsmotorenbaus von 1860 bis 1918, Berlin 1962, S. 107 ff.
28 Bernhard/Krasser: Lehrbuch des Patentrechts, 4. Auflage, 1986, S. 320.

„Das Verfahren zur Darstellung eines blauen Farbstoffes durch Reduction des sogenannten Orange III mit Schwefelwasserstoff-Schwefelammonium und darauffolgende Oxydation mittels Eisenchlorids."

Das ganze Patent besteht nur aus 30 Zeilen in zwei Spalten, so daß für die Wiedergabe des ganzen Texts, den einzigen Patentanspruch eingeschlossen, die Titelseite genügte. Zur Schlichtung des Rechtsstreits zwischen der BASF und AGFA wurde ein Gutachten von zwei berühmten Chemikern, August Kekulé« und Adolf Bayer, eingeholt, das zugunsten der BASF ausfiel. Es heißt in dem Schiedsgutachten lapidar: „Gestützt auf eigene Versuche sind wir zu der vollen Überzeugung gelangt, daß das Patent No. 18 579 sachlich nicht zu Recht ertheilt ist, und daß dasselbe einen Eingriff in die durch Patent No. 1886 geschützten Rechte darstellt"[29]

Da der Stoffschutz für Chemie-Patente erst 1967 eingeführt wurde, waren praktisch alle früheren Chemie-Patentansprüche Verfahrensansprüche. So auch die oben wiedergegeben Ansprüche aus der Frühzeit des deutschen Patentrechts.

1.2.1.1.3 Das Beispiel des Polymerisationsbeschleuniger-Patents

Einteilige, ungegliederte Patentansprüche sind unter jüngeren deutschen Patenten kaum zu finden. Bei *Windisch*[30] ist ein solcher Anspruch wiedergegeben, der Gegenstand eines Nichtigkeitsverfahren war.[31] Er lautet:

„Die Verwendung der durch Poymerisation in Gegenwart von 0,1-6 Prozent ketogruppenfreier tertiärer Amine, deren Stickstoffatome drei getrennte organische Reste tragen, und von an sich bekannten sauerstoffhaltigen Polymerisationsbeschleunigern bei niederen Temperaturen zu Kunststoffen selbst erhärteten Mischungen aus flüssigen momomeren und pulverförmigen polymeren Vinyl- oder Acrylverbindungen auf dem Dentalgebiet z.B. als Abdruckmassen für zahnärztliche Zwecke, insbesondere aber zur Herstellung von Zahnprotesen, künstlichen Zähnen und Zahnfüllungen."

Von der oben erwähnten besonderen Übersichtlichkeit des einteiligen Anspruchs ist bei diesem Beispiel wenig zu merken, was darauf hindeutet, daß die Übersichtlichkeit wohl weniger durch die Einteiligkeit als durch die Gliederung des Patentanspruchs bewirkt wird. Der gleiche Erfindungsgegenstand wird deshalb weiter unten noch einmal in gegliederter Form angegeben.

1.2.1.1.4 Das Beispiel eines Schwellwertdetektors, z.B. für einen automatischen Scheibenwischer

Das Windisch gegebene Beispiel betrifft zwar ein „jüngeres" Patent, reicht jedoch immer noch weit in die Zeit vor der Gründung des Europäischen Patentamts zurück. Wirklich jüngere Patente, die einteilig und ungegliedert sind und überdies keine Verfahren betreffen, sind nach wie vor selten. Ein solches Patent ist das Europäische Patent Nr. 568 440, das am 27.4.1993 angemeldet und am 15.10.1997 ausgegeben wurde. Anmelderin ist die französische Firma SGS-Thomson Microelectronics S.A., welche die

---

29 Paul A. Zimmermann: Patentwesen in der Chemie, Ludwigshafen am Rhein, 1965, S. 32.
30 Ernst Windisch: „Merkmalsanalyse" im Patentanspruch?, GRUR 1978, S. 385-393.
31 BGH GRUR 1965, 140 – Polymersisationsbeschleuniger.

Anmeldung mit dem Titel „Circuit de détection de seuils de tension" in französischer Sprache hinterlegte, was auf Deutsch soviel wie „Detektionsschaltung mit Spannungsschwellen" heißt. Detektionsschaltungen mit Spannungsschwellen werden auf zahlreichen Gebieten eingesetzt, beispielsweise auf dem Gebiet der automatischen Scheibenwischersteuerung. Das Problem der automatischen Scheibenwischersteuereung, die in dem SGS-Thomson-Patent nicht angesprochen ist, aber hier erwähnt wird, weil später noch einmal darauf zurückgekommen wird, besteht darin, einen Scheibenwischer automatisch, d.h. ohne Hebeldruck per Hand, immer dann einzuschalten, wenn die Windschutzscheibe eines Kraftfahrzeugs benetzt wird und ein Wischen erforderlich erscheint. Die bei der prima facie sehr einfach erscheinenden automatischen Scheibenwischersteuerung auftauchenden Probleme sind unerwartet vielfältig, so daß eine Fülle von Schutzrechtsanmeldungen eingereicht wurden, um diese Probleme zu lösen.

Das erste Problem stellt bereits der Feuchtigkeitssensor dar. Wird er außerhalb des Wischerbereichs der Scheibenwischer installiert, verschmutzt er allmählich und gibt kein exaktes Abbild der tatsächlich herrschenden Feuchtigkeit, weil er die Feuchtigkeit auch dann noch hält, wenn ein Regen längst aufgehört hat. Man legt diesen Sensor deshalb bevorzugt in den Wischbereich der Wischerblätter. Handelt es sich bei dem Sensor um einen sogenannten ohmschen Sensor, der seinen elektrischen Widerstand in Abhängigkeit von der Feuchtigkeit verringert, muß er auf die Außenseite der Windschutzscheibe gelegt werden, damit er von der Feuchtigkeit außerhalb des Kraftfahrzeugs etwas abbekommt. Damit stellt sich aber die Frage, wie dieser Sensor auf die Windschutzscheibe aufgebracht werden soll, damit er nicht von dem ihn ständig überwischenden Scheibenwischer abgelöst wird. Um dieses Problem zu umgehen, wurden sogenannte optische Sensoren vorgeschlagen, bei denen das Licht einer Lichtquelle vom Innenraum des Kraftfahrzeugs in die Windschutzscheibe eingeblendet und an der Außenseite der Windschutzscheibe wenigstens teilweise zurückreflektiert wird. Der zurückreflektierte Anteil des Lichts ist dabei von der Außenfeuchtigkeit abhängig, weil diese den Brechungsindex verändert. Nachteilig ist bei diesen optischen Sensoren, daß sie durch Fremdlichtquellen gestört werden können. Man hat deshalb noch eine Reihe weiterer Sensoren vorgeschlagen, von denen nur der piezoelektrische und der induktive Sensor erwähnt seien.

Selbst wenn das Sensor-Problem befriedigend gelöst ist, stellt sich die weitere Frage der Empfindlichkeit der Sensor-Schaltung. Ist diese Empfindlichkeit sehr groß, beginnt der Scheibenwischer bereits bei Vorhandensein der Luftfeuchtigkeit mit dem Wischen, ist sie dagegen sehr gering, kann der Fahrer schon kaum mehr etwas sehen, bis das automatische Wischen beginnt. Das Einführen von Schwellwerten, ab deren Überschreiten ein Vorgang eingeleitet wird, ist deshalb bei den meisten automatischen Scheibenwischersteuerungen üblich. Beispielsweise soll eine erste Schwelle durch Nebel, eine zweite durch geringen Regen und eine dritte durch starken Regel gebildet werden. Für solche und ähnliche Probleme ist der Detektor gemäß den Europa-Patent 568 440 geeignet. Der Anspruch 1 dieses Patents lautet in seiner deutschen Fassung:

> *„1. Schaltkreis zum Erfassen des Überschreitens von Schwellen durch eine Eingangsspannung (Vdd), der einen ersten Zweig mit einer Diode (D1), die zwischen der Eingangsspannung und einem Mittelpunkt (V1) in Vorwärtsrichtung betrieben wird, und einen Stromgenerator (G1) zwischen dem Mittelpunkt und Masse, einen zweiten Zweig mit einem Stromgenerator (G2) zwischen der Eingangsspannung und einem Mittelpunkt (V2) und einer Diode (D2), die zwischen*

dem Mittelpunkt und Masse in Vorwärtsrichtung betrieben wird, umfaßt, wobei der Stromgenerator (G1) eines Zweiges von dem Mittelpunkt des anderen Zweiges spannungsgesteuert wird, und außerdem eine Ausgangsstufe (I1,I2) umfaßt, die einen Inverter für jeden Zweig aufweist, dessen Eingang mit dem Mittelpunkt (V1) des entsprechenden Zweiges verbunden ist, wobei die zwei Ausgangsstufen mit Eingangsspannung (Vdd) und Masse versorgt werden und jeweils so eingestellt sind, daß sie eine erste und eine zweite Stelle erfassen, um eine Information (OUT1, OUT2) auszugeben, die anzeigt, ob die Eingangsspannung sich innerhalb des so festgelegten Intervalls befindet."

Dieser Anspruch, der bezüglich seiner Länge und (Un-)Verständlichkeit repräsentativ für viele moderne Ansprüche ist, läßt durch das fehlende „dadurch gekennzeichnet" bzw. „gekennzeichnet durch" nicht erkennen, welche seiner Merkmale bereits bekannt und welche neu sind. Für die Allgemeinheit ist dies aber auch nicht relevant, weil sie nur wissen muß, welchen „claim" der Anmelder für sich absteckt. Diese Bedingung erfüllt der vorstehend wiedergegebene Anspruch. Allerdings ist sein Inhalt, der in Form eines „Satzmonstrums" gekleidet ist, aus sich heraus nur schwer verständlich. Es wird deshalb hier die Fig.1 der Europäischen Patentschrift 568 440 wiedergegeben (s. Abb. 6), in der die meisten Bezugszeichen des Anspruchs zu finden sind.

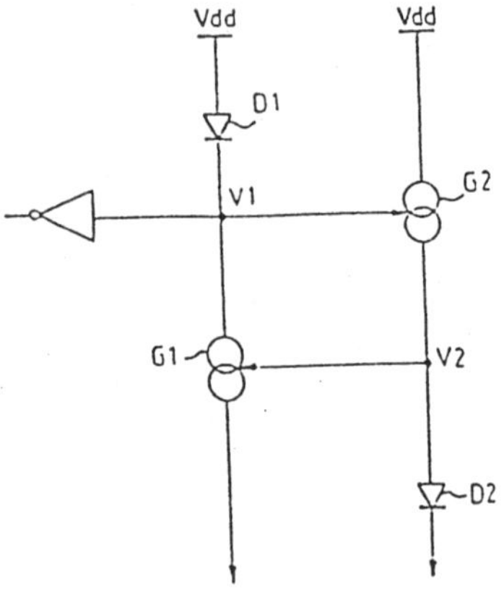

Abb. 6

Bei dem vorstehenden wiedergegebenen Anspruch werden zwar – anders als beim zweiteiligen Anspruch – zugehörige Merkmale nicht auseinandergerissen, und es gelangen auch keine Merkmale aus dem Stand der Technik in diesen Anspruch, die eigentlich in der Anmeldung selbst nicht offenbart sind, doch ist er zweifellos schwer les- und verstehbar. Eine Gliederung, die das nicht enden wollende „Satzmonstrum" wenigstens optisch unterbrechen, scheint somit wünschenswert.

1.2.1.2 Der gegliederte einteilige Anspruch (Merkmalsanalyse)

Bei dem gegliederten einteiligen Anspruch werden die Einzelmerkmale nacheinander aufgeführt und oft durch Ziffern, Buchstaben oder sonstige Zeichen gekennzeichnet. Handelt es sich um einen Verfahrensanspruch, so ergibt sich die Reihenfolge dieser

Merkmale automatisch durch den Verfahrensablauf, d.h. es werden diejenigen Schritte nacheinander aufgezählt, die zeitlich aufeinander folgen. Bei Sachansprüchen gibt es keine Regeln, in welcher Reihenfolge die Einzelmerkmale aufzuführen sind. Im Gegensatz zum einteiligen Anspruch, bei dem die Logik der Grammatik ein zusammenhangloses Aufzählen von Merkmalen wenigstens teilweise verhindert, ist bei einem gegliederten einteiligen Anspruch die Möglichkeit des willkürlichen Hintereinanderreihens von Merkmalen nicht ganz auszuschließen.

1.2.1.2.1 Nochmals: Das Beispiel des Polymerisationsbeschleuniger-Patents
In gegliederter Form sieht der obige von *Windisch* zitierte Anspruch wie folgt aus:

„*Verwendung von*

a) Mischungen aus

aa) flüssigen monomeren und

bb) pulverförmigen polymeren Vinyl- oder Acrylverbindungen

b) die durch Polymerisation

c) in Gegenwart

cc) von 0,1 – 6% ketogruppenfreier tertiärer Amine, deren Stickstoffatome drei getrennte organische Reste tragen,

dd) und von an sich bekannten sauerstoffhaltigen Polymerisationsbeschleunigern

d) bei niederen Temperaturen zu Kunststoffen selbst erhärten, auf dem Dentalgebiet, z.B. als Abdruckmassen für zahnärztliche Zwecke, insbesondere aber zur Herstellung von Zahnprothesen, künstlichen Zähnen und Zahnfüllungen."

Durch eine solche Gliederung, die auch „Merkmalsanalyse" bezeichnet wird, soll vor allem die Verständlichkeit der Ansprüche verbessert werden, die ohne eine solche Gliederung oft an wörtliche Übersetzungen aus dem Lateinischen erinnern, bei denen man nach dem maßgeblichen Wort fahnden muß. Erst die Lesbarkeit, so *Windisch*,[32] nehme dem Patent den ungerechtfertigten Vorwurf, ein Instrument von Medizinmännern und Ausdruck von Geheimwissenschaft und -sprache zu sein. Dieser Vorwurf behindere die Funktion der Patente, die Allgemeinheit verständlich zu belehren.
Windisch hat sein Plädoyer für den in Merkmalen gegliederten Anspruch sicher nicht ganz ohne Eigennutz gehalten, denn gerade für einen Verletzungsrichter ist der gegliederte Anspruch von großem Wert. Er kann dann die tatsächliche oder angebliche Verletzungsform Merkmal für Merkmal mit dem Patentanspruch vergleichen und bei vollständiger Übereinstimmung mit großer Sicherheit auf das Vorliegen einer Patentverletzung schließen. Nicht zufällig führt *Windisch* als Kronzeugen für den gegliederten Anspruch *Schramm* an,[33] der vorschlägt, eine Merkmalsanalyse an Stelle des herkömmlichen

---

[32] a.a.O., S. 387, r.Sp.
[33] GRUR 1978, S. 386, r.Sp.

„Satzmonstrums" zu verwenden. Würde ein solcher gegliederter Patentanspruch bereits vor dem Patentamt gewählt, brauchte in der Tat der Verletzungsrichter später nicht mühsam diese Gliederung nachzuholen, was fast immer geschieht.

Der einteilige und gegliederte Anspruch, den sich *Windisch* und *Schramm* schon vor dem Patentamt wünschen, ist in den USA praktisch der Regelfall. Sein Aufbau kann deshalb sehr gut anhand eines unabhängigen US-Patentanspruchs demonstriert werden. Als besonders geeignet scheint der Anspruch 1 des US-Patents Nr. 4 942 516, das am 17. Juli 1990 ausgegeben, aber schon am 12. Januar 1981 angemeldet worden war.

1.2.1.2.2 Das Beispiel des Ein-Chip-Computers

Das US-Patent Nr. 4 942 516 scheint in zweierlei Hinsicht als Beispiel geeignet: zum einem handelt es sich um ein relativ berühmtes Patent, das einen voll-intergierten Rechner-Chip betrifft und zum anderen ist der Erfinder, Gilbert P. Hyatt, selbst Patentanwalt, so daß davon ausgegangen werden kann, daß auf die Formulierung des Anspruchs besondere Sorgfalt verwendet wurde. Die zahlreichen Continuation-Anmeldungen, die der endgültigen Fassung vorangingen, sind ebenfalls ein Indiz dafür, daß die Endfassung als ausgefeilt gelten kann.

Bei dem erwähnte Patent handelt es sich um eine außergewöhnlich umfangreiche Druckschrift, die 92 gedruckte Spalten umfaßt und 30 Seiten Zeichnungen enthält. Auch die Zahl der Entgegenhaltungen, die das US-Patentamt berücksichtigt hat, ist mit etwa 135 ungewöhnlich hoch. Angesichts des Prüfungs-Fegefeuers, durch welches das Patent gegangen ist, ist der Anspruch 1 noch relativ breit. Er lautet:

1. A computer system comprising:

a single chip stored program digital computer implemented on a single integrated circuit chip, said single chip stored program digital computer including

(1) an integrated circuit read only memory storing computer instructions, wherein said integrated circuit read only memory is implemented on said single integrated circuit chip;

(2) an integrated circuit alterable memory storing computer operands, wherein said integrated circuit alterable memory is implemented on said single integrated circuit chip; and

(3) an integrated circuit processing circuit coupled to the integated circuit alterable memory and processing the computer operands stored by said integrated circuit alterable memory in response to the computer instructions stored by said integrated circuit read only memory, wherein said integrated circuit processing circuit is implemented on said single integrated circuit chip.

Theoretisch wäre es möglich, daß von den oben wiedergegebenen Merkmalen nur das Merkmal (2) neu ist und alle anderen Merkmale aus nur einer Druckschrift bereits bekannt sind. Es wäre aber auch denkbar, daß die Merkmale 2 und 3 aus jeweils verschiedenen Druckschriften bekannt sind und nur das Merkmal 1 neu ist. Mehr noch: Alle Merkmale könnten aus jeweils einer eigenen Druckschrift bekannt sein, so daß sich die Neuheit nur durch die Kombination von an sich bekannten Merkmalen ergibt.

Wie der oben wiedergegebene Anspruch zeigt, geht ein einteiliger Anspruch in der Regel von der übergeordneten Gattung aus, die hier schlicht ein Computer System betrifft. Es wird dann aufgezählt, welche Merkmale das Computer System enthalten soll, wobei das typische und in zahllosen US-Patenten auftretende Wort „comprising" verwendet wird. Im vorliegenden Fall soll es sich um ein Computer System handeln, bei dem ein digitaler Computer mit einem in einem einzigen Chip gespeichertes Programm auf einem einzelnen integrierten Schaltkreis-Chip implementiert ist. In der nächsten Definitions-Stufe wird der besagte digitale Computer weiter präzisiert. Der digitale Computer mit einem in einem einzigen Chip gespeicherten Programm soll enthalten („including"): einen als integrierte Schaltung ausgeführten Speicher, der nur ausgelesen werden kann und der Computer-Anweisungen abspeichert, wobei auch dieser Speicher auf dem besagten integrierten Schaltkreis-Chip implementiert ist. Die Durchnumerierung der einzelnen Merkmale soll andeuten, daß diese Merkmale gleichrangig nebeneinander stehen und den speziellen digitalen Computer definieren. Die Schlüsselwörter dieser Merkmale sind „read only memory", „alterable memory" und „processing circuit". Die weiteren in den Merkmalen verwendeten Begriffe beschreiben die Aufgaben und Funktionen bzw. die Anordnungen der mit den Schlüsselwörtern bezeichneten Bauteilen.

Nach dem vorstehenden Muster sind zahlreiche US-Patentansprüche aufgebaut.

Wenn in der Literatur vom gegliederten einteiligen Anspruch die Rede ist, ist in der Regel der Ein-Satz-Anspruch gemeint, der allerdings durch Semikolons und dergleichen untergliedert wird und somit den Eindruck eines Mehrsatz-Anspruchs erweckt.

1.2.1.2.3 Das Beispiel der Skistiefel-Auskleidung

Kraßer[34] führt als Beispiel eines nach Merkmalen gegliederten einteiligen Anspruchs einen in der Skistiefelauskleidung-Entscheidung[35] erwähnten Anspruch an. Es handelt sich dabei um einen aus einem herkömmlichen zweiteiligen Anspruch „übersetzten" Anspruch, der wie folgt lautet:

„Auskleidung für einen Skistiefel mit folgenden Merkmalen:

(1) Sie kann in die Stiefelhöhlung herausnehmbar eingesteckt werden.

(2) Sie besteht aus

(a) einer den Fuß tragenden Sohle und aus

(b) Seitenwände, die

(aa) sich aus der Sohlenebene nach oben erstrecken,

(bb) den Fuß zumindest teilweise umschließen.

(3) Ihre äußeren Konturen sind der Stiefelhöhlung genau angepaßt.

(4) Ihr Material ist steifer offenzelliger Schaumstoff,

---

34 Bernhardt/Kraßer, a.a.O., S. 323
35 BGH GRUR 1981, 190.

(a) der nur in geringem Maße elastisch verformbar ist,

(b) der bei Belastung durch den Stiefelträger bis zu 30% seiner Schichtstärke nachgibt.

Wie man unschwer erkennt, handelt es sich bei diesem Anspruch streng genommen nicht um einen einteiligen Anspruch, denn er ist in mehrere Einzelsätze untergliedert. Hinter dem Merkmal (1) befindet sich ein Punkt, an das sich das Merkmal (2) anschließt, das wieder mit einem Punkt endet. Dasselbe gilt für die Merkmale (3) und (4), so daß es sich im Grunde um einen Vier-Satz-Anspruch handelt.

Genau besehen kann man dem Anspruch auch einen Oberbegriff nicht absprechen. Zwar fehlen die Worte „dadurch gekennzeichnet" bzw. „gekennzeichnet durch", doch ist als „Ersatz" hierfür ein Doppelpunkt vorgesehen. Die Einleitung des Anspruchs „Auskleidung für einen Skistiefel ..." ist jedenfalls ein typisches „genus proximum".

Wie oben bereits erwähnt, sollen derartige Ansprüche hier dennoch nicht als zweiteilig angesehen werden.

1.2.2 Der (gegliederte) Mehrsatz-Patentanspruch

Ein gegliederter Mehrsatz-Patentanspruch, wie er oben wiedergegeben ist, ergibt sich aus dem einteiligen gegliederte Anspruch, wenn man versucht, letzteren in kleine und überschaubare Sätze zu fassen.

Bereits *Bauer*[36] stellt dem Ein-Satz-Patentanspruch des deutschen Patents 1 300 062 einen inhaltsgleichen Mehr-Satz-Patentanspruch gegenüber und fragt, was diesem Anspruch ernsthaft entgegenstehen könnte. Dieser Mehrsatz-Anspruch lautet:

„Bodenverriegelung eines eine Flaschen- oder Büchsengruppe umhüllenden Kartonstreifens (A):
Die Enden dieses Streifens (A) überlappen einander unter der Gruppe. An einem Streifenende befinden sich neben der dortigen Endkante (33) ausgestanzte Öffnungen (29), die von quer zum Streifen gerichteten und im Abstand voneinander verlaufenden Querkanten (32,34) begrenzt sind. Die innere (34) dieser Querkanten ist jeweils als zum Streifenende hin gerichteter, in die Öffnung hineinragender Vorsprung (35) ausgebildet. Unter diesen Vorsprung sind in die Öffnungen durch ausgesparte Kantenabschnitte (27) voneinander getrennte Laschen (26) an dem anderen Streifenende zur Gänze, d.h. so weit einsteckbar, bis die der erwähnten Endkante (33) abgewandte, innere Querkante (34) der Öffnungen an dem ausgesparten Kantenabschnitt (27) anliegt. Mit den Laschen in Längsrichtung des Streifens fluchtend sind den Laschen entgegengesetzt gerichtete Innenzungen (39) derart vorgesehen, daß sie die äußere Querkante (32) der Öffnungen erfassen und so mit den eingesteckten Laschen die Streifenenden miteinander verriegeln. Der Abstand zwischen den seitlichen Enden (138) der Innenzungen (39) und dem Kantenabschnitt (27) darf hierzu höchstens gleich dem Abstand zwischen der äußeren Querkante (32) und den seitlichen Enden der inneren Querkante der Öffnung sein. des weiteren muß die Kante (38) der Innenzungen bei eingesteckten Laschen parallel zur Kante des Vorsprungs (35) gekrümmt sein."

---

36 R. Bauer: Erscheint die gegenwärtig übliche Form der Patentansprüche (noch) sinnvoll?, GRUR 1972, S. 25-28.

Nachdem *Bauer* diesem Mehrsatz-Anspruch den tatsächlichen Einsatz-Anspruch folgen läßt, kommt er zu dem Schluß, wer durch diesen Vergleich noch immer nicht überzeugt sei, der möge doch zunächst auf Grund des tatsächlichen Einsatz-Anspruchs und danach auf Grund des Mehrsatz-Anspruchs die beanspruchten Teile zu zeichnen suchen. Schließlich solle ja ein Anspruch eine Lehre zum technischen Handelns geben. *Bauer* vermag in dem Verlangen nach einer Definition in einem Satz keinen Sinn zu sehen. Ihm möge wohl die Vorstellung zugrunde gelegen haben, daß ein einheitlicher „Erfindungsgedanke" auch nur ein einziger Gedanke sein könne, eine Vorstellung, die durch die heute gar nicht seltenen Monsteransprüche völlig widerlegt erscheine.

In der Tat findet man kaum Begründungen dafür, weshalb eine Erfindung nicht in mehreren Sätzen definiert werden darf. Bei *Faber*[37] heißt es hierzu:

> „The only known (or at least acceptable) way so far to „particularly point out and distinctly claim" an invention in a statutory class is by means of an English sentence. This is unfortunate, because many of the problems in claim drafting stem from problems in writing English and in the meaning of the words.
> To begin at the beginning, the standard custom as to sentence construction is that each claim must be the direct object of a single sentence, however long, beginning with a standard introductory phrase such as „I (or we) claim", „The invention claimed is", or the equivalent. (See MPEP 608.01 (m). In an application with more than one claim, the introductory phrase, such as „I claim", appears only once, before the first claim ..."

Nähere Erläuterungen finden sich bei *Faber* nicht. *Schamlu*[38] gibt als Grund für die Ein-Satz-Definition die Herkunft des Patentanspruchs aus der klassischen Definitionslehre an, wo ein Gegenstand benannt (Gattung = genus proximum) werde und ihm unmittelbar die Angabe seiner ihn näher spezifizierenden, differenzierenden Merkmale (Ansprüche = differentia specifica) folge. Ähnlich erwähnt *Blumer* (a.a.O., S. 115) unter Hinweis auf *Blum/Pedrazzini*[39] die Definitionsmethode nach dem Prinzip „definitio fit per genus proximum et differentiam specificam", die Aristoteles zugeschrieben werde. Diese Begründungen vermögen in der Tat nicht zu überzeugen, so daß Erklärungsbedarf besteht. An dieser Stelle soll indes auf das Ein- bzw. Mehrsatzproblem nicht näher eingegangen werden.

1.2.3 Der Omnibus-Anspruch

Omnibus-Ansprüche spielen nur noch eine historische Rolle. Mit Omnibus-Ansprüchen sollte, wie das lateinische Wort „Omnibus" besagt, „alles" geschützt werden. Um alles zu schützen, wurde ein Patentanspruch etwa der Form gewählt: Kurbelwelle wie dargestellt und beschrieben. Im berühmten britischen Patent Nr. 7777 von *Marconi*, das einen Sender für die drahtlose Telegrafie betraf, ist ein solcher Omnibus-Anspruch als Anspruch 4 angegeben:"Apparatus for wireless telegraphy substantially as described and illustrated in the drawings". Solche Ansprüche sind heute weder im deut-

---

37 Landis, a.a.O., On Mechanics of Patent Claim Drafting. 4th edition. S. II-1.
38 M. Schamlu, a.a.O., Patentschriften – Patentwesen, S. 124, 125.
39 Blum/Pedrazzini: Das Schweizerische Patentrecht, Kommentar zum Bundesgesetz, betreffend die Erfindungspatente von 25. Juni 1954, 3 Bände, 2. Auflage, Bern 1975, Band 3, Anm.3 zu Art 51 PatG, S. 102.

schen, noch im europäischen oder US-amerikanischen Patenterteilungsverfahren erlaubt. In Regel 29 Abs. 6 EPÜ heißt es:

> *Die Patentansprüche ... dürfen sich insbesondere nicht auf Hinweise stützen wie: „wie beschrieben in Teil ... der Beschreibung" oder „wie in Abbildung ... der Zeichnung dargestellt".*

Im US Manual of Patent Examining Procedure 1302.04 (b) und 2173.05 (r) sind ausdrücklich solche Patentansprüche nicht zugelassen, die Formulierungen wie „A device substantially as shown and described", „the apparatus as shown and described in figures 1-6" oder „Any and all features of novelty described, referred to, exemplified, or shown" aufweisen. Dieses Verbot gilt allerdings nur für sogenannte Utility Patents, nicht für Design Patents.[40] Derartige Omnibus-Ansprüche erfüllen nicht die Voraussetzung, „to particularly point out and distinctly claim" die Erfindung. Sie werden deshalb von den US-Prüfern als „non-statutory" zurückgewiesen. Das Grundkonzept der USA-Ansprüche fordert, daß der Erfinder der Öffentlichkeit das verbotene Territorium seiner Erfindung so prazis wie möglich mit Worten beschreiben muß. Alle Merkmale, die beschrieben, aber nicht mit Worten beansprucht sind, sind deshalb gemeinfrei.

1.2.4 Der unabhängige zweiteilige Anspruch (Hartig'scher Anspruch, Jepson's claim)

Der zweiteilige Anspruch, bestehend aus Oberbegriff und Kennzeichen, spielt im deutschen und im europäischen Patentrecht nach wie vor eine dominierende Rolle. Wie bereits oben unter Punkt II, 2.2 „Regeln und Anmeldeverordnungen" ausgeführt wurde, schreibt Regel 29 EPÜ den zweiteiligen Anspruch nicht für jeden Fall zwingend vor, sondern möchte ihn nur dort zur Anwendung bringen,wo es zweckdienlich ist. *Schulte*[41] schließt hieraus, daß die einteilige gegenüber der zweiteiligen Fassung vorzuziehen und als zweckdienlich anzusehen sei. Die zweiteilige Fassung sei nur angebracht, wenn ein abgegrenzter Stand der Technik vorliege, von dem sich der beanspruchte Gegenstand durch zusätzliche Merkmale unterscheide.[42] Anderer Auffassung ist offenbar *Blumer*[43], der meint, Regel 29 schreibe praktisch den zweiteiligen Anspruch vor. Diese Auffassung wird durch die Entscheidung der Technischen Beschwerdekammer 3.2.1 vom 7. Juli 1986[44] bestätigt, wo es unter Punkt 4.1. heißt:

> *„Regel 29(1) EPÜ schreibt als Normalfall die zweiteilige Form für einen Patentanspruch vor ... "*

Die Praxis zeigt, daß europäische Patente mit zweiteiligen Patentansprüchen überaus zahlreich zu finden sind. Sogar die „Musterlösungen" für Patentansprüche, die das Europäische Patentamt seit einiger Zeit für Kandidaten zur Europäischen Eignungsprüfung

---

40 zu den Design Patents vgl. W. Schickedanz, Zur Offenbarung des Geschmacksmusters, GRUR 1999, S. 291-297.
41 a.a.O., § 35 Rdn. 48.
42 T 162/82, ABl. EPA 1987, 533; T 13/84, ABl. EPA 1986, 253.
43 a.a.O. S. 116,117
44 T 170/84, ABl. EPA 1986, 400.

herausgibt, wobei es sich bei den Musterlösungen um besonders gelungene Prüfungsarbeiten handelt, enthalten mehr zweiteilige als einteilige Patentansprüche.[45]

Das deutsche Patentrecht läßt im § 4 Abs. 1 PatAnmV einteilige oder nach Oberbegriff und kennzeichnendem Teil (zweigeteilte) Ansprüche zu. In beiden Fällen kann die Fassung nach Merkmalen gegliedert sein (vgl. oben Punkt II, 2.2.).

Regel 29 EPÜ, welche ausdrücklich den zweiteiligen Anspruch erwähnt, wurde nicht wie viele andere Vorschriften des EPÜ als Kompromiß zwischen den verschiedenen Usancen der einzelnen Nationalstaaten gefunden, sondern hat seine Wurzeln eindeutig im deutschen Patentrecht, ja geht sogar nach Auffassung von *Noyes* teilweise über dieses hinaus.[46]

In den USA Rules of Practice, § 1.75 Abs. 2 wird unter (e) der sogenannte *Jepson* Type claim umschrieben:

> *„Where the nature of the case admits, as in the case of an improvement, any independent claim should contain in the following oder, (1) a preamble comprising a general description of all elements or steps of the claimed combination which are conventional or known, (2) a phrase such as „wherein the improvement comprises", and (3) those elements, steps, and/or relationships which constitute that portion of the claimed combination which the applicant considers as the new or improved portion."*

Ansprüche der vorstehend definierten Art werden deshalb *Jepson* claims genannt, weil der erste Fall, in dem sie eine Rolle spielten, der Fall *Jepson* war.[47] Bei dieser Anspruchsart besteht der Oberbegriff aus dem am nächsten kommenden Stand der Technik und erfüllt damit im wesentlichen die Bedingungen, die an einen modernen zweiteiligen deutschen oder europäischen Patentanspruch gestellt werden. Da der Jepson-Fall schon 1917 entschieden wurde, liegt die Vermutung nahe, daß das verstärkte Auftreten des modernen zweiteiligen Anspruchs in Deutschland, das *Kumm* etwas merkwürdig vorkommt,[48] eine Ursache im Jepson-Anspruch hatte.

Der zweiteilige Jepson Patentanspruch wird nach der vorstehenden Definition als geeignet für die Beschreibung von Verbesserungserfindungen angesehen, was einer gewissen Logik nicht entbehrt, denn wenn im Oberbegriff der Stand der Technik wiedergegeben wird, ist es folgerichtig, im Kennzeichen eine Weiterentwicklung dieses Standes der Technik zu sehen.

In den USA hat der Jepson-Anspruch zu Diskussionen darüber geführt, welche Rechtsfolgen damit verbunden sein könnten, wenn der Anmelder durch die Formulierung des Oberbegriffs einen Stand der Technik „zugibt", der möglicherweise gar nicht existent ist.[49] Beispielsweise wurde hierin ein Verstoß gegen die Vorschrift gesehen, daß der Anmelder klar und unmißverständlich anzugeben habe, was er als seine Erfindung

---

45 z.B. Europäische Eignungsprüfung 1990-92, Compendium, Prüfungsaufgabe A, Elektrotechnik/Mechanik, 1994, European Patent Office, S. 133,201; 1993, Prüfungsaufgabe A & B, Elektrotechnik/Mechanik, 1993, European Patent Office, S. 60,61; 1997 Compendium, Prüfungsaufgabe A & B, Elektrotechnik/Mechanik, S. 51, 52.
46 R.C. Noyes: European Patent Convention, 1974, CIPA, Bd. 4, Nr. 1. S. 14-19.
47 Ex parte Jepson, 1917 C.D. 62,243 O.G. 526; bzw. 243 Off. Gaz. Pat.Off. 525, Ass't Comm'r 1917.
48 GRUR Ausl. 1966, S. 73, rechte Spalte.
49 Edward C. Walterscheid: The Preamble of Jepson-Type Claims as Prior Art, Journal of the Patent Office Society, 1980, No.2, S. 85-95.

betrachtet. In der *Ehrreich*-Entscheidung hielt der C.C.P.A. zum „zugestandenen" Stand der Technik fest:

> ... *the preamble elements in a Jepson-type claim are* **impliedly admitted** *to be old in the art ... but it is only an* **implied admission** *... We think that a finding of obviousness should not be based on an implied admission erroneously creating imaginary prior art. That is not the intent of § 103 (200 U.S.S.Q. at 510).*

Die Hervorhebungen in diesem Satz finden sich auch im Original.

Es ist übrigens erstaunlich, daß in den Rules of Practice das Wort „should" verwendet wird, was eigentlich fast an eine Muß-Vorschrift erinnert. Als Muß-Vorschrift war die Regel indessen nicht gedacht, sondern als „ to be strong urging, but not mandatory". Obwohl das US-Patentamt die Jepson-Form wärmstens empfiehlt, ist sie bei erteilten Patenten äußerst selten zu finden, was wohl einerseits mit den oben geschilderten Problemen zu tun hat, andererseits aber auch auf die Neigung der US-Prüfer zurückzuführen ist, sich bei Jepson-Ansprüchen zu sehr auf das Kennzeichen zu konzentrieren und zu vergessen, daß die Erfindung durch Oberbegriff und Kennzeichen definiert wird.

Von manchen Befürwortern des zweigeteilten Anspruchs hat die Zweiteilung eine große Bedeutung für den Ausbau und die Vervollkommnung eines „Linné'schen Systems der Technologie".[50] Andere Vorteile des zweiteiligen Patentanspruchs sollen sein: Erleichterung der Prüfungsarbeit bzw. bessere Sichtung bei der Neuheitsrecherche[51] oder Erleichterung der Argumentation über die Erfindungshöhe.[52] Ob der moderne zweigeteilte Anspruch tatsächlich diese Vorteile aufweist, wird weiter unten noch erörtert. Zuvor soll jedoch der zweiteilige Anspruch anhand einiger Beispiele aus älterer und neuerer Zeit sowie im Lichte der neueren Rechtsprechung näher betrachtet werden.

1.2.4.1 Dominanz der zweiteiligen Patentansprüche

Zweiteilige europäische Patente haben meist deutsche, oft auch japanische Anmelder, während einteilige Ansprüche sehr oft auf angelsächsische Anmelder zurückgehen. Demgemäß sind bei Patentanmeldungen vor dem deutschen Patentamt zweiteilige Ansprüche häufiger als einteilige Ansprüche anzutreffen. Zweifellos ist dieser Umstand in erster Linie dem Beharrungsvermögen deutscher Anmelder zuzuschreiben. Allerdings kann man auch den deutschen Patentbehörden nicht vorwerfen, die Durchsetzung des einteiligen Anspruchs forcieren zu wollen; vielmehr halten sie direkt oder indirekt am zweiteiligen Anspruch fest und bereiten in der Regel denjenigen Schwierigkeiten, die einen einteiligen Patentanspruch favorisieren. *Flad*[53] anerkennt zwar die Vorteile des einteiligen Anspruchs, der seit der Hüftgelenkprothesen-Entscheidung des BGH[54] hoffähig geworden war, muß jedoch feststellen, daß noch im Jahre 1994 die zweiteilige Fassung bevorzugt wurde. Die zweiteilige Fassung habe, so *Flad*, aus Prüfersicht den Vorteil, daß sie sehr hilfreich sei, um bei verworrenen Unterlagen den Anmelder zu zwingen, darzulegen, was er von einem nachgewiesenen Stand der Technik ausgehend erfunden haben wolle. Seit sich in der Prüferschaft der Widerstand gegen die einteilige

---

50 Papke: Abgrenzung als Rechtsbegriff, GRUR 1984, S. 855-858.
51 Jeser: Aufgabe und Anspruchsunterteilung, Mitt. 1985, S,146.
52 Teschemacher in Münchner Gemeinschaftskommentar, 7. Lieferung, Art. 84 Rdn. 8.
53 Lothar Flad: Aus der Praxis des Prüfungsverfahrens vor dem DPA, insbesondere Erfahrungen mit einteiligen Patentansprüchen, GRUR 1994, S. 478-481.
54 BGH Mitt. 1986, S. 91.

Fassung gelegt habe, werde manchmal von den Anmeldern gefordert, daß der Stand der Technik in der Patentschrift in der Art aufgenommen werde, wie er als Oberbegriff eines zweiteiligen Patentanspruchs dienen könne.[55] Diese Forderung der Patentbehörden verleidet natürlich den Anmeldern das Bestreben, einteilige Ansprüche zu wählen, weil sie indirekt doch noch einen zweiteiligen Anspruch formulieren müssen. In einer Entscheidung vom 29.4.1997,[56] also drei Jahre nach dem Aufsatz von *Flad*, hat das BPatG noch eines draufgesetzt, denn zu dem einteiligen Anspruch heißt es in den Leitsätzen:

Nach § 35 i.V.m. PatentAnmVO § 5 ist der Anmelder gehalten, unabhängig von der gewählten Art der Anspruchsfassung den relevanten Stand der Technik so wiederzugeben, daß bei einem Vergleich mit der beanspruchten Lehre leicht erkennbar ist, welche Anspruchsmerkmale aus den zitierten Fundstellen oder genannten Entgegenhaltungen bereits bekannt sind.

Während es bei einer zweiteiligen Anspruchsfassung genügen kann, die zur Abfassung des Oberbegriffs herangezogene Druckschrift zu benennen, erfordert es die einteilige Anspruchsfassung, aus der sich eine Aufgliederung bekannter und neuer Merkmale nicht ergibt, die maßgeblichen Druckschriften in der Beschreibung inhaltlich zumindest insoweit wiederzugeben, als eine merkmalsmäßige Übereinstimmung mit dem Anmeldungsgegenstand vorliegt.

Der Anmelder ist jedoch nicht gehalten, den Stand der Technik von sich aus im Hinblick auf Hinweise oder Anregungen in Richtung des Anmeldungsgegenstands zu würdigen (Anschluß an 9. Senat, BPatG 20,111).

Ähnlich entschied schon 1986 das EPA,[57] wo es unter Punkt 4.6. heißt:

„Es ist hier zu erwähnen, daß die in Regel 29 (1) festgesetzte Form des Anspruchs es dem Leser ermöglichen soll, klar zu erkennen, welche für die Festlegung des beanspruchten Gegenstandes der Erfindung notwendigen Merkmale in Verbindung miteinander zum Stand der Technik gehören. Beim Nichtvorhandensein der zweiteiligen Form des Anspruchs muß dies klar genug aus den Angaben zum Stand der Technik, die gemäß Regel 27 (1) c) in der Beschreibung enthalten sein müssen, hervorgehen…"

In einer anderen Sache, die einen einteiligen Anspruch betraf, forderte das EPA unabhängig vom Anspruchstyp eine Angabe des am nächsten kommenden Standes der Technik in der Beschreibung, obgleich in Regel 27 nur vom Stand der Technik die Rede sei.[58] Die sich aus Regel 27 ergebende Ermessensfreiheit rechtfertige es nicht, daß der Anmelder oder Patentinhaber mit Stillschweigen über Dokumente hinweggehe, die entweder von Anfang an für das Verständnis der Erfindung wesentlich gewesen seien oder sich im nachhinein als wesentlich herausgestellt hätten. Eine Zuordnung einzelner Anspruchsmerkmale zu bestimmten Druckschriften fordert das EPA jedoch nicht.

---

55 GRUR 1994, S. 479, rechte Spalte.
56 PatGE 38, 17 ff.
57 T 170/84, ABl. EPA 1986, 404.
58 GRUR Int. 1999, S. 352-354.

Trotz der etwas uneinheitlich wirkenden Rechtsprechung des EPA und der deutschen Patentbehörden scheint doch festzustehen, daß das BPatG und das EPA die Hürden für den einteiligen Anspruch höher legen als beim zweiteiligen Anspruch. Es wird gefordert, daß beim einteiligen Patentanspruch der Stand der Technik in der Weise geschildert wird, daß die maßgeblichen Druckschriften in der Beschreibung inhaltlich zumindest insoweit wiedergegeben werden, als eine merkmalsmäßige Übereinstimmung mit dem Anmeldungsgegenstand vorliegt. Dies bedeutet, daß bei einem Anspruch mit beispielsweise acht Merkmalen aus der Beschreibung ersichtlich sein soll, welche dieser acht Merkmale aus welchen Druckschriften bekannt sind. Nicht anderes besagt der erste Leitsatz der BPatG-Entscheidung, wonach ersichtlich sein soll, welche Anspruchsmerkmale aus den zitierten Fundstellen bereits bekannt sind. Das Bundespatentgericht schließt sich damit der Auffassung von *Hermann*[59] an, der zehn Jahre zuvor bereits eine solche Zuordnung vorgeschlagen hatte,[60] ohne allerdings den Aufsatz von *Hermann* zu erwähnen. Die Möglichkeit, die einzelnen Merkmale eines Patentanspruchs bestimmten Entgegenhaltungen zuzuordnen, die für den einteiligen Anspruch gefordert wird, besteht indessen bei einem zweiteiligen Anspruch nicht. Wenn das Patentgericht meint, bei der einteiligen Anspruchsfassung ergebe sich eine Aufteilung bekannter und neuer Merkmale nicht, so impliziert dies, diese Aufteilung ergebe sich bei dem zweiteiligen Anspruch. Genau dies ist jedoch falsch. Der Oberbegriff eines zweiteiligen Anspruchs beschreibt zwar bekannte Merkmale, doch entstammen diese Merkmale alle einer einzigen Druckschrift. Dies schließt nicht aus, daß auch Merkmale des Kennzeichens bekannt sind, und zwar aus anderen Druckschriften, die nicht den Oberbegriff bilden. Einem zweiteiligen Anspruch ist folglich entgegen der Auffassung des Bundespatentgerichts ebenfalls nicht anzusehen, welche Merkmale bekannt und welche neu sind.

Die Forderungen des Bundespatentgerichts gehen auch eindeutig über die von ihm zitierte Regelung des § 5 PatentAnmVO hinaus, denn in dieser heißt es lediglich:

„(2) In der Beschreibung sind ferner anzugeben:

1 ...

2. der dem Anmelder bekannte Stand der Technik, der für das Verständnis der Erfindung und deren Schutzfähigkeit in Betracht kommen kann, unter Angabe der dem Anmelder bekannten Fundstelle"

Von einer Zuordnung einzelner Anspruchsmerkmale zu bestimmten Entgegenhaltungen ist dort nicht die Rede. Außerdem muß gar kein Stand der Technik angegeben werden, nämlich dann nicht, wenn dem Anmelder ein solcher nicht bekannt ist, obwohl er objektiv existiert.

Die überspitzten und nicht durch gesetzliche Vorschriften gedeckte Anforderungen an den einteiligen Anspruch des Bundespatentgerichts haben in der Praxis den Effekt, daß einteilige Ansprüche gemieden werden. Auf diese Weise wird der zweiteilige Anspruch perpetuiert.

---

59 Klaus O. Hermann: Die andere Fassung der Patentansprüche, Mitt. 1987, S. 8-10.
60 a.a.O., S.9, rechte Spalte, vorletzter Absatz.

1.2.4.1.1 Anforderungen an den Oberbegriff (Präambel) des zweiteiligen Anspruchs

Die heutige Fassung der zweigeteilten Patentansprüche ergibt sich aus den oben erwähnten gesetzlichen Regelungen und Prüfungsrichtlinien (Abschnitt II, 2.1). Hiernach sind in den Oberbegriff die durch den Stand der Technik bekannten Merkmale der Erfindung aufzunehmen. Ein sogenannter interner Stand der Technik, der nur dem Anmelder, nicht aber der Öffentlichkeit zugänglich ist, ist nicht zu berücksichtigen.[61] Dabei müssen die Merkmale des Oberbegriffs gemeinsam zum Stand der Technik gehören, denn im Oberbegriff kann nicht mosaikartig ein künstlicher Stand der Technik gebildet werden.[62] Nach *Schulte*[63] müssen die Merkmale des Oberbegriffs folgende Voraussetzungen erfüllen:

a) Die Merkmale müssen aus einer einzigen Entgegenhaltung bekannt sein, d.h. der Oberbegriff darf grundsätzlich nicht aus Merkmalen verschiedener Entgegenhaltungen gebildet werden, z.B. aus zwei unterschiedlichen schriftlichen Beschreibungen oder aus einer schriftlichen Beschreibung und zusätzlich aus den Merkmalen einer mündlichen Beschreibung oder einer offenkundigen Vorbenutzung. Ausnahmen sind denkbar, wenn

- die formal getrennten Entgegenhaltungen materiell als eine einheitliche Entgegenhaltung gewertet werden können, z.B. wenn eine Entgegenhaltung durch gezielte Verweisung zum Inhalt einer anderen Entgegenhaltung gemacht wird oder
- nicht ausdrücklich erwähnte Merkmale für den Fachmann durch die Entgegenhaltung implizit mit offenbart sind oder sich auf Grund seines allgemeinen Fachwissens ergeben.

b) Die Relation der Merkmale zueinander muß offenbart sein, und zwar durch die einzelne Entgegenhaltung aus der Sicht des Fachmanns. Eine Kombination oder eine bestimmte Auswahl von Merkmalen aus einer Entgegenhaltung (z.B. aus verschiedenen Ausführungsbeispielen) darf nur dann in den Oberbegriff aufgenommen werden, wenn gerade diese Kombination[64] oder diese Auswahl durch die Entgegenhaltung selbst offenbart ist.

Die Merkmale des Oberbegriffs müssen auch Merkmale der Erfindung sein. Der Oberbegriff dient als Teil des Patentanspruchs dazu, die beanspruchte Erfindung zu definieren und nicht etwa einen nächstliegenden oder einen besonders geeigneten Stand der Technik zu zitieren. Der Oberbegriff darf daher keine Merkmale enthalten, die für Definition der Erfindung, für die Schutz begehrt wird, nicht notwendig sind. Daraus folgt, daß eine Entgegenhaltung zur Bildung des Oberbegriffs dann nicht herangezogen werden kann, wenn sie teils Merkmal der Erfindung und teils weiterer Merkmale enthält, die für die Festlegung des Gegenstands der Entgegenhaltung notwendig, für die Definition der beanspruchten Definition aber nicht notwendig sind. Gegen den Willen des Anmelders kann daher nicht verlangt werden, daß in den Oberbegriff eine Entgegenhaltung aufgenommen wird, die mit der beanspruchten Erfindung zwar Berührungspunkte aufweise, die ihr aber Merkmale hinzufügt, auf die es nach dem Schutzbegehren nicht ankomme.[65] Die Auswahl der Entgegenhaltung für den Oberbegriff muß nach objektiven Kriterien erfolgen. Gibt es mehrere Entgegenhaltungen, die diese Vorausset-

---

61 T 106/81, ABl. EPA 1982, 183.
62 T 13/84; ABl. 1986, 253.
63 § 35 Rdn, 50c).
64 T 4/83, ABl. EPA 1983, 498.
65 BGH GRUR 1986, 237 – Hüftgelenkprothese.

zungen erfüllen, so ist die zu wählen, die objektiv mit den Merkmalen des Schutzbegehrens die größte Gemeinsamkeit hat .

Schulte bezieht sich bei seinen Ausführungen ausschließlich auf Entscheidungen des Europäischen Patentamts und auf die Hüftgelenkprothesen-Entscheidung des BGH. Erwähnenswert ist in diesem Zusammenhang aber auch die wesentlich frühere Entscheidung des Bundespatentgerichts vom 26. August 1969,[66] bei der es sich um eine der ausführlichsten Entscheidungen des BPatG überhaupt handelt und sich nahezu ausschließlich mit der Bildung des Oberbegriffs beschäftigt. Die Leitsätze dieser bemerkenswerten Entscheidung sollen deshalb im folgenden wiedergegeben werden:

„*1. Der Oberbegriff des Patentanspruchs umreißt auf dem Gebiet des Anmeldungsgegenstandes in aller Regel denjenigen Bestand an Merkmalen, die im Zusammenhang bereits bekannt gewesen sind oder bereits zu einem Vorpatent gehören. Für die Bildung des Oberbegriffs bleiben Druckschriften und Vorpatente außer Betracht, die nicht auf dem Gebiet des Anmeldungsgegenstands liegen und damit gattungsfremd sind.*

Bei der Auswahl von Entgegenhaltungen ist diejenige zur Bildung des Oberbegriffs auszuwählen, die den im Anspruch enthaltenen Merkmalkomplex im Hinblick auf die ursprünglich gestellte Aufgabe und deren Lösung am weitesten abdeckt, also den Oberbegriff so speziell wie möglich gestaltet und Aufgabe und Lösung am meisten einengt.

2. Druckschriften oder Vorpatente, die nicht das Gebiet des Anmeldungsgegenstands betreffen, können zur Bildung des Oberbegriffs auch dann nicht herangezogen werden, wenn sie einen noch weiterreichenden Bestand an mit dem Anmeldungs gegenstand übereinstimmenden Merkmalen aufweisen.

3. Von mehreren bekannten oder vorpatentierten Gegenständen kann in aller Regel nur ein einziger den Oberbegriff bilden."

Das Bundespatentgericht versucht in seiner Begründung – weit ausholend und sich auf *Hartig* und *Aristoteles* beziehend – gewollt oder ungewollt, eine Symbiose zwischen dem Gattungs-Oberbegriff aus den Anfangsjahren des deutschen Patenrechts und dem Stand-der-Technik-Oberbegriff der späteren Jahre herzustellen. Auf einen kurzen Nenner gebracht, beinhaltet die Entscheidung die Aussage: Stand der Technik im Oberbegriff ja, aber nur, wenn er zur Gattung im Sinne des „genus proximum" gehört. Dies entspricht im wesentlichen Regel 29 EPÜ (1) a), wo es heißt (siehe oben Punkt II, 2.2), der Patentanspruch müsse die Bezeichnung des Gegenstands der Erfindung und die technischen Merkmale enthalten, die zur Festlegung des beanspruchten Gegenstands der Erfindung notwendig sind, jedoch in Verbindung miteinander zum Stand der Technik gehören.

Die Aussage der obigen Entscheidung des BPatG, bei der Auswahl von Entgegenhaltungen, die den Oberbegriff bilden sollen, müsse von der nächstkommenden Druckschrift ausgegangen werden, wurde später durch die bereits erwähnte Hüftgelenkprothesen-Entscheidung des BGH[67] korrigiert. Der BGH führt hierzu aus:

---

66 BPatG 11, 183-199.
67 GRUR 1986, 237.

"Die Auffassung des BPatG, zur Bildung des Oberbegriffs eines Patentanspruchs sei ein bestimmter Stand der Technik, in der Regel die „nächstliegende" Voreröffentlichung, heranzuziehen, verkennt, daß der Anmelder die Erteilung des Patents grundsätzlich mit dem Inhalt verlangen kann, der der gegebenen Lehre zum technischen Handeln entspricht (BGHZ 54,181,184 – Fungizid). Daraus folgt das Recht des Anmelders, durch die Fassung der Patentansprüche in der Anmeldung zu bestimmen, für welche Lehre zum technischen Handeln er um Patentschutz nachsucht..." (GRUR 1986, 237 rechte Spalte, 2b).

In der Praxis hat sich diese BGH-Rechtsprechung nicht auf breiter Front durchsetzen können, denn nach wie vor wird von deutschen wie von europäischen Prüfern verlangt, im Oberbegriff von der am nächsten kommenden Druckschrift auszugehen.

Die offensichtlich sehr schwierige Bildung des Oberbegriffs eines zweiteiligen Anspruchs stellt einen wesentlichen Nachteil dieser Anspruchsart dar. Bei der Frage, welche der entgegengehaltenen Druckschriften die „gattungsnächste" ist, kann es zu zeitaufwendigen und unergiebigen Diskussionen zwischen der Prüfungsstelle und dem Anmelder kommen.[68]

Der „klassische" Oberbegriff, d.h. derjenige, der nur die Gattung, aber nicht den am nächsten liegenden Stand der Technik definiert, eröffnet nach Ansicht einiger Autoren bisweilen die Möglichkeit, den gefährlichsten Stand der Technik bereits im Oberbegriff zu „berücksichtige" und auf diese Weise den Prüfer auf eine falsche Spur zu setzen. *Bauer*[69] führt hierzu, unter Bezugnahme auf *Gudel*[70], aus, daß man bei der Abfassung einer Anmeldung mit der Wahl der Gattung eine vorzügliche Möglichkeit hätte, sehr nahekommenden Stand der Technik auszuschalten.[71]

Das Bestimmen des am nächsten kommenden Standes der Technik nach modernem Recht ist, wie bereits erwähnt, oft nicht ganz einfach. Sind mehrere Entgegenhaltungen in Betracht zu ziehen, wird nicht selten streitig, welche von ihnen den nächstliegenden Stand der Technik darstellt. Hierbei wird, wie *Papke*[72] ausführt, gelegentlich sogar mit scheinbar verkehrter Front gekämpft. Während der Anmelder unbedingt von einem noch näheren, also prima vista ihm abträglichen Stand der Technik ausgehen will[73], hält der Einsprechende zuweilen eine weiter abliegende Druckschrift für den einzig richtigen Bezugspunkt.[74] Solche Paradoxone erklären sich regelmäßig durch divergierende Gewichtungen und Beleuchtungen einzelner Aufgabenteile und/oder Lösungsmerkmale[75] oder – anders ausgedrückt – durch eine divergierende Beurteilung der richtigen Gattung. Eine verbreitete Methode zur Bestimmung des am nächsten kommenden Standes der Technik besteht darin, nach derjenigen Offenbarung zu suchen, deren Merkmale die größte Übereinstimmung mit den Merkmalen im Patentanspruch aufweisen, der die Erfindung definiert. Diejenige Druckschrift, welche die meisten der in einem Anspruch enthaltenden Merkmale aufweist, soll den nächstliegenden Stand der Technik darstellen.[76] Allerdings gibt es Fälle, bei denen ein als am nächsten kommender Stand der

---

68 Flad, GRUR 1994, S. 479, Punkt c).
69 Robert Bauer: Nochmals zum Thema Hartig'sche Anspruchsfassung, GRUR 1972, S. 508.
70 Mitt. 1972, S. 28.
71 a.a.O., S. 509, linke Spalte.
72 Horst Papke: „Abgrenzung" als Rechtsbegriff, GRUR 1984, S. 855-858.
73 Vgl. BPatGE 23, S. 2-4.
74 BPatGE 11, 183, 184, 194 f.
75 Papke, a.a.O., S. 857, linke Spalte.
76 T 318/87.

Technik ermittelt wurde, der bei näherer Betrachtung wenig mit der Erfindung zu tun hat.[77] In solchen Fällen besteht nur eine formale, mehr zufällige Ähnlichkeit. Dies hatte bereits die oben erwähnte Entscheidung des BPatG[78] von 1969 erkannt.

1.2.4.1.2 Anforderungen an das Kennzeichen des zweiteiligen Anspruchs

Im kennzeichnenden Teil eines zweiteiligen Anspruchs, der mit den Worten „dadurch gekennzeichnet, daß" oder „gekennzeichnet durch" oder einer sinngemäße Wendung – z.B. „enthaltend" – eingeleitet werden soll, sind die übrigen Merkmale der Erfindung anzugeben, für die in Verbindung mit dem Oberbegriff Schutz begehrt wird.[79] Bei diesen „übrigen Merkmalen" handelt es sich um solche, die gegenüber den bekannten Merkmalen des Oberbegriffs neu sind. Damit soll ermöglicht werden, den Kern der Erfindung im kennzeichnenden Teil des Anspruchs zusammenzufassen, damit schon aus dieser Gliederung die Tragweite des Schutzbegehrens erkannt werden kann.[80] Fälschlicherweise wird nicht selten im Kennzeichen eines zweiteiligen Patentanspruchs die Erfindungsdefinition schlechthin gesehen. Es gibt zahlreiche deutsche und europäische Patentanmeldungen und Patente, bei denen in der Beschreibung die Kurzform der Erfindung angegeben ist. Dort heißt es dann im Anschluß an die Aufgabenformulierung: diese Aufgabe wird durch die kennzeichnenden Merkmale des Anspruchs 1 gelöst. Hierdurch wird der Eindruck erweckt, als stellten nur die kennzeichnenden Merkmale die Erfindung dar, welche die technische Aufgabe löst. Dies ist jedoch falsch, weil – wie mehrfach erwähnt – die Erfindung durch die Gesamtheit aller Merkmale des Anspruchs definiert wird. Der Oberbegriff, auch wenn seine Elemente zum Stand der Technik gehören, ist Bestandteil der Erfindung.

In US-amerikanischen Ansprüchen gibt es ebenfalls ein „Kennzeichen", das „body" genannt wird. Da die Präambel in amerikanischen Ansprüchen – außer bei Ansprüchen vom Jepson-Typ – nicht den Stand der Technik wiedergibt, sondern eher nur einen einführenden Namen, bezeichnen die darauffolgenden Anspruchsmerkmale die Erfindung[81] Ein „body" enthält:

> „a. a recitation of the „elements" of parts of the combination; and

> b. a description of how the elements cooperate with one another structurally, physically, or functionally, to make up the operative combination recited in the preamble. Where no mode of cooperation among any element and any of the other elements is described, the claim is not a combination, is at best to an aggregation, and is improper in form"[82]

Als Ratschlag für die Formulierung des Kennzeichens gibt *Faber* dem Patentanmelder auf den Weg:

> „The body of the claim lists the main elements of the combination (parts, steps, chemicals, etc.) and tells how they work together or are related to each other. Most claims are directed to combinations of two or more elements. Stick to tech-

---

77 T 292/85 ABl. EPA 275.
78 BPatGE 11, 183, Leitsatz Nr. 2.
79 § 4 Abs. 1 Satz 1 Nr. 2 PatAnmV
80 BGH GRUR 1986, 237,238 – Hüftgelenkprothese.
81 Alfred Kumm: Die Formen des Patentanspruchs, GRUR Ausl. 1966, S. 75, linke Spalte.
82 Robert C. Faber: Landis on Mechanics of Patent Claim Drafting, a.a.O, § 9, S. II-12.

nical description, and eschew unnecessary, redundant, surplus, and any laudatory statements. Tell what the invention is, not how good it is. The claim must be readily understandable, and clear as to what it covers."[83]

Fraglich erscheint indessen, ob das Zusammenwirken der einzelnen Elemente wirklich im Patentanspruch angegeben werden muß. Es gibt eine Reihe deutscher, amerikanischer und europäischer Patentansprüche, in denen sich keine Kooperationshinweise bezüglich der Elemente finden. Diese Patentansprüche haben einen besonders weiten Schutzbereich. Einige der oben wiedergegebenen Transistor-Patentansprüche zählen hierzu.

Weitere Anforderungen an das Kennzeichen wurden bereits unter Punkt II. 2 angegeben.

1.2.4.1.3 Der ungegliederte zweiteilige Anspruch

Der ungegliederte zweiteilige Anspruch kann als die noch heute im deutschen und europäischen Patenterteilungsverfahren herrschende Anspruchsfassung bezeichnet werden. Zwischen älteren und jüngeren Fassungen bestehen allerdings Unterschiede hinsichtlich der Bedeutung des Oberbegriffs. Während ältere Fassungen im Oberbegriff oft die bloße Gattung im *Hartig*'schen Sinn wiedergeben, ohne den Stand der Technik zu berücksichtigen, geben jüngere Fassungen in der Regel den am nächsten kommenden Stand der Technik wieder.

1.2.4.1.3.1 Nochmals: Das Beispiel der Skistiefel-Auskleidung

Der oben (Punkt IV, 1.2.1.2.3) bereits wiedergegebene, vom BGH in Einzelelemente untergliederte Anspruch lautete in der vom Patentinhaber im Nichtigkeitsverfahren verfolgten ungegliederten Fassung:

Skistiefel mit einer Polsterauskleidung aus geschäumtem, offenzelligem Material in Form einer den Fuß tragenden Sohle und von aus der Sohlenebene sich nach oben erstreckenden, den Fuß zumindest teilweise umschließenden Seitenwänden, dadurch gekennzeichnet, daß die Polsterauskleidung (2) ein Formteil ist, das auswechselbar in die Stiefelhöhlung (8) eingesteckt ist, daß die äußeren Konturen der Polsterauskleidung (2) der Stiefelhöhlung (8) genau angepaßt sind und daß das Material der Polsterauskleidung aus steifem, in nur geringem Maße elastisch verformbarem Schaumstoff besteht, der bei Belastung durch den Stiefelträger bis zu 30% seiner Schichtstärke nachgibt.

Die ursprüngliche Fassung des Anspruchs 1 des Patents 1 685 776 war eine etwas andere; sie bezog sich noch auf ein „Schuhwerk, insbesondere Skistiefel ...". Außerdem gab es ein Zusatzpatent 1 955 615, dessen Oberbegriff vom kompletten Anspruch 1 des Hauptanspruchs des Patents 1 685 776 gebildet wurde.

Bei dem oben wiedergegebenen (ungegliederten zweiteiligen) Anspruch, der im Nichtigkeitsverfahren geltend gemacht wurde, handelt es sich um einen Anspruch mit „modernem" Oberbegriff. Zweifellos liest sich dieser Anspruch nicht ganz so einfach wie sein zuvor wiedergegebenes Pendant, das aus mehreren Einzelmerkmalen gebildet ist, wobei diese Einzelmerkmale allerdings nicht erkennen lassen, ob sie dem Stand der Technik entnehmbar sind oder nicht. Für die Beurteilung, ob eine Patentverletzung vor-

---

83 Robert C. Faber, a.a.O., § 10, S. II-13.

liegt oder nicht, ist es indessen unerheblich, ob man bereits einem Patentanspruch ansehen kann, daß es zum Zeitpunkt der Patentanmeldung bekannt war, Polsterauskleidungen aus geschäumtem, offenzelligen Materialien herzustellen und diese als den Fuß tragende Sohlen auszubilden. Das Hauptziel eines Patentanspruchs, der Allgemeinheit den abgesteckten „claim" kundzutun, wird wohl besser mit einem gegliederten und einfach zu lesenden Anspruch erreicht, als mit dem vorstehend wiedergegebenen „Satzmonstrum".

1.2.4.1.3.2 Das Beispiel „Triode"

Das deutsche Patent 179 807 mit dem Titel „Kathodenstrahlrelais", das am 4. März 1904 von v. Lieben aus Wien angemeldet wurde, enthielt einen einzigen Anspruch, der einen Oberbegriff und ein nach „dadurch gekennzeichnet" kommendes Kennzeichen aufwies. Bevor auf diesen Anspruch näher eingegangen wird, soll etwas über den Hintergrund der beanspruchten Erfindung ausgeführt werden.

Die Triode – das v. Lieben'sche Kathodenstrahlrelais stellt eine Triode dar – ist funktionsmäßig die Vorgängerin des bereits oben ausführlich diskutierten Transistors. Ihre Bedeutung war zu ihrer Zeit nicht geringer als die des ca. 40 Jahre später erfundenen Transistors. In seiner 1921 verfaßten „Historischen Übersicht" schrieb *Barkhausen*, Verfasser eines bekannten Lehrbuchs der Elektronenröhren und Professor und Direktor des Instituts für Schwachstromtechnik an der Technischen Hochschule Dresden:[84]

> *„Eine gewaltige Entwicklung technischer wie wirtschaftlicher Art hat auf dem Gebiete der Nachrichtenübermittlung eingesetzt. Das lang umworbene Problem, das Telephonrelais, die formgetreue Verstärkung schwacher Wechselströme, ist gelöst, durch die Elektronenröhre in einer Weise gelöst, die selbst die kühnsten Hoffnungen erfüllt hat. Die allerschwächsten Wechselströme, deren Existenz bisher auf keine Weise hätte nachgewiesen werden können, lassen sich in beliebiger Stärke wiedergeben, und es sind mit Hilfe dieses „elektrischen Mikroskops" schon eine ganze Reihe von Erscheinungen entdeckt worden, die sich bisher jeder Beobachtung entzogen hatten ... Jeder Verstärker von Wechselströmen läßt sich auch als Erzeuger von Wechselströmen verwenden, wenn man einen Teil des verstärkten Stromes dem Verstärker als „unverstärkter Strom" wieder zuführt, eine Rückkopplung anbringt, wie man sagt. Der Wechselstrom unterhält sich dann von selbst dauernd weiter und erregt sich auch beim Einschalten des Apparates sofort ganz von selbst, ebenso wie eine Dynamomaschine sich selbst erregt, wenn ein Teil des von ihr erzeugten Stromes zur Speisung der Erregerwicklung verwandt wird ..."*

Barkhausen gebraucht hier noch den alten Ausdruck „Telephonrelais" für die Triode oder Dreielektrodenröhre bzw. das Kathodenstrahlrelais.

1.2.4.1.3.2.1 Das Kathodenstrahlrelais nach v. Lieben

Auch in dem einzigen Anspruch des von Lieben'schen Patents wird der Begriff „Relais" verwendet, allerdings in Verbindung mit dem Begriff „Kathoden". Dieser Anspruch, der zweiteilig aufgebaut ist, lautet wie folgt:

---

84 H. Barkhausen: Lehrbuch der Elektronenröhren, 1. Band, Allgemeine Grundlagen, 10. Auflage, Leipzig 1962, S. 2-5.

1 Hauptanspruch, unabhängiger Patentanspruch und Nebenanspruch

"Kathodenstrahlenrelais für Stromwellen bis zu den höchsten Frequenzen, dadurch gekennzeichnet, daß langsame Kathodenstrahlen, in bekannter Weise von einer mit glühendem Metalloxid bedeckten Hohlspiegelkathode ausgehend, durch die zu verstärkenden Stromwellen derart beeinflußt werden, daß sie in ihrem Stromkreise Wellen gleicher Frequenz, aber höherer Amplitude hervorrufen."

Die einzige Figur zu dem v. Lieben'schen Patent sieht wie folgt aus (s. Abb. 7):

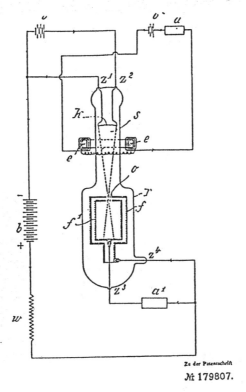

Abb. 7

Die entscheidende Passage in der Patentbeschreibung zu dieser Figur lautet (Spalte 3, Zeilen 4-18):

"Wird nun das Kathodenstrahlbündel s durch die kleinen Schwankungen, hervorgerufen durch den Apparat a (Mikrophon, Selenzelle), des der Stromquelle b_2 zugehörigen Stromkreises magnetisch (beispielsweise durch die Elektromagnete e) oder elektrostatisch beeinflußt, so verändert, den Schwankungen entsprechend, der Brennpunkt seine Lage zu Öffnung des Faradayschen Zylinders f. Diese Bewegung des immerhin nicht scharfen Brennpunktes bewirken, daß die Kathodenstrahlen mehr oder weniger in den inneren Zylinder f_1 eindringen und hierdurch den Ablenkungen entsprechende Stromschwankungen im Apparat a_1 hervorrufen."

Im Grunde könnte der oben wiedergegebene Anspruch auch heute noch in dieser Form beim deutschen oder europäischen Patentamt angemeldet werden, obgleich er in mancher Hinsicht auf die Bedenken eines Patentprüfers stoßen würde. Das typische Merkmal der Zweiteilung, die Phrase „dadurch gekennzeichnet", ist in diesem Anspruch jedenfalls bereits enthalten, wobei allerdings sofort erkennbar ist, daß es sich bei dem Oberbegriff um einen Gattungsbegriff im Hartig'schen Sinn handelt, der keinen Stand der Technik beschreibt. Der Stand der Technik ist vielmehr – wenigstens teilweise – im Kennzeichen wiedergegeben, wo er mit „in bekannter Weise" angedeutet ist. Würde man diesen Stand nach heutiger Gepflogenheit in den Oberbegriff nehmen, so lautete der Anspruch wie folgt.

„Kathodenstrahlrelais für Stromwellen bis zu den höchsten Frequenzen, wobei langsame Kathodenstrahlen von einer mit glühendem Metalloxid bedeckten Hohlspiegelkathode ausgehen, dadurch gekennzeichnet, daß die zu verstärkenden Stromwellen derart beeinflußt werden, daß sie in ihrem Stromkreise Wellen gleicher Frequenz, aber höherer Amplitude hervorrufen."

1.2.4.1.3.2.2 Die Verstärkerröhre nach Lee de Forest
Wie bei vielen epochemachenden Erfindungen hat es auch um den Gegenstand des obigen Patents erregte Prioritäts-Diskussionen gegeben. In der Literatur wird Robert von Lieben keineswegs als der unzweifelhafte Erfinder der Verstärkerröhre bezeichnet, sondern er muß sich diesen Titel mindestens mit dem amerikanischen Elektroingenieur Lee de Forest teilen. Dieser hatte zwar erst am 25. Oktober 1906 sein Patent angemeldet, aber angeblich bereits den Weg beschritten, der später tatsächlich begangen wurde, weil er in seinem Patent angegeben hatte, daß eine die Röhre umgebende Folie auch in Form einer Steuerelektrode im Innern der Röhre untergebracht werden könnte[85]

Bei einer näheren Betrachtung des de Forest-Patents scheint sich dies nicht ohne weiteres zu bestätigen. Die Ansprüche 1 und 4 des insgesamt 6 unabhängige Ansprüche und sieben Figuren aufweisenden USA-Patents Nr. 841 387 von Lee de Forest lauteten:

1. In an device for amplifying electrical currents, an evacuated vessel enclosing a sensitive conducting gaseous medium maintained in a condition of molecular activity, two electrodes sealed within said vessel, a local receiving-circuit associated with said electrodes, and means whereby the separation of said electrodes may be varied by the currents to be amplified.

4. In a device for amplifying electrical currents, an evacuated vessel, three electrodes sealed within said vessel, means for heating one of said electrodes, a local receiving-circuit including two of said electrodes, and means for passing the current to be amplified between one of the electrodes which is included in the receiving-circuit and the third electrode.

Der – einteilige und ungegliederte – Anspruch 1 erscheint insofern merkwürdig, als er von einer Variation der Trennung der Elektroden durch zu verstärkende Ströme spricht. Seine Bedeutung wird jedoch klarer, wenn man sich die Figuren 1 und 2 des USA-Patents 841 387 betrachtet. Diese sind hier in Abb. 8 dargestellt:

---

85 Roland Gööck, Die großen Erfindungen, Radio, Fernsehen, Computer, 1989, S. 60/61.

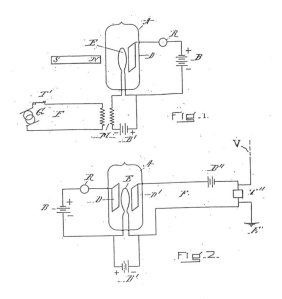

Abb. 8

Der Schaltkreis B R D E stellt hierbei den örtlichen Empfangskreis dar. Der Kreis F ist ein Strompfad, welcher die Ströme führt, die verstärkt werden sollen. Die Elektrode E, die aus Platin, Tantal, Kohlenstoff oder einem anderen geeigneten Material bestehen kann, wird aufheizt und vorzugsweise durch die Batterie B' glühend gehalten. Die Elektroden D und D', die aus Platin bestehen können, werden sehr nahe an die Elektrode E gebracht, und wenn die Elektrode D' vorgesehen ist, ist ihr Abstand von der Elektrode E kleiner als derjenige der Elektrode D hiervon. Mit N S ist ein Magnet bezeichnet, der gegenüber dem Gehäuse A vorgesehen ist. Die zu verstärkende Ströme können dem Kreis aufgedrückt werden, der die aufgeheizte Elektrode bzw. Windung E enthält, beispielsweise mittels des Transformators M. Das Magnetfeld, welches durch diese Ströme entsteht, wirken auf das Feld des Magneten ein, wodurch eine kleine Variation in der Trennung zwischen den Elektroden D E entsteht. Die kleinste Variation in der Trennung der heißen und der kalten Elektroden erzeugt eine große und überproportional größere Variation im Fluß zwischen diesen Elektroden, insbesondere dann, wenn diese dicht beieinander angeordnet sind, und eine solche Flußveränderung kann durch eine signalanzeigende Vorrichtung R angezeigt werden (Seite 1, Zeile 32 bis Zeile 61). Bei der Fig.2 kann der zu verstärkende Strom dem Medium zwischen den Elektroden D und E aufgedrückt werden und dabei – durch elektrostatische Anziehung – die Trennung zwischen den Elektroden verändert. In diesem Fall kann D' ein Streifen aus Platin-Folie sein, und die kleinste Annäherung dieser an das Filament bewirkt eine Abkühlung des gasförmigen Mediums, wodurch sich der Strom in der lokalen Schaltung verändert, oder wenn D' fest ist, bewirkt eine Zunahme der elektrostatischen Anziehung zwischen D' und E, daß E von D zurückzuweicht, wodurch der Strom in der lokalen Schaltung verändert wird (Seite 1, Zeilen 63-75).

Von dem später so bedeutsamen Steuergitter, das die Elektronen oder „Kathodenstrahlen" durch elektrostatische Kräfte steuert, ist in dieser Patentschrift ebensowenig wie bei v. Lieben die Rede. Dies gilt auch noch für das am 29. Januar 1907 von Lee de Forest angemeldeten USA-Patent 879 532, in dem er einen Oszillator beschreibt. Bei v.

Lieben tauchte ein solches Steuergitter erstmals in seiner deutschen Patentschrift 249 142 von 1910 auf. Auch bei Lee de Forest wurde das Gitter erst später erwähnt. Hierauf soll jedoch hier nicht näher eingegangen werden.

Interessant ist, daß in dem oben wiedergegebenen Patentanspruch des v. Lieben Patents Nr. 179 807 die Eigenschaften eines Gitters bereits beschrieben sind, ohne daß der Erfinder von Lieben selbst an ein Gitter gedacht hatte. Die entscheidende Passage des Anspruchs lautet:

> ... *daß langsame Kathodenstrahlen ...durch die zu verstärkenden Stromwellen derart beeinflußt werden, daß sie in ihrem Stromkreise Wellen gleicher Frequenz, aber höherer Amplitude hervorrufen.*

Nach heutiger Terminologie würde ein solcher Anspruch als „aufgabenhaft" bezeichnet, weil keine konkrete Lösung für die Beeinflussung angegeben wird. Die Erfindung wird vom Ergebnis her definiert und im übrigen offengelassen, was unter „derart" verstanden wird. Hätte von Lieben in der Beschreibung keine nachvollziehbare Lösung angegeben, wäre seine Erfindung nicht hinreichend offenbart gewesen. In einer Figurenbeschreibung hatte von Lieben indessen erläutert, daß das Kathodenstrahlbündel magnetisch (beispielsweise durch Elektromagnete) oder elektrostatisch beeinflußt würde.[86] Nicht anderes als eine elektrostatische Beeinflussung stellt aber die Steuerung durch ein Gitter dar. Es ist somit unzweifelhaft, daß das von-Lieben-Patent die Funktionsweise des Steuergitters mitumfaßt. Spätere Patente, welche das Steuergitter erwähnen, wären somit von dem v. Lieben-Patent abhängig.

Überflüssig erscheint aus heutiger Sicht die Phrase des obigen Patentanspruch „in bekannter Weise von einer mit glühendem Metalloxyd bedeckten Hohlspiegelkathode ausgehend", weil es nicht darauf ankommt, auf welche Weise die langsamen Kathodenstrahlen – bei denen es sich um Elektronen handelt – produziert werden. Die sehr konkrete Angabe der Kathodenstrahl-Herstellung steht in einem merkwürdigen Mißverhältnis zu der aufgabenhaften Angabe der Kathodenstrahl-Steuerung.

1.2.4.1.3.3 Abgrenzungsprobleme

Bei dem Anspruch 1 des amerikanischen Lee-de-Forest-Patents Nr. 841 387 handelt es sich um einen klassischen einteiligen und ungegliederten Anspruch, der nicht erkennen läßt, was damals bereits zum Stand der Technik gehörte und was neu war. Eventuell bekannte Merkmale des Anspruchs 1 lassen sich auch nicht durch ein Studium der gesamten Patentschrift ermitteln, da in dieser kein Stand der Technik angegeben ist. Wer folglich wissen möchte, worin die eigentliche Neuerung des Lee-de-Forest-Patents 841 387 liegt, muß eine Privatrecherche durchführen, bei der er etwa auf die USA-Patentschrift Nr. 803 684 stößt, die am 19. April 1905 von John Ambrose *Fleming*, unter dem Titel „Instrument for converting alternating electric currents into continuous currents" angemeldet hatte. Eine entsprechende britische Patentanmeldung hatte er bereits am 16. November 1904 getätigt, die später als britisches Patent 24850 ausgegeben wurde. Zwar betraf diese Patentanmeldung „nur" eine Gleichrichterdiode, die noch nicht zur Verstärkung fähig war, doch beschrieb sie bereits „an evacuated vessel inclosing a sensitive conducting gaseous medium maintained in a condition of molecular activity, two

---

86 Spalte 3, Zeilen 4-10 der Patentschrift Nr. 179 807.

electrodes sealed within said vessel ...". Die beiden Elektroden werden hierbei durch einen Kohlefaden bzw. durch einen diesen umgebenden Aluminiumzylinder[87] realisiert.

Nach der heutzutage beim zweiteiligen Anspruch üblichen Abgrenzungsstrategie müßten die oben erwähnten Merkmale, die das *Fleming-* und das *Lee-De-Forest*-Patent gemeinsam haben, in den Oberbegriff des jüngeren Patents gebracht werden. Damit zeigte sich aber auch gleichzeitig ein Nachteil des Abgrenzungsverfahrens, denn während *Fleming* eigentlich eine Gleichrichterdiode vorschlägt, hat *Lee De Forest* eine Verstärker-Triode im Sinn.

Indem die Diodenmerkmale im Oberbegriff des Triodenanspruchs erwähnt werden müßten, würde eine eigentlich nicht wesentliche Gemeinsamkeit zwischen Diode und Triode hergestellt. Während Lee de Forest in seinem Patentanspruch sofort auf den Punkt kommt und von einem „device for amplifying electrical currents" spricht, müßte ein moderner Anspruch, der beispielsweise von dem *Fleming-*Patent ausgeht, den kompletten Wortlaut des Anspruchs 1 dieses Patents 803 694 in den Oberbegriff nehmen, denn dieser Anspruch 1 (von insgesamt 37 Ansprüchen) lautet:

> *„The combination of a vacuous vessel, two conductors adjacent to but not touching each other in the vessel, means for heating one of the conductors, and a circuit outside the vessel connecting the two conductors."*

Es ist ersichtlich, daß alle Merkmale des vorstehend erwähnten Anspruchs auch durch die Lee-de Forest-Triode erfüllt werden. Trotzdem gehört die *Fleming*'sche Erfindung einer Gleichrichterröhre eigentlich nicht zur Gattung der Verstärkerröhre, die Lee-de-Forest anstrebte. Entsprechendes gilt für den Patentanspruch im v. Lieben-Patent. Auch dieser Patentanspruch könnte in entsprechender Weise gegen das Fleming-Patent „abgegrenzt" werden, wodurch zunächst den Eindruck einer Diodenbeschreibung erwecken würde.

Allerdings könnte man den v.-Lieben'schen Anspruch auch noch in anderer Weise „abgrenzen", denn aus der Beschreibung der deutschen Patentschrift 179 807 und aus dem Anspruch 1 selbst ergibt sich, daß Hohlspiegelkathoden bereits bekannt waren. Ein Anspruch wie

> *Vorrichtung mit einer mit glühendem Metalloxyd bedeckten Hohlspiegelkathode, dadurch gekennzeichnet, daß die von Hohlspiegelkathode ausgehenden Kathodenstrahlen durch die zu verstärkenden Stromwellen derart beeinflußt werden, daß sie in ihrem Stromkreise Wellen gleicher Frequenz, aber höherer Amplitude hervorrufen.*

würde demgemäß durchaus modernen Abgrenzungsanforderungen genügen, aber vom Oberbegriff her nicht die richtige Gattung treffen. Der Vorteil eines solchen Anspruchs bestünde darin, daß im Oberbegriff nur das steht, was wirklich durch den Stand der Technik bekannt ist. Der Original-Anspruch erweckt nämlich in moderner Lesart den Eindruck, als ob zu v. Liebens' Zeiten bereits „Kathodenstrahlrelais für Stromwellen bis zu den höchsten Frequenzen" bekannt gewesen seien, was aber nicht der Fall war.

Damit zeigt sich jedoch auch ein Problem des nur von der „Gattung" ausgehenden Oberbegriffs, das darin besteht, daß diese Gattung bisweilen erst gebildet werden muß

---

[87] US-PS 803 684, Seite 1, Zeilen 84-90.

und nicht schon besteht. Die Tatsache, daß ein vom Stand der Technik unabhängiger Gattungsbegriff gebildet wird, bedeutet noch keineswegs, daß es den Gegenstand des Gattungsbegriffs wirklich gibt. Beispielsweise lassen sich leicht Gattungen folgender Art konstruieren:

a) Vorrichtung zur Beseitigung von Nuklearstrahlungen jeder Art ...
b) Verfahren zur 100%-igen Eliminierung von Krebszellen innerhalb eines Verbands gesunder Zellen ...
c) Einrichtung zum Erkennen von Erdströmen ...

Wie jedermann weiß, gibt es solche Vorrichtungen und Verfahren nicht, denn sonst wäre das Problem der Endlagerung von Atommüll gelöst, der Krebs besiegt und eine bisher unbekannte Stromart entdeckt.

Dem Irrtum, daß hinter jedem technischen Begriff auch Realitäten stünden, unterliegen bisweilen auch die Prüfer der Patentämter. So hatte ein Prüfer des deutschen Patentamts in einem Bescheid vom 8. Januar 1981 in Sachen P 29 46 936.1 „Arbeitsverfahren für Verbrennungsmotoren ..." als zweite Entgegenhaltung „M. Peter: Der Fahrzeug-Dieselmotor (1943), S. 424" und als dritte Entgegenhaltung „IPC II, Sektion F, 1974, S. 22" zitiert.[88] In dem besagten Buch und in der besagten Internationalen Patentklassifikation waren jedoch nur Stichwörter angegeben. Im Inhaltsverzeichnung des Buchs von Peter fand sich der Begriff „Glühkopfmotor" mit dem Hinweis auf die Seiten 10,19,410, und im IPC war lediglich vermerkt: „Brennkraftmaschine mit anderen Zündungsarten ... mit Glühkopf". In der gegen die Entscheidung des Patentamts erhobenen Beschwerde hatte das Bundespatentgericht in einem nicht veröffentlichten Beschluß vom 26. April 1985 (7 W (pat) 86/83) entschieden:

„Die Rückzahlung der Beschwerdegebühr war gemäß PatG 1981 § 80 Abs. 3 aus Gründen der Billigkeit anzuordnen.

Die zuständige Prüfungsstelle des Deutschen Patentamts hat kein ordnungsgemäßes Prüfungsverfahren durchgeführt.

Weder durch die bloße Nennung von „DE-PA 26 2168 vom 26. November 1953" noch durch Hinweis auf „Der Fahrzeugdieselmotor, Peter (1943) S. 424" und „IPC II, Sektion F, 1974, S. 22" ist ein vom Anmelder unmittelbar überprüfbarer Stand der Technik angezeigt worden.

Denn diese Nennung läßt nicht erkennen, daß tatsächlich die am 26. November 1953 bekanntgemachten Unterlagen der deutschen Patentanmeldung H 9243 Ia/46b[89] (mit Eingangsstempel P.A. 26 2168 vom 9.5.53) gemeint waren, und der Hinweis auf S. 424 des Fachbuchs vom M. Peter mit dem o.g. Titel führt lediglich zum Stichwort „Glühkopfmotor" mit Seitenangaben in einem alphabetischen Sachregister, während die genannte Stelle des Internationalen Klassenverzeichnisses ebenfalls nur die Stichworte „Glühzündung" und „Glühkopf" mit Gruppenangaben auffinden läßt.

---

88 W. Schickedanz: Patentversagung ohne entgegengehaltenen Stand der Technik, GRUR 1987, S. 71-74, S. 71 linke Spalte.
89 BPatGE 2, S. 2-7.

Es ist also dem Anmelder überlassen worden, mittelbar über die Seiten- und/oder Gruppenangaben selbst Nachforschungen zum Stand der Technik anzustellen und die dem Anmeldungsgegenstand am nächsten kommende Vorschläge aus dem Gebiet der Glühkopfmotoren zu ermitteln ..."

Dem wäre noch hinzufügen: falls es solche Vorschläge überhaupt gab. Es ist leicht, pauschale Begriffe wie „Glühkopfmotor" oder „Laser-Motor" bzw. „Flacher Bildschirm" zu erfinden, aber schwierig, die hinter den Begriffen stehende Dinge zu schaffen. Der Begriff „Flacher Bildschirm" für Fernsehgeräte ist Fachleuten schon seit den 50er Jahren bekannt, und für die Entwicklung eines solchen Bildschirms wurden schon vor Jahrzehnten Preise ausgelobt. Im Handel erhältlich waren die ersten großen Flach-Fernsehbildschirme jedoch erst 1998, und zwar für Preise von ca. DM 30.000.–.[90]

Der klassische, einen Oberbegriff bildende Gattungsbegriff sagt folglich nichts über den realen Stand der Technik aus. Vielmehr kann gerade dieser Oberbegriff die zu beanspruchende Erfindung in ihrer allgemeinsten Form charakterisieren.

Im Gegensatz hierzu gibt der moderne Oberbegriff, sofern er nach den einschlägigen Regeln formuliert ist, Auskunft über den realen Stand der Technik. Aber auch hier ist Vorsicht geboten: es geht nicht um den „funktionierenden", sondern um den „papiernen" Stand der Technik. Dies verdeutlicht z.B. der oben wiedergegebene Patentanspruch 1 des Spitzentransistorpatents. Weil aus dem druckschriftlichen Stand der Technik bereits ein „elektrisch steuerbares Schaltelement, bestehend aus einem Halbleiterelement und drei daran angebrachten Elektrodenanschlüssen" bekannt war, wurde diese Bezeichnung in den Oberbegriff genommen. Ob der druckschriftlich offenbarte Stand der Technik jedoch tatsächlich „funktionierte" ist damit noch nicht gesagt. Es spricht vielmehr alles dagegen, daß die frühen Festkörper-Trioden funktionsfähig waren.

1.2.4.1.4 Der gegliederte zweiteilige Anspruch

Den zweiteiligen, gegliederten Anspruch findet man weder unter deutschen noch unter europäischen Patentansprüchen allzu oft, obwohl er in den letzten Jahren immer häufiger geworden ist. In den USA ist er noch seltener und meistens eine US-Version eines deutschen oder europäischen Prioritätsanspruchs. Bei den gegliederten Ansprüchen kann man unterscheiden zwischen dem vollständig gegliederten Anspruch, bei dem sowohl Oberbegriff als auch das Kennzeichen gegliedert sind, und dem teilweise gegliederten Anspruch, bei dem entweder der Oberbegriff oder das Kennzeichen gegliedert sind.

1.2.4.1.4.1 Der vollständig gegliederte zweiteilige Anspruch

Der vollständig gegliederte zweiteilige Anspruch entspricht weitgehend einem Merkmalsanalysen-Anspruch, bei dem das Bekannte vom Neuen durch die Floskel „dadurch gekennzeichnet" oder „gekennzeichnet durch" getrennt ist.

1.2.3.1.4.1.1 Das Beispiel Scheibenwischersteuerung

Ein Beispiel eines vollständig gegliederten zweiteiligen Anspruchs findet sich in der europäischen Patentschrift 720 547, die am 18.6.1997 veröffentlicht wurde (Anmeldetag des Patents: 27.9.1994). Dieser Anspruch lautet:

---

[90] VIDEO, Das Testmagazin, August 1999, S. 82, linke Spalte, Absatz 4.

1. Einrichtung für die automatische Steuerung eines Scheibenwischermotors, mit

a) einem Feuchtigkeitssensor, der in Abhängigkeit von der Feuchtigkeit ein Signal abgibt;

b) eine Auswerteeinrichtung, welche das sich während der Zeit ändernde Signal des Feuchtigkeitssensors auswertet;

c) eine Signalquelle, die in Abhängigkeit von dem sich ändernden Signal (S) des Feuchtigkeitssensors eine Schwellwert-Funktionskurve (F) abgibt, wobei die Schwellwert-Funktionskurve (F) erst dann geändert wird, wenn das Signal (S) des Feuchtigkeitssensors einen neuen Extremwert aufweist;

dadurch gekennzeichnet, daß

d) alle Änderungen des Signals (S), die einen vorgegebenen Betrag dann erreichen oder übersteigen, wenn das Signal (S) des Sensors die Schwellwert-Funktionskurve (F) überschreitet oder überschritten hat, gezählt werden; und

e) bei Erreichen einer vorgegebenen Zahl dieser Änderungen des Signals (S) der Scheibenwischermotor aktiviert wird.

Dieser Anspruch läßt auf den ersten Blick erkennen, daß die Merkmale a) bis c) des Oberbegriffs aus einer und nur einer Druckschrift bekannt sind, während die Merkmale d) und e) im Vergleich zu dieser Druckschrift neu sind. Ein Konkurrent kann hieraus schließen, daß er dann, wenn er alle Merkmale a) bis e) in seinen eigenen Steuerungen realisiert, Probleme mit dem Patentinhaber bekommen wird. Völlig offen ist dagegen, ob eine – und wenn ja – welche Gefahr droht, wenn der Konkurrent nur die Elemente a) bis c) oder d) und e) realisiert. Es ist hierbei nicht auszuschließen, daß die beiden Elementengruppen a)-c) bzw. d), e) durch andere Patente geschützt sind. Die Aufgliederung des Patentanspruchs in Oberbegriff und Kennzeichen und die weitere Untergliederung von Oberbegriff und Kennzeichen in Einzelmerkmale bringt also dem Konkurrenten hinsichtlich der Abschätzung der Gefahr einer Patentverletzung keine Gewißheit. Gegenüber dem einteiligen und untergliederten Anspruch bietet der vorstehende Anspruch keinerlei Vorteile hinsichtlich der Verletzungsprüfung, denn in beiden Fällen müssen alle Merkmale auf Verletzung geprüft werden. Eine Erleichterung stellt die zweiteilige Fassung dann dar, wenn Einspruch gegen das Patent erhoben werden soll. In diesem Fall kann sich der Einsprechende bei seiner Recherche in erster Linie auf die Merkmale d) und e) konzentrieren, weil er davon ausgehen kann, daß die Merkmale a) bis c) ohnehin bekannt sind.

1.2.4.1.4.2 Der teilweise gegliederte zweiteilige Anspruch

Unter einem teilweise gegliederten zweiteiligen Anspruch soll, wie bereits oben erwähnt, ein solcher Anspruch verstanden werden, bei dem entweder nur der Oberbegriff oder nur das Kennzeichen in Einzelmerkmale untergliedert ist, wobei unter Oberbegriff die neuzeitliche Fassung zu verstehen ist. Derartige Patentansprüche sind in der Praxis nur selten zu finden. Insbesondere Ansprüche mit gegliedertem Oberbegriff und ungegliedertem Kennzeichen sind eine Rarität.

1.2.4.1.4.2.1 Der zweiteilige Anspruch mit gegliedertem Kennzeichen

Bei *Faber*[91] ist ein Jepson-type claim angegeben, der einen ungegliederten Oberbegriff bei gegliedertem Kennzeichen aufweist:

An improved strand-collecting apparatus of the type in which an advancing strand is collected in a barrel mounted on a rotating turntable, and in which a reciprocating strand guide is positioned above the barrel to guide the advancing strand into the barrel, wherein the improvement comprises:

(a) means for detecting when a predetermined amount of strand has been collected in the barrel;

(b) a cutter, operated by the detecting means, for severing the strand when a predetermined amount has been collcted; and

(c) an accumulator, operated by the detecting means, for accumulating the strand after it has been severed.

1.2.4.1.4.2.2 Der zweigeteilte Anspruch mit gegliedertem Oberbegriff

Der obige Anspruch ist als Sachanspruch formuliert. Jepson-type claims können jedoch auch für die Definition von Verfahren verwendet werden. Wandelt man in diesem Sinne den Sach- in einen Verfahrensanspruch um und stellt ihn gewissermaßen auf den Kopf, so ergibt sich folgender Anspruch mit gegliedertem Oberbegriff und ungegliedertem Kennzeichen:

In a method of collecting an advancing strand in a barrel, of the type

(a) wherein the advancing strand is guided into the barrel and

(b) the barrel is rotated to vary the point of collection circularly with respect to the bottom of the barrel, the improvement comprising:

reciprotating the guide point back and forth above the barrel so that the point of collection varies radially with respect to the bottom of the barrel.

Eine Gliederung nur des Oberbegriffs oder nur des Kennzeichens empfiehlt sich immer dann, wenn entweder der Oberbegriff oder das Kennzeichen relativ umfangreich im Vergleich zum jeweils anderen Teil des Anspruchs ist.

Es versteht sich, daß die obigen Jepson-type Ansprüche durch eine kleine grammatikalische Umformung auch mit der Floskel „dadurch gekennzeichnet" bzw. „gekennzeichnet durch" statt mit der Wendung „wherein the improvement comprises" bzw. „the improvement comprising" versehen werden können. Werden zweiteilige Ansprüche, die ihren Ursprung z.B. in Deutschland haben, in den USA angemeldet, so kann es vorkommen, daß ein US-Prüfer die Übersetzung „characterized in that" oder „characterized by" beanstandet, obwohl sie nicht verboten ist. In diesem Fall kann man langen und

---

91 a.a.O., § 57, S. VI-32.

unfruchtbaren Diskussionen mit dem US-Prüfer entgehen, indem man einfach die obige Jepson-Form wählt. Am Inhalt des Anspruchs ändert sich dadurch nichts.

2 Vergleich und Bewertung der verschiedenen Anspruchstypen

Aus der Tatsache, daß einteilige und zweiteilige Patentansprüche seit Jahrzehnten nebeneinander existieren, läßt sich bereits der – zumindest vorläufige – Schluß ziehen, daß keiner dieser Anspruchstypen gravierende Vor- oder Nachteile aufweist. In den USA lebt man seit langem mit dem einteiligen Anspruch, während in Deutschland seit Beginn des 20. Jahrhunderts der zweiteilige Anspruch gepflegt wird. Dennoch scheint es sinnvoll, noch einmal Sinn und Zweck der üblichen Anspruchstypen zu hinterfragen. Von einer Hinterfragung darf dabei auch die Gemeinsamkeit von einteiligem und zweiteiligem Anspruch nicht ausgeschlossen werden: die Einsatz- bzw. Rumpfsatzbildung. Eine wirklich befriedigende Erklärung dafür, daß ein Patentanspruch nicht aus mehreren Sätzen bestehen darf, die durch Punkte getrennt sind, findet sich in der Literatur nicht. Auf die Ausführungen unter IV, 1.2.2. wird in diesem Zusammenhang verwiesen. Selbst wenn es zuträfe, daß die Einsatz-Definition ihren Ursprung in der Aristotelischen Definition hätte, würde dies nicht zwingend dazu führen, Erfindungen mit nur einem Satz zu beschreiben. Man könnte das Quadrat (vgl. I, 3.1.) auch in mehr als einem Satz definieren, ohne auf „genus proximum" und „differentia specifica" zu verzichten:

Der zu definierenden Gegenstand wäre hiernach ein besonderes

Rechteck, das Quadrat genannt werden soll. Die Besonderheit dieses Rechtecks besteht darin, daß alle vier Seiten gleich lang sind und jede der vier Seiten des Rechtecks zur jeweiligen Nachbarseite den gleichen Winkel einschließt.

Mit einer solchen Formulierung, die zwei Sätze enthält, hätte man ohne Verstoß gegen die Aristotelische Lehre das Quadrat ebenfalls definiert. Aristoteles fordert also keinen Einheitssatz.

2.1 Der Ein-Satz-Anspruch

Eine Annäherung an das Problem des Einsatz-Anspruchs ist möglicherweise dadurch möglich, daß eventuell vorhandene Mehrsatz-Ansprüche analysiert werden und man ihre Unzulänglichkeit feststellt. Hierbei tritt allerdings das Problem auf, daß die meisten veröffentlichten Patentschriften, insbesondere diejenigen in den USA und in Deutschland, durch das Filter der Patentprüfung gegangen sind, so daß sie spätestens durch den Patentprüfer ihre Ein-Satz-Form „verpaßt" bekommen haben. Auch das von *Bauer*[92] wiedergegebene Beispiel eines Mehrsatzanspruchs ist nicht ohne weiteres als repräsentativ anzusehen, da es von einem Patentfachmann formuliert wurde. Das amerikanische, deutsche und europäische Patentrecht sieht indessen keinen Vertreterzwang vor, so daß jeder Erfinder direkt, d.h. ohne Einschaltung eines Patentanwalts, seine Erfindung beim Patentamt anmelden darf. Es ist zu vermuten, daß sich unter diesen nicht-fachmännischen Patentanmeldungen einige befinden, die keinen Ein-Satz-Anspruch enthalten. In den USA würden diese Patentanmeldungen nicht das Licht der Öffentlichkeit

[92] GRUR 1972, S. 25-28.

erblicken, weil erst eine vom Patentprüfer akzeptierte Erfindung als Patentschrift ausgegeben wird. Der Prüfer würde folglich entweder die Patentanmeldung mit dem Mehrsatz-Anspruch zurückweisen oder dem Anmelder einen Ein-Satz-Anspruch vorschlagen. In Deutschland war die Situation bis zur aufgeschobenen Prüfung (1.10.1968) ähnlich. Erst nach Einführung der Regelung, daß jede Patentanmeldung 18 Monate nach dem Anmelde- bzw. Prioritätstag in der Form veröffentlicht wird (§ 32 PatG), in der sie eingereicht wurde, ermöglicht den Zugriff zu den erwähnten nicht-fachmännischen Anmeldungen. Allerdings werden ganz grobe Ausreißer durch die sogenannte Offensichtlichkeitsprüfung (§ 42 PatG) eliminiert. Bei dieser Prüfung werden jedoch nur solche Mängel ermittelt, die „offensichtlich" sind, so daß möglicherweise die Chance besteht, unter den Offenlegungsschriften – so werden die nach 18 Monaten veröffentlichten Druckschriften genannt – die eine oder andere mit einem Mehrsatz-Anspruch zu finden. Eine solche Offenlegungsschrift ist beispielsweise die DE-OS 2 013 846, die eine „Magnetfeld-Maschine für Dauerbeanspruchung in verschiedenen Stärkephasen und Leistungsbereichen ohne handelsübliche oder andere Betriebsstoffe" betrifft. Wie der Titel schon vermuten läßt, sollte ein Perpetuum Mobile beansprucht werden, das eigentlich der Offensichtlichkeitsprüfung unterfällt.[93] Unter „Patentansprüche" steht auf Seite 5 der Patentanmeldung folgendes.

Magnetfeld-Maschine ohne handelsübliche oder andere Betriebsstoffe, die sich laufend stets selbst auflädt, selbst aufspeichert, kraftlich sich selbst ergänzt, ohne zu erlahmen. In erster Linie dienen hierzu die aus der elektronischen Steuerung kommenden Übersättigungsströme bzw. Übersättigungsmagnetismuswerte, die in Klein-Akku's eingelagert werden. Bei Starkbedarf werden diese Reserven elektronisch abgerufen. Es kann also kein Stillstand oder Leistungsabfall erfolgen. Die Magnetfeld-Maschine ist dadurch gekennzeichnet, daß die Isolierplatten 5 sowie die Antriebsplatten 6 a Magnete tragen, die einpolig, zweipolig oder mehrpolig (abwechselnd oder auch in einer bestimmten Reihenfolge gehend) in Systemen zusammengefaßt sind, sodass Magnetfelder entstehen, die zwar in erster Linie die Arbeitsscheiben 6 a in rasche Umdrehungen zwecks Kraftabgabe versetzen, im übrigen aber nicht mehr erdgebunden sind. Die zweckmäßige Zusammenfassung der innerhalb und in der Umgebung des IGEL entstehenden Magnetfelder kommen den Magnetfeldern des interplanetarischen Raumes nahe und erlauben daher im Raum die Fortbewegung mit nur diesen Kräften.Insofern wird das Patent begehrt in seinen möglichen Auswirkungen und Ausweitungen der aus im IGEL entstehenden Magnetfeldmassen."

Diese am 23. März 1970 beim deutschen Patentamt angemeldete und am 29.11.1973 zurückgenommene „Erfindung" weist somit einen Patentanspruch auf, der durch insgesamt 6 Einzelsätze definiert wird, wobei nicht ganz ersichtlich ist, ob der Anmelder diese 6 Einzelsätze wirklich als Patentanspruch aufgefaßt wissen wollte, denn über diesen 6 Sätzen befindet sich das Pluralwort „Patentansprüche". Die Aufgliederung der Erfindungsdefinition in sechs Sätze trägt im vorliegenden Fall offenkundig nicht dazu bei, den Gegenstand der Erfindung klarzustellen. Für den Fachmann ist nicht ersichtlich, was der Erfinder will; d.h. welche Lehre er vermitteln will. Der erste Satz ist insofern noch klar, als er recht deutlich auf ein Perpetuum Mobile hinweist. Beim zweiten Satz ist jedoch schon völlig unklar, was mit den aus der elektronischen Steuerung kommenden

---

93 Schulte, Patentgesetz, 5. Aufl., 1994, § 42 Rdn. 8.

Übersättigungsströmen bezw. Übersattigungsmagnetismuswerte gemeint ist. Die Patentbeschreibung gibt hierzu auch keine Auskunft, vielmehr heißt es dort, die Elektronensteuerungsanlage sowie die Steuerungsorgane der Transistoren würden nicht bekanntgegeben, weil sie dauernden Veränderungen unterzogen seien.

Der dritte Satz, bei Starkbedarf würden diese Reserven elektronisch abgerufen, bleibt ebenfalls dunkel, weil nicht klar ist, welche Reserven gemeint sind. Möglicherweise sind damit die Übersättigungsmagnetismuswerte gemeint, die in Klein-Akkus abgelagert werden sollen, wobei nicht erkennbar ist, wie Magnetismuswerte überhaupt in Akkus abgelagert werden können.

Kurzum: der Patentanspruch, obwohl in mehrere Einzelsätze untergliedert, ist verworren und einer sachgemäßen Prüfung nicht zugänglich. Hieraus kann geschlossen werden, daß ein aus mehreren Einzelsätzen bestehender Patentanspruch mit Sicherheit kein Allheilmittel für eine klare Erfindungsbeschreibung ist.

Es erhebt sich im Gegenteil die Frage, ob ein Ein-Satz-Anspruch nicht zu mehr Klarheit geführt hätte. Obgleich es sich bei dem üblichen Ein-Satz-Anspruch um keinen vollständigen Satz handelt, gelten bei ihm doch die üblichen grammatikalischen Regeln, d.h. es ist nicht erlaubt, Wörter zusammenhanglos neben- oder untereinander anzuordnen. Seine Struktur ist bei komplizierten Erfindungen durchaus mit einem lateinischen Satz aus Cäsars „De bello gallico" vergleichbar, bei dem mühsam Subjekt, Prädikat und Objekt gesucht werden müssen, aber letztlich doch gefunden werden können. Durch die grammatikalische Struktur eines Satzes kann zumindest verhindert werden, daß das Verständnis einer Erfindung schon aufgrund mangelnder Sprachlogik verhindert oder erschwert wird. Durch die Regeln der Grammatik werden die Einzelteile eines Satzes gewissermaßen zusammengehalten, wodurch eine logische Verbindung zwischen diesen Einzelteilen hergestellt werden kann.

2.1.1 Das Beispiel der EDISON-Glühlampe

Ob ein Einsatz-Anspruch wirklich logischer ist als ein Mehr-Satz-Anspuch, soll anhand des berühmten Glühlampen-Patent von *Edison*[94] überprüft werden, dessen Anspruch 1 einen sehr einfachen Satzaufbau hat. Er lautet:

I claim as my invention –

1. An electric lamp for giving light by incandescence, consisting of a filament of carbon of high resistance, made as described, and secured to metallic wires, as set forth.

Ins Deutsche kann dieser Anspruch etwa wie folgt übersetzt werden:

Ich beanspruche als meine Erfindung –

1. Eine elektrische Lampe zum Abgeben von Licht durch Glühen, bestehend aus einem Faden aus Kohlenstoff von hohem Widerstand, hergestellt wie beschrieben, und befestigt an Metalldrähten, wie dargelegt".

---

94 US-PS 223 898 vom 27. Januar 1980.

2 Vergleich und Bewertung der verschiedenen Anspruchstypen 113

Durch die Stellung der Wörter innerhalb des Satzes wird relativ deutlich, daß es bei der Erfindung in erster Linie um den Kohlenstoff-Faden geht.

Die Figuren 1 bis 3 dieses Patents sind zum besseren Verständnis nachfolgend wiedergegeben:

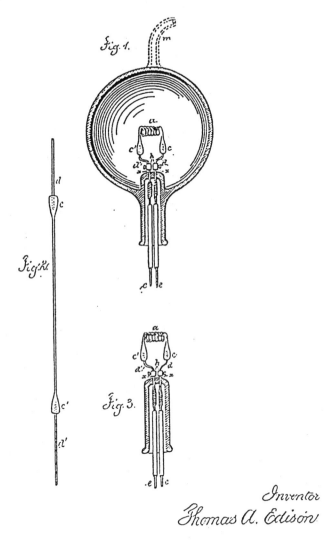

Abb. 9

Obgleich das Patent noch weitere drei unabhängige Ansprüche enthält, ist doch erkennbar, daß der Anspruch 1 die Hauptidee enthält. Wäre der Anspruch 1 beispielsweise durch mehrere Sätze nach folgendem Muster definiert worden:

1. Meine Erfindung betrifft eine elektrische Lampe, die Licht durch Glühen abgibt. Sie besteht aus einem Faden aus Kohlenstoff mit hohem Widerstand. Dieser wird hergestellt wie beschrieben. Der Faden wird, wie dargelegt, mit Metalldrähten verbunden.

so wäre die Bedeutung des Karbon-Fadens sprachlich etwas abgeschwächt und die der Metalldrahtverbindung etwas gestärkt. Es ist allerdings festzustellen, daß der Unterschied zum einteiligen Anspruch nicht besonders groß ist.

Bei korrektem Gebrauch der Grammatik stehen sich die beiden Anspruchsarten offensichtlich kaum in etwas nach. Es liegt deshalb der Verdacht nahe, daß der einteilige Anspruch zu einem guten Teil seine Begründung darin findet, daß frühere Erfindungen weniger komplex waren und damit mit relativ kurzen Sätzen beschrieben werden konnten. Wenn ein einfacher Satz genügt, eine Erfindung zu charakterisieren, besteht keine Notwendigkeit, diesen Satz in seine Einzelteile zu untergliedern. Die einteilige Fassung ergibt sich dann gewissermaßen von selbst.

Die Tatsache, daß ältere Patente oft wesentlich kürzere Ansprüche aufweisen als moderne, hängt indessen nicht nur mit der Komplexität moderner Erfindungen zusammen, sondern auch mit den Anmeldebestimmungen, die von nicht wenigen Prüfern so interpretiert werden, daß der Hauptanspruch eine komplette Lehre zum technischen Handeln enthalten müsse. Würde man diesen Maßstab an den Anspruch 1 des *Edison*-Patents stellen, so wäre dieser Anspruch ungenügend. Ein Karbon-Faden, der an metallische Drähte angeschlossen ist, kann natürlich noch nicht als Lampe dienen. Es muß noch ein Strom durch ihn fließen; d.h. im Anspruch 1 müßte etwas über eine Stromquelle ausgesagt werden. Aber selbst wenn dieses Merkmal noch in den Anspruch 1 aufgenommen würde, beschriebe dieser Anspruch eine Erfindung, bei welcher der Karbon-Faden nur kurz aufglüht und dann regelrecht verbrennt. Dies hatte natürlich auch schon *Edison* erkannt, weshalb er einen zusätzlichen Anspruch 2 hinzufügte:

2. The combination of carbon filaments with a receiver made entirely of glass and conductors passing through the glass, and from which receiver the air is exhausted, for the purposes set forth.

Erst dadurch, daß der Kohlefaden in einem evakuierten Glaskolben untergebracht wurde, konnte eine brauchbare, längere Zeit brennende Glühlampe hergestellt werden. Nach heutiger Praxis der Patentämter hätten somit die Merkmale des Anspruchs 2 auch noch in den Anspruch 1 mitaufgenommen werden müssen, wodurch der Gesamtanspruch natürlich länger und unübersichtlicher geworden wäre. Aber auch ein solcher Anspruch würde noch nicht bei jedem modernen Prüfer Gnade finden, denn er sagt nichts darüber aus, wie die Spannung von außen in das Innere des Glaskolbens zum Kohlefaden geführt wird. *Edison* gibt in den Ansprüchen 3 und 4 auch hierfür eine Lösung:

3. A carbon filament or strip coiled and connected to electric conductors so that only a portion of the surface of such carbon conductors shall be exposed for radiating light, as set forth.

4. The method herein described of securing the platina contactwires to the carbon filament and carbonizing of the whole in a closed chamber, substantially as set forth.

Strenge Prüfer könnten auch diese Maßnahmen noch als „erfindungswesentlich" ansehen und verlangen, sie mit den Ansprüchen 1 und 2 zu kombinieren. Das Ergebnis wäre dann eine Kombination der Ansprüche 1 bis 4, wodurch ein zusammengefaßter Ein-Satz-Anspruch von beträchtlicher Länge entstünde, der selbstredend weniger gut verständlich wäre als der geltende Anspruch 1.

Die Formulierung eines Anspruchs mit Hilfe nur eines Satzes ist folglich per se noch kein Königsweg zu einem klaren Anspruch.

2.2 Der Mehrsatz-Anspruch

Wie sich aus dem oben wiedergegebenen Beispiel der deutschen Offenlegungsschrift 2 013 846 ergibt, sind Patentansprüche, die aus mehreren Einzelsätzen bestehen, nicht ohne weiteres klarer und besser verständlich als Ein-Satz-Ansprüche. Als weiteres Beispiel sei eine Erfindung angeführt, die als weitaus seriöser zu gelten hat als der Gegenstand der DE-OS 2 013 846: die Benz'sche Automobil-Erfindung gemäß dem am 29. Januar 1886 angemeldeten deutschen Patent Nr. 37435 mit dem Titel „Fahrzeug mit Gasmotorenbetrieb".

2.2.1 Das Beispiel des BENZ-Fahrzeugs

Am frühen Morgen des 5. August 1888 fand der Mannheimer Fabrikant Carl Benz einen Zettel in der Küche. „Wir sind zur Oma nach Pforzheim gefahren", grüßten Frau und Kinder. Berta Benz reiste, chauffiert von Sohn Eugen, in einem klapprigen, erst zwei Jahre zuvor patentierten Dreirad 100 Kilometer durch die badische Hügellandschaft.[95] Es handelte sich hierbei um den ersten „modernen" Auto-Ausflug der Geschichte. In den darauffolgenden Jahren blieb das Autofahren im Bereich des Sports und Freizeitvergnügens angesiedelt.[96]

Das in dem erwähnten deutschen Benz-Patent Nr. 37435 beschriebene Fahrzeug gilt als das erste, das nicht mehr nach dem Kutschen-Vorbild konstruiert war. Es wies z.B. nur ein Vorderrad zum Zwecke der besseren Lenkung auf. Unter „Patentansprüche" heißt es dort:

„Ein durch Gasmaschine betriebenes Fahrzeug, bei welchem folgende Einrichtungen gleichzeitig in Anwendung kommen:

1. Bei dem Gaserzeuger zum Motor die Vorrichtung 6, 7 und 8 zum Erkennen des Functionierens und des Oelstandes im Gasbehälter.

2. Die gezeichnete Bremsvorrichtung. Fig. 3, 4 und 5, wobei vermittelst Hebels 9, zweier ungleich großer Zahnräder und einer Kurbelscheibe 11, welche in die Gabel eingreift, durch eine Bewegung nach der einen Seite die Bremse gelöst und dann das Fahrzeug in Gang gesetzt, durch eine Bewegung aber nach entgegengesetzter Seite das Fahrzeug vom Motor ausgelöst und dann gebremst werden kann.

---

95 Christian Wüst in DER SPIEGEL, Nr. 23 vom 7.6.1999, S. 144-162.
96 Günter Bayerl: Die Erfindung des Autofahrens: Technik als Repräsentation, Abenteuer und Sport, Cottbuser Studien zur Geschichte von Technik, Arbeit und Umwelt, Band 7, Münster/New York/München/Berlin, 1998, S. 317-329.

Zur Illustration der Erfindung werden nachfolgend die Figuren 1-11 des Patents wiedergegeben.

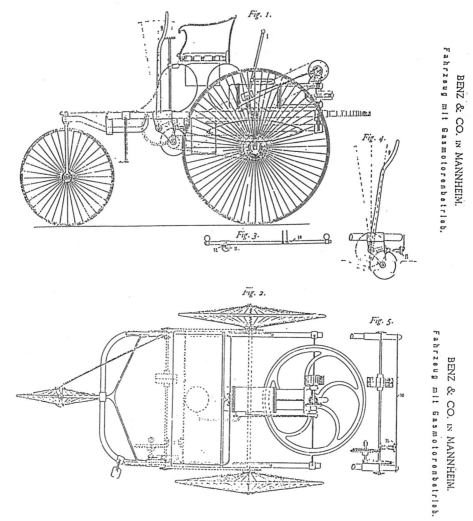

2 Vergleich und Bewertung der verschiedenen Anspruchstypen 117

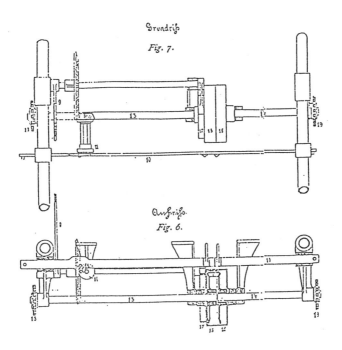

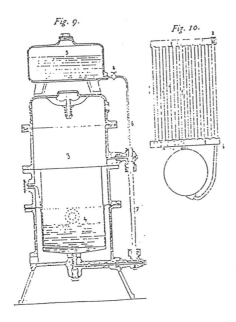

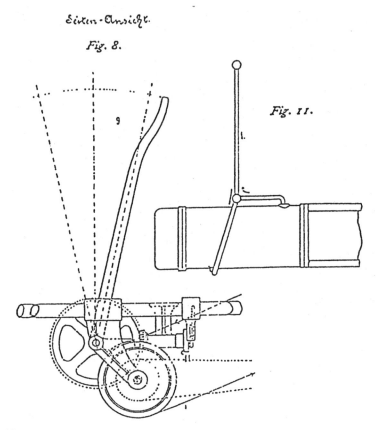

Abb. 10

Offensichtlich handelt es sich bei der obigen Erfindungsbeschreibung nicht um mehrere „Patentansprüche", sondern um einen einzigen Patentanspruch, der aus zwei wesentlichen Einrichtungen besteht, wobei diese beiden Einrichtungen in getrennte Sätze gekleidet sind. Beim Lesen dieses Anspruchs, der ausdrücklich auf Zeichnungen Bezug nimmt, hat man zunächst den Eindruck, daß „Äpfel" (1. Merkmal) und „Birnen" (2. Merkmal) wahllos zusammengewürfelt worden seien, denn es ist nicht erkennbar, welcher Zusammenhang zwischen dem Erkennen des Oelstandes im Gasbehälter und dem Lösen der Bremse besteht.

Der Eindruck, daß der Gegenstand dieses Patents „uneinheitlich" ist, verschwindet auch nicht bei näherem Studium des ganzen Patents. Folgende, voneinander unabhängige Ideen kann man dem Patent entnehmen:

a) Kühlung des Gasmotors mit Wasser („Der Cylinder des Motors wird durch Verdampfen von Wasser auf gleicher Temperatur gehalten", Seite 1, linke Spalte, Zeilen 12-14).
b) Horizontale Anordnung eines Schwungrads (Seite 1, linke Spalte, Zeilen 15-17).
c) Differentialgetriebe mit kegelförmigen Zahnrädern, welche die unterschiedlichen Umdrehungsgeschwindigkeiten der beiden angetriebenen Räder beim Kurvenfahren

ausglichen. („... und die Kraft durch zwei Kegelräder auf die Triebräder übertragen wird. Hierdurch erreicht man nicht nur vollständige Lenkbarkeit des Fahrzeugs, sondern auch Sicherheit gegen ein Umfallen desselben beim Fahren kleiner Curven oder bei Hindernissen auf den Fahrstraßen.". Seite 1, linke Spalte, Zeilen 17-23).

d) Übertragung der Kraft des Motors durch Treibriemen auf Räder, wobei man verschiedene Geschwindigkeiten erreichen konnte, indem man die Riemen auf Riemenscheiben von unterschiedlicher Größe verschob. („Will man das Fuhrwerk in Bewegung setzen, so stellt man den Hebel 9 nach vorwärts, wodurch der Treibriemen vom Leerlauf auf die feste Scheibe geschoben wird. Beim Anheben bewegt man den Hebel 9 wieder auf Mitte, und will man bremsen, so drückt man ihn über Mitte rückwärts ... usw., Seite 1, rechte Spalte, Zeile 16 bis Seite 2, linke Spalte, Zeile 1 bis 26 sowie Merkmal 2 des Patentanspruchs).

e) Regulierung der Gaszuführung zum Motor (Seite 1, rechte Spalte, Zeilen 5-21 sowie Merkmal 1 des Patentanspruchs).

f) Verwendung nur eines Rads zum Zwecke der Lenkung (Fig. 2).

Der vorstehende Anspruch des deutschen Patents 37435 wäre aus heutiger Sicht völlig ungeeignet, einen hinreichenden Schutz zu gewähren. Nur die alte Rechtsprechung des Reichsgericht, die sich nicht durch den Wortlaut eines Patentanspruchs gebunden fühlte, konnte eine Nachahmung verhindern. Die oben genannten Merkmale a) bis c und f) wären bei Anwendung des heutigen Art. 69 EPÜ ungeschützt, desgleichen die isolierte Verwendung der beiden Merkmale des Anspruchs 1. Man müßte wenigstens fünf voneinander unabhängige Ansprüche bzw. Patentanmeldungen ausarbeiten bzw. – wenn sich diese als nicht mehr neu herausstellen sollten – geeignete Kombinationen der Einzelmerkmale unter Schutz stellen.

Die bisher gezeigten Beispiele machen deutlich, daß weder aus nur einem Satz noch aus mehreren Sätzen bestehende Patentansprüche grundsätzliche Vorteile besitzen. Weder erfordert die Aristotelische Definitionstechnik einen Ein-Satz-Anspruch, noch ist der aus mehreren Sätzen bestehende Anspruch immer klar verständlich. Die Wahl eines Ein-Satz- oder eines Mehr-Satz-Anspruchs sollte folglich nur durch die Informationsmenge bestimmt werden, die durch diesen transportiert wird. Wird der Ein-Satz-Anspruch sehr lang, verliert man – ähnlich wie bei einem lateinischen „Bandwurmsatz" – leicht die Übersicht. Es ist dann eine reine Frage der Zweckmäßigkeit, den Anspruch in Einzelsätze aufzugliedern, die besser verständlich sind. Bei sehr kurzen Erfindungsdefinitionen ist eine Aufgliederung wenig sinnvoll.

Rechtlich scheinen Einsatz- und Mehrsatzansprüche gleichwertig, jedenfalls aus der Sicht der Prüfungsbehörde. Eine andere – und, soweit ersichtlich, bisher überhaupt noch nicht erörterte – Problematik könnte jedoch darin bestehen, ob die Information der Öffentlichkeit über den beanspruchten Schutzbereich nicht durch einen allzu langen Ein-Satz-Anspruch Schaden nimmt. Es gibt Patentansprüche, die von ihrer schieren Länge und ihrem komplizierten Aufbau her kaum verständlich sind. Ob der Öffentlichkeit zugemutet werden kann, den Inhalt derartiger Monstren zu respektieren, soll hier nur als Frage in den Raum gestellt, aber nicht beantwortet werden.

2.3 Vergleich zwischen zweiteiligem und einteiligem Anspruch

Die oben erörterte Frage, ob es besser ist, einen Patentanspruch mit nur einem Satz oder mit mehreren Sätzen wiederzugeben, stellt sich unabhängig davon, ob der Anspruch einteilig oder zweiteilig aufgebaut ist, denn sowohl der einteilige als auch der zweiteilige Anspruch kann in dem hier verstandenen Sinn aus einem oder aus mehreren Sätzen bestehen. Unter einem zweiteiligen Anspruch wird im folgenden nicht schon jeder Anspruch verstanden, der ein „dadurch gekennzeichnet" oder „gekennzeichnet durch" enthält, sondern nur ein solcher, dessen Oberbegriff Merkmale des Standes der Technik enthält. Es wird nachfolgend also der engere Begriff des zweigeteilten Anspruchs verwendet.

Es geht hierbei im Grunde um die Frage, ob der deutsche/europäische oder amerikanische Standard-Patentanspruch besser ist.

Der amerikanische Standard-Patentanspruch – der durchaus mit dem einteilgen, gegliederten oder merkmalsanalysierenden Patentanspruch[97] verglichen werden kann – stellt keineswegs eine bloße Durchnumerierung der Merkmalsgruppen dar, die in Hauptsätze gefaßt sind, wie *Kumm*[98] meint. Es trifft zwar zu, daß „die üblichen Satzungeheuer von tiefgeschichteten Schachtel- und/oder Ketten-Bandwurm-Nebensätze" nicht unbedingt systemimmanent zum zweiteiligen Anspruch gehören, sondern wenigstens teilweise die Folge „eines schlampigen deutschen Stiles sind" (Kumm, a.a.O.), doch ist die einteilige „gegliederte" und die „merkmalsanalysierende" Anspruchsform nicht nur ein guter grammatikalischer Beitrag zur Verständlichkeit eines Anspruchs, sondern auch ein aliud zum „abgegrenzten" modernen deutschen/europäischen Anspruch, weil letzterer eine Aussage über den am nächsten kommenden Stand der Technik enthält, was für den einteiligen und gegliederten Anspruch in aller Regel nicht gilt.

Der US-amerikanische Standard-Anspruch kann dazu verführen, mit breiteren Begriffen zu starten als beim deutsch-europäischen Anspruch, weil keine Einengung durch den am nächsten kommenden Stand der Technik stattfindet. Hierin wird oft die Gefahr eines „Overclaiming" gesehen. Auf dieses Problem wird deshalb nachfolgend näher eingegangen.

2.3.1 Das Problem des „Overclaiming"

Das Problem des „Overclaiming" hat, soweit ersichtlich, nur in den USA eine größere Rolle gespielt und ist selbst dort bisweilen als Scheinproblem bezeichnet worden. Es bezeichnet den Umstand, daß eine bestimmte Erfindung eigentlich nur ein Detail eines Ganzen betrifft (z.B. eine Kurbelwelle), im Anspruch aber das Ganze (z.B. der Motor) beansprucht wird. In dem oben wiedergegebenen Beispiel der „Skistiefelauskleidungs"-Erfindung lautete der ursprüngliche Anspruch 1 eigentlich „Schuhwerk, insbesondere Skistiefel ... etc.". Er wurde dann mit der Bezeichnung „Skistiefel mit einer Polsterauskleidung ..." weiterverfolgt, und der BGH machte bei seiner Merkmalsanalyse dann „Auskleidung für einen Skistiefel ...". Während also ursprünglich ganz allgemein ein „Schuhwerk" beansprucht wurde, sah der BGH die eigentliche Erfindung in einer Auskleidung für einen Skistiefel. Da eine Auskleidung für einen Skistiefel nur Teil eines „Schuhwerks" ist, war der ursprüngliche Anspruch „overclaimed", d.h. es war „zuviel" beansprucht.

Die „Theory of Overclaiming" gibt es in den USA schon seit über 175 Jahren.[99] Sie spielte in Gerichtsverfahren allerdings nur eine untergeordnete Rolle und wurde insbesondere in den letzten Jahrzehnten als unlogisch und als nicht durch das Patentgesetz

---

97 Windisch, a.a.O., GRUR 1978, 385-393.
98 Kumm: Wie fortschrittlich ist die Patentrechtswissenschaft?, Mitt.1987, 236, r. Sp., Abs. 2.
99 Vgl. Evans v. Eaton, 20 U.S. (7 Wheat.) 356, 1822.

gedeckt kritisiert. *Kreiss*[100] hat in einem längeren Aufsatz nachzuweisen versucht, daß es doch eine gesetzliche und auch logische Basis für die besagte Theorie gibt. Die gesetzliche Basis sei in Offenbarungsvorschriften des Abschnitt 112 des Patentgesetzes zu finden, während die logische Basis im Schutz der Öffentlichkeit vor irreführenden Schutzrechtsansprüchen zu sehen sei. Im zweiten Teil des Abschnitts 112 des US-Patentgesetzes heißt es:

> *„The specification shall conclude with one or more claims particularly pointing out and distinctly claiming the subject matter which the applicant regards as his invention."*

In der Wendung „particularly pointing out" sieht *Kreiss* die gesetzliche Grundlage. Diese Wendung verlange, daß der Anmelder seine Erfindung gegenüber dem Stand der Technik abgrenze, so daß die Öffentlichkeit genau abschätzen kann, was neu ist und beansprucht wird und was bereits bekannt ist.

Wäre diese Auffassung richtig, dann wäre möglicherweise der gegen den Stand der Technik „abgegrenzte" deutsche oder europäische Patentanspruch auch in den USA die bessere Alternative.

Nach *Kreiss* bezieht sich das „distinctly claiming" auf die Klarheit und Bestimmtheit eines Anspruchs, während das „particularly pointing out" den beanspruchten Schutzbereich betrifft.

In seiner frühen Entscheidung Evans v. Eaton aus dem Jahre 1822 hatte sich der Supreme Court auf diese Vorschrift berufen, als der Erfinder, der eine Verbesserung eines „Hopperboys" vorgeschlagen hatte, also einer Maschine, die bei der Herstellung von Mehl verwendet wird, gegen einen Verletzer vorging. Der Beklagte gab zu, den verbesserten Hopperboy verwendet zu haben, doch habe der Kläger nicht einen Hopperboy als solchen erfunden, und im Patent sei nicht angegeben gewesen, was er denn eigentlich erfunden habe. Nach Auffassung des Beklagten war das Patent weiter als die Erfindung und deshalb nichtig. Das Gericht schloß sich dieser Auffassung an.

Das Gericht meinte, daß jemand „claiming the whole of a machine ... can maintain a title to it only by establishing that (the entire machine) is substantially new in its structure and mode of operation". Das Gericht verwarf außerdem die Idee, daß die tatsächliche Verbesserung noch im Verletzungsprozeß herausgearbeitet werden könne und deshalb das Patent nicht zu speziell formuliert werden müsse. Nach Auffassung des Gerichts verlangt das amerikanische Patentgesetz, daß die Patentbeschreibung die Erfindung „in such full, clear, and (exact) terms, as to distinguish the same from all other things before known" (a.a.O., 434, Hervorhebung im Original, wobei der Patent Act von 1793, ch.11, § 3, 1 Stat. 318,32 zitiert wurde, der dem heutigen 35 U.S.C. § 112 entspricht) offenbart.

Das Gericht war der Auffassung, daß das besagte Patent diesem Gesetzeswortlaut nicht genüge und erklärte deshalb das Patent für nichtig.

Es ließ den Einwand des Richters Livingston (dissenting opinion) nicht gelten, daß das Gesetz keine bestimmte Form der Patentbeschreibung vorsehe und die Öffentlichkeit beim Studium der gesamten Unterlagen schon erkennen könne, wo der Kern der Erfindung liege. Auch den Einwand, ein Erfinder müsse dann, wenn die Auffassung des Gerichts zuträfe, nicht nur gegen eine besttimmte Maschine, sondern gegen alle bekannten Maschinen abgrenzen, was unmöglich sei, verwarf die Mehrheit des Gerichts.

---

100 Robert A. Kreiss: The Theory of Overclaiming and its Application to DIAMOND v. DIEHR, Journal of the Patent Office Society, 1984, No. 2, S. 52-113.

Falls der Erfinder einige Maschinen nicht kenne, so Richter Livingston, laufe er Gefahr, daß sein Patent für nichtig erklärt würde. Livingston führte ferner aus:

> „being deprived of the fruits of a most valuable improvement, not because he was not the bona fide inventor – not because he had not described his improvement with sufficient certainty, according to the act of Congress – but because something more was required of him, of which he had no means of information."
> (a.a.O., Livingston, J., dissenting, zitiert bei KREISS, a.a.O., S. 58).

Richter Livingston war auch nicht mit den harten Sanktionen – der Nichtigerklärung des Patents – einverstanden, die an die Offenbarungsmängel gekoppelt wurden. Er meinte:

> „To declare a patent ... void, merely for a defective specification, ... is a very high penalty, and should not be lightly inflicted, unless rendered absolutely necessary by law; the more especially, as without recurring to harsh a measure, a Court and jury will always be able to confine a remedy on the patent to violations of the improvement actually secured ..."

Außer dem alten Gerichtsurteil aus dem Jahre 1822 hat ein Urteil aus dem Jahre 1938 besondere Aufmerksamkeit erregt: das Urteil Lincoln Engineering Co. v. Stewart-Warner Corp. (303 U.S. 545, 1938) des Supreme Court. Der verletzte Patentanspruch betraf eine Vorrichtung zum Schmieren von Lager. Der Patentinhaber hatte eine Kombination eines Nippels oder Kupplungsstücks mit einem Lager, einem Schmiermittel-Kompressor bzw. einer Pumpe und einer Tülle beansprucht, wobei die Tülle die Pumpe mit dem Kupplungsstück verband, um während des Schmiervorgangs eine feste Verbindung herzustellen.

Das Gericht stellte fest, daß das Kupplungsstück, die Pumpe und die Tülle der Gesamtkombination allesamt alt und nicht patentierbar seien und daß die Erfindung, wenn überhaupt eine solche zu erkennen sei, in dem Kupplungsstück („chuck" or „coupling member") bestand. Nach Ansicht des Gerichts gab die Erfindung eines einzelnen Elements innerhalb eines Kombinationsanspruchs dem Erfinder kein Recht, die Gesamtkombination zu beanspruchen, weshalb der Patentanspruch wegen „Overclaiming" nichtig sei. Der Erfinder habe mehr beansprucht als er erfunden habe.

Der Supreme Court ging bei der vorstehend erwähnten Entscheidung weder auf die alte Entscheidung aus dem Jahre 1822, noch auf andere Entscheidungen oder Meinungsäußerungen der Fachwelt ein. In einem späteren Urteil aus dem Jahre 1942 (Williams Manufacturing Co. v. United Shoe Machinery Corp., 316 U.S. 364, 1942) deutete der Supreme Court einige Zweifel an dem Lincoln Engineering Urteil an. Bei der Erfindung ging es damals um eine Verbesserung von dauerhaften automatischen Absatzmaschinen – eine Vorrichtung, die bei der Herstellung von Schuhen verwendet wurde. Der Beklagte argumentierte, daß sich die Ansprüche auf eine Kombination bezögen, von der Einzelteile bereits bekannt seien, weshalb diese Ansprüche wegen „overclaiming" für nichtig erklärt werden müßten.

Das Gericht sah dies in diesem Fall jedoch anders. Da die Ansprüche nur auf einen beschränkten Bereich und eine beschränkte Funktion der Maschine lesbar seien, sei kein overclaiming erkennbar. Schon aufgrund des Wortlauts der Ansprüche unterscheide sich der Fall von Lincoln Engineering. Das Gericht betonte aber auch noch einen anderen

Unterschied, der später zu Verwirrung bei den Untergerichten führen sollte. Der Lincoln Engineering Fall habe einen Fall der mittelbaren Patentverletzung („contributory infringement") betroffen, wobei der Patentinhaber versucht habe, sein Monopol zu erweitern, „so as to prevent (the) sale or use of well known grease guns of the prior art".[101] Hierdurch hatte der Supreme Court den Eindruck erweckt, die Overclaiming-Doktrin seien nur auf Fälle der mittelbaren Patentverletzung anwendbar. Drei Richter des Supreme Court gaben allerdings eine „dissenting opinion" ab. Sie meinten, das Patent sei derart mit Mängeln behaftet, daß es eigentlich für nichtig erklärt werden sollte. Die Mängel bestünden u.a. in der Vielzahl von vagen Ansprüchen, wodurch die Öffentlichkeit irregeführt würde. Das Patent weise 137 Ansprüche auf sechzehn eng bedruckten Seiten auf und besitze einen Text von mehr als fünfundzwanzigtausend Wörter, von denen sich ungefähr vierzehntausend Wörter auf Ansprüche bezögen.

Die „Overclaiming-Doktrin" wurde 1950 durch das Urteil Great Atlantic & Pacific Tea Co. v. Supermarket Equipment Corp. (340 U.S. 147, 1950) noch einmal bestätigt, und zwar ohne Bezugnahme auf eine mittelbare Patentverletzung.

Der Court of Customs and Patent Appeals (CCPA) hat jedoch 1979 entschieden, daß die „Overclaiming-Doktrin" nicht länger Bestand habe (Jamesbury Corp. v Litton Industr. Prods., 586 F. 2d 917 (2d Cir. 1978), cert. denied, 440 U.S. 961, 1979). Bei dem Streitpatent ging es um ein Kugelventil mit einer Ventilkammer sowie um eine Kugel und eine Abdichtung. Die Basisvorrichtung war zwar schon seit mindestens 50 Jahren bekannt, doch hatte der Erfinder das Abdichtungselement wesentlich verbessert. Der District Court befand die Patentansprüche für unwirksam, weil ein Overclaiming vorläge. In der nächsten Instanz (Second Circuit) wurde das Urteil jedoch abgeändert, weil keine mittelbare Patentverletzung vorlag, auf die das Gericht das Overclaiming beschränkt wissen wollte. Der CCPA schloß sich im Ergebnis dem Second Circuit an.

Bereits in der Entscheidung In re Bernhard (417 F. 2d 1395, C.C.P.A. 1969) griff der CCPA die Overclaiming-Doktrin, die ihren Niederschlag in den Prüfungsrichtlinien gefunden hatte, mit überzeugenden Argumenten an. Er führte aus, daß ein Kombinationsanspruch, der mehr als nur das neue Element enthalte, stets enger sei als ein Anspruch auf das neue Element selbst (417 F. 2d at 1402): „the addition of elements to a claim narrows its scope and thereby creates a lesser monopoly". Außerdem meinte das Gericht, es sei logisch nicht nachzuvollziehen, wenn einerseits die spezifische Verbesserung zwar als neu und nicht-naheliegend gelte, diese gleiche Verbesserung aber in der Kombination durch denselben Stand der Technik vorweggenommen oder naheliegend sein solle. Der CCPA orientierte sich auch an Section 112 und meinte, es sei nicht ersichtlich, wie der Wortlaut dieser Vorschrift besser erfüllt werden könnte, wenn die Ansprüche 19-21 des beanstandeten Patents die zusätzlichen Merkmale nicht enthielten.

„Indeed the opposite appears to be true, since moving the recitation of the plotting machine to the preamble (in the the continental manner or in the manner permitted by Ex parte Jepson, 1917 (Dec. Comm'r Pat.), 62) would greatly increase the number of words in the preamble and impair, rather than enhance, the intellegibility of the claim (417 F. 2d at 1403, zitiert bei KREISS, a.a.O., S. 64)"

Damit hat der CCPA zumindest angedeutet, daß durch eine zweiteilige Anspruchsfassung gemäß Jepson die Probleme des Overclaiming gar nicht auftreten würden. Der zweiteilige Anspruch hätte dann doch einige Vorteile gegenüber dem einteiligen An-

---

101 Kreiss, a.a.O., S. 60.

spruch. *Kreiss* (a.a.O., S. 76) ist offenbar ebenfalls dieser Meinung. Er stellt fest, daß das Patentamt schon seit langem den Jepson-Anspruch empfohlen habe, der es entbehrlich mache, den Anspruch daraufhin zu analysieren, worin der Kern der Erfindung bestünde.

Kreiss setzt dabei voraus, daß dann, wenn – wie in deutschen und europäischen Anmeldebestimmungen gefordert – der Oberbegriff von dem am nächsten kommenden Stand der Technik ausgehe, automatisch kein Overclaiming auftreten könne. Diese Annahme ist jedoch falsch, denn es ist durchaus möglich, daß auch der am nächsten kommende Stand der Technik einen allgemeineren Oberbegriff zuläßt, als der eigentlichen Erfindung entspricht. Beispielsweise kann bei einer neu erfundenen Kurbelwelle der am nächsten kommende Stand der Technik in einer Veröffentlichung zu einem Motor und nicht zu einer Kurbelwelle beschrieben sein. Die Veröffentlichung würde dann als Oberbegriff einen „Motor" nahelegen. Erst durch eine vom Anmelder oder Prüfer vorgenommenen Abstraktion könnte die „Kurbelwelle" aus der „Motor-Veröffentlichung" herausdestilliert werden.

Letztlich wird aber durch die Verwendung des nächsthöheren Gattungsbegriffs – um einen solchen Vorgang handelt es sich beim Problem des Overclaimings – keineswegs der Schutzbereich erweitert, wie die neuere Rechtsprechung der US-Gerichte anerkannt hat. Es findet allenfalls eine Täuschung des flüchtigen Lesers statt, der beim Lesen des ersten Satzes eines Patentanspruchs meint, ein Motor sei geschützt, obgleich nur eine Kurbelwelle geschützt ist. Bei der weiteren Lektüre des Anspruchs klärt sich dieser Irrtum schnell auf, so daß das angebliche Overclaiming de facto eine Einengung des Schutzumfangs bedeutet, denn eine per se geschützte Kurbelwelle hat einen weiteren Schutzbereich als eine auf einen Motor bezogene. Beispielsweise kann sie u.U. bei Handbohrern eingesetzt werden.

Ein Vorteil des deutsch-europäischen zweigeteilten Anspruchs gegenüber dem einteiligen US-Anspruch ist somit hinsichtlich des Schutzbereichs nicht erkennbar. Die Vor- und Nachteile der beiden Anspruchstypen beziehen sich allenfalls auf die Lesbarkeit und die Verständlichkeit der Ansprüche. Während der einteilige US-Anspruch in der Regel leichter lesbar ist, gibt der deutsch-europäische Anspruch ein etwas besseres Verständnis der Kernmerkmale einer Erfindung. Diese Unterschiede haben jedoch nur aus der Sicht der Öffentlichkeit eine Bedeutung; aus der Sicht des Patentanmelders sind sie irrelevant.

2.3.2 Der Jepson-type claim im Vergleich zum deutschen/europäischen zweiteiligen Anspruch

U.S. rule 75(e), wo der Jepson-Anspruch empfohlen wird, lautet u.a.:

> *„... any independent claim should contain in the following order, (1) a preamble comprising a general description of all the elements or steps of the claimed combination which are conventional or known ..."*

Ähnlich ist Regel 29 EPÜ formuliert (vgl. II., 2.2), wo für den Oberbegriff des Patentanspruchs verlangt wird, daß er enthalten muß:

> *a) Die Bezeichnung des Gegenstands der Erfindung und die technischen Merkmale, die zur Festlegung des beanspruchten Gegenstands der Erfindung notwendig sind, jedoch in Verbindung miteinander zum Stand der Technik gehören ..."*

Es fällt auf, daß beide Regeln pauschal vom Stand der Technik sprechen und nicht etwa von einer einzigen Druckschrift, von der auszugehen ist. Dies bedeutet, daß der Oberbegriff auch einen „zusammengewürfelten" Stand der Technik darstellen kann oder darf. Alle bekannten Merkmale, sofern sie nur etwas mit der Erfindung zu tun haben, können oder sollen folglich im Oberbegriff genannt werde, auch wenn sie beispielsweise vier oder fünf verschiedenen Druckschriften entnommen sind. Für den deutschen § 4 Abs. 2 PatAnmV gilt nichts anderes:

> „Wird die zweiteilige Anspruchsfassung gewählt, sind in den Oberbegriff die durch den Stand der Technik bekannten Merkmale der Erfindung aufzunehmen ..."

In der früheren Fassung war noch gefordert worden, die Merkmale desjenigen Gegenstands in den Oberbegriff aufzunehmen, „von dem die Erfindung ausgeht, soweit dieser Gegenstand Stand der Technik ist ...". Somit kann nach allen drei Gesetzesregelungen, wenn man sie wörtlich nimmt und von der hierzu ergangenen Rechtsprechung absieht, der Oberbegriff des Patentanspruchs auch zum Sitz eines „disclaimers" gemacht werden; d.h. einer Definition desjenigen Teils der Erfindung, für die kein isolierter Schutz begehrt wird.

Von der heute vor dem deutschen und europäischen Patentamt praktizierten Regel, daß im Oberbegriff nur von einer, nämlich der am nächsten kommenden Veröffentlich auszugehen ist, findet sich in den erwähnten Vorschriften nichts. Diese Regel ist vielmehr ein Produkt der Auslegung der erwähnten Vorschrifte durch die Patentämter bzw. des Bundespatentgerichts.

In einer frühen Entscheidung des 20. Senats des Bundespatentgerichts vom 20. Dezember 1963[102] ist indirekt davon die Rede, daß nur von einer einzigen Entgegenhaltung auszugehen sei. Es wird dort das Verlangen der Prüfungsstelle als Verstoß gegen § 26 Abs. 1 Satz 5 PatG bezeichnet, zwei vorveröffentlichte Literaturstellen im Oberbegriff des Patentanspruchs 1 zu berücksichtigen. Meist ergebe sich aus dem Oberbegriff das Bekannte und aus dem Kennzeichnungsteil, was als neu unter Schutz gestellt werden solle. Notwendig sei diese Gliederung jedoch nicht. Es brauchten nicht alle bekannten Merkmale im Oberbegriff genannt zu sein. Durch die Zusammenfassung von aus verschiedenen Veröffentlichungen bekannten Maßnahmen im Oberbegriff des Patentanspruchs könne im übrigen der unzutreffende Eindruck erweckt werden, als seien diese Maßnahmen bereits durch eine einzige Vorveröffentlichung bekannt.

Diese Rechtsprechung wurde durch die bereits oben erwähnte Entscheidung des Bundespatentgerichts[103] fortgeführt, wo es im dritten Leitsatz heißt, daß von mehreren bekannten oder vorpatentierten Gegenständen nur ein einziger den Oberbegriff bilden kann. In einem Beschluß vom 7. April 1971 stellte der 6. Senat des Bundespatentgerichts[104] im zweiten Leitsatz fest:

> „Der Oberbegriff eines Haupt- oder Nebenanspruchs sollte nur den Stand der Technik angeben, der sich aus einer einzigen, dem Gegenstand der Erfindung am nächsten kommenden vorveröffentlichten Druckschrift oder offenkundigen Vorbenutzung ergibt (ähnlich BPatGerE 6,182; 11, 183)."

---

102 BPatGE 6, 182.
103 BPatGE 11, 183-199.
104 BPatGE 12, 109-112.

Die Begründung für diese Forderung ist ausführlicher als die der vorangegangenen Entscheidungen, aber nicht besonders überzeugend. Unter Bezugnahme auf den damaligen § 3a Abs. 2a der Anmeldebestimmungen für Patente weist der Senat darauf hin, daß jeder Patentanspruch einen Oberbegriff enthalten müsse, der die technische Bezeichnung und die Merkmale des Gegenstands enthalte, auf den sich die Erfindung beziehe, soweit diese Merkmale bekannt seien oder vom Schutz nicht erfaßt werden sollten. Damit sei zum Ausdruck gebracht, daß die Erfindung sich auf einen bestimmten Gegenstand zu beziehen habe. Ein bestimmter Gegenstand könne in der Regel nur aus einer einzigen Druckschrift oder offenkundigen Vorbenutzung entnommen werden. Bei der Beurteilung einer Erfindung stelle das Patentgesetz gemäß § 2 Satz 2 nicht auf den subjektiven Ausgangspunkt des Erfinders, sondern auf den objektiv ermittelten Stand der Technik ab. Ausgang der Erfindung könne daher normalerweise nur der Gegenstand einer einzigen vorveröffentlichten Druckschrift oder offenkundigen Vorbenutzung sein, der dem Anmeldungsgegenstand am nächsten komme. Die Aufnahme eines über diesen objektiv ermittelten Ausgang der Erfindung hinausgehenden Standes der Technik in den Oberbegriff würde zu Unklarheiten über das, worauf die Erfindung aufbaut und damit über den Gegenstand der Erfindung führen.[105] Das BPatG geht nicht näher auf Sinn und Zweck des Oberbegriffs ein, sondern interpretiert lediglich die Anmeldebestimmung. Ob es Aufgabe des Oberbegriffs ist, eine Aussage darüber zu machen, worauf die Erfindung „aufbaut", ist aber gerade die Frage.

Das BPatG hat mit dem von ihm geschaffenen Ein-Entgegenhaltungs-Oberbegriff die Möglichkeit aufgegeben, im Oberbegriff auch diejenigen Merkmale aufzunehmen, für die schlicht kein Schutz begehrt wird, obgleich sie nicht bekannt sind. Diese Möglichkeit war immerhin in den vom BPatG zitierten Anmeldebestimmungen angelegt, wenn es dort hieß „ ... soweit diese Merkmale ... vom Schutz nicht erfaßt werden sollen". Hiernach konnte der Anmelder, unabhängig vom Stand der Technik, im Oberbegriff alle Merkmale erwähnen, die er nicht geschützt haben wollte. Durch die Vorschrift des BPatG, nur von einer Druckschrift auszugehen, war diese Möglichkeit verbaut.

Offenbar hatte das BPatG dies selbst erkannt, denn es erwähnte, daß nach der Alternative der Anmeldebestimmungen für Patente der Oberbegriff auch durch Merkmale gebildet werden könne, die nicht vom Schutz erfaßt werden sollen. Hierzu führte es ergänzend aus:

> *„Es steht dem Anmelder natürlich frei, weitere Merkmale in den Oberbegriff zu nehmen und damit ausdrücklich als nicht zur Erfindung gehörig zu bezeichnen, die nicht zusammen mit den Merkmalen des Oberbegriffs als bekannt nachgewiesen worden sind. Eine Unterscheidung zwischen neuen und an sich bekannten Merkmalen im kennzeichnenden Teil eines Patentanspruchs ist nicht zweckmäßig. Die Einfügung der Worte „an sich bekannt" oder dergl. vor einzelnen Merkmalen eines Patentanspruchs trägt selten zur Klarstellung bei ...*
>
> *Ein Patentanspruch kann regelmäßig nicht darüber Auskunft geben, welcher Stand der Technik am Anmeldetag insgesamt vorlag. Dies ist nur an Hand der gemäß § 26 Abs. 4 Satz 1 PatG in die Beschreibung aufzunehmenden Angaben in Verbindung mit den Literaturangaben möglich. Die Forderung der Prüfungsstelle, daß ein Patentanspruch den Sachverhalt des zugrunde liegenden Standes der*

---

[105] BPatGE 12, S. 111.

Technik voll erkennen lassen müsse, war somit nicht gerechtfertigt." (a.a.O. S. 111, 112).

Der 10. Senat hat diese Rechtsprechung in seinem Beschluß vom 25.10.1979[106] fortgeführt und klargestellt, daß bei der Bildung des Oberbegriffs aus dem nächstliegenden Stand der Technik nicht am buchstäblichen Sinn des sprachlichen Ausdrucks zu haften ist, mit dem die fraglichen Merkmale in der Anmeldung und in der Entgegenhaltung belegt sind. Vielmehr sei hierfür auf ihren technischen Wesensgehalt abzustellen.

Eine weitere Fortführung dieser Rechtsprechung enthält der Beschluß des 12. Senats des BPatG vom 26. September 1984,[107] in dem es heißt, daß bei der Bildung des Oberbegriffs von dem vorveröffentlichten Stand der Technik im Sinne von PatG §3 Abs. 1 und nicht von einem etwa zusätzlich aufgedeckten nachveröffentlichten Stand der Technik von PatG § 3 Abs. 2 auszugehen sei. Dieser Auffassung widersprach der 21. Senat des BPatG in einem Beschluß vom 9. Juli 1985.[108] Der zweite Leitsatz seiner Entscheidung lautet:

„Entscheidet sich der Anmelder für die herkömmliche zweigeteilte Anspruchsfassung, so ist der Anmeldungsgegenstand grundsätzlich gegenüber dem nächstkommenden Stand der Technik, sei er vor – oder (bei älterem Zeitrang) auch nachveröffentlicht, denn das Patentgesetz geht in PatG § 3 Abs. 1 und 2 von einem einheitlichen (ganzheitlichen) Stand der Technik aus und läßt deshalb insoweit eine Differenzierung nicht zu (aA. 12. Senat, GRUR 1985, 123)."

Unter Berufung auf die zwischenzeitlich ergangene Hüftgelenkprothesen-Entscheidung des BGH[109] konterte des 12. Senat in seinem Beschluß vom 17. Februar 1987[110], indem er feststellte:

„Auch bei einer in Oberbegriff und kennzeichnenden Teil gegliederten Anspruchsfassung besteht keine Verpflichtung dazu, ein im kennzeichnenden Teil konkret angegebenes Merkmal zusätzlich in den Oberbegriff in allgemeiner, durch Abstraktion aus dem Stand der Technik gewonnener Form aufzunehmen."

Der vom Bundespatentgericht vollzogene „Sprung" von einem Oberbegriff, der alle im Zusammenhang mit der Erfindung bekannten Merkmale enthält, zu einem Oberbegriff, bei dem von dem am nächsten kommenden Stand der Technik, also z.B. nur von einer und nur einer druckschriftlichen Vorveröffentlichung auszugehen ist, ist gewaltiger, als es zunächst erscheinen mag. Die Absicht des Jepson-Anspruchs und der oben erwähnten Regeln, den neuen Gedanken einer Erfindung klar vom Stand der Technik zu unterscheiden, wird nicht erreicht, wenn nur von einer Druckschrift ausgegangen wird. Bei einem aus zehn Merkmalen bestehenden Anspruch können vier Merkmale aus einer ersten und drei (ganz andere) Merkmale aus einer zweiten Entgegenhaltung bekannt sein. Den Oberbegriff bildet dann die Druckschrift mit den vier bekannten Merkmalen.

---

106 BPatGE 2, S. 2-7.
107 BPatGE 27, 17-20 = GRUR 1985, S. 123-125.
108 Mitt. 1986, 210-212.
109 GRUR 1986, 237 = Mitt. 1986, 91.
110 Mitt. 1988, 38 = Bl.f.PMZ 1987, 325-327 = GRUR 1987, 809-810.

Drei der im Kennzeichen verbleibenden Merkmale sind dann aber ebenfalls bekannt, wenn auch aus einer anderen Druckschrift.

Der gegen nur eine Druckschrift „abgegrenzte" Anspruch erweckt den falschen Eindruck, als stünden in seinem Kennzeichen nur neue Merkmale, obwohl drei dieser Merkmale ebenfalls zum Stand der Technik gehören.

Ein solcher Anspruch ist also nicht geeignet, die „eigentlich neue" Erfindung vom Bekannten abzugrenzen. Das BPatG nimmt diesen Nachteil bewußt in Kauf, indem es auf die Unmöglichkeit einer solchen Abgrenzung hinweist, eine Auffassung, die bereits in der dissenting opinion der Richter des Supreme Court im Falle des „Overclaiming" zum Ausdruck kam.

Das Europäische Patentamt ist bei der Festlegung dessen, was in den Oberbegriff aufzunehmen ist, zurückhaltender als das Bundespatentgericht. *Blumer*[111] meint indessen, als „Stand der Technik" sei dasselbe zu verstehen wie in Art. 54, der für die Prüfung auf Neuheit ebenfalls den Vergleich der Erfindung mit jeweils einer einzigen Offenbarung aus dem Stand der Technik verlange.

Für die Prüfung der Patentfähigkeit sei als einzige Offenbarung, die die Grundlage des Vergleichs bilden solle, nur der „nächstliegende Stand der Technik" von Interesse. Weshalb von nur einer Druckschrift bei der Bildung des Oberbegriffs ausgegangen werden soll, führt *Blumer* nicht aus. Er gibt auch keine Entscheidung des EPA an, aus dem sich diese Auffassung ergeben könnte. Eine solche Entscheidung könnte indessen in der Entscheidung der Technischen Beschwerdekammer 3.5.1. vom 15. Mai 1986[112] erblickt werden. Im Leitsatz II dieser Entscheidung heißt es:

II. Bei Verwendung der zweiteiligen Anspruchsform ist die Vorrichtung oder das Verfahren, das den der Erfindung nächstliegenden Stand der Technik bildet, entsprechend Regel 29 (1) a) EPÜ in den Oberbegriff des Anspruchs aufzunehmen, in dem die Merkmale bezeichnet werden müssen, die zur Festlegung des beanspruchten Gegenstands der Erfindung notwendig sind, jedoch in Verbindung miteinander zum Stand der Technik gehören."

Der Ausdruck „der Erfindung nächstliegende Stand der Technik" geht dabei über Regel 29 hinaus – oder dahinter zurück, je nach Betrachtungsweise – und schließt an die Praxis der deutschen Patentbehörden an. Nähere Ausführungen dazu, weshalb im Oberbegriff nur von dem am nächsten kommenden Stand der Technik auszugehen sei, macht das EPA nicht. Es widerspricht in der Begründung zur Entscheidung allerdings der Meinung der Beschwerdeführerin, daß es wünschenswert oder gar notwendig sei, daß „im kennzeichnenden Teil des Anspruchs die erfinderische Tätigkeit angemessen dargelegt wird". Diese Behauptung der Beschwerdeführerin, so das EPA, dürfe auf der irrigen Vorstellung beruhen, daß sich die erfinderische Tätigkeit aus dem kennzeichnenden Teil der Ansprüche ergebe. Es sei jedoch der Gegenstand des Anspruchs als Ganzes, der die Erfindung und die ihr zugrundeliegende erfinderische Tätigkeit darstelle.[113]

In der Praxis unterscheiden sich somit das deutsche und das europäische Patentamt hinsichtlich der Formulierung des Oberbegriffs nicht, d.h. in beiden Ämtern wird gegen die am nächsten kommende Entgegenhaltungs „abgegrenzt". Diese Praxis ist mit Sinn und Zweck des Jepson claim an sich nicht vereinbar, dessen Oberbegriff den kompletten

---
111 a.a.O., S. 118.
112 T 13/84, ABl. EPA, 1986, S. 253-260 = GRUR Int. 1986, 723.
113 a.a.O., S. 259, linke Spalte.

Stand der Technik enthalten soll. Allerdings lassen die deutsche, europäische und amerikanische Gesetzesvorschriften einen Jepson-Anspruch zu. Es ergibt sich damit die etwas merkwürdige Situation, daß der deutsche, europäische und amerikanische Gesetzgeber bzw. Verordnungsgeber eigentlich alle den gleichen Anspruchstyp – den Jepson-Typ – anstreben, aber in der Praxis in keinem Land dieser Anspruchstyp in reiner Form herrscht.

2.3.3 Sachgründe für die richtige Formulierung des Oberbegriffs

Wie die bisherige Analyse des Oberbegriffs des zweigeteilten Anspruchs ergeben hat, tritt dieser in wenigstens vier Spielarten in Erscheinung:

a) dem Genus-Proximum-Anspruch nach Hartig, dessen „Oberbegriff" durch die nächstliegende Gattung gebildet wird, wobei die Gattung auch durch ein einziges Wort gekennzeichnet sein kann, beispielsweise durch das Wort „Fahrzeug";
b) dem Jepson-Anspruch, dessen Oberbegriff aus Merkmalen des Standes der Technik gebildet wird;
c) dem Disclaimer-Anspruch, dessen Oberbegriff – unabhängig vom Stand der Technik – Merkmale enthält, für die der Anmelder keinen Schutz begehrt;
d) dem Ein-Entgegenhaltung-Anspruch, dessen Oberbegriff Merkmale enthält, welche die beanspruchte Erfindung mit dem Gegenstand einer einzigen, ihr aber am nächsten kommenden Veröffentlichung gemeinsam hat.

Die Grenzen zwischen dem Genus-Proximum-Anspruch und einem einteiligen Anspruch sind fließend und bisweilen gar nicht erkennbar. Auch der einteilige Anspruch beginnt oft mit einem Genus Proximum, z.B. bei dem von *Windisch*[114] gegebenen Beispiel:

„Zwangsmischer mit folgenden funktional zusammenwirkenden Elementen ..."

Der Begriff „Zwangsmischer" ist hier nichts anderes als ein Genus Proximum. Der Umstand, daß die Wörter „dadurch gekennzeichnet" oder „gekennzeichnet durch" fehlen, ist irrelevant, denn es ist nur eine Formsache, ob man die Formulierung des einteiligen Anspruchs von *Windisch* wählt oder dieselbe Aussage mit der Wendung „Zwangsmischer, gekennzeichnet durch folgende funktional zusammenwirkende Elemente ..." macht.

2.3.3.1 Vor- und Nachteile des Anspruchs mit Genus-Proximum-Oberbegriff

Mit Ausnahme des Anspruchs mit Disclaimer-Oberbegriff haben alle übrigen zweigeteilten Ansprüche etwas mit dem „Stand der Technik" im weitesten Sinne zu tun, wobei der Genus-Proximum-Anspruch eine nicht ganz klare Position einnimmt. Ein Genus Proximum kann einen Stand der Technik beschreiben, muß ihn aber nicht in jedem Fall definieren. Wenn ein Kraftfahrzeug als neu beansprucht wird, kann der allgemeine Begriff „Fahrzeug" als Genus Proximum verwendet werden, denn Fahrzeuge wie Pferdefuhrwerke etc. sind schon seit langem bekannt. In diesem Fall ist das Genus Proximum zugleich „Stand der Technik". Wie steht es aber mit einer Erfindung, für die

---

114 GRUR 1978, 386.

kein Genus Proximum vorhanden ist, weil es noch keinen wirklich einschlägigen Stand der Technik gibt? Was ist das Genus Proximum zum ersten Oszillator, d.h. zum ersten Erzeuger elektrischer Schwingungen? Nach heute weit verbreiteter Praxis würde man einen Anspruch, der den Oszillator definieren soll, mit dem Quasi-Genus Proximum „Einrichtung zum Erzeugen elektrischer Schwingungen" beginnen. Jeder Fachmann wüßte dann sofort, was gemeint ist, obwohl der Stand der Technik eine solche Einrichtung noch gar nicht enthielte. Das „Genus Proximum" wäre dann vom Stand der Technik entkoppelt. Es wäre gewissermaßen mit der neuen Erfindung gleichzeitig eine neue Gattung geschaffen. An eine neue Gattung hatte *Hartig* allerdings nicht gedacht, als er vom nächsthöheren Allgemeinbegriff sprach. In seinen „Studien." (a.a.O., S. 213) führte er aus:

„Um den Gegenstand einer neuen Erfindung fehlerfrei definieren zu können, ist nicht mehr erforderlich, als daß der Erfinder sich darüber entscheide, welchem Gattungsbegriff seine Schöpfung untergeordnet werden soll, und daß er sich darüber klar werde, welche bestimmenden Merkmale für dieselbe als neu und als nothwendig zugleich zu erachten sind; er ist dabei an den Stand der augenblicklichen Sprachentwicklung gebunden, hat aber in der Wahl des dem Gattungsbegriff zukommenden Allgemeinheitsgrades und in der für ihn unter allen Umständen vortheilhaften Beschränkung in der Anzahl der bestimmenden Merkmale Spielraum genug, um die nach den Umständen mögliche größte Tragweite des gewünschten Schutzes zu erlangen, ohne dabei die Unzweideutigkeit der Formulierung zu gefährden."

Hartig hat offensichtlich beim Genus Proximum an einen Ein-Wort-Begriff gedacht und erkannt, daß man bei der Wahl eines solchen Begriffs an den Stand der augenblicklichen Sprachentwicklung gebunden ist. Diese Sprachentwicklung bezieht sich aber regelmäßig – sieht man von science-fiction-Begriffen wie etwa „beamen" ab – auf den jeweils aktuellen Stand der Technik, so daß die gewählten Gattungsbegriffe nicht selten für eine neue konkrete Erfindung unpassend sind, wie das Beispiel des Oszillators gezeigt hat. Bei weiteren Beispielen wie LASER, FUSIONSREAKTOR oder FLÜSSIGKRISTALL-DISPLAY dürfte der *Hartig'*sche Vorschlag ebenfalls in eine Sackgasse führen.

Man könnte dem entgegensetzen, daß es zu allen Erfindungen und in jedem Fall einen relevanten Stand der Technik gibt und daß dieser Stand der Technik dann das Genus Proximum sei. Beispielsweise gab es vor den elektrischen Oszillatoren schon mechanische Schwingungserzeuger, etwa in Uhren mit einer Aufzieh-Feder. Das richtige Genus Proximum würde in diesem Fall „Schwingungserzeuger" lauten, und erst im Kennzeichen wäre definiert, daß dieser Schwingungserzeuger ein elektrischer sein soll. Von einer direkten und anschaulichen Definition der Erfindung wäre ein solches Vorgehen jedoch weit entfernt. Obgleich zwischen mechanischen Schwingungen und elektrischen Schwingen in der Tat Analogien bestehen, die sich sogar in nahezu identischen Differentialgleichungen äußern, können diese Analogien erst bei wissenschaftlicher Durchdringung der physikalischen Phänomene erkannt werden. Für den durchschnittlichen Bürger, auch für einen Erfinder, bestehen zwischen einem elektrischen und einem mechanischen Schwinger erhebliche Unterschiede, die einen Vergleich der beiden Schwinger nicht zulassen. Diese Unvergleichbarkeit gilt beispielsweise auch für den LASER (= Abkürzung für Light Amplification by Stimulated Emission of Radiation), obgleich vor dem LASER bereits der verwandte MASER (= Abkürzung für Microwave oder Molecular Amplification by Stimulated Emission of Radiation) bekannt war, denn zwischen Licht und Mikrowellen bestehen wesentliche Unterschiede. Den Laser als Maser für Licht zu bezeichnen, wäre unzutreffend, obgleich diese saloppe Bezeichnung in einigen Lehrbüchern zu finden ist. Kritiker könnten nun einwenden, der Maser sei schon deshalb nicht als nächsthöhere Gattung zum Laser zu verwenden, weil er mit diesem auf gleicher Definitionsebene stehe. Es müßte dann also ein Begriff gefunden werden, der als Gattungsbegriff für Laser und Maser gleichermaßen gilt. Ein solcher Begriff würde sich bei Betrachtung der gemeinsamen Begriffe der LASER- und MASER-Definition ergeben, die „Stimulated Emission of Radiation" lauten. Die Bezeichnung „Einrichtung zur angeregten Emission von Strahlung" könnte in der Tat sowohl für Laser als auch für Maser als Gattungsbegriff verwendet werden, allerdings wäre dies dann nicht mehr der von *Hartig* gewünschte Ein-Wort-Begriff. Ein entsprechender Ein-Wort-Begriff war zur Zeit der Erfindung des Masers nicht bekannt. *Hartig* hält es in solchen Fällen offenbar für ratsam, den Allgemeinheitsgrad des Genus Proximum zu erhöhen. Der Begriff „Strahlungserzeuger", der sich bei einem solchen Sprung in die nächsthöhere Abstraktionsebene anbietet, ist indessen so allgemein, daß er nichts mehr über die eigentliche Erfindung aussagt, denn jedes Lagerfeuer und jeder Rundfunksender fällt unter den Begriff „Strahlungserzeuger".

Die *Hartig'sche* Methode kann somit zu ähnlich unklaren und unverständlichen Ansprüchen führen wie die moderne Methode für die Bildung zweiteiliger Ansprüche, bei der nur schwer lesbare Definitionen herauskommen, unter anderem weil der Oberbegriff in das Prokrustesbett des Standes der Technik gezwungen wird. Gerade für Pioniererfindungen, die *Hartig* so sehr schätzte, ist das von ihm favorisierte Genus Proximum weniger geeignet, denn dieses Genus Proximum ist, wie oben ausgeführt, nichts anderes als ein Allgemeinbegriff, der sich auf einen Stand der Technik bezieht, und diesen Stand der Technik gibt es nicht zu allen Erfindungen.

Die oben für die v. Lieben'schen Erfindung vorgeschlagene Bezeichnung „Einrichtung zum Erzeugen elektrischer Schwingungen" ist, genau besehen, natürlich gar kein Gattungsbegriff, sondern eine verkappte Aufgabenstellung oder Zielvorgabe. Es wird nämlich das zu erreichende Ziel angegeben: die Erzeugung elektrischer Schwingungen, wobei die Mittel hierfür in der abstraktesten Form als „Einrichtung" angegeben werden. Mit dieser Zielvorgabe werden aber beim Fachmann sofort klare Vorstellungen über die zu definierende Erfindung hervorgerufen. Es scheint deshalb, daß ein solcher Einstieg in die Erfindungsdefinition Vorteile gegenüber der *Hartig'sche* Methode der Wahl eines Gattungsbegriffs haben könnte. Die Kombinaton „Einrichtung" plus „Zielangabe" erinnert sehr stark an die aus dem amerikanischen Patentrecht bekannten „means plus function".

Es bleibt noch die Frage, welche Vorteile es überhaupt mit sich bringen soll, im Oberbegriff eines Patentanspruchs die Gattung zu erwähnen, wie es *Hartig* vorschlägt. Der Informationswert der Gattungsangabe ist, wie sich aufgrund des obigen Beispiels des „Schwingungserzeugers" gezeigt hat, gering. Die klassische Defintionslehre als Maßstab für die Formulierung von Patentansprüchen wirkt gerade bei Erfindungen, die etwas Neues beinhalten, in vielen Fällen unnatürlich. Ein derart formulierter Anspruch vermittelt oft weder einen schnellen Einstieg in die Erfindung, noch sagt er etwas über Merkmale aus, die nicht beansprucht werden sollen.

In Fällen, in denen eine deutliche Beziehung einer Erfindung zu einem vorhandenen Stand der Technik erkennbar ist, kann gegen den *Hartig'schen* Vorschlag, von einem

Gattungsbegriff auszugehen, an sich nichts eingewendet werden. Die Verwendung eines solchen Gattungsbegriffs ist jedoch keineswegs etwas Besonderes, sondern ergibt sich gewissermaßen von selbst, wenn jemand eine neue Erfindung beschreiben will. Hierbei muß man sich vorhandener Wörter bedienen, um sich der Allgemeinheit verständlich machen zu können. Die Methode mancher Philosophen, z.B. *Heideggers*, ihre neuen Erkenntnisse mittels neuer Begriffe zu vermitteln, ist für Offenbarungen auf technischem Gebiet nicht besonders geeignet. Vorhandene Wörter können aber nur dann eine ungefähre Vorstellung von einem neuen Gegenstand geben, wenn sie der nächsthöheren Abstraktionsebene angehören, denn diese Abstraktionsebene umfaßt stets auch noch nicht bekannte Begriffe bzw. Gegenstände. So enthält der schon im Altertum bekannte Begriff „Fahrzeug" alle Gerätschaften, mit denen man fahren kann, also auch die damals noch nicht bekannten Fahrräder, Motorräder, Lastwagen, Züge und Autos. Es ist deshalb verständlich und naheliegend, Motorräder und Autos als Fahrzeuge zu bezeichnen und dann anzugeben, welche Besonderheiten sie besitzen. Das oben wiedergegebene Beispiel des v. Lieben'schen Patents zeigt allerdings auch, daß es bei der Auswahl von solchen Gattungsbegriffen zu Merkwürdigkeiten kommen kann, denn mit dem Begriff „Kathodenstrahlrelais" hatte v. Lieben zwar an etwas Bekanntes angeknüpft, doch gibt dieser Begriff nur eine unzulängliche Vorstellung von dem, was v. Lieben wirklich erfunden hatte.

Hartig hat, soweit ersichtlich, niemals selbst einen nach seiner Ansicht idealen Anspruch formuliert. Er hat jedoch den Patentanspruch des deutschen Patents Nr. 30 084 der französischen Firma Les fils de Peugeot frères, der auf eine Pfeffermühle gerichtet ist, als „logisch fehlerfrei" bezeichnet.[115]

Dieser Anspruch, der bereits oben unter IV,1.2.1.1 wiedergegeben ist, soll hier noch einmal wiederholt werden:

> *„Eine Pfeffermühle, bei welcher die Drehung des Reibkegels durch den Vorrathsbehälter selbst eingeleitet wird, so daß die Drehachse nicht durch diesen Behälter hindurchzugehen braucht."*

Durch die Angabe dieses Beispiels hat *Hartig* unter anderem auch kundgetan, was er unter einem Gattungsbegriff versteht: es handelt sich dabei wohl um den Begriff „Pfeffermühle". Unklar ist allerdings aus heutiger Sicht, wo die Wörter „dadurch gekennzeichnet" eingesetzt werden müßten, wenn man eine moderne Fassung des Anspruchs wählte. Zwei Möglichkeiten bieten sich an:

> *a) Eine Pfeffermühle, dadurch gekennzeichnet, daß die Drehung des Reibkegels durch den Vorrathsbehälter selbst eingeleitet wird, so daß die Drehachse nicht durch diesen Behälter hindurchzugehen braucht."*

oder

> *b) Eine Pfeffermühle, bei welcher die Drehung des Reibkegels durch den Vorrathsbehälter selbst engeleitet wird, dadurch gekennzeichnet, daß die Drehachse nicht durch diesen Behälter hindurchzugehen braucht.*

---

115 Studien, a.a.O: Über eine technologisch irrtümliche Auffassung mechanisch-technischer Erfindungen und deren Gefahren in der Patentverwaltung, S. 140.

2 Vergleich und Bewertung der verschiedenen Anspruchstypen 133

Damit sind zwei verschiedene Oberbegriffe möglich, die beide als Gattungsbegriffe im Sinne *Hartigs* interpretiert werden können. *Hartig* selbst äußert sich zu diesem Problem nicht direkt. Bei einer Gesamtbetrachtung seiner Arbeiten kann man allerdings schießen, daß der erstgenannte Oberbegriff die Gattung bzw. das genus proximum darstellen soll. Dies ergibt sich auch bei Betrachtung des von *Hartig* angegebenen Standes der Technik. In seiner Abhandlung stellt *Hartig* der neuen Pfeffermühle eine bekannte Pfeffermühle des gleichen Anmelders gegenüber:

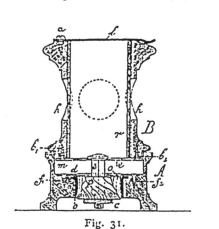
Fig. 31.

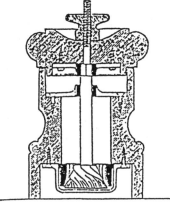
Fig. 32.

Abb. 11

und führt hierzu aus:

> „*Der Patentgegenstand ist als neue Maschine aus dem Arbeitsgang definiert; jede Pfeffermühle ist getroffen und fällt in den Geltungsbereich des Patents, bei welcher die Drehung des Reibkegels durch den Vorrathsbehälter selbst eingeleitet wird. Um den Reibkegel (P) (Fig. 31) gegen den Hohlkegel (o) in Rotation zu versetzen, faßt man den Fuß (A) in die linke Hand und leitet mit der rechten Hand, welche den Vorrathsbehälter (B) umfaßt, die Bewegung ein. Damit ist der technisch bemerkenswerthe Unterschied gegen die vorher bekannt gewesenen Pfeffermühlen (Fig. 32) derselben Firma deutlich hervorgehoben, bei denen die die Einleitung der Reibkegelbewegung durch den Deckel erfolgen mußte, also der Vorrathsbehälter von einer Achse durchsetzt war (s. Abb. 11).*"[116]

Aus diesen Ausführungen wird deutlich, daß *Hartig* unter einem Gattungsbegriff tatsächlich nur einen Ein-Wort-Begriff versteht und nicht etwa eine Mehrwort-Definition, die ja ebenfalls eine Gattung bezeichnen könnte. Die Stellung des „dadurch gekennzeichnet" müßte deshalb nach *Hartig* bei einer modernen Anspruchsformulierung derjenigen der oben wiedergegebenen Alternativen a) entsprechen.

Der nach *Hartig* „logisch fehlerfreie" Anspruch ist indessen alles anderes als ideal, was schon *Wirth*[117] in seiner beißenden Kritik dieses Anspruchs aufdeckte. Ratschläge in

---

116 a.a.O. (Fußn. 307), S. 140, 141.
117 Wirth/Isay, Der Patentanspruch, a.a.O., S. 77 ff.

abstrakter Form zu geben ist eben doch etwas grundsätzlich anderes als diese in konkrete Beispiele umzusetzen. Auf die Vielzahl der Kritikpunkte, die *Wirth* vorträgt, soll an dieser Stelle nicht eingegangen werden. Es wird jedoch auf einige offenkundige Mängel des besagten Anspruchs hingewiesen.

Wenn *Hartig* meint, unter den Geltungsbereich besagten Anspruchs falle jede Pfeffermühle, bei welcher die Drehung des Reibkegels durch den Vorratsbehälter selbst eingeleitet werde, so verkennt er, daß diesem Merkmal im Anspruch 1 noch ein weiteres folgt, nämlich daß die Drehachse nicht durch diesen Behälter hindurchzugehen braucht. Brächte jemand etwa im unteren Drittel des Vorratsbehälters eine Drehachse an – z.B. mittels einer sternförmigen und horizontalen Zwischenwand, die mit der Innenwand des Vorratsbehälters verbunden ist – und würde man mittels dieser Drehachse den Reibkegel drehen, so würde die so konstruierte Pfeffermühle nicht unter den Anspruch fallen, obgleich die Drehung des Reibkegels durch den Vorratsbehälter selbst (und nicht durch einen Deckel) eingeleitet würde, denn die Drehachse würde bei dieser Umgehungslösung durch den Behälter hindurchgehen.

Dieser Umgehung hätte vorgebaut werden können, indem der zweite Teil des Anspruchs, „so daß die Drehachse nicht durch diesen Behälter hindurchzugehen braucht", weggelassen worden wäre. Weshalb dieses erkennbar überflüssige Merkmal in den Anspruch genommen wurde, ist nicht erkennbar und wird von *Hartig* auch nicht erläutert. Wäre dieses Merkmal bei einem Verletzungsprozeß im Anspruch verblieben, hätte *Hartig* nur noch hoffen können, daß der Verletzungsrichter das erwähnte Merkmal als unwichtig eingestuft und einfach in Gedanken weggelassen hätte. Dies wäre aber auf einen isolierten Schutz des ersten Elements des „Kennzeichens" hinausgelaufen, was *Hartig* mit seiner präzisen Anspruchsformulierung gerade vermeiden wollte.

Ein weiterer offenkundiger Mangel des obigen Pfeffermühlen-Anspruchs besteht in seiner direkten verbalen Ankopplung an die vorbekannte Pfeffermühle. Es ist von „dem Reibkegel, „der Drehachse" und „dem Vorrathsbehälter" jeweils im bestimmten Artikel die Rede, ohne daß diese Begriff zuvor eingeführt wurden. Ohne Kenntnis der Fig. 32, die den Stand der Technik abbildet, ist der Anspruch gar nicht verständlich.

Außerdem ist der Begriff Drehachse offensichtlich falsch gewählt, denn eine Drehachse muß nicht immer durch eine materielle Welle realisiert sein, sondern sie kann auch mathematisch aufgefaßt werden, z.B. als die Achse, um die sich der Vorratsbehälter dreht. Interpretiert man die Drehachse im letztgenannten Sinn, dann geht diese auch bei der neuen Pfeffermühle durch den Vorratsbehälter.

Hartigs „logische" Definition mit einem „Genus Proximum" und einer „differentia specifica" ist anderen Definitionen nicht überlegen. Dies hatte auch schon *Osterrieth*[118] erkannt, wenn er ausführt:

> *„Die Darstellung der Erfindung als einer logischen Einheit ist jedenfalls die wissenschaftlich ideale Fassung des Patentanspruchs. Indessen kann sie gerade in solchen Fällen gefährlich werden, in denen das betr. Gebiet technologisch noch nicht durchgearbeitet ist. Es kann daher die nüchterne Angabe des als wesentlich bezeichneten Elements der Erfindung in manchen Fällen den Gegenstand der Erfindung zuverlässiger bestimmen als die logische Definition."*

Osterrieth bezieht sich hierbei auf *Schütz*[119], der empfiehlt, aus einer zusammengesetzten Vorrichtung denjenigen Teil herauszugreifen, der die ausschlaggebende Funkti-

---

118 A. Osterrieth: Lehrbuch des gewerblichen Rechtsschutzes, Leipzig, 1908, S. 136, 137.

on erfüllt, z.B. statt der Definition der ganzen Uhr den Anspruch auf die Pendelhemmung zu beschränken. Eine ähnliche Meinung hätte – so Osterrieth – *Schanze*[120] vertreten. Damit schließt sich der Kreis zu dem bereits oben erwähnten Overclaiming, das *Osterrieth*, *Schütz* und *Schanze* offenbar gar nicht kannten.

2.3.3.1.1. Exkurs: Aristoteles, Klassifikationen und Anspruchsformulierungen

Kumm, der sich mehrfach und in neuerer Zeit wohl auch am gründlichsten[121] mit dem Problem der Anspruchsformulierung beschäftigt hat, läß seinen Aufsatz „Wie fortschrittlich ist die Patentrechtswissenschaft?"[122] mit den Worten enden:

> *„Für die Anspruchsformulierung gibt es keine bessere Grundlage als die klassische Realdefinition. Wer etwas besseres schaffen will, der muß 2300 Jahre abendländischer Definitionslogik aus den Angeln heben können."*

Dieser optimistischen Aussage *Kumms* steht allerdings die Meinung von *Dubislav*[123] entgegen:

> *„… Man kann geradezu behaupten, alle Probleme, die mit der Frage nach der Definition und ihrer Stellung bei Darstellung einer Wissenschaft enger zusammenhängen, befinden sich in einem Zustand völliger Verwahrlosung …"*

Wären die 2300 Jahre abendländischer Definitionslogik so erfolgreich gewesen, wie *Kumm* behauptet, wäre *Dubislav* wohl kaum zu seiner kritischen Aussage gekommen. Was eine Realdefinition sein soll, erläutert *Kumm* deshalb auch nur mit knappen Worten und an anderer Stelle:

> *„Die REALDEFINITION sucht einen existierenden Sachververhalt – also eine existierende physische Erscheinung begrifflich zu erklären"* [124]

Eine Anleitung zum Auffinden von Gattungsbegriffen und/oder kennzeichnenden Merkmalen stellt diese Definition gerade nicht dar. *Kumm* wendet sich mit seinen 1987er Ausführungen gegen die „Modernisten", die einen Anspruch mit Merkmalsanalyse vorschlagen. Zutreffend führt *Kumm* aus, daß deren Kritik an dem *Hartig*'schen Anspruch unbegründet sei, weil von *Hartig* gar nicht jene Zweiteilung oder gar jenes analogisch-skurrile Dogma von einer am nächsten kommenden Druckschrift stamme[125] Allerdings gibt *Kumm*, darin *Hartig* folgend, keine tiefere Begründung für die Vorteile der „wahren" *Hartig*'schen Anspruchsformulierung. Seine Begeisterung für die Realdefinition des *Aristoteles* ist umso weniger verständlich, als er bereits 21 Jahre vorher die Nachteile des deutschen Anspruchsschemas zutreffend aufgedeckt hatte,[126] das u.a. dann

---

119 Schütz: Über die wichtigsten Fragen auf dem Gebiet des Patentwesens, Zeitschrift des Vereins deutscher Ingenieure, 33, 607.
120 GRUR 1987, 162.
121 Alfred W. Kumm: System des patentrechtlichen Erfindungsschutzes, Baden-Baden 1962, insbesondere S. 164-207.
122 Mitt. 1987, S. 234-236.
123 Walter Dubislav: Über die Definition, Berlin 1926, S. 5.
124 Alfred W. Kumm: System des patentrechtlichen Erfindungsschutzes, Baden-Baden 1962, S. 159.
125 Mitt. 1987, S. 235, rechte Spalte.
126 Kumm: Die Formen des Patentanspruchs, GRUR Int. 1966, S. 72-79, insb. S.74, linke Spalte, Punkt III.

versage, wenn die neuartige Erfindung, logisch gesehen, eine neue technische Gattung begründe. In seiner Studie von 1962 hatte er sogar ausgeführt:

> *„Schon diese wenigen Beispiele bezeugen unverhüllt, daß die vorstehenden logisch fehlerfrei gebildeten Gattungsbegriffe zur Definition einer technischen Erscheinung von eigener Art – insbesondere einer neuen technischen Erfindung – aus technischer Sicht unbefriedigend sind ...*
>
> *Die klassische Angabe der bekannten nächsthöheren Gattung ist zur Definition technischer Erfindungen nicht hinreichend. Zweifellos muß noch die technische Zweckerfüllung der (neuen) Art angegeben werden."*[127]

Kumm und *Hartig* haben indessen nicht nur die Vorteile der *Aristotelischen* Definition für die Formulierung eines Patentanspruchs nicht näher begründet, sondern sie haben noch nicht einmal angegeben, auf welche Aussagen von *Aristoteles* sie sich berufen. Es kann deshalb nur vermutet werden, daß sie die TOPIK (Organon V) des *Aristoteles* gemeint haben. Im ersten Buch, fünftes Kapitel dieses Werks führt *Aristoteles* aus:

> *„Wir müssen jetzt angeben, was Definition, was Proprium, was Gattung und was Akzidenz ist.*
>
> *Definition ist eine Rede, die das Wesen anzeigt. Man setzt hier entweder eine Rede an die Stelle eines Wortes oder eine Rede an die Stelle einer Rede. Denn man kann auch manches definieren, was durch eine Rede ausgedrückt ist. Wer etwas wie immer durch ein Wort erklärt, gibt offenbar keine Definition des Dinges, da jede Definition eine Rede ist. Doch muß man zugeben, daß es sich der Definition nähert, wenn man z.B. sagt: Das sittlich Gute ist das Geziemende ... Eigentümlich, proprium, ist was nicht das Wesen eines Dings bezeichnet, aber nur ihm zukommt und in der Aussage mit ihm vertauscht wird. So ist es eine Eigenschaft des Menschen, daß er der Grammatik fähig ist ... Gattung ist, was von mehreren und der Art nach verschiedenen Dingen bei der Angabe ihres Was oder Wesen prädiziert wird ... Akzidenz ist was keines von diesen ist, nicht Definition, nicht Proprium, nicht Gattung, aber dem Dinge zukommt, und was einem und demselben, sei es was immer, zukommen und nicht zukommen kann, wie es z.B. einem und demselben zukommen kann und nicht zukommen kann, daß es sitzt. Gleiches gilt von dem Weißen. Nichts hindert ja, daß dasselbe Ding bald weiß, bald nicht weiß ist ...".*[128]

Aristoteles bringt mit diesen Ausführungen zu Ausdruck, daß bei einer Definition nicht ein erstes Wort durch ein zweites Wort erklärt wird, sondern daß hierzu eine „Rede", d.h. mindestens ein Satz, erforderlich ist. Außerdem muß das „Proprium" angegeben werde, d.h. die „differentia specifica". Die Zuordnung der „differentia specifica" zur Gattung läßt er noch offen, doch führt er an anderer Stelle aus:

> *„Die Erörterung über die Definitionen hat fünf Teile. Entweder ist es überhaupt nicht wahr, daß das, was den Namen hat, auch unter den Begriff gehört – muß*

---

127 System des patentrechtlichen Erfindungsschutzes, a.a.O., S. 180.
128 Aristoteles, Topik, Organon V, S. 5-7, Verlag von Felix Meiner, Hamburg, Philosophische Bibliothek Band 12, unveränderter Nachdruck 1968 der zweiten Auflage von 1922.

2 Vergleich und Bewertung der verschiedenen Anspruchstypen 137

> *doch z.B. der Begriff Mensch von jedem Menschen gelten –, oder man bringt das Ding, obwohl eine Gattung vorhanden ist, nicht unter sie oder unter die eigentümliche Gattung – denn beim Definieren muß man das Ding in eine Gattung gewiesen haben, um dann die Unterschiede hinzuzufügen, da in der Definition die Gattung doch wohl am ersten das Wesen des zu Definierenden wiedergibt, – oder der Begriff ist dem Ding nicht allein eigen – die Definition muß, wie schon gesagt, dem Ding eigentümlich sein –, oder man beobachtet alles Angegebene, definiert aber gleichwohl nicht und bezeichnet die Quiddität des Dinges nicht ..."*[129]

Aristoteles stellt also fest, daß man beim Definieren das Ding in eine Gattung gewiesen haben muß, um dann die Unterschiede hinzuzufügen. Dies ist genau die Technik, die *Hartig* für die Definition einer Erfindung empfiehlt. Die Definitionen, die *Aristoteles* im Auge hatte, waren indessen mit Erfindungsdefinitionen nicht zu vergleichen. Dies zeigen die von ihm gegebenen Beispiele. So hat er eine Falschdefinition anhand des Begriffs der Gerechtigkeit erläutert:

> *„Ferner: wenn man beim Definieren die Gattungen übergeht, z.B. die Gerechtigkeit definiert als Gleichheit herstellenden oder Gleiches zuteilenden Habitus. Wer so definiert, übergeht die Tugend und gibt somit, da er die Gattung für Gerechtigkeit ausläßt, ihr Wesen nicht an. Denn das Wesen ist für jedes Ding an seine Gattung gebunden ..."*[130]

Hiernach soll also die „Tugend" als Gattungsbegriff für die „Gerechtigkeit" dienen. An anderer Stelle bezeichnet *Aristoteles* „Gut" als die Gattung von „Tugend".[131] Damit ergibt sich eine etwas merkwürdige Begriffshierarchie „Gut" – „Tugend" – „Gerechtigkeit". Für die Definition von Erfindungen ist dies sicher keine sehr überzeugende Vorlage. *Aristoteles* geht es, wie auch andere von ihm gegebene Beispiele zeigen, um reine Begriffsdefinitionen, und zwar um die Definition bekannter abstrakter Begriffe. Die Definition dient also dazu, die Bedeutung eines bekannten Wortes (z.B. Gerechtigkeit) zu schärfen und zu präzisieren. Bei der Definition einer Erfindung mittels eines Patentanspruch geht es aber nicht darum, einen Begriff zu erklären, sondern den Aufbau oder die Funktionsweise eines technischen Gegenstands. Formal könnte man zwar eine Analogie zwischen der Erfindungsdefinition und der Aristotelischen Wortdefinition herstellen, indem man der Erfindung ein unbekanntes Wort zuordnet und in der Erfindungsdefinition eine Definition dieses unbekannten Worts sieht. Bei diesem unbekannten Wort würde es sich dann aber nicht um einen bekannten Gattungsbegriff handeln.

Berücksichtigt man, daß bei der Aristotelischen Definition nicht mit dem Gattungsbegriff begonnen wird, sondern der Gattungsbegriff zur Erläuterung des speziellen Begriffs dient, also nicht

> *Himmelskörper, dadurch gekennzeichnet, daß er sich auf einer Bahn um einen Planeten bewegt,*

sondern

---

129 a.a.O., S. 124, sechstes Buch, erstes Kapitel.
130 a.a.O., S. 135.
131 a.a.O., S. 137.

Ein Mond (definiendum) ist ein Himmelskörper (Gattung), der sich auf einer Bahn um um einen Planeten bewegt (differentia specifica, definiens).

so erkennt man, daß es um eine reine Begriffsdefinition (hier: Mond) geht, die bei Erfindungen praktisch keine Rolle spielt. Ob man die vorstehende Definition als Real- oder Nominaldefinition bezeichnen soll, ist im übrigen nicht so eindeutig zu entscheiden, wie es die Gleichungen „Realdefinitionen" = Sacherklärungen bzw. „Nominaldefinition" = Worterklärung vermuten lassen, denn eine Nominaldefinition ohne jegliche Sacherklärung scheint nicht möglich oder zumindest willkürlich.

Das *Aristotelische* Definitionssystem hat auch systemimmanente Schwächen, was *Aristoteles* allerdings schon selbst z.T. erkannt hat:

„Nicht gut definieren kann man auf zweierlei Weise, einmal, wenn man sich undeutlich ausdrückt – denn bei der Definition muß man so deutlich wie möglich sein, da sie der Erkenntnis wegen gegeben wird -, dann, wenn man in dem Begriff mehr angibt, als nötig ist, da jede weitere Zugabe zu der Definition überflüssig ist [132]

Im modernen Patentdeutsch nennt man den zweiten Definitionsfehler „Überbestimmungen des Patentanspruchs". *Aristoteles* zählt sodann einige spezielle Fehlerquellen auf, z.B.

- wenn die aufgestellte Definition Homonymie enthält.[133]
- wenn metaphysisch definiert wird. Jeder Metapher sei undeutlich.[134]
- wenn Worte verwendet werden, die durch keinen Gebrauch feststehen.[135]

Die letztgenannte Fehlerquelle scheint *Aristoteles* für besonders wichtig zu halten, denn er führt aus:

„Man definiert, damit der fragliche Gegenstand erkannt werde. Wir erkennen aber etwas nicht aus jedwedem, sondern aus Früherem und Bekannterem, nicht anders als bei den Demonstrationen – denn das ist der Weg alles Lehrens und Lernens –, und so erhellt denn, daß einer, der für die Definition nicht solche Begriffe verwendet nicht definiert hat ...".[136]

Aristoteles drückt hierdurch aus, daß sich Definitionen nur mit Hilfe allgemein bekannter Begriffe durchführen lassen.

Die Gattung hat bei *Aristoteles* vornehmlich die Aufgabe, das Wesen eines Dings zu bezeichnen:

„Denn das Wesen ist für jedes Ding an seine Gattung gebunden" ... [137].

---

132 a.a.O. (Fußn. 333), S. 125.
133 a.a.O. (Fußn. 333), S. 125.
134 a.a.O., S. 126.
135 a.a.O., S. 126.
136 a.a.O., S. 130.
137 a.a.O., S. 135.

2 Vergleich und Bewertung der verschiedenen Anspruchstypen

„Eine Bestimmung, die das Objekt unter die nächste Gattung bringt, gibt damit alle höheren an, da diese sämtlich von den niederen Gattungen angesagt werden. Man muß demnach entweder den Begriff unter die nächste Gattung, oder der höheren Gattung alle Differenzen beigeben, wodurch die nächste Gattung bestimmt wird. Denn so läßt die Definition nichts aus, sondern gibt statt des Namens den Begriff der niederen Gattung an."[138]

Im Bereich der Technik scheint es äußerst zweifelhaft, ob die Gattung etwas über das Wesen einer Erfindung aussagt. Bei vielen Objekten ist es schon schwierig, überhaupt einen Gattungsbegriff zu finden. Betrachtet man etwa Gegenstände aus der Automobiltechnik, z.B. Reifen, Motor, Auspuff, Vergaser, Heizung, Felge, Dach oder Antenne, so drängen sich Oberbegriffe keinesfalls spontan auf.

Unklar ist bei Aristoteles auch, wie die Definitionsmomente eine Einheit mit der Gattung bilden können.[139]

Bei der Aristotelischen Definition wird, wie sich aus den oben angegebenen Beispielen ergibt, ein Begriff, z.B. Gerechtigkeit, durch andere Begriffe erläutert. Wird aber ein Begriff auf andere zurückgeführt, spricht man oft von einer Nominaldefinition.[140] Die Nominaldefinition steht indessen nach herrschender Auffassung im Gegensatz zur Realdefinition, um die es sich bei dem Begriffspaar „Genus Proximum – Differentia specifica" doch eigentlich handeln soll. Allerdings wird das Problem von Nominal- und Realdefinition in der philosophischen Literatur sehr uneinheitlich gesehen. Eine häufig anzutreffende Unterscheidung, die auch von *Kumm* getroffen wurde, besteht in der „Erklärung eines Begriffsinhalts" einerseits und der „Sacherklärung, Angaben der Kennzeichen einer Sache" andererseits.[141] Eine andere Unterscheidung trifft v. Savigny[142], wenn er einerseits von „Behauptungen in einer Sprache" und andererseits von „Behauptungen über diese Sprache" spricht, was wohl dasselbe ist, obgleich v. *Savigny* selbst dies nicht so sieht. Eine Behauptung in der Sprache der Chemiker sei hiernach beispielsweise:

Sauerstoff ist ein farb- und geruchloses Gas, dessen Fließpunkt bei $-218{,}76\ °C$ und dessen Siedepunkt bei $-182{,}97\ °C$ liegen; es reagiert, außer mit den Edelgasen, mit allen anderen Elementen.

Behauptungen über die Sprache der Chemiker lauteten dagegen wie folgt:

„Sauerstoff" heißt das chemische Element mit der Ordnungszahl 8 und dem Atomgewicht 15,9994.

Savignys „Behauptungen über die Sprachen" sind nichts anderes als Nominaldefinitionen, während seine „Behauptungen in der Sprache" Realdefinitionen sind. Ob diese Unterscheidungen sinnvoll sind, scheint, wie oben bereits angedeutet, zumindest zweifelhaft, denn beide Definitionsarten lassen sich oft nicht klar voneinander trennen.

Eine übersichtliche Darstellung der verwirrenden Vielfalt von Definitions-Definitionen findet sich bei *Robinson*, der folgende Einteilung vorgenommen hat:

---

138 a.a.O., S. 135.
139 Matthias Kessler: Aristoteles' Lehre von der Einheit der Definition, Dissertation an der Philosophischen Fakultät der Universität München, 1973.
140 Schmidt/Schischkoff: Philosophisches Wörterbuch, 22. Auflage, Stuttgart 1991, S. 122.
141 Hügli/Lübcke: Philosophie-Lexikon, 2. Auflage, 1998, S. 131.
142 Eike v. Savigny: Grundkurs im wissenschaftlichen Definieren, 5. Aufl. 1980, S. 12.

140   IV. Zur formalen Beschreibung des wesentlichen Inhalts von Erfindungen

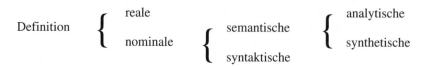

Man erkennt hieraus, daß die Realdefinition recht stiefmütterlich behandelt und nicht in gleicher Weise wie die Nominaldefinition „seziert" wird. Ob die *Robinson*'sche Einteilung der Realität entspricht oder nur ein weiteres künstliches Gedankenprodukt ist, mag dahinstehen. Für die Beschreibung von Erfindungen kommt jedenfalls, wenn überhaupt, nur die „reale" Definition in Frage, denn die übrigen Definitionsarten lassen sich auf die Beschreibung eines neuen Gegenstands nicht anwenden. Während für die Mathematiker und Logiker die nominalen Definitionen – der syntaktischen oder semantischen Art – besonders wichtig sind, befassen sich die Natur- und Geisteswissenschaftler nur nebenbei mit ihnen, insofern auch sie sich einer Sprache bedienen müssen;[143] ihre Definition ist die „reale". Was eine „reale" Definition ist, ist aber selbst von Fachleuten nicht ganz einfach zu bestimmen. Während z.B. Robinson 12 verschiedene reale Definitionen unterscheidet, hält *Bocheński* viele dieser Robinson'sche Definitionen für syntaktische oder semantische Definitionen. Nur vier Definitionen läßt auch *Bocheński* als reale Definitionen gelten:

1. Bestimmung des Wesens. Diese Art der Definition wird nach *Bocheński* von den metaphysisch und phänomenologisch eingestellten Philosphen angestrebt.
2. Bestimmung der Ursache. Hierhin gehören u.a. die sogenannten genetischen Definitionen, mit denen man die Entstehung eines Gegenstands beschreibt.
3. Analyse eines Sachverhalts auf seine verschiedenen Aspekte und Teile hin.
4. Bestimmung der für ein Gebiet geltenden Gesetze. Diese Art der Definition ist dem logischen Produkt der wissenschaftlichen Gesetze des Gebietes äquivalent.[144]

Da man in der Technik nicht vom „Wesen" einer Erfindung zu sprechen pflegt, scheidet die „wesensbestimmende" Definition für Erfindungen aus. Die wesenbestimmende Definition ist aber wohl genau diejenige, die *Aristoteles* im Auge hatte. Auch die dritte und vierte Definitionsart ist offensichtlich nicht für eine Erfindungsbestimmung geeignet. Die „genetische Definition" kann dagegen für die Bestimmung von Herstellungsverfahrens-Erfindungen verwendet werden, denn bei diesen wird die Entstehung eines Gegenstands beschrieben. Für Sacherfindungen bleibt bei *Bocheński* leider keine Realdefinition mehr übrig.

Angesichts dieses Sachverhalts erscheint es gekünstelt, *Aristoteles* und in seinem Gefolge *Hartig* als die Väter eines logischen Patentanspruchs anzusehen. *Kumm*, der *Hartig* verteidigt, stülpt die klassische Logik relativ unkritisch über das Patentrecht[145], um am Ende festzustellen, daß diese Logik bei der Anwendung auf Erfindungsdefinitionen doch Mängel aufweist. Er führt aus:

„Methodisch wird die Aufgabe am einfachsten gelöst durch Feststellung der nächsthöheren Gattung, in welcher das zu Definierende enthalten ist (genus pro-

---

143 *Bocheński*: Die zeitgenössischen Denkmethoden, 5. Auflage, Stuttgart 1971, S. 95.
144 *Bocheński*, a.a.O., S. 95.
145 System ... , a.a.O., S. 159.

ximum) und durch Bestimmung des artgebenden Unterschiedes (differentia specifica). Der artgebende Unterschied enthält also diejenigen Merkmale, welche wesentlich sind und welche somit die zu bestimmende Erscheinung von den anderen, in derselben Gattung befindlichen Erscheinungen zu unterscheiden gestatten.".[146]

Weshalb diese Methode die „einfachste" sein soll, führt *Kumm* leider nicht näher aus. Die praktischen Beispiele, die *Kumm* gibt und die ihn letztlich erkennen lassen, daß die klassische Definition für Erfindungen nicht ausreicht, belegen eigentlich etwas anderes. Eines seiner Beispiele bezieht sich auf eine spezielle Meßgerätetechnik, für die er folgende Hierarchie aufstellt:

Begriffsstufe	Gattung und Arten
I	(1) Materielles Ding
II	(2) Anordnung
III	(3) Gerät
IV	(4) Meßgerät
V	(5) Temperaturmeßgerät
VI	(6) Strahlungsthermometer (oder Berührungsthermometer)
VII	(7) Teilstrahlungsthermometer (Teilstrahlungspyrometer) oder Farbtemperaturmesser (Farbpyrometer) = Strahlungsthermometer für die …
VIII	(8) Teilstrahlungsthermometer für die Leuchtdichte (Intensitäts-Vergleichsmessung) oder Teilstrahlungsthermometer für die unmittelbare Leuchtdichte-(Intensitäts-) Messung[147]

Auf die Wiedergabe der weiteren Untergliederung bis zur Stufe X mit den Arten 10, 10', 10a und 10b soll hier verzichtet werden, weil das System, das *Kumm* vorschwebt, aufgrund der vorstehenden Angaben deutlich genug geworden ist. Der Unterschied zu *Aristoteles* ist klar erkennbar: *Aristoteles* definierte mit seiner Methode bekannte Begriffe („Tugend") durch andere bekannte Begriffe („Gut"), während bei *Kumm* die (Fach-)Begriffe erst durch den Fortschritt der Technik gebildet werden.

Was *Kumm* macht, ist nichts anderes als die Klassifizierung einer Erfindung in ein bestehendes Ordnungssystem, z.B. in die Internationale Patentklassifikation. *Kumm* erweist sich damit als ein Kind des Patentamts, dessen Mitglied er 1962 war. Das Patentamt ordnet jede eingehende Patentanmeldung bestehenden Patentklassen und -gruppen zu. Dies hat u.a. den Zweck, die Patentanmeldung einem sachkundigen Prüfer zuzuleiten, der für ganz bestimmte Patentklassen und Gruppen zuständig ist. Ob diese Einordnung einer Erfindung in ein Klassifizierungssystem etwas mit einer sinnvollen Erfindungsbeschreibung oder gar mit einer optimalen Definition des Schutzbereichs der Erfindung zu tun hat, ist nicht erkennbar.

Jedenfalls kann man mit dem Oberbegriff „Gerät" keineswegs das „Wesen" des „Meßgeräts" ausdrücken, wobei offen bleiben kann, ob das Wesen von „Tugend" durch „Gut" – wie *Aristoteles* glaubte – erfaßt wird.

Sinnvoll ist es sicherlich, eine neue Erfindung mit solchen Wörtern zu beschreiben, die allgemein bekannt sind, denn ein Erfinder muß sich seinen Mitbürgern irgendwie

---
146 a.a.O., S. 159.
147 a.a.O., S. 167-171.

mitteilen, was nur gelingen kann, wenn diese ihn verstehen. Dies bedeutet jedoch keineswegs, daß ein bekanntes Substantiv, das eine Gattung bezeichnet, den Oberbegriff eines Patentanspruchs bilden muß. Zu Beginn einer technischen Entwicklung wird es sich bei den Wörtern, mit denen der Erfinder seine Erfindung beschreibt, um Wörter der Alltagssprache handeln, weil es noch gar keine termini technici gibt. Erst im Laufe der Zeit bildet sich eine Fachsprache heraus, die eine Klassifikation im obigen Sinne zuläßt. So erkennt man aus der *Kumm'*schen Hierarchie, daß die Begriffe immer fachspezifischer werden. Die Begriffe „materielles Ding", „Anordnung" und „Gerät" sind bereits im Altertum bekannt gewesen; dies gilt auch noch für den Begriff „Meßgerät", denn Griechen und Römer kannten bereits Meßbecher. Kritisch wird es bei dem Begriff „Temperaturmeßgerät". Derartige Geräte sind zwar de facto schon seit langem bekannt – jeder an seinen Enden eingespannte Metalldraht kann durch seine Durchbiegung einen Hinweis auf Temperaturen geben – doch dürften solche Geräte beim gemeinen Volk im Alterum kaum bekannt gewesen sein. Richtig „technisch" wird es erst mit dem Begriff „Strahlungspyrometer". Bei den mit diesem Begriff bezeichneten Meßgerät handelt es sich um ein Temperaturmeßgerät, dessen Meßgrößenaufnehmer (Strahlungsempfänger) auf die vom Meßobjekt ausgehenden Wärme- und Lichtstrahlen anspricht. Da es solche Meßgrößenaufnehmer erst seit relativ kurzer Zeit gibt, ist auch der Begriff „Strahlungspyrometer" neueren Ursprungs.

Daß die *Kumm'*sche Gattung von der technischen Entwicklung abhängt, bestreitet *Kumm* selbst nicht. In seinem „System."[148] führt er aus:

> *„Der zweiten Forderung nach Angabe des nächsthöheren Gattungsbegriffes ist ebenfalls strikt zu genügen, wenn ein beständiger Patentanspruch geltend gemacht werden soll. Auch hierfür einige Beispiele:*
>
> *(1) Angenommen es habe bis zum Jahre 1949 nur Teilstrahlungsthermometer für objektive oder subjektive LeuchtdichteVergleichsmessungen gegeben (Wegen des genaueren Standes der Teilstrahlungs-Pyrometrie zu jener Zeit vgl. die deutsche Patentschrift 957 604). Die Teilstrahlungsthermometer hatten demnach, wie wir jetzt sehen, die IX. Stufe der vorstehenden Begriffsfolge erreicht. Ende 1949 sei nun zu den bekannten Arten der Teilstrahlungsthermometer für die objektive Leuchtdichte-Vergleichsmessung als neue Art das ... in der VDI-Z. 1950, 285 beschriebene Pyrometer hinzugekommen und sollte definiert werden. Wenn Gattungsbegriffe wie „Teilstrahlungsthermometer", „Strahlungsthermometer", „Temperaturmeßgerät" gewählt wurden, so war das falsch. Diese Begriffe sind nämlich viel zu hoch; sie sind der in Betracht kommenden Begriffsstufe nicht adäquat. Die (damals) bekannte nächste Gattung konnte vielmehr nur „Teilstrahlungsthermometer für die objektive Leuchtdichte-(Intensitäts-) Vergleichsmessungen" heißen."*

Kumm gibt hierdurch zweierlei – ob gewollt oder ungewollt – zu erkennen: daß die Gattung eines Patentanspruchs zeitabhängig ist und daß eine Gattung auch mit mehreren Wörtern beschrieben werden kann. Mit dem Gattungsbegriff des *Aristoteles* hat dies nicht mehr viel gemein. Bei *Aristoteles* – und weitgehend auch noch bei *Hartig* – war der Gattungsbegriff statisch, d.h. er wurde als vorgegeben angenommen. Die Kunst

---

148 a.a.O., S. 176, 177.

bestand darin, aus dem Reservoir der bekannten Begriff den richtigen auszuwählen. Bei *Kumm* muß erst aus dem Stand der Technik die richtige Gattung ermittelt werden.

Da ein Patentanmelder in keinem Land der Erde verpflichtet ist, vor einer Patentanmeldung den Stand der Technik zu recherchieren, kann sich die *Kumm*'sche Forderung nicht an den Erfinder oder Patentanmelder wenden. In der Tat wendet sie sich, was *Kumm* nicht erwähnt, im Grunde an den Prüfer des Patentamts, der erst den Stand der Technik ermittelt, durch den die „richtige" Gattung in Erscheinung tritt. Da der Patentprüfer allerdings nicht verpflichtet ist, Patentansprüche zu formulieren, bleibt es den Patentanwälten bzw. Anmeldern überlassen, nach Kenntnisnahme des vom Prüfer recherchierten Standes der Technik einen *Kumm*-gemäßen Anspruch einzureichen. In seltenen Fällen schlagen Prüfer, um das Prüfungsverfahren abzukürzen, eigene Ansprüche vor, die aber selten an den *Kumm*'schen Vorgaben ausgerichtet sind.

Hartig geht indirekt ebenfalls davon aus, daß der von ihm favorisierte Anspruch vom Patentamt formuliert wird, wenn er feststellt:

„*Denn die logisch fehlerfreie und zugleich dem wirklichen Erfinder günstigste (d.h. nach den Umständen allgemeinste) Definition einer Erfindung zu entwerfen, kann nur dann gelingen, wenn vorher die Vergleichung mit allen schon bekannten Erfindungen ähnlicher Art sorgfältig, gewissenhaft und erschöpfend durchgeführt ist, – eine Arbeit, zu welcher der Erfinder sich nur selten aufgelegt fühlt; die dazu erforderliche geistige Tätigkeit, die hauptsächlich in einem wohl erwogenen Fallenlassen von entbehrlichen Bestimmungen, in der Ausscheidung der „unwesentlichen Merkmale" beruht, also in einer kritischen Vergleichung des Neuen mit dem schon Bekannten, ist dem Erfinden dem Wesen nach entgegengesetzt ...*"[149]

Die *Kumm*'sche wie auch die *Hartig*'sche Definitionsmethoden erweisen sich somit für einen Patentanmelder, der den Stand der Technik (noch) nicht kennt, als unbrauchbar, weil kein Weg zum Auffinden eines geeigneten Gattungsbegriffs ohne umfassende Kenntnis des Standes der Technik aufgezeigt wird. Im Grunde besagen die obigen Ausführungen *Kumms* nichts anderes als das, was schon vom US Supreme Court im Jahre 1822 bei dem Verbot des „Overclaiming" gefordert wurde (vgl. oben Punkt IV, 2.3.1), nämlich von keiner zu hohen Gattung auszugehen. Ein Erfinder oder Anmelder, der nicht den kompletten Stand der Technik kennt, kann einen Gattungsbegriff aber nur willkürlich und ohne ein dahinter stehendes sinnvolles System auswählen.

Die Vorschläge von *Hartig* und *Kumm* sind für das Klassifizierungssystem des Patentamts[150] sicher von Vorteil, doch ist es nicht die primäre Aufgabe des Erfinders und Patentanmelders, dem Patentamt bei der Einordnung der Patentanmeldungen in ein bestimmtes Schema zu helfen. Ihre Aufgabe besteht darin, einen möglichst breiten Patentschutz zu erlangen, gleichgültig, in welcher Form dies geschieht. Klassifizierungssysteme tragen überdies zur „Wesenserkenntnis" eines Gegenstands nicht viel bei. Dies ergibt sich schon daraus, daß die Patent-Klassifizierungssysteme der Industrieländer keineswegs einheitlich, sondern lange Zeit sehr verschieden waren. Erst durch die Einführung der Internationale Patentklassifikation wurde ein einheitlicher Standard gesetzt.

---

149 Hartig: Zur Markscheidekunst der Patentverwaltung, Zivilingenieur, 1896, S. 541.
150 Vgl. z.B. Stich- und Schlagwörterverzeichnis zur Internationalen Patentklassifikation, das vom deutschen, schweizerischen und österreichischen Patentamt herausgegeben wurde, München, Köln, Berlin, Bonn, 6. Aufl., 1994.

Allen Klassifikationen sind Unzulänglichkeiten inhärent,[151] denn sie müssen sich an bestimmten „Merkmalen" orientieren, die allen Individuen einer Gruppe gemeinsam sind. Bei der Auswahl dieser Merkmale lassen sich jedoch Willkürlichkeiten nicht vermeiden. Beispielsweise orientierte sich das Linné'sche System der Pflanzenklassifikation an äußeren Merkmalen. Orientiert man sich jedoch an den Kriterien der modernen Gentechnik, so kommt man oft zu anderen Ergebnissen. Arten, die bisher als verwandt galten, sind es nun nicht mehr und umgekehrt. Linné selbst ist zur Auffassung gelangt, seine Einteilung der Pflanzen nach der Beschaffenheit der Geschlechtsorgane (Staub- und Fruchtblätter) sei „künstlich", weshalb er noch eine „natürliche" schaffen wollte, die sich an Ähnlichkeiten orientieren sollte.[152]

Der Artbegriff der Biologie, obwohl ausgefeilt wie in kaum einer anderen Wissenschaft, ist keineswegs eindeutig.

Der einfachste und am meisten vertretene Artbegriff ist der „typologische". Art bedeutet hier „ein verschiedenes Ding", etwas, was „verschieden aussieht", „eine besondere Art". Diesen Begriff meinen die Mineralogen, wenn sie von „Arten von Mineralien" sprechen, oder die Physiker, wenn sie von „Kernarten" reden. Der Artbegriff des Feldzoologen ist dagegen der nicht-dimensionale Speziesbegriff, wenn er die Vögel, Säugetiere, Schmetterlinge und Schnecken in der Umgebung seiner Heimatstadt untersucht. Hierbei findet er jede Art klar definiert und scharf von anderen getrennt.[153] Die beiden Systematiker, die mehr als irgend jemand sonst für die Anerkennung der Art in der Biologie verantwortlich sind, waren Lokalforscher, *John Ray* in England und der bereits erwähnte *Carolus Linnaeus* (= Karl Linné) in Südschweden. Sie machten die auffallende Diskontinuität zwischen sympatrischen Populationen zur Grundlage des Artbegriffs. Dieses auf morphologischen Unterschieden beruhende System kann Probleme bereiten, z.B. wenn die äußeren Unterschiede gering sind. So leben im östlichen Nordamerika vier ziemlich ähnliche Arten der Gattung CATHARUS: die Weidendrossel (C. fuscescens), die Einsiedler-Drossel (C. guttatus), die Zwerg-Drossel (C. ustulatus) und die Grauwangen-Drossel (C. minimus). Diese vier Arten sehen sich so ähnlich, daß sie nicht nur den menschlichen Beobachter verwirren, sondern, solange sie stumm bleiben, auch die Männchen der anderen Arten. Die arteigenen Gesänge und Rufe erlauben jedoch leicht die Artunterscheidung, wie dies von *Dilger* experimentell nachgewiesen wurde.[154]

Man muß also zu einem Kriterium (Gesang) greifen, das nichts mit dem äußeren Aussehen zu tun hat, um Arten voneinander zu unterscheiden. Die meisten Definitionen des biologischen Artbegriffs haben deshalb in den letzten Jahrzehnten Hinweise auf morphologische Unterschiede vermieden. Zum Beispiel definiert *Mayr* Arten als „Gruppen von wirklich oder potentiell sich fortpflanzenden natürliche Populationen, die reproduktiv von anderen solchen Gruppen isoliert sind".[155] *Dobzhansky* definiert die Art als „die größte und umfassendste Fortpflanzungsgemeinschaft von sexuellen und kreuzbefruchtenden Individuen, die zu einem gemeinsamen Genpool gehören".[156]

Durch das „Fortpflanzungskriterium" hat sich die Biologie einen nachprüfbaren Artbegriff geschaffen, für den es leider keine Entsprechung bei Erfindungen gibt. Es ist kein Experiment bekannt, mit dem man an zwei Erfindungen feststellen könnte, ob sie

---

151 Vgl. auch Blumer, a.a.O., S. 128.
152 Brockhaus Enzyklopädie, Band 13, 1990, S. 421.
153 Ernst Mayr: Artbegriff und Evolution, Hamburg und Berlin 1967, S. 25, 26.
154 Ernst Mayr, a.a.O., S. 26, 27.
155 a.a.O., S. 28.
156 a.a.O., S. 28.

2 *Vergleich und Bewertung der verschiedenen Anspruchstypen*   145

der gleichen Art angehören. Ein solches objektives Kriterium wäre jedoch erwünscht, denn schon *Aristoteles* war der Meinung, der korrekte „genus" und die richtige „differentia specifica" könnten nicht willkürlich gewählt werden, sondern müßten in der Natur der Realität ihre Grundlage haben.[157] Einige Theoretiker, die man auch Essentialisten nennt, haben deshalb gefordert, daß eine und nur eine adäquate klassifikatorische Hierarchie zugelassen werden dürfe, so daß jede Art, falls sie nicht der untersten Klasse (infirma species) angehöre, in zwei oder mehr Unterarten (species) aufgeteilt werden könne und daß jede Art, wenn sie nicht der höchsten Klasse (summum genus) angehöre, unter eine höhere Art fällt.

W.S. *Jevons*, einer der Begründer der modernen symbolischen Logik und Wissenschaftsphilosophie, hat jedoch die Doktrin der Essentialisten bereits 1874 widerlegt.[158] Nachdem er alle Wissenschaftszweige untersucht hatte, kam er zu dem Ergebnis, daß es kein einziges, essentielles, natürliches oder a priori System einer Klassifikation gibt, das allein der Natur der Realität entspricht. *Jevons* befindet sich damit in Übereinstimmung mit den neueren biologischen Forschungsergebnissen, von denen oben bereits zwei Beispiele gegeben wurden. Ein weiteres Beispiel ist die moderne Menschen-Rassenlehre, die zu der Erkenntnis gekommen ist, daß die herkömmliche Einteilung in „Weiße", „Schwarze", „Gelbe" und „Rote" recht willkürlich ist. Der Genetiker *Luca Cavalli-Sforza* weist darauf hin, daß die unterscheidenden Merkmale der Rassen gerade deshalb, weil sie äußerlich sind, so sehr ins Auge springen, daß wir glauben, ebenso krasse Unterschiede existierten auch für den ganzen Rest der genetischen Konstitution. Das treffe aber nicht zu: Im Hinblick auf unsere übrige genetische Konstitution unterschieden sich die menschlichen Rassen nur geringfügig voneinander.[159] So besteht zwischen den Australiern und den afrikanischen Bantus auf der Grundlage kraniometrischer Merkmale eine große Übereinstimmung, genetisch sind die Australier aber von den Afrikanern ebenso weit entfernt wie die Europäer von den Afrikanern.[160] Hieraus ist ersichtlich, daß „Rassen" und in entsprechender Weise auch „Arten" und „Gattungen" verschieden definiert werden können, je nachdem, welche Auswahlkriterien man heranzieht.

Wenn schon die botanische Klassifizierung trotz ihres hohen Niveaus voller Unzulänglichkeiten ist, kann von der Klassifizierung der Erfindungen kaum etwas Besseres erwartet werden. Wie oben bereits erwähnt, gab es vor der Einführung der Internationalen Patentklassifikation eine Reihe grundsätzlich verschiedener nationaler Klassifikationen, was für sich schon ein Beweis der Willkürlichkeit von Klassifikationen ist. Diese Willkürlichkeit kann aber auch anhand der bestehenden Internationalen Patent-Klassifikation selbst aufgezeigt werden. Schlägt man beispielsweise in dem oben erwähnten „Stichwortverzeichnis" unter dem Begriff „Netz" nach, so sind diesem Begriff ganz verschiedene Klassen zugeordnet. Selbst so ähnliche Netzarten wie „Einkaufsnetz" (Klasse A45C 3/04) und „Tarnnetz" (Klasse F41H 3/02) sind nicht in die gleiche Klasse eingruppiert. Andererseits werden Patentanmeldungen, obwohl sie doch in der Regel nur eine einzige Erfindung enthalten, nicht selten verschiedenen Klassen zugeordnet. So ist das deutsche Patent Nr. 197 45 320 „Hygienevorrichtung für akustische Einrichtungen" sowohl in die (Haupt-) Klasse H04 R 1/12 als auch in die (Neben-)Klasse H04 M 1/17 eingeordnet. Bei der europäischen Patentanmeldung 888 032 „Electro-mechanical-

---

157 M. Kessler, a.a.O., S. 16.
158 W. S. Jevons: The Principles of Science, 1874, S. 305-315.
159 Luca und Francesco Cavalli-Sforza: Verschieden und doch gleich, München 1994, S. 203.
160 Cavalli-Sforza, a.a.O., S. 188, 196.

acoustic transducing arrangement" sind es sogar vier Klassen, die ihr zugeordnet wurden: H04 R 3/04; H04 M 1/72; B06 B 1/02 und G08 B 6/00. Auf sechs Eingruppierungen bringt es die deutsche Patentanmeldung 44 01 683 „Aus zwei Gehäuseschalen gebildetes Gehäuse für Geräte der elektrischen Nachrichtentechnik": H05 K 9/00, H05 K 5/02, H05 K 7/20, H04 M 1/02, H02 B 1/04, H01 H 13/70. Dies belegt eindeutig, daß Erfindungen nicht nur ein Kriterium besitzen, nach dem sie klassifiziert werden können.

Als Ergebnis der vorstehenden Untersuchungen kann festgehalten werden, daß die Angabe eines einzig „richtigen" Gattungsbegriffs, wie es von *Hartig* und *Kumm* gefordert wird, unmöglich ist. Für den Anmelder, der bei der Einreichung seiner Anmeldung den Stand der Technik nicht umfassend kennt, ist darüber hinaus noch nicht einmal eine annähernd richtige Wahl einer Gattung möglich. Demgemäß wird der Anmelder während des Prüfungsverfahrens vom Prüfer nicht selten von einer Gattung (= Oberbegriff) zu nächsten Gattung getrieben. Eine Angabe der Gattung ist indessen auch nicht nötig, weil sie das „Wesen" der Erfindung nicht erhellt und für die Charakterisierung der Erfindung entbehrlich erscheint. Der Sinn einer Gattungsangabe liegt somit im wesentlichen in der Klassifizierung, die jedoch nicht Aufgabe des Anmelders ist. Ein weiterer Vorteil der Gattungsangabe, der aber wiederum nur auf Seiten der Patentbehörden liegt, ist die leichtere Prüfbarkeit auf Neuheit und erfinderische Tätigkeit. Wenn vom Anmelder im Patentanspruch eine Trennung zwischen „genus proximum" und „differentia specifica" vorgenommen wurde, braucht sich der Prüfer nur noch den „differentiae specificae" zuzuwenden, weil das Bekanntsein der Gattung vom Anmelder bereits zugegeben wurde.

Für die Kennzeichnung einer Erfindung ist die Angabe der für den Anmelder wichtigsten Merkmale dieser Erfindung notwendig und hinreichend. Eine Eingruppierung dieser Merkmale in Gattungs- und Artmerkmale ist dagegen nicht erforderlich, denn diese Eingruppierung bringt keinen Informationsgewinn hinsichtlich der Erfindung selbst, sondern nur hinsichtlich ein Einordnung der Erfindung in ein vorhandenes Klassifizierungssystem. *Blumer*[161] ist deshalb im Ergebnis darin zuzustimmen, daß die Zweiteilung der Patentansprüche entbehrlich ist.

2.3.3.2 Vor- und Nachteile des Anspruchs mit Disclaimer-Oberbegriff

Die Bezeichnung „Disclaimer-Oberbegriff" ist nicht allgemein üblich. Sie soll jedoch hier eingeführt werden, weil der Begriff „Disclaimer" im Zusammenhang mit Patentansprüchen durchaus bekannt ist und dort eine Bedeutung hat, die der hier gemeinten Bedeutung weitgehend entspricht. Allerdings denkt man bei Ansprüchen mit Disclaimern eher an solche, bei denen das Kennzeichen eingeschränkt ist. *Münch*[162] definiert „Disclaimer" wie folgt:

> *„disclaimer, (Verzichtserklärung), ist eine Ausnahmebestimmung in einem Patentanspruch (z.B. ... Säuren, ausgenommen Salpetersäure ...) zum Zwecke der Abgrenzung des Patentgegenstands vom Stand der Technik. Der disclaimer ist gleichfalls eine Sonderform des Verzichts ... In den U.S.A. kann man auch auf einen Rest der Laufzeit eines Patents verzichten (Terminal disclaimer, double patenting rejection)"*

---

161 a.a.O., S. 127.
162 Volker Münch: Patentbegriffe von A bis Z, Weinheim 1992, S. 17.

2 Vergleich und Bewertung der verschiedenen Anspruchstypen

Der Disclaimer-Oberbegriff hat seinen Ursprung in der Erkenntnis, daß die meisten Patentansprüche aus mehreren Merkmalen bestehen und wenigstens einige dieser Merkmale bereits aus dem Stand der Technik bekannt sind. Um klarzustellen, daß diese bekannten Merkmale als solche nicht beansprucht werden, sollen sie in den Oberbegriff aufgenommen werden. Denkbar ist auch, daß der Patentanmelder Merkmale, die zwar als solche nicht bekannt sind, in den Oberbegriff aufnimmt, weil sie ihm nicht schutzwürdig erscheinen. Ein auf diese Weise gebildeter Oberbegriff würde somit Merkmale enthalten, auf die der Anmelder freiwillig auf Patentschutz verzichtet hat.

Ein Anspruch mit Disclaimer-Oberbegriff scheint eine vernünftige Alternative darzustellen, denn die Öffentlichkeit, die mit einem solchen Anspruch konfrontiert wird, kann sofort erkennen, was dem Erfinder durch einen Anspruch geschützt werden soll und was nicht. Den Wörtern „dadurch gekennzeichnet" kommt hierbei die Funktion zu, patentrechtlich Freies von Geschütztem zu trennen.

Das Wissen um den Verzicht auf isolierten Schutz von Merkmalen eines Patentanspruchs ist für einen Konkurrenten oder potentiellen Patentverletzer indessen nur von begrenztem Wert, denn eine Sicherheit, daß diese Merkmale tatsächlich nicht geschützt sind, besteht hierdurch nicht. Es steht lediglich fest, daß der Inhaber des Patents mit Disclaimer-Oberbegriff keinen Schutz begehrt. Dies bedeutet jedoch nicht, daß die Merkmale des Disclaimer-Oberbegriffs nicht einem Dritten geschützt sind.

Der Wert eines Disclaimer-Oberbegriffs schrumpft aber auch dann sehr zusammen, wenn durch die bestehenden Gesetze (z.B. § 14 PatG, Art. 69 EPÜ) kein Elementenschutz gewährt wird, denn in diesem Fall müssen ohnehin alle Merkmale eines Anspruchs erfüllt sein, damit eine Patentverletzung gegeben ist.

Die heutige Rechtslage ist indessen in Deutschland und Europa (noch) nicht so, daß ein Elementenschutz gänzlich ausgeschlossen wäre. Ein Elementen- oder Teileschutz, d.h. Schutz von Einzelelementen einer Kombination oder Schutz von Unterkombinationen wird immer noch für möglich gehalten.[163] Die Einbeziehung von Einzelelementen und Teilkombinationen in den Schutzbereich des Patents ist nach *Singer* (a.a.O.) in einem gewissen vernünftigen Umfang wünschenswert. Dieser Schutz finde jedoch, so *Singer*, dort seine Grenzen, wo das Verletzungsgericht die Patentfähigkeit erneut prüfen müßte. Da das EPA nur die Gesamtkombination einer Erfindung auf Patentfähigkeit prüft, ist eine Teilkombination immer ungeprüft, so daß das Verletzungsgericht in jedem Fall eine solche Teilkombination selbst auf Patentfähigkeit prüfen müßte. Die Meinung *Singers* ist somit widersprüchlich und kann nur als ein Relikt der alten deutschen Rechtsprechung angesehen werden.

Benkard[164] läßt Elementenschutz für Unteransprüche nicht zu. Er meint jedoch ebenfalls, daß der Schutz von Teilkombinationen und der Elementenschutz nicht grundsätzlich ausgeschlossen ist (a.a.O., § 14 Rdn. 141). Allerdings hat der BGH die Frage in den Raum gestellt, ob nach § 14 PatG überhaupt ein Elementenschutz noch möglich ist.[165]

Nach der hier vertretenen Auffassung ist ein Elementenschutz spätestens seit der neuen Rechtslage, die durch § 14 PatG und Art. 69 EPÜ geschaffen wurde, nicht mehr möglich. Es widerspricht dem Sinn dieser Vorschriften, einerseits den Schutzbereich eines Patents durch den Inhalt der Patentansprüche zu bestimmen und andererseits den Schutzbereich auf einen Umfang zu erstrecken, der sich nicht aus den Patentansprüchen

---

163 Singer, Europäisches Patentübereinkommen, 1989, Art. 69, Rdn. 8; Singer/Lunze, The European Patent Convention, 1995, Art. 69, Rdn. 69.08.
164 a.a.O., § 14 Rdn. 19.
165 BGH GRUR 1992, 544, 559 – Mechanische Betätigungsvorrichtung.

selbst ergibt. Eine Trennung des Anspruchs in einen „Verzichtteil" und in einen „Anspruchsteil" würde nach dieser Auffassung keinen Sinn machen, weil ohnehin nur die Summe aller Merkmale geschützt ist. Besteht ein Anspruch beispielsweise aus den Merkmalen a) bis f), von denen die Elemente a) bis c) gemeinfrei und die Elemente d) bis f) geschützt sind, so bringt der Disclaimer-Anspruch für einen potentiellen Patentverletzer eigentlich nur den „Vorteil", daß er nicht prüfen muß, ob seine „Nachahmung" auch die Elemente a) bis c) realisiert. Es genügt, die Elemente d) bis f) auf Verletzung zu prüfen, allerdings nur im Hinblick auf den konkreten Patentinhaber. Bei einem Anspruch, der keinen Disclaimer-Oberbegriff aufweist, müssen dagegen alle Merkmale a) bis f) durchgeprüft werden, um mit Sicherheit festzustellen, ob eine Patentverletzung vorliegt.

Angesichts der heutigen Rechtslage hinsichtlich des Elementenschutzes, die zwar weitgehend mit der hier vertretenen Auffassung übereinstimmt, aber noch immer die Hintertür des Teileschutzes offen hält, kann dem Disclaimer-Anspruch nicht jegliche (zumindest theoretische) Bedeutung abgesprochen werden. Er schließt im vorstehenden Fall jedenfalls einen Schutz der Unterkombination der Elemente a) bis c) aus, während ein Anspruch ohne Disclaimer einen solchen Schutz zuläßt. Die Rechtssicherheit für die Allgemeinheit wird durch den Disclaimer-Anspruch zweifellos erhöht. Voraussetzung ist hierfür selbstverständlich, daß auf die im Oberbegriff genannten Merkmale tatsächlich kein Schutz begehrt wird, d.h. auf einen Rechtsschutz auf diese Merkmale verzichtet wird. Nach der geltenden Praxis kann auf einen solchen Verzicht allein aufgrund der Tatsache, daß ein Oberbegriff existiert, nicht geschlossen werden. Der Anmelder müßte deshalb in der Beschreibung wohl noch einen Satz hinzufügen, der besagt, daß „für die im Oberbegriff des Anspruchs 1 enthaltenen Merkmale weder einzeln noch in Kombination Schutz begehrt wird." Hierdurch würde die Öffentlichkeit vor der Irreführung bewahrt, der Oberbegriff enthalte einen gemeinfreien Stand der Technik, der auch durch keinen Dritten geschützt ist.

Im Zusammenhang mit dem Disclaimer-Anspruch stellt sich weiterhin die Frage, weshalb der Erfinder diejenigen Merkmale, für die er ohnehin keinen Schutz begehrt, nicht einfach wegläßt, sondern sie zuerst in einem Oberbegriff erwähnt, um sie dann doch wieder vom Schutz auszuschließen.

Die Gründe hierfür wurden schon im Zusammenhang mit dem Overclaiming kurz erörtert. Um eine Erfindung verständlich zu beschreiben, genügt es oft nicht, nur die Merkmale zu erwähnen, für die Schutz begehrt wird. Die von *Osterrieht*, *Schanze*, *Schütz* und vielen anderen erhobene Forderung, alles nicht per se Beanspruchte im Anspruch wegzulassen, ist meist unerfüllbar. Dies kann an den Beispielen „Pfeffermühle" oder „Glühlampe" gezeigt werden. Hätte Edison seinen Anspruch 1 des US.Patents 223 898 wie folgt definiert:

„*Kohlefaden von hohem Widerstand*"

dann hätte er zwar den Kern seiner Erfindung wiedergegeben, doch wäre die Bedeutung seiner Erfindung nicht erkennbar gewesen. Der Kohlefaden gewinnt seine Bedeutung erst in Verbindung mit einer elektrischen Glühlampe, obgleich diese als solche bereits bekannt war.

Entsprechendes gilt für die Pfeffermühle. Geht man von der Fassung des Anspruchs 1 des deutschen Patents 30 084 aus, so hätte dieser, auf das Wesentliche reduziert, etwa wie folgt lauten können:

Verwendung eines Vorratsbehälters als Antrieb für einen Reibkegel

Dieser beziehungslos im Raum stehende Anspruch vermittelt jedoch erkennbar keine Vorstellung von der Erfindung. Erst durch den Begriff „Pfeffermühle" wird der Sinn des Anspruchs 1 deutlicher, denn man kann nun vermuten, daß der Vorratsbehälter für die Aufnahme von Pfefferkörnern dient und der Reibkegel für die Zerkleinerung dieser Körner vorgesehen ist.

Die obige Frage, weshalb Merkmale in den Anspruch aufgenommen werden, für die als solche kein Schutz begehrt wird, beantwortet sich folglich in der Weise, daß die meisten Erfindungen ohne Bezugnahme auf bekannte Merkmale gar nicht beschrieben werden können. Anders ausgedrückt: bei den meisten Erfindungen handelt es sich um sogenannte Kombinationserfindungen.[166]

Dem Patentanmelder muß es allerdings unbenommen bleiben, auch Ansprüche der oben wiedergegebenen Art zu formulieren, denn theoretisch ist es nicht ausgeschlossen, daß auch ein „Kohlefaden von hohem Widerstand" als solcher neu ist. Im Laufe des Prüfungsverfahrens kann der Anmelder immer noch eine Einschränkung vornehmen, wenn ihm der Prüfer Kohlefäden von hohem Widerstand als bekannt nachweist.

Bei der Pfeffermühlen-Erfindung würde sich bei Anwendung des Oberbegriff-Disclaimer-Prinzips im übrigen merkwürdige Konsequenzen ergeben. Da der Gattungsbegriff „Pfeffermühle" im Oberbegriff steht, müßte die Pfeffermühle als solche vom Patentschutz ausgeschlossen sein. Diese Art des Schutzverzichts wäre sicher nicht im Sinne des Erfinders. Zwar möchte er nicht die Gattung „Pfeffermühle" als ganze geschützt haben, aber immerhin eine besondere Art dieser Gattung. Würde man unter den Disclaimer-Oberbegriff auch Genus-Proximum-Oberbegriffe subsumieren, käme man zu dem kuriosen Ergebnis, daß die nach der *Hartig*'schen Lehre formulierten Ansprüche Erfindungen definierten, die gar keinen Schutz für die eigene Gattung bieten. Um diese Konsequenz zu vermeiden, müßte man die Gattungsbezeichnung im Disclaimer-Oberbegriff von der Disclaimer-Wirkung ausschließen. Die Disclaimer-Wirkung würde sich dann nur auf die weiteren Merkmale des Oberbegriffs erstrecken, die es aber bei *Hartig* eigentlich gar nicht gibt oder geben soll.

Interessanterweise kann man eine Unterteilung in Genus Proximum und sonstige Oberbegriffs-Merkmale Regel 29 Abs. 1a) EPÜ entnehmen, wo es heißt, daß die Patentansprüche zu enthalten haben:

a) Die Bezeichnung des Gegenstands der Erfindung und die technischen Merkmale, die zur Festlegung des beanspruchten Gegenstands der Erfindung notwendig sind ...

Der hierdurch definierte „Oberbegriff" unterscheidet also zwischen der „Bezeichnung des Gegenstands der Erfindung", was einem Genus Proximum entsprechen könnte, und den weiteren „technischen Merkmalen". Der Verzicht eines Disclaimer Oberbegriffs würde sich in einem solchen Fall nur auf die Merkmale beziehen, die dem Genus Proximum nachfolgen.

Ein Disclaimer-Oberbegriff hat nicht nur den oben erwähnten Vorteil, daß er Geschütztes und Ungeschütztes erkennen läßt; vielmehr hat er auch den Nachteil, daß er den falschen Eindruck erweckt, dem Patentinhaber seien die Merkmale im Kennzeichen des Anspruchs als solche geschützt. Denn wenn der Disclaimer-Oberbegriff aussagen

---

166 Willi Schickedanz: Die Kombinationserfindung in neuerer Sicht, GRUR 1970, S. 340-350.

soll, daß seine Einzelmerkmale nicht isoliert und/oder in Kombination geschützt werden sollen, so muß man im Umkehrschluß folgern, daß für die Elemente des Kennzeichens Elementenschutz begehrt wird, entweder einzeln und/oder in Kombination. Einen solchen isolierten Elementenschutz gibt es aber in der Regel nicht, weil die Merkmale des Oberbegriffs, obgleich für sie kein isolierter Schutz beansprucht wird, für die Realisierung der Erfindung notwendig sind.

Ein „Kohlewiderstand von hohem Widerstand" als solcher ist durch das oben erwähnte *Edison*-Patent, obgleich es dessen Schwerpunkt bildet, nicht geschützt. Wer einen solchen Kohlewiderstand in einem gewöhnlichen Schaltkreis verwendet, ohne ihn zum Glühen zu bringen, verletzt das Edison-Patent nicht.

Unterstellt man, der Oberbegriff des oben wiedergegebenen Scheibenwischersteuerungsanspruch gemäß der europäischen Patentschrift 720 547 sei ein Disclaimer-Oberbegriff, könnte man auch bei diesem Beispiel auf keinen Fall davon ausgehen, daß die Merkmale d) und e) isoliert oder auch nur in Verbindung miteinander geschützt wären, denn die „Verzichts-Merkmale" a) bis c) gehören notwendigerweise zur Erfindung.

Entsprechendes gilt auch für den Anspruch 1 des oben wiedergegebenen deutschen Flächentransistor-Patents Nr. 814 487, dessen Kennzeichen wenigstens in folgende Merkmale untergliedert werden kann:

a) daß das Halbleitermaterial wenigstens zwei Zonen von entgegengesetztem Leitfähigkeitstyp aufweist, von denen jeweils zwei Zonen unterschiedlichen Leitfähigkeitstyps in einem Sperrschichtbereich aneinanderstoßen und

b) daß Spannungen an elektrische Anschlüsse für jede Zone an relativ weit vom Sperrschichtbereich liegenden Punkten und an einen Anschluß an dem Sperrschichtbereich angelegt sind.

Für das Merkmal a), welches durch zwei zufällig auf einem Tisch liegende Halbleiter- Brocken, die sich berühren, erfüllt wird, haben die Erfinder sicher keinen isolierten Schutz beansprucht. Auch das Merkmal b) kann nicht isoliert geschützt werden, und zwar schon deshalb nicht, weil es kein unabhängiges Merkmal ist, sondern auf andere Merkmale rückbezogen wird.

Angesichts der geltenden deutschen und europäischen Vorschriften für die Formulierung von zweiteiligen Patentansprüchen hat der Disclaimer-Anspruch den Nachteil, daß er mit den gegen den Stand der Technik abgegrenzten Ansprüche verwechselt werden kann. Seine Vorteile werden hierdurch vermindert, denn bei den letztgenannten Ansprüchen beinhaltet der Oberbegriff keinen klaren Verzicht. Der Disclaimer-Anspruch ist deshalb nur eine interessante Rechtsfigur ohne größere praktische Bedeutung. Nur dann, wenn die gesetzlichen Vorschriften festlegen würden, daß auf die Merkmale von Oberbegriffen generell kein isolierter Schutz möglich ist, könnte der Disclaimer-Anspruch an Bedeutung gewinnen. Unter der Herrschaft der geltenden Gesetze ist von einem Disclaimer-Anspruch im vorstehenden Sinn abzuraten.

2.3.3.3 Vor- und Nachteile des Anspruchs mit einem Oberbegriff, der einen aus mehreren Druckschriften zusammengesetzten Stand der Technik aufweist.

Patentansprüche, deren Oberbegriffe Merkmale von mehreren Druckschriften enthielten, waren in den 1950-er und 1960-er Jahren in Deutschland nicht selten. Man ging damals davon aus, daß im Oberbegriff der Stand der Technik anzugeben sei. Dabei wurde unter „Stand der Technik" alles verstanden, was bekannt war, und zwar auch dann, wenn sich die einzelnen Merkmale des Oberbegriffs aus verschiedenen Vorveröffentlichungen ergaben. Es wurde also ein synthetisches Genus Proximum geschaffen, das zugleich die Funktion eines Disclaimer-Oberbegriffs hatte, denn wenn alle Merkmale des Oberbegriffs bekannt waren, konnte auch kein Schutz für sie begehrt werden. Die heute geltenden deutschen und europäischen Anmeldebestimmungen lassen noch immer die vorstehende Interpretation zu. In der bereits erwähnten Entscheidung des Bundespatentgerichts vom 20. Dezember 1963 (BPatGE 6,182,183) wurde eine solche Interpretation jedoch entgegengetreten. Die Begründung dieser Entscheidung war allerdings denkbar knapp. Sie bestand in dem Hinweis auf *Benkard*, Patentgesetz, 4. Auflage 1963, § 26 Anm 19, S. 493 und in der zusätzlichen Bemerkung, daß durch die Zusammenfassung von aus verschiedenen Veröffentlichungen bekannten Maßnahmen im Oberbegriff des Patentanspruchs der Eindruck erweckt werden könne, als seien diese Maßnahmen bereits durch eine einzige Vorveröffentlichung bekannt.

In der Tat ist ein Oberbegriff mit Merkmalen aus zwei oder mehr vorveröffentlichten Druckschriften der schlechteste aller Oberbegriffe. Er kann nur als Disclaimer-Oberbegriff eine Berechtigung haben. Wenn der Anmelder die in einem solchen Oberbegriff erwähnten Merkmale vom Schutz ausnehmen möchte, so kann er dies tun. Er darf jedoch nicht, wie dies in dem vom BPatG entschiedenen Fall geschah, zu einem Disclaimer-Anspruch gezwungen werden.

Die Vor- und Nachteile eines solchen Anspruchs sind im übrigen die gleichen wie die des Disclaimer-Anspruchs.

2.3.3.4 Vor- und Nachteile des Anspruchs mit einem Oberbegriff, der von nur einer Druckschrift ausgeht.

Bei dem Anspruch, dessen Oberbegriff von nur einer Druckschrift ausgeht, handelt es sich um den im deutschen und europäischen Patentrecht noch immer herrschenden Anspruch.

Seine Verwandtschaft zum *Hartig*'schen Anspruch ist, trotz der Kritik *Kumms*, größer als es zunächst erscheint. Zwar hat Kumm Recht, wenn er meint, von *Hartig* stamme weder das „dadurch gekennzeichnet" noch die „analogisch-skurrile" Forderung, im Oberbegriff von dem am nächsten kommenden Stand der Technik auszugehen, doch ist die heute geübte Praxis eine logische Fortentwicklung des *Hartig*'schen Gedankens. Ein Hauptproblem bei der *Hartig*'schen Fassung eines Patentanspruchs besteht nämlich darin, die Gattung zu bestimmen. *Hartig* wie *Kumm* gehen davon aus, daß ein „genus proximum" gewählt wird. Doch wie geschieht dies im einzelnen? *Hartig* geht bei seinem Pfeffermühlen-Beispiel von einer bekannten Pfeffermühle aus und zeigt dann deren Besonderheiten auf. Er formuliert also nicht etwa „Mühle, dadurch gekennzeichnet, daß sie zum Mahlen von Pfeffer dient ...", sondern beginnt gleich mit „Eine Pfeffermühle", also mit dem Stand der Technik, den er allerdings nur hinsichtlich eines einzigen Gattungsbegriffs, nämlich des Worts „Pfeffermühle" „ausschlachtet". Nichts anderes macht auch *Kumm* bei seinem „Strahlungsthermometer"-Beispiel, wenn er die einzelnen Gattungen durch den jeweiligen Stand der Technik definiert, ohne diesen allerdings immer präzise zu benennen. Wenn er meint, Teilstrahlungsthermometer gliederten sich abermals in solche mit und in solche ohne Vergleichsstrahler[167], so verkennt er, daß sich diese Teilstrahlungsthermometer nicht selbst gliedern oder von einer höheren Macht

---

167 System ..., a.a.O., S. 166, letzter Absatz.

gegliedert werden, sondern daß er es selbst ist, der die Gliederung nach von ihm ausgewählten Kriterien vornimmt. Ein anderer würde möglicherweise andere Kriterien wählen und demzufolge auch zu einer anderen Gliederung kommen. Da alle von *Kumm* angegebenen Temperaturmeßgeräte irgendwann durch eine erste Veröffentlichung oder Benutzung in den Stand der Technik eingereiht wurden, geht *Kumm*, ob er es will oder nicht, bei seiner Klassifizierung vom jeweils aktuellen Stand der Technik aus. Dieser Tatsache kann er nicht dadurch entfliehen, daß er den Stand der Technik nach seinen Kriterien ordnet.

Hartig und *Kumm* gehen somit de facto bei der Bildung des Oberbegriffs von dem Stand der Technik aus. Nichts anderes wird aber in der geltenden Praxis getan. Der Unterschied besteht lediglich darin, daß bei *Kumm* – und mehr noch bei *Hartig* – der Stand der Technik im Allgemeinen bleibt, während er bei der geltenden Praxis durch eine belegbare Vorveröffentlichung dokumentiert ist. Außerdem werden bei der heutigen Praxis alle wesentlichen Merkmale, welche die Erfindung mit dem am nächsten kommenden Stand der Technik gemein hat, in den Oberbegriff gebracht, während bei *Hartig* nur der Gattungsbegriff im Sinne eines Einzelwortes übernommen wird. *Hartig* hatte, wie oben bereits erwähnt, in seiner Abhandlung[168] die Pfeffermühle, von der er als Stand der Technik ausging, zeichnerisch dargestellt. Diese bekannte Pfeffermühle wies ebenfalls einen Vorratsbehälter, einen Reibkegel und eine Drehachse auf. Hätte *Hartig* die heute übliche Abgrenzungstechnik angewandt, wäre etwa folgenden Anspruch herausgekommen:

Pfeffermühle mit einem Vorratsbehälter, einem Reibkegel und einer Drehachse, dadurch gekennzeichnet, daß die Drehung des Reibkegels durch den Vorratsbehälter selbst eingeleitet wird, so daß die Drehachse nicht durch diesen Behälter hindurchzugehen braucht.

Der Unterschied zur *Hartig*'schen Original-Formulierung besteht somit lediglich darin, daß die Wörter „dadurch gekennzeichnet" verwendet sind und die Gattung präzisiert ist. Durch diese Präzisierung wird das Ziel erreicht, das wirkliche „genus proximum" zu ermitteln. Bei der *Hartig*'schen Methode, die nur einen Wortbegriff in die Gattung nimmt, wird in der Regel eine höhere Gattung angegeben. Da zum Stand der Technik auch Pfeffermühlen gehören können, die keinen Reibkegel, keine Drehachse und auch keinen Vorratsbehälter aufweisen – beispielsweise primitive Mühlen, bei denen Pfefferkörner zwischen zwei scheibenförmige Steine gebracht werden, die dann relativ zueinander verdreht werden – umfaßt die *Hartig*'sche Gattung auch diese Mühlen, die aber keine nächstkommende Gattung darstellen.

Die heute übliche Formulierung zweiteiliger Ansprüche kann somit als eine logische Fortentwicklung des *Hartig*'schen Gedankens gelten, bei welcher ein konkreter und druckschriftlich nachweisbarer Stand der Technik den Oberbegriff bildet. Hierdurch werden Zweifel über die zutreffende Gattung minimiert, was auf die *Hartig*'schen Urform nicht zutrifft.

Die derzeitige Praxis, im Oberbegriff von einer und nur einer Druckschrift auszugehen, scheint auch sinnvoll, weil durch eine Kombination von Merkmalen, die aus mehreren Entgegenhaltungen im Oberbegriff zusammengestellt werden, eine falsche Gattung vorgegaukelt würde.

---

168 a.a.O., S. 140, 141.

Kumm ist, obwohl er dies nicht so sieht, noch näher als *Hartig* an der heute üblichen Praxis, weil er anstelle von Ein-Wort-Gattungsbegriffen auch Mehr-Wort-Gattungsbegriffe zuläßt. Bis zu seiner oben erwähnten Definitionsstufe VII gelingt es ihm zwar noch, mit Einzelwörtern auszukommen, doch bei der Stufe VIII nennt er seine Gattung „Teilstrahlungsthermometer für die unmittelbare Leuchtdichte-(Intensitäts-) Messung", d.h. er braucht wenigstens fünf Wörter um die betreffende Gattung/Art zu bezeichnen. Wenn für diese Gattung/Art ein druckschriftlicher Stand der Technik nachgewiesen wird, ist zwischen der *Kumm*'schen Methode und der herrschenden Praxis kein Unterschied mehr festzustellen.

Kennzeichnend für die *Hartig*'sche, die *Kumm*'sche und auch die derzeit herrschende Anspruchsformulierung ist, daß sie von einem Stand der Technik ausgehen, wobei dieser Stand der Technik bei *Hartig* und *Kumm* als Gattung oder Genus Proximum bezeichnet wird. Im Anschluß hieran werden die kennzeichnenden Merkmale erwähnt, d.h. es findet eine Trennung zwischen bekannten und neuen Merkmalen oder Begriffen statt. Diese Trennung zwischen bekannten und neuen Merkmalen oder Begriffen wurde allerdings schon 1908 von dem britischen Richter *Fletcher-Moulton* mit folgenden Worten kritisiert:

> *„A man must distinguish what is old from what is new **by** his claim but he not got to distinguish what is old and what is new **in** his claim ... If the combination which he has claimed and for which he has asked a monopoly, is novel, that is sufficient. There is no obligation to go further and to state why it is novel, or what in it is novel." (British United Shoe Machinery Company Ltd. v. A Fussel and Sons Ltd., 1908, 25 RPC auf S. 645 ff.).*

Man erkennt hieraus, daß *Fletcher-Moulton* im Anspruch in erster Linie eine Umgrenzung des Schutzbegehrens sah, während *Hartig* und *Kumm* im Anspruch hauptsächlich das „Wesen der Erfindung" zum Ausdruck bringen wollten.

Wie *J.A. Kemp* ausgeführt hat, bestanden ursprünglich zwischen dem britischen und dem deutschen Patentrecht keine sehr großen Unterschiede.[169] Sowohl in Großbritannien als auch in Deutschland waren im 19. Jahrhundert zunächst keine Patentansprüche vorgeschrieben. In beiden Ländern begannen jedoch die Anmelder von sich aus Patentansprüche einzuführen, so daß 1883 in Großbritannien und 1891 in Deutschland diese Praxis legalisiert und vorgeschrieben wurde. Erst hierauf drifteten die beiden Systeme hinsichtlich der Anspruchsformulierung auseinander, was sich darin äußerte, daß in Deutschland die *Hartig*'sche Form üblich wurde, während die Anmelder in Großbritannien weitgehende Freiheiten hinsichtlich der Formulierung hatten. Diese Freiheiten schlossen auch Omnibus-Ansprüche ein. In Großbritannien waren und blieben die Ansprüche jedoch für den Schutzumfang bindend, wohingegen in Deutschland die unselige Differenzierung zwischen dem „Gegenstand der Erfindung" und dem „Schutzbereich der Erfindung" einsetzte. Der heutige Artikel 69 EPÜ gilt als eine Kompromißlösung zwischen dem deutschen und britischen Anspruchssystem, welche die auseinandergedrifteten Systeme wieder zusammenführen soll.

Die Tatsache, daß in Großbritannien der Patentanspruch stets den Schutzbereich definierte und nicht den „Gegenstand der Erfindung", hat ihre Ursache indessen wohl kaum

---

[169] J.A. Kemp: Claim Drafting: An Historical Survey, in John A. Kemp (Hrsg.), Patent Claim Drafting And Interpretation, London 1983, S. 15-27; vgl. auch Hans-Joachim Sievers: Das britische Patentrecht, Entwicklung und Grundzüge, Münsteraner Studien zur Rechtsvergleichung, Band 38, 1998.

in dem Umstand, daß ein britischer Hauptanspruch nicht zweigeteilt war, sondern eher darin, daß als Hauptanspruch Omnibus-Ansprüche auch nach der Gesetzesänderung von 1883 weiterhin zugelassen waren. Im Patents Act 1883, s 5 (5) wurde für eine Patentanmeldung gefordert:

> „a specification, whether provisional or complete, must commence with the title, and in the case of a complete specification must end with a distinct statement of the invention claimed."

Man hätte nun annehmen sollen, daß diese Vorschrift („distinct statement"!) die Praxis total verändert hätte, doch wurden die Ansprüche weiterhin sehr weit formuliert. Die Anmelder verwendeten nun, vom Patentamt unbeanstandet, die magischen Worte „substantially as described", mit denen alle Äquivalente etc. umfaßt wurden.[170] Solche Ansprüche ermöglichten selbstverständlich eine sehr weite Auslegung eines Patents, so daß die Verletzungsrichter erst gar nicht auf das Hilfsmittel der erweiternden Auslegung zurückgreifen mußten. An der obigen Vorschrift änderte auch nichts der Patents Act von 1907. Erst der Patents Act von 1949, s 4 (3) (c) schreibt vor, daß eine „complete specfication shall end with a claim or claims defining the scope of the invention claimed". Wirklich vergleichbar hinsichtlich ihrer Qualität, den Schutzbereich eines Anspruchs definieren zu können, sind somit der deutsche und der britische Patentanspruch nur für den Zeitraum von 1949 bis 1978, eine relativ kurze Zeit, die kein abschließendes Urteil über die beiden Rechtssysteme erlaubt.

Obgleich Patentansprüche in Großbritannien und Deutschland offenbar durch die Patentanmelder selbst „eingeführt" wurden, darf doch der unmittelbare oder mittelbare Einfluß der USA nicht übersehen werden. Dort wurden nämlich schon durch den Patent Act von 1836, der auch das Amtsprüfungsverfahren einführte, Patentansprüche gefordert. Es hieß in diesem Patent Act, daß der Anmelder

> „particularly specify and point out part, improvement, or combination, which he claims as his own invention or discovery".[171]

Die früheren Patent Acts von 1790 und 1793 hatten noch keinen Patentanspruch gefordert, sondern nur verlangt, daß der Erfinder hervorhebe, was in seiner Erfindungsbeschreibung neu sei.[172] In der Praxis versuchten die Erfinder dieser Forderung dadurch zu genügen, daß sie einen oder mehrere Ansprüche in der Beschreibung auflisteten und numerierten.

Bei der Einführung von Patentansprüchen in Großbritannien und Deutschland bestand somit in den USA bereits eine langjährige Tradition der Anspruchsformulierung.

Diese Tradition wurde somit durch den U.S. Patent Act von 1836 lediglich aufgegriffen und neu geordnet. 1870 wurde der Patent Act erneut geändert und ergänzt (Patent Act of 1870, ch. 230, 16 Statute 198-217, 8. Juli 1870). Jetzt wurde die Bedeutung des Patentanspruchs hervorgehoben und gefordert, daß sowohl die Beschreibung als auch die Ansprüche „bezeugt" („witnessed") sein müßten. Außerdem wurde verlangt, daß der Erfinder

---

170 J.A. Kemp, a.a.O., S. 17;
171 Patent Act of 1836, ch. 357, 5 Statute 117, 17. Juli 1836.
172 Ronald D. Hantman: Patent Infringement, Journal of the Patent and Trademark Office Society, Mai 1990, S. 459.

"particularly point out and distinctly claim the part, improvement, or combination which he claims as his invention or discovery" (Patent Act of 1870, ch 230, section 26, 16 Statute 198-217, 8. Juli 1870)

Auf den ersten Blick sind kaum Unterschiede gegenüber dem Patent Act von 1836 zu erkennen, doch hatte die neue Formulierung einen erheblichen Einfluß auf die Theorie der Anspruchsformulierung. Während früher die Ansprüche im wesentlichen nur Auflistungen von Bauteilen der Erfindung waren, wurden ab jetzt die Bauteile zueinander in Beziehung gesetzt und schärfer abgegrenzt.[173] Wie in Großbritannien, aber anders als in Deutschland, waren und blieben in den USA die Patentansprüche Sitz des Schutzbereichs oder -umfangs. Ein Negieren des Wortlauts der Patentansprüche durch die Gerichte gab es in den USA nicht; allenfalls wurden die Patentansprüche durch das Einbeziehen von Äquivalenten weit ausgelegt, wobei es eine „expansive" und eine „restrictive" doctrine of equivalents gab.[174] Im Jahre 1952 wurde das Patentgesetz der USA erneut geändert (Patent Act of 1952, Public Law 593, 82nd Congress, 2nd Session, ch. 950, 66 Statute 792, bestätigt am 19. Juli 1952), wo in 35 U.S.C., section 112, Satz 2 die heutige Formulierung für den Patentanspruch festgelegt wurde (vgl. oben Punkt II, 2.2).

Die Frage, ob der moderne zweiteilige Anspruch den Schutzbereich im Vergleich zum einteiligen Anspruch eher einschränkt oder erweitert, kann leider nicht durch Studium, Analyse und Vergleich konkreter Fälle in Großbritannien, in den USA oder in Deutschland definitiv beantwortet werden. Ein solcher Vergleich scheitert schon daran, daß in Deutschland der Patentanspruch für sehr lange Zeit nicht eindeutiger Ort der Festlegung des Schutzbereichs war.

Trotzdem lassen sich Überlegungen anstellen, aus denen sich ergibt, daß der einteilige und der zweiteilige Anspruch hinsichtlich des Schutzumfangs im Prinzip gleichwertig sind.

Wenn ein einteiliger Anspruch beispielsweise aus sechs Merkmalen besteht und in einen zweigeteilten Anspruch von vier Merkmalen im Oberbegriff und zwei Merkmalen im Kennzeichen umgewandelt wird, ist der Schutzbereich in beiden Fällen identisch. Für den Schutzbereich eines aus mehreren Merkmalen bestehenden Patentanspruchs ist es nach deutschem Recht belanglos, ob ein Merkmal im Oberbegriff oder im kennzeichnenden Teil steht.[175] Bei einem zweigeteilten Anspruch kann das patentbegründende Merkmal sogar im Oberbegriff angesiedelt sei.[176] Auch nach dem Recht des EPÜ gilt, daß die Zweiteilung auf den Gegenstand und den Schutzbereich keinen Einfluß hat.[177] Verschiebungen von Merkmalen von einem Teil des Patentanspruchs in einen anderen sind daher im Hinblick auf die Erweiterungsverbote des Art. 123 EPÜ in jedem Verfahrensstadium zulässig.[178] Anders aber,[179] wo die Ablehnung einer Änderung der Zweiteilung auch mit der Gefahr einer Erweiterung begründet wurde.

Die Gleichwertigkeit der beiden Anspruchstypen besteht allerdings nur im Grundsätzlichen. In der Praxis neigt der zweiteilige Anspruch eher dazu, eine Schutzbereichs-

---

173 Ronald D. Hantman, a.a.O., S. 460.
174 Ronald D. Hantmann, a.a.O., S. 462-464.
175 BGHZ 96; 3, 5 – Hüftgelenkprothese; BGH GRUR 1989; 103, 105 – Verschlußvorrichtung für Gießpfanne.
176 BGH GRUR 1962; 80, 81 – Rohrdichtung.
177 T 49/89.
178 T 248/88; T 601/88; T 96/89.
179 T 402/86.

veschiebung zu begünstigen, was dadurch bedingt ist, daß sich bei ihm der Stand der Technik „einmischt" oder vom Prüfer eingemischt wird. Während der einteilige Anspruch die Erfindung „pur" definiert, d.h. in der ureigenen Sprache der Erfindung, wird beim zweiteiligen Anspruch die Sprache des Standes der Technik hineintransferiert. Diese beiden Sprachen sind nicht immer kompatibel. Nicht selten wird die Sprache des Patentanspruchs durch diesen Transfer „vergewaltigt", etwa wenn ein Prüfer unbedingt Merkmale aus einer bestimmten Druckschrift in den Oberbegriff nehmen möchte, obwohl diese Merkmale nicht richtig passen.

So waren Anmelder und Prüfer während des Prüfungsverfahrens zum Europa-Patent Nr. 625 081 „Radiusfräsvorrichtung" unterschiedlicher Meinung hinsichtlich des am nächsten kommenden Standes der Technik. Während der Prüfer in der US-Patentschrift 3 635 268 diesen Stand der Technik sah, hielt der Anmelder die US-Patentschrift 4 798 506 für einschlägiger. Der Prüfer schlug einen von der US-Patentschrift 3 635 268 ausgehenden Anspruch vor, der jedoch nach Ansicht des Anmelders die Erfindung verzerrte.

In Abb. 12 sind die Figuren 1 und 3 der europäischen Patentanmeldung 625 081 (korrespondierend zur PCT-Anmeldung PCT/DE 93/ 00087 und zur USA-Patentschrift 5 486 076) wiedergegeben

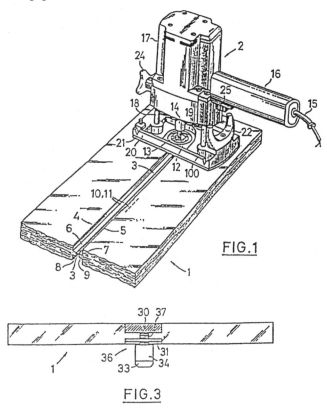

Abb. 12

Zum Vergleich werden in Abb. 13 die Figuren 1 und 4 der vom Prüfer als gattungsbildenden USA-Patentschrift 3 635 268 wiedergegeben:

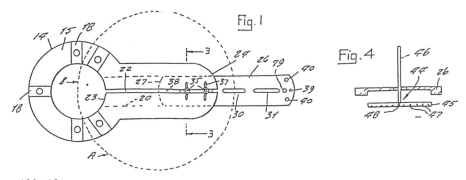

Abb. 13

Nach dem Vorschlag des Prüfers sollte der abgegrenzte, zweiteilige Anspruch wie folgt lauten:

> *"Radiusfräsvorrichtung zum Bearbeiten von Werkstücken mittels einer Handoberfräse, mit*
> *– einer Platte (1),*
> *– die einen Schlitz (3) aufweist,*
> *– einer Befestigungsvorrichtung (30 bis 35), die in dem Schlitz (3) führbar und*
> *– mit dem zu bearbeitenden Werkstück (40) verbindbar ist,*
> *– einer Bodenplatte (20, 21) für die Handoberfräse (2), wobei*
> *– die Platte (1) als Auflagefläche für die Bodenplatte (20,21) der Handoberfräse (2) dient*
> *– der Schlitz (3) eine Führungsnut (8, 9) für eine Scheibe (31) im unteren Bereich aufweist,*
> *– in der Platte (1) eine Bohrung (23) vorgesehen ist, durch die der Fräskopf der Handoberfräse (2) führbar ist,*
> *– der Schlitz (3) mit der unteren Führungsnut (6, 7; 8, 9) in der Bohrung endet,*
> *– die Befestigungsvorrichtung (30 bis 35) einen Vorsprung (33, 34) aufweist, der über die Unterseite der Platte (1) vorsteht,*
> *– im oberen Bereich des Schlitzes eine Scheibe (30) vorgesehen ist,*
> *dadurch gekennzeichnet, daß eine Führungsnut (6, 7) im oberen Bereich des Schlitzes (3) vorgesehen ist, wobei*
> *– diese Führungsnut in der Bohrung endet, und*
> *– die Scheibe in der Führung im oberen Bereich vorgesehen ist."*

Nach Auffassung des Prüfers waren alle Merkmale des Oberbegriffs aus der USA-Patentschrift 3 635 268 bekannt. Der Anmelder widersprach, indem er ausführte, die Vorrichtung gemäß der US-Patentschrift weise einen Teil 26 auf, für den es bei der beanspruchten Erfindung keine Entsprechung gebe. Zwar sei dieser Teil 26 auch eine „Befestigungsvorrichtung", aber keine im Sinne der Erfindung. Das Merkmal, daß eine Befestigungsvorrichtung vorgesehen sei, die in dem Schlitz führbar und mit dem zu bearbeitenden Werkstück verbindbar sei, werde durch die US-Patentschrift nicht erfüllt, denn der „guide track" 26 sei eben nicht in dem Schlitz 22 führbar, sondern in dem „guide recess" 20, was nicht vergleichbar sei. In dem Schlitz führbar seien bei der Entgegenhaltung allenfalls die Schrauben 35, doch würden diese nicht mit dem Werkstück verbunden.

Da die Meinungsverschiedenheiten zwischen Prüfer und Anmelder hinsichtlich des am nächsten kommenden Standes der Technik nicht auszuräumen waren, schlug der Anmelder schließlich einen einteiligen Anspruch vor, dem nicht mehr zu entnehmen war, von welchem Stand der Technik die Erfindung ausging:

> *„Radiusfräsvorrichtung zum Bearbeiten von Werkstücken mittels einer Handoberfräse, mit*
> *1.1 einer Platte (1), die*
> *1.1.1 als Auflage für eine Bodenplatte (20, 21) der Handoberfräse (2) dient und die*
> *1.1.2 eine Bohrung (23) aufweist, durch die ein Fräskopf der Hand oberfräse (2) führbar ist und die*
> *1.1.3 einen Schlitz (3) mit einer oberen Führungsnut (6, 7) und einer unteren Führungsnut (8, 9) aufweist, wobei die beiden Führungs nuten (6 ,7;8, 9) in der Bohrung (23) enden;*
> *1.2 einer Befestigungsvorrichtung (30 bis 35), die mit dem zu bearbeitenden Werkstück (40) verbindbar und in dem Schlitz führbar ist, wobei diese Befestigungsvorrichtung (30 bis 35) aufweist:*
> *1.2.1 einen Vorsprung (33,34), der über die Unterseite der Platte (1) vorsteht,*
> *1.2.2 eine erste Scheibe (30), die in der oberen Führungsnut (6, 7) verschiebbar ist, und 1.2.3 eine zweite Scheibe (31), die in der unteren Führungsnut (8, 9) verschiebbar ist.*

Der Prüfer akzeptierte die neue Formulierung, forderte aber den Anmelder unter Hinweis auf die Richtlinien C-III, 2.3.b auf, in der Beschreibung klarzustellen, welche Merkmale des Gegenstands des Anspruchs 1 aus der US-Patentschrift 3 635 268 bekannt sind. Zur Berechtigung dieser Aufforderung wird auf den obigen Abschnitt IV, 1.2.4.1. verwiesen.

Das vorstehende Beispiel zeigt deutlich, wie durch die „Abgrenzung" eines Patentanspruchs gegenüber der tatsächlich oder angeblich am nächsten kommenden Druckschrift einander zugehörige Teile einer Erfindung zerrissen und sinnentstellend wiedergegeben werden. Auf die exakte Bestimmung des Schutzumfangs bzw. – bereichs eines Patents hat diese Abgrenzung sicher keinen positiven Einfluß, wobei dahingestellt sein mag, ob der Schutzumfang hierdurch erweitert oder eingeengt wird. Der im Vergleich zum Kennzeichen sehr ausgedehnte Oberbegriff des zweiteiligen Anspruchs legt zunächst die Vermutung nahe, daß der Schutzumfang des Anspruchs stark eingeschränkt ist. Bei näherer Betrachtung kann aber auch eine Erweiterung vorliegen, weil das Merkmal „Führungsnut" nicht nur die Nut gemäß Erfindung, sondern auch die Nut nach der Entgegenhaltung umfaßt.

2.3.3.5 Vor- und Nachteile des Anspruchs mit einem Oberbegriff nach dem Muster „means plus function"

Bei den *Hartig*'schen und auch bei den meisten *Kumm*'schen Ansprüchen besteht der Oberbegriff aus einem einzigen konkreten Wort, dem Gattungsbegriff, z.B. aus dem Wort „Drehstrommotor" oder „Gleichrichterschaltung". Wie oben bereits dargelegt, läßt *Kumm* auch Oberbegriffe zu, die aus mehreren Wörtern bestehen. Aber auch diese Mehrwort-Oberbegriffe beginnen in der Regel mit einem konkreten Wort, etwa mit dem Wort „Teilstrahlungsthermometer". Entsprechendes trifft auch auf Ansprüche zu, deren Oberbegriff nach der herrschenden Praxis von dem am nächsten kommenden Stand der Technik ausgeht.

Neben diesen Oberbegriffen, die mit konkreten Wörtern auf einer niedrigen Abstraktionsebene beginnen, gibt es auch zahlreiche Patentansprüche, deren Oberbegriff mit Wörtern der höchsten Abstraktionsebene anfangen. Solche Wörter sind „Einrichtung", „Vorrichtung" oder „Verfahren". In der Regel stehen diese Wörter aber nicht allein im Oberbegriff, sondern es folgen ihnen Zweck- oder Funktionsangaben. Beispielsweise beginnt der Oberbegriff des am 6.8.1998 ausgegebenen deutschen Patents 197 02687 mit den Worten:

„Anordnung zum Schutz gegen Übertemperaturen eines Steuergeräts für Gasentladungslampen ..."

Ähnlich der Anspruch 1 der deutschen Offenlegungsschrift 34 41 992 vom 21.5.1986, wo es heißt:

„Schaltungsanordnung zur Zündung einer Niederdruckentladungslampe ..."

Auch in dem Heft „Europäische Eignungsprüfung 1993, Prüfungsaufgabe A & B", herausgegeben vom Europäischen Patentamt, ist auf den Seiten 60, 61 ein „Musteranspruch " wiedergegeben, der nach dem oben angegebenen Schema aufgebaut ist:

„Vorrichtung zum Erhitzen oder Garen mittels einer elektromagnetischen Strahlung, wobei die Vorrichtung ..."

Dieser Anspruch enthält sogar im Kennzeichen eine Funktionsangabe:

dadurch gekennzeichnet, daß Mittel zur Konzentration der Energie der elektromagnetischen Strahlung des Zentrums des Herdraums vorgesehen sind ..."

Bei Verfahrensansprüchen werden im Oberbegriff nahezu regelmäßig Zweckangaben verwendet. Beispielsweise beginnt das am 17. März 1964 angemeldete US-Patent Nr. 3 293 092, dessen Erfinder der Brite John B. Gunn ist, nach dem der Gunn-Effekt („Gunn-Diode") benannt wurde, mit folgenden Worten:

„A method of making semiconductor devices including the fabrication of a semiconductor material having a second band gap to form a junction therebetween ..."

Da die Begriffe „Einrichtung", „Vorrichtung" oder „Anordnung" auf derselben oder nahezu auf derselben Abstraktionsebene wie das englische Wort „means" liegen, kann man Sachansprüche der oben wiedergegebenen Art auch „means-plus-function"-Ansprüche nennen. Verfahrensansprüche bezeichnet man in entsprechender Weise „step-plus-function-"Ansprüche.[180]

Von „means-plus-function"-Ansprüchen spricht man nicht nur, wenn sich im Oberbegriff ein „means-plus-function"- Ausdruck findet, sondern auch dann, wenn eine entsprechende Formulierung im Kennzeichen enthalten ist. Dies trifft beispielsweise auf den Anspruch 1 der US-Patentschrift 5 360 599 zu, die am 1. November 1994 ausgegeben wurde:

> „1. A crucible support heater for the control of melt flow in a crystal growth apparatus, wherein said heater is comprised of:
> a means for containing a melt of material to be grown into a crystal;
> a means for lifting said means for containing said melt, said lifting means including a lift rod disposed below said means for containing said melt;
> and a means for heating said melt such that said means for heating said melt are in part located adjacent to said means for containing said melt and are in part located on said lift rod of said lifting means whereby an entire bottom of said means for containing said melt is heated by said heating means."

Dieser Anspruch beginnt zwar mit den konkreten Worten „A crucible support heater", weist dann aber eine Reihe von Funktionsangaben auf, denen das allgemeine Wort „means" vorangestellt ist. Die Tiegelheizung wird nicht für irgend etwas, sondern für die Regelung des Schmelzflusses bei einem Kristallzüchtungsprozeß verwendet. Statt des Wortes „melt container" wird der Begriff „a means for containing ..." verwendet.

Der Vorteil eines solchen Anspruchs liegt darin, daß kein bekannter und festgelegter Gegenstand bezeichnet werden muß, um eine neue Erfindung zu beschreiben. Es genügt, die Erfindung durch ihre Funktion oder ihren Zweck zu definieren. Hierdurch wird eine einengende Auslegung eines Anspruchs vermieden, wie sie sich bei Verwendung konkreter Begriffe ergeben kann. Will man den Ausdruck „Vorrichtung zum Erhitzen oder Garen mittels elektromagnetischer Strahlung..." durch bekannte Ein-Wort-Begriffe ersetzen, muß man auf Wörter wie „Herd", „Ofen" und dergleichen zurückgreifen, die aber mit einer bestimmten Bedeutung behaftet sind und nicht unbedingt für Mikrowellen oder andere elektromagnetische Strahlungen geeignet sind. „Herd, der mit Mikrowellen arbeitet", würde nicht zum Ausdruck bringen. wozu die Mikrowellen dienen, nämlich zum Erhitzen und Garen. Das heute geläufige Wort „Mikrowellenherd" bedeutet einen geschlossenen Raum, in dem sich zu erhitzende Nahrungsmittel befinden. Es beinhaltet sicher nicht eine offene, d.h. gehäuselose Bestrahlung eines Guts. Die „Vorrichtung zum Erhitzen ..." deckt aber zweifellos sowohl die offene als auch geschlossene Mikrowellenbestrahlung ab.

Der „means-plus-function"-Anspruch ermöglicht somit grundsätzlich einen umfassenderen Schutz als ein Anspruch mit konkreten Begriffen, was der Hauptgrund für seine Beliebtheit, insbesondere in den USA, sein dürfte. Dieser Anspruchstyp hat im sechsten Absatz des U.S.C. § 112 sogar eine eigene Regelung gefunden:

---

180 Alexander Esslinger: Auslegung unter den Wortlaut – die Interpretation von „means-plus-function"-Ansprüchen in den USA, Mitt. 1998; 132-134, 132.

"An element in a claim for a combination may be expressed as a means or step for performing a specified function without recital of structure, material, or acts in support thereof, and such claim shall be construed to cover the corresponding structure, material, or acts described in the specification and equivalents thereof."

In einem Grundsatzurteil von 1994 hat der Court of Appeals for the Federal Circuit (CAFC) den Optimismus über den Schutzbereich der „means-plus-function"-Ansprüche allerdings stark gedämpft.[181] Hiernach umfassen diese Ansprüche nur die in der Beschreibung offenbarten Merkmale und deren Äquivalente. Dies gilt sowohl bei der Prüfung der Patentfähigkeit vor dem Patentamt als auch für die Bestimmung des Schutzumfangs und der Rechtsbeständigkeit. Im konkreten Fall wurde das Merkmal „means for holding said disc…" so ausgelegt, daß es eine unter den Wortlaut fallende Verletzungsform nicht mehr umfaßte, weil keine der konkreten Ausführungsformen, einschließlich deren Äquivalente, verletzt wurde. Dies ist, wie *Esslinger* zutreffend bemerkt, eine Auslegung unter den Wortlaut.

Ob damit allerdings die „means-plus-function"-Ansprüche gegenüber anderen Anspruchsarten benachteiligt sind, mag bezweifelt werden. Der Meinung *Esslingers*[182], es sei besser, im Anspruch von „Verstärker" statt „Verstärkermittel" zu sprechen, ist nicht zu folgen, weil beide Begriffe im Grunde bedeutungsgleich sind. Die umfassendere Bedeutung der „means-plus-function"-Ansprüche kommt eigentlich nur dann zum Vorschein, wenn der konkrete oder „strukturelle" Begriff eine sehr fest umrissene - Bedeutung hat und insbesondere keinen Hinweis auf die Funktion enthält, wie dies beispielsweise für die Begriffe „Vase", „Dach", „Rinne", „Messer", „Tisch", „Ofen", „Fenster" etc. gilt. Würde man bei einer automatischen Zuschneidemaschine für Blumensträuße die Bezeichnung „Vorrichtung zur Aufnahme eines Blumenstraußes" durch „Vase" ersetzen, so ergäbe dies ein völlig falsches Bild, wenn der Blumenstrauß in horizontaler Richtung gehalten werden soll, damit die Blumenstengel auf gleiche Länge gebracht werden können. Das Wort „Verstärker" enthält dagegen bereits die Funktion „Verstärken", so daß die „Verstärkermittel" kein Informationsplus hinzufügen. Bei der Empfehlung, möglichst strukturelle Begriffe in einen Patentanspruch aufzunehmen, wird oft auch übersehen, daß diese strukturellen Begriffe selbst wieder über ihre Funktionen definiert werden. So versteht man unter einem „Fenster" eine „Öffnung in einer Wand, die zur Belichtung und Belüftung eines geschlossenen Raumes dient und eine Sichtverbindung zwischen Innen- und Außenraum herstellt."[183] Würde man statt „Fenster" die obige wortreiche Lexikon-Nominal-Definition in einem Patentanspruch erwähnen, dann enthielte dieser zwar eine Funktionsangabe („… zur Belichtung und Belüftung …"), doch wäre er keineswegs ungenauer als ein Anspruch mit dem Wort „Fenster".

Die „means-plus-function"-Elemente des oben wiedergegebenen Anspruchs des US-Patents 5 360 599 lassen sich im übrigen formal sehr leicht in strukturelle Begriffe umwandeln, ohne daß sich ihre Bedeutung ändert. Statt „means for containing" kann man auch schlicht „container" sagen. Ensprechendes gilt für „means for lifting" = „lifter" oder „means for heating" = „heater". Es kann somit nicht richtig sein, daß die rein formale Umwandlung eines „means-plus-function"-Begriffs in einen strukturellen Begriff zu einem weiteren Schutzumfang führt. Die vorstehend wiedergegebenen „strukturellen"

---

181 In re Donaldson, 16 F.3d 1189 = 29 USPQ 2nd 1845, Fed. Cir. 1994.
182 a.a.O., S. 134.
183 Brockhaus Enzyklopädie, 19. Aufl., 7. Band, 1988, S. 192.

Begriffe beinhalten alle schon per se eine Funktion, so daß es unschädlich ist, diese in Form von „means-plus-function" noch deutlicher auszudrücken.

Obgleich die „means-plus-function"-Bezeichnungen sehr allgemein und vage wirken, können sie doch auch präziser als strukturelle Ausdrücke sein. „Means for lifting" beschreibt im obigen Beispiel recht deutlich, was gemeint ist. Der Begriff „lifter" ist dagegen, für sich betrachtet, mehrdeutig, denn er kann „Heber, Hebegerät, Hebebaum, Ejektor, Nocken, Stößel oder Langfinger bzw. Dieb" bedeuten.[184] Im Grunde erfüllen die „means-plus-function"-Ansprüche zumindest einen Teil der Anforderungen, die *Hartig* an Vorrichtungs-Ansprüche stellt, ohne die Schwäche der *Hartig'*schen Vorschläge zu teilen. *Hartig* war strikt gegen eine bloße Aufzählung von strukturellen Einzelmerkmalen im Vorrichtungs-Patentanspruch, weil er glaubte, das Wesen einer Maschine komme erst in ihrer Bewegung bzw. Funktion zum Ausdruck:

> *„... denn die Maschine muss im Arbeitsgang gedacht werden, wenn sie wirken, nicht zum Getriebe oder Mechanismus herabsinken soll; es muß also zu den drei Dimensionen des Raumes die vierte „Zeit" vorausgesetzt werden, wenn die Feststellung des Begriffs der Maschine adäquat erfolgen soll ... Der Begriff der Maschine hat also dann den Begriff des Verfahrens in sich aufgenommen, gewissermaßen aufgesaugt, daher ich auch Maschine und Erzeugnis für eine technologische Einheit halte ...".*[185]

Die Funktion läuft in der Zeit ab und gibt damit im Sinne von *Hartig* eine Vorstellung vom „Wesen" einer Maschine. Allerdings wird die Arbeitsweise (= Funktionsablauf) einer Vorrichtung nach heutigem Verständnis als Kennzeichen der Sache Vorrichtung und nicht etwa als Verfahren angesehen[186], so daß dem Wunsche *Hartigs* bis heute nicht entsprochen wird.

Esslinger bemerkt zutreffend, daß die deutschen Begriffe „Einrichtung" und „Vorrichtung" leicht mit „means" übersetzt werden können, was bei Parallelanmeldungen in den USA zu beachten sei[187], weil es dann dort zu den erwähnten Schutzbereichseinschränkungen kommen könne. Der Informationsgehalt von „Einrichtung" und „Vorrichtung" ist in der Tat nicht größer als der von „means" oder der deutschen Entsprechung „Mittel". Obgleich die Begriffe „Einrichtung" und „Vorrichtung" von deutschen und europäischen Prüfern ohne weiteres akzeptiert werden, stoßen Anmelder merkwürdigerweise bei Verwendung des gleichwertigen deutschen Worts „Mittel" oft auf den erbitterten Widerstand der Prüfer, weil dieses Wort angeblich zu unbestimmt ist.

Die Prüfer gehen hierbei ersichtlich von der falschen Annahme aus, „Einrichtung" und „Vorrichtung" seien konkrete strukturelle Begriffe, während das Wort „Mittel" nur im Zusammenhang mit einer Funktion einen Sinn ergäbe. Richtig ist dagegen, daß „Vorrichtung" und „Einrichtung" längst im Sinne der höchsten Abstraktion verwendet werden. Selbst die bei *Kumm*[188] (a.a.O.,S. 167) angegebenen drei obersten Abstraktionsstufen „Gerät" – „Anordnung" – „Materielles Ding" können im Vergleich zu „Einrichtung" und „Vorrichtung" als „differentiae specificae" angesehen werden. Statt „Vorrichtung"

---

184 Langenscheidts Enzyklopädisches Wörterbuch, Teil I, Englisch-Deutsch, 1 Band A-M, 1962, S. 768.
185 a.a.O., Zivilingenieur, 1896, S. 546, 547.
186 Schulte, a.a.O., § 1 Rdn. 144.
187 a.a.O., Mitt. 1998, S. 134, linke Spalte.
188 a.a.O., S. 167.

oder „Einrichtung" könnte man im Grunde auch „Entität" oder „Etwas" sagen. Die lexikalische Bedeutung von z.B. „Vorrichtung"

> *„Fertigungstechnik: Hilfsmittel bes. für die Serienfertigung zum schnellen und genauen Spannen von zu bearbeitenden oder zu messenden Werkstücken; i.d.R. bestehend aus Grundplatte, Positionier- und Spannelementen. V. ermöglichen eine Verkürzung der Fertigungszeiten und eine Verbesserung der Wiederholgenauigkeit. Es gibt V. für variable Werkstückabmessungen (z.B. Spanntische), Spezialanfertigungen für ganz bestimmte Werkstücke und V. aus Baukastenelementen, bei denen die Positionier- und Spannelemente, der jeweiligen Werkstückform angepaßt, in beliebiger Position (Nutensystem) oder in bestimmten Abständen (Bohrungssystem) auf einer Grundplatte aufgebaut werden.*[189]

hat praktisch nichts mehr mit der Verwendung dieses Begriffs in deutschen oder europäischen Patentansprüchen zu tun. Der Begriff „Vorrichtung" wird in Patentansprüchen eigentlich nur noch im Sinne von „Nicht-Verfahren" und „Nicht-Schaltungsanordnung" benutzt, also um anzudeuten, daß es sich um etwas Mechanisches im weitesten Sinn handelt. Das BPatG hat versucht, dies dahingehend zu präzisieren, daß sich Vorrichtungen auf Arbeitsmittel zur Durchführung von Herstellungs- oder Arbeitsverfahren beziehen.[190] Im Grunde stellt aber auch diese Präzision nichts anderes als eine bloße Abgrenzung gegen verschiedene Verfahrensarten dar.

Ähnlich wie der Begriff „Vorrichtung" hat auch der Begriff „Einrichtung" nur noch eine Abgrenzungsfunktion zum Verfahren, wobei oft unklar ist, worin der Unterschied zur „Vorrichtung" besteht oder was eine „Einrichtung", die noch nicht einmal in normalen lexikalischen Werken Erwähnung findet, eigentlich ist. *Seligsohn* erwähnt den Begriff „Vorrichtung" überhaupt nicht, sondern unterscheidet zwischen einem Verfahren, einer Einrichtung oder einem Erzeugnis, ohne allerdings näher zu erläutern, was er unter „Einrichtung" versteht.[191] Aus dem praktischen Gebrauch der Wörter „Vorrichtung" und „Einrichtung" in Patentschriften kann man schließen, daß das Wort „Einrichtung" auch für elektrische Schaltungen oder sonstige mechanik-arme Erfindungen verwendet wird, während „Vorrichtung" mehr den maschinenbautechnischen Erfindungen vorbehalten ist. Bei Ansprüchen, die nach dem Muster „means-plus-function" aufgebaut sind, wäre es im Grunde gleichgültig, ob es „Vorrichtung zum …" oder „Einrichtung zum …" oder „Mittel zum …" heißen würde. Trotz der von *Esslinger* vorgetragenen Bedenken ist somit gegen die „means-plus-function"-Ansprüche im Grunde nichts Ernsthaftes einzuwenden. Jedenfalls ist ein Anspruch, der im Oberbegriff mit „Vorrichtung zum …" beginnt, in der Regel deutlich und klar, vorausgesetzt, die nachfolgend angegebene Funktion ist bekannt oder verständlich. Ein verkrampftes Suchen nach einem „genus proximum" oder dergleichen kann hierbei entfallen.

Bei Verfahrensansprüchen sind Funktions- oder Wirkungsangaben praktisch unerläßlich. Während die Ansprüche bei mechanischen Erfindungen oft noch strukturelle Begriffe enthalten, z.B.

---

189 Brockhaus Enzyklopädie, 19. Aufl., S. 455.
190 BPatGE 8; 136, 139.
191 Arnold Seligsohn: Patentgesetz und Gesetz, betreffend den Schutz von Gebrauchsmustern, 7. Auflage, Berlin und Leipzig, 1932, § 20 Rdn 14, S. 325.

"*Trockenrasierer, umfassend einen Motor mit einem Läufer, eine hin- und herbewegliche Schnittvorrichtung ...*"[192]

beginnen fast alle Verfahrensansprüche mit „Verfahren zum ..." oder „Verfahren für ..." Dies gilt bereits für die ersten deutschen Patente (vergl. oben Punkt IV, 1.2.1.1.2). Der Grund hierfür liegt in dem Umstand begründet, daß es für Verfahren nur sehr wenig Namen gibt. Ausnahmen wie „Haber-Bosch-Verfahren" bestätigen die Regel. Außerdem eignen sich diese „Namens-Verfahren" wenig zur Gattungsbildung, weil ihre Schritte festgelegt sind und ein neues Verfahren, das sich an ein solches „Namens-Verfahren" anschließen würde, zusätzliche Schritte an die schon bekannten Schritte anhängen müßte.

Was für Verfahren praktisch unumgehbar ist, kann für Vorrichtungen nicht falsch sein, so daß in den „means-plus-function"-Ansprüchen bzw. in den „step-plus-function"-Ansprüchen eine sehr brauchbare Beschreibung von Erfindungen zu sehen ist. Durch die Zweckangabe wird meistens auch schon die technische Aufgabe, die nach früherer Auffassung Bestandteil der Erfindung ist, im Anspruch selbst erwähnt, denn der Unterschied zwischen dem „Zweck" und der „technischen Aufgabe" ist nicht allzu groß.[193]

3 Patentanspruchskategorien und Anspruchs-Sonderformen

Obgleich die oben diskutierten Anspruchsformen auf alle Erfindungsarten Anwendung finden können, gibt es doch Erfindungen, bei denen die eine oder andere Anspruchsform vorzuziehen ist. So ist es unbestritten, daß die einteilige Anspruchsfassung besonders für Verfahrensansprüche geeignet ist, weil Verfahren in der Regel durch eine zeitliche Abfolge von Schritten gekennzeichnet sind, die nicht beliebig vertauscht werden können. Sind beispielsweise bei einem aus zehn Schritten bestehenden Verfahren die beiden ersten und die beiden letzten Schritte bereits aus dem Stand der Technik bekannt, müßten bei einem zweiteiligen Anspruch die vier bekannten Schritte in den Oberbegriff genommen werden, was ein Auseinanderreißen zusammengehöriger Schritte und damit eine Verfälschung der Erfindung bedeuten würde. Es soll deshalb im folgenden näher auf die verschiedenen Patentanspruchskategorien und ihre Bedeutung auf die Anspruchsformulierung eingegangen werden.

Die Patentanspruchskategorien haben im übrigen auch einen großen Einfluß auf den Schutzbereich eines Patents[194], weshalb ein nachträglicher Wechsel von einer Kategorie auf eine andere ausgeschlossen sein kann. Der in der Literatur oft verwendete Ausdruck „Patentkategorie" ist nicht ganz präzise, weil ein Patent gleichzeitig mehrere Ansprüche von unterschiedlicher Kategorie aufweisen kann. Im folgenden sind deshalb immer Patentanspruchskategorien gemeint, selbst wenn der Einfachheit bisweilen von Patentkategorien gesprochen wird.

Es besteht heute in der deutschen Rechtslehre weitgehende Übereinstimmung darüber, daß es eigentlich nur zwei Hauptanspruchskategorien gibt: Erzeugnisansprüche (= Sachansprüche) und Verfahrensansprüche. Dieser Sachverhalt findet seinen Nieder-

---

192 vgl. Musterlösungen in „Europäische Eignungsprüfung 1997", Compendium, Prüfungsaufgaben A & B, S. 69.
193 Schickedanz, GRUR 1971, S. 196/197.
194 Karl Bruchhausen: Der Schutzgegenstand verschiedener Patentkategorien, GRUR 1980, S. 364-368.

schlag u.a. im § 9 des deutschen Patentgesetzes, wo unter Nr. 1 das „Erzeugnis" und unter Nr. 2 das „Verfahren" erwähnt ist. Nr. 3 bezieht sich auf das durch ein Verfahren unmittelbar hergestellte Erzeugnis. Alle anderen Anspruchkategorien, die sonst noch erwähnt werden, sind im Grunde Besonderheiten der beiden erwähnten Grundkategorien. Von diesen Anspruch-Sonderformen gibt es allerdings eine ganze Reihe. Der Vielfalt schöpferischer Gestaltungsmöglichkeiten auf technischem Gebiet entspricht im patentrechtlichen Vokabular eine Vielzahl von Wortkombinationen, die der näheren Kennzeichnung einer Erfindung dienen sollen, wie etwa Sachpatent, Zusatzpatent, Pionierpatent, Sperrpatent, Verbesserungspatent. Als echte Patentkategorien sind sie jedoch nur insoweit anzusehen, als die Zugehörigkeit einer Erfindung zu einer dieser Gruppen bestimmte patentrechtliche Rechtsfolgen auslöst, nicht dagegen, soweit es sich lediglich um schlagwortartige Bezeichnungen rein technischer Art ohne patentrechtliche Relevanz handelt.[195]

In der zweiten Auflage des Kommentars von *Klauer-Möhring*[196] war allerdings noch von vier Grundkategorien die Rede: Sachpatente, Verfahrenspatente, Arbeitsmittelpatente, Patente auf Schaltungen oder sonstige Anordnungen. Erst unter dem Einfluß von *Zeunert*[197], *Fromme*[198] und *Reimer*[199] hat sich in Deutschland die Ansicht durchgesetzt[200], daß es im Grunde nur zwei Kategorien gibt, wobei *Klauer-Möhring* allerdings der Auffassung sind, daß diese Vereinfachung etwas sehr grob ist, weshalb sie eine Dreiteilung in Sachen, Herstellungsverfahren und Arbeitsverfahren vorschlagen.

In Regel 29 (2) und Regel 30 EPÜ sind als Kategorien aufgeführt: Erzeugnis, Verfahren, Vorrichtung und Verwendung. Diese vier Kategorien werden jedoch merkwürdigerweise in den Prüfungsrichtlinien (C-III, 3.1) nicht weiter unterteilt, sondern wieder zu zwei Kategorien zusammengeführt. Es ist dort von „Gegenständen" und „Tätigkeiten" die Rede, wobei die Gegenstände die Erzeugnisse und Vorrichtungen umfassen, während zu den Tätigkeiten die Verfahren und die Verwendung zählen.

In den USA spricht man nicht von Kategorien, sondern von „Statutory Classes", die in 35 U.S.C section 101 erwähnt sind. Bei diesen „statutory classes" handelt es sich um: „process, machine, (article of) manufacture, or composition of matter". Gleichgültig, wie neu oder erfinderisch eine Erfindung ist, sie kann in den USA nicht patentiert werden, wenn sie nicht einer der vier Klassen zugeordnet werden kann. Man erkennt bereits aus dieser Gegenüberstellung verschiedener Rechtssituationen, daß es mit der Akzeptanz von nur zwei Kategorien doch nicht weit her ist. *Spada*[201] sieht in der Lehrmeinung, nämlich:

a) daß die Erfindung die Lösung einer technischen Aufgabe darstellt;
b) daß Erfindungen sich auf ein Produkt oder ein Verfahren beziehen;
c) daß eine Produkterfindung dann vorliegt, wenn die Lösung der technischen Aufgabe in der Aussage darüber besteht, was produziert werden soll, während eine Verfah-

---

195 Klauer-Möhring, Patentrechtskommentar, Band I, 3. Aufl., 1971, § 1 Rdn. 5.
196 Klauer-Möhring, a.a.O., § 1 Rdn. 3.
197 Zeunert: Die Rechtsprechung des Patentamts und der Gerichte hinsichtlich der Patentkategorie, Bl.f.PMZ 1952, 247 ff.
198 Fromme: Zur Frage der Patentkategorie Verfahren, Bl.f.PMZ 1952, 254, 258.
199 Reimer: Patentgestaltung durch Auswahl der Patentkategorie, Mitt. 1956, 181, 18.
200 BPatGE 7, 16.
201 Paolo Spada: Erzeugnis, Verfahren und Anwendung zwischen technologischer Realität und Patentrecht, GRUR Int. 1991, S. 416-420.

renserfindung dann vorlegt, wenn die Lösung darin besteht, auszusagen, wie produziert werden soll;
d) daß das Patent auf eine Erzeugniserfindung einen absoluten Schutz, das auf die Verfahrenserfindung nur einen relativen Schutz gewährt

sogar eine Art juristisches Glaubensbekenntnis, das heute keine Gültigkeit mehr habe. Er sieht die Ursache hierfür in dem Auftauchen der Chemie und der pharmazeutischen Chemie auf dem Gebiet des Patentwesens. Dieses habe einen sehr raschen Wandel aller Begriffsbestimmungen im theoretischen und praktischen Patentrecht geführt. Bereits *Seligsohn* hatte darauf hingewiesen, daß die Kategorieneinteilung nicht unproblematisch sei:

> „*... insbesondere macht die Frage, ob Verfahren oder Einrichtung, in der Praxis bei Arbeitsmaschinen Schwierigkeiten, zumal die Grenze zwischen ihnen flüssig ist (Schanze Industrierechtl. Abhandlungen 2, 25; Herse in Kohler-Festgabe S. 69; Heimann in M.v.V. 04,71; Schrey in Zeitschr. f. gewerbl. Rechtsschutz 2, 26 u. 53; Wirth ebenda 2, 81 u. 103). Im allgemeinen wird man ein Verfahren dann annehmen, wenn es bei dem Arbeitsgange mehr auf den Verlauf und die Reihenfolge der Vorgänge als auf die konstruktive Beschaffenheit der Maschinenelemente ankommt".*[202]

Eine solche „Arbeitsmaschine" geben *Damme* und *Lutter*[203] wieder, die im Anspruch 1 der deutsche Patent Nr. 73 846 wie folgt definiert ist:

> „*Nägelspitzmaschine, dadurch gekennzeichnet, daß die aus Draht hergestellten, in einem absatzweise rotierenden Revolverapparat eingelegten Werkstücke zunächst von einem Hammer derart breit geschlagen werden, daß die Dicke nach dem Ende zu abnimmt, sodann die seitlichen Lappen mit einem Schneidewerkzeug geschnitten werden, so daß der Nagelschaft die bekannte Pyramidenform eines geschmiedeten Nagels erhält."*

Nach *Damme* und *Lutter* ist in diesem Falle die Maschine nach ihrem Arbeitsgang gekennzeichnet. Sie sei dabei also in Bewegung gedacht. Werde sie in ihrem Ruhezustand gedacht, als Raum- nicht als Zeitvorstellung, so würde die Kennzeichnung nach ihren sichtbaren Teilen zu erfolgen haben. Es ergebe sich daraus, daß der Arbeitsgang einer Maschine nicht mit einem Verfahren verwechselt werden dürfe, wiewohl sehr oft der Arbeitsgang einer Maschine ein Verfahren in Szene setze. Der obige, als Sache deklarierte Anspruch, stellt offenbar die von *Hartig* gewünschte Form eines Maschinen-Anspruchs dar. Die gleiche Erfindung kann aber auch im Ruhezustand gedacht werden. Es scheint sich somit zu bestätigen, daß es keine „Verfahrenserfindungen" und „Produkterfindungen" als vorjuristische Kategorien gibt.[204]

Zu der Frage, ob die Unterteilung der Erfindungen in verschiedene Kategorien sinnvoll ist bzw. wieviele unabhängige Kategorien es wirklich gibt, soll an dieser Stelle nicht Stellung genommen werden. Vielmehr wird zunächst unterstellt, daß alle bekannten Kategorien irgendeinen Sinn haben könnten, also nicht willkürlich aus der Luft ge-

---

202 a.a.O., S. 325.
203 a.a.O., S. 306.
204 Blumer, a.a.O., S. 130.

griffen sind. Diese Kategorien werden nacheinander anhand von Beispielen vorgestellt, und zwar in einer Reihenfolge, die durch die Fachliteratur im wesentlichen vorgegeben ist. Erst nach einer Analyse dieser Kategorien werden Schlußfolgerungen über ihren Charakter gezogen.

3.1 Erzeugnis- oder Sachpatentansprüche

Ansprüche, deren Wortlaut sich auf eine Sache bezieht, werden als „Erzeugnisansprüche" bezeichnet. Erzeugnisse können sein: Sachen, Vorrichtungen, Stoffe, Halbfabrikate, Zwischenprodukte, Gemische, Mittel aus verschiedenen Bestandteilen, Pflanzensorten.[205] Ein Anspruch auf eine Sache gewährt einen umfassenden Schutz, der sich auf jeden Gegenstand mit der gleichen Eigenschaft erstreckt. Er umfaßt alle Funktionen, Wirkungen, Zwecke, Brauchbarkeiten und Vorteile der Sache, ohne Rücksicht darauf, ob der die Patentfähigkeit gegebenenfalls allein begründende Verwendungszweck tatsächlich genutzt wird, selbst dann, wenn der Verletzer ihn nicht einmal in seine Überlegungen einbezogen hat.[206] Dieses Prinzip des absoluten Schutzes für einen Gegenstand oder einen Stoff wird auch vom EPA als dem EPÜ zugrundeliegendes Prinzip anerkannt.[207]

Strittig ist indessen, welche Erfindungsarten zu den Erzeugnis- oder Sacherfindungen gehören. *Kumm*, für den es nur Erfindungen gibt, die sich im Raum befinden oder die in der Zeit ablaufen, unterscheidet lediglich zwischen „Anordnungen" und „Verfahren".[208] Den Begriff „Anordnung" definiert *Kumm* allerdings wesentlich weiter als etwa *Isay*, der hierunter im wesentlichen Schaltungsanordnungen versteht. Nach *Kumm* soll der Begriff „Anordnung" sowohl ein Polyamidstückchen umfassen, aus dem ein Zahnrad gefräst wird als auch eine Fräsmaschine, deren Aufbau aus materiellen Dingen (Fräser, Frässpindel, Gestelle, Antrieb und andere Bauelemente) offensichtlich ist. *Kumm* glaubt, den Begriff „Anordnung" für Erzeugnis- oder Sachansprüche auch deshalb verwenden zu können, weil „Anordnung" in der täglichen deutschen Praxis ohnehin synonym für „Vorrichtung", „Einrichtung" u.ä. gebraucht werde.

Eine Einordnung der „Verwendungserfindung" in sein Kategorien-Schema unternimmt *Kumm* nicht. Diese Erfindungsart wird vom europäischen Patenrecht einem Verfahren zugeordnet, und zwar mit der Begründung, daß ein neuer Verwendungszweck außerhalb des Anwendungsbereichs von Art. 54 (5) einem bekannten Erzeugnis nicht zur Neuheit verhelfen könne.[209]

Die Begriffe „Vorrichtung", „Einrichtung" und „Anordnung" werden auch vom Bundespatentgericht mit dem Sachanspruch in Verbindung gebracht. So heißt es im ersten Leitsatz des Beschlusses vom 5. Februar 1965:[210]

> „Zur Bestimmung der Patentkategorien „Verfahren" (Herstellungs- und Arbeitsverfahren) und „Sachen" (soweit sie Einrichtungen, Vorrichtungen und Anordnungen betreffen) bei der Prüfung von Patentansprüchen auf dem Gebiet der

---

205 Schulte, a.a.O., § 1 Rdn. 81.
206 Karl Bruchhausen: Der Stoffschutz in der Chemie: Welche Bedeutung haben Angaben über den Zweck einer Vorrichtung, eine Sache oder eines Stoffes in der Patentschrift für den Schutz der Vorrichtung, der Sache oder des Stoffes durch ein Patent, GRUR Int. 1991, S. 413-415.
207 G 2/88, Abl. EPA 1990, 93.
208 a.a.O., S. 48, 49.
209 Richtlinien, Teil C-III, 4.9, C-IV, 7.6.
210 BPatGE 8, 136-143.

spanabhebenden und spanlosen Metall-, Holz-, Kunststoff- sowie Glasver- und -bearbeitung und auf verwandten Gebieten."

Es erscheint deshalb sinnvoll, die Begriffe „Vorrichtung", „Einrichtung" und „Anordnung" auf ihre Unterschiede und Gemeinsamkeiten hin zu analysieren, wobei die patentrechtliche Praxis ihrer Verwendung zugrundegelegt wird

3.1.1 Vorrichtungen

Wie oben (IV, 2.3.3.5) bereits gezeigt wurde, hat die Verwendung des Begriffs „Vorrichtung" im Patenrecht kaum etwas gemein mit der lexikalischen Definition dieses Begriffs. Dies wird auch noch durch die nachfolgenden Vorrichtungs-Definitionen – in Ergänzung zur bereits oben angegebenen lexikalischen Definition – untermauert:

> *„Vorrichtung. Sammelbegriff für die Herstellung aller Grubenbaue zur Vorbereitung der Gewinnung (Abbau) in der durch die Ausrichtung aufgeschlossenen Lagerstätte"*[211]

bzw.

> *„Vorrichtung.*
>
> *1) allg. Gerät, Apparat, Einrichtung für einen best. Zweck, z.B. eine Maschine oder eine Sicherheitsskibindung; Patentkategorie (– Patent).*
>
> *2) – Bergbau.*
>
> *3) Fertigungstechnik: Hilfsmittel bes. für die Serienfertigung, das die zu bearbeitenden Werkstücke in einer best. Lage zum Werkzeug oder zum Meßgerät festhält oder als Schablone größte Genauigkeit (z.B. beim Bohren, Schweißen) für den – Austauschbau 2) ermöglicht".*[212]

Von den vorstehenden Vorrichtungs-Definitionen trifft nur die erste Definition der letztgenannten Publikation auf den Gebrauch im Patentrecht zu.

3.1.1.1 Das Beispiel „Walzwerk"

Isay, der bei den Patentkategorien zwischen „Verfahren", „Anordnung" und „Vorrichtung" unterscheidet, gibt folgendes Beispiel als „Vorrichtung" an:

---

211 Lexikon Technik und exakte Naturwissenschaften, Band 10, 1972, S. 3051.
212 Brockhaus Naturwissenschaften und Technik, Band 5, Mannheim 1989, S. 221.

"Walzwerk zum Auswalzen von Scheibenrädern für Eisenbahnfahrzeuge, bei welchem zwei Walzscheiben die verschiebbar gelagerte Scheibe unter Drehung derselben nach dem Umfange zu ausrecken, bis letztere gegen eine dritte Walzscheibe stößt und von dieser und den beiden ersten Walzscheiben zum Laufkranz ausgewalzt wird."[213]

Es fällt auf, daß dieser für heutige Verhältnisse etwas ungewöhnliche, einteilige Vorrichtungs-Anspruch nicht nur strukturelle Merkmale enthält, sondern auch Merkmale, die in der Zeit ablaufen („unter Drehung derselben", „bis letzterer ... stößt"). In diesem Anspruch werden somit strukturelle und funktionelle Merkmale miteinander vermengt. Der Geist von *Hartig* läßt bei diesem Anspruch, der aus sich heraus nur schwer verständlich ist, grüßen. Entgegen den Hoffnungen, die *Hartig* in diesen Anspruchstyp gesetzt hatte, wird das Gebiet, das dem Schutzrechtsinhaber vorbehalten bleiben soll, jedoch nicht klar abgegrenzt. Ob „Walzwerk" ein genus proximum im Sinne von *Aristoteles* oder *Hartig* ist oder sein soll, mag dahinstehen, jedenfalls ist dieser Begriff nicht präziser als der allgemeine Begriff „Vorrichtung". Im Gegenteil: da „Walzwerk" sowohl eine konkrete „Vorrichtung zum Walzen" als auch eine „Walz-Fabrik" bedeuten kann, ist nicht eindeutig klar, auf welche Walzwerksart sich die „differentiae specificae" beziehen. Diese bestehen anscheinend aus drei Walzscheiben und einer verschiebbar gelagerten Scheibe. Der Hinweis auf „die verschiebbar gelagerte Scheibe" hängt dabei relativ zusammenhanglos im Anspruch und setzt offenbar die Kenntnis eines bestimmten Walzwerktyps voraus. Eine Methodik, die der Formulierung des vostehenden Anspruchs zugrunde liegt, ist nicht erkennbar.

3.1.1.2 Das Beispiel „Rüttelmaschine"

Während in der deutschen Patentliteratur eine Methodik über den zweckmäßigen Aufbau eines Patentanspruchs, die über das hinausgeht, was schon von *Hartig*, *Kumm*, dem Bundespatentgericht und den anderen bereits genannten Autoren gefordert wurde, kaum zu finden ist, hat die Methodik und Praxis des „Claim Drafting" durch Praktiker-Seminare, vorzugsweise in den angelsächsischen Ländern, in den letzten Jahrzehnten ein beachtliches Niveau erreicht[214] Aus einem dieser Seminare ist das bereits erwähnte Buch von Robert C. Faber hervorgegangen, aus dem nachfolgend ein Vorrichtungs-Anspruch samt Analyse wiedergegeben werden soll.[215] Die Darstellung lehnt sich dabei eng an die Ausführungen bei Robert C. Faber an. Der besagte Vorrichtungs-Anspruch lautet:

Apparatus for shaking articles, which comprises:

(a) a container for the articles;

(b) a base;

---

213 Hermann Isay: Patentgesetz und Gesetz, betreffend den Schutz von Gebrauchsmustern, 6. Aufl., Berlin 1932, S. 490.
214 Vgl. Seminar der Management Forum Ltd., 48 Woodbridge Road, Guildford, Surrey GU1 4 RJ „European Claim Drafting" vom 14. und 15. Juni 1999 in London. SCRIPTUM.
215 Robert C. Faber, a.a.O., III, § 14.

(c) a plurality of parallel legs, each leg is connected pivotally at one end to the container and at the other end to the base to support the container for oscillating movement with respect to the base; and

(d) means for oscillating the container on the legs to shake the articles

Nachfolgend die beiden Abbildungen, die diesem Anspruch zugeordnet sind.

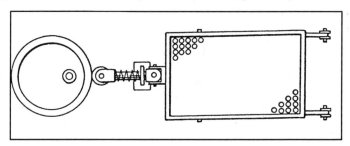

Abb. 14

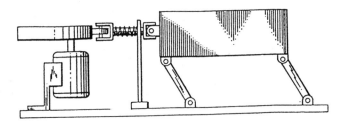

Abb. 15

Der obige – hier als einteilig bezeichnete – Anspruch enthält eine einfache und gerade bei mechanischen Ansprüchen in den USA sehr verbreitete „Präambel". Dieser Präambel-Typ folgt dem Muster:

„Vorrichtung („apparatus") zur Durchführung eines bestimmten Vorgangs („shaking") oder einer Operation an einem speziellen Gegenstand oder Werkstück („article"), die enthält:"

Der Gegenstand, an dem gearbeitet wird, das Werkstück („article"), muß in der Präambel nicht im Detail beschrieben werden, sofern eine solche Beschreibung nicht wesentlich für die Funktionsweise der Vorrichtung ist oder durch den Stand der Technik erforderlich wird.

Das Wort „Vorrichtung" (= apparatus) wird häufig als ein Abstraktum verwendet, das Maschinen und andere mechanische Einrichtungen umfaßt, welche Operationen an Werkstücken durchführen. Statt „apparatus" werden aber auch oft die Ausdrücke „a machine" oder „a device" verwendet.

Im Kennzeichen („body") werden die wesentlichen Elemente aufgezählt, die für die Realisierung der Erfindung erforderlich sind: Behälter, Basis, mehrere Beine und eine Vorrichtung zum Oszillieren des Behälters. Zwei dieser Elemente werden in ihrem Zusammenwirken mit anderen Elementen beschrieben. Von den „Beinen" heißt es, daß jedes von ihnen an einem Ende drehbar zum Behälter und am anderen Ende drehbar zur Basis ist, um den Behälter beim Oszillieren relativ zur Basis zu stützen. Bezüglich der Vorrichtung zum Oszillieren des Behälters ist angemerkt, daß sie dazu dient, diesen auf den Beinen zu bewegen, um die Gegenstände zu schütteln.

Die „Elemente" des Vorrichtungs-Anspruchs stellen somit die hauptsächlichen strukturellen Teile dar, die zusammen die beanspruchte Kombination bilden. Die vollständige Beschreibung eines jeden Elements bildet den Gegenstand eines separaten Teils oder Unterabschnitts des Anspruchs. Das Werkstück ist ein Gegenstand, der bei der Erfindung nur benutzt wird und der ausgetauscht werden kann. Er sollte deshalb in der Präambel erwähnt werden, aber nicht Gegenstand eines Elements im Kennzeichen sein. Seine Erwähnung im Kennzeichen erfolgt nur, um darzustellen, wie er mit einem Element des Kennzeichens zusammenwirkt.

Eine der wichtigsten Regeln bei der Technik der Anspruchsformulierung in den USA besteht darin, daß niemals ein neues Element des Anspruchs in der Mitte des Kennzeichens eingeführt werden sollte, wenn gerade ein anderes Element beschrieben wird bzw. daß die Arbeitsweise eines Elements nicht beschrieben werden darf, ohne daß dieses Element zuvor eingeführt wurde. Wird diese Regel nicht beachtet, spricht man von „inferential claiming", MPEP 706.03 (d). Jedes neue Element in einem Vorrichtungsanspruch sollte zuerst als ein Subjekt seiner eigenen Klausel eingeführt werden, und zwar mit dem unbestimmten Artikel, also „ein Behälter", „eine Basis" etc., oder es sollte in einem zuvor erwähnten Merkmal enthalten sein. Das heißt, daß das Vorhandensein des Elements durch ein Hilfsverb angedeutet werden sollte, welches den Zustand seiner Existenz beschreibt („having", „comprising", „including", „being"), wie oben bei dem Merkmal „a container" (Subjekt) having …". Ein Tätigkeitswort bzw. ein Verb, das anzeigt, daß etwas mit dem Element geschieht – wie z.B. „ist verbunden" – sollte dagegen in diesem Zusammenhang nicht verwendet werden. Ist ein Element seine eigene Klausel, so bedeutet dies, daß dieses Element vorhanden ist oder daß es zu Beginn der Klausel erwähnt wird und daß dann das Element, welches zum ersten Mal benannt wurde, etwas bewirkt oder etwas mit ihm getan wird. Es ist wichtig, daß ein Element, das zum ersten Mal im Patentanspruch erwähnt wird, nicht als ein Element beschrieben wird, mit dem gearbeitet oder mit einem vorangegangenen Element derselben Klausel zusammengearbeitet wird.

Jedes neu eingeführte Element muß durch den unbestimmten Artikel „a" oder „an" eingeführt werden oder durch gar keinen Artikel, insbesondere dann, wenn das Element ein Mittel ist, mit dem eine Funktion ausgeübt wird oder wenn das Element im Plural steht., z.B. „containers" oder „container means". Jede nachfolgende Erwähnung eines zuvor identifizierten Elements muß im bestimmten Artikel „the" oder mit „said" versehen sein.

Obgleich es ganz natürlich erscheint, ein Merkmal mit den Worten „ein Behälter, der drehbar mit mehreren parallelen Beinen verbunden ist" zu bezeichnen, so gehört diese Formulierung doch nicht in den Patentanspruch, sondern in die Beschreibung, weil die Beine Elemente der Kombination sind und folglich positiv hervorgehoben und definiert werden sollte. Falsch wäre hiernach:

„*A lever having a forked end pivoted on a pin mounted between the furcations of the forked end*"

Da das „pin" nicht Teil des „lever" ist, sondern ein eigenes mechanisches Element, wäre die bessere Formulierung:

(a) a lever having a forked end

(b) the forked end comprising spaced apart furcations; and

(c) a pivot pin is mounted between the furcations.

Die Elemente des Anspruchs sollten außerdem in einer logischen Ordnung präsentiert werden. Oft gibt es allerdings mehrere Ordnungen, die einen Sinn ergeben. Die Ordnung, die bei dem obigen Anspruch gewählt wurde, ist eine „funktionale", die mit dem Element beginnt (dem Behälter), das zuerst mit dem Werkstück Kontakt hat, wobei dann entlang der funktionalen Linie fortgeschritten wird.

Eine andere Ordnung ist die „strukturelle", die mit der Basis beginnt und entlang der strukturellen Linie fortschreitet. In struktureller Form liest sich der obige Anspruch wie folgt:

„*Apparatus for shaking articles, which comprises*

(a) a base

(b) a plurality of parallel legs, each of which is connected pivotally at one end to the base;

(c) a container for the articles connected pivotally to the other ends of the legs, so that the legs support container for oscillating movement with respect to the base; and

(d) means for oscillating the container on the legs to shake the articles.

Die strukturelle Ordnung ist in den USA sehr verbreitet, weil es relativ einfach ist, den strukturellen Linien zu folgen. Diese Ordnung kann eigentlich immer verwendet werden bzw. vorzugsweise dann, wenn dem Anspruchsformulierer keine andere Ordnung einfällt.

Nach US-Patentrecht ist es erforderlich, die im Anspruch aufgezählten Elemente in einen bestimmten Zusammenhang mit den anderen Elementen zu bringen. Andernfalls kann der Patentanspruch als unvollständig zurückgewiesen werden, wie sich aus MPEP 2173.05 (1) ergibt:

„*A claim can be rejected as incomplete if it omits essential elements, steps or necessary structural cooperative relationship of elements, such omission amounting to a gap between the elements ...*"

Ein vollständiger Anspruch muß die direkte oder indirekte Zusammenwirkung eines jeden Elements mit jedem anderen Element der Kombination beschreiben. Falls ein solches Zusammenwirken nicht erklärt wird, wird der Anspruch schon aus diesem Grund zurückgewiesen, z.B. mit der Bemerkung, er enthalte nur einen Katalog von Elementen oder er zähle nur Teile auf, die in einer Kiste liegen könnten. Manchmal werden die zusammenhanglosen Elemente auch Aggregation bezeichnet (MPEP 2173.05 (k).

Wenn ein Element für sich neu ist, dann kann natürlich auf dieses Element ein Anspruch formuliert werden, ohne daß ein Zusammenwirken mit anderen Elementen beschrieben wird.

Als Katalog von Elementen würde der obige Patentanspruch wie folgt lauten:

„Apparatus for shaking articles, which comprises: a container, a base, a plurality of legs, and means for oscillating the container"

Für die Festlegung des Schutzbereichs würde diese Aufzählung an sich genügen; sie wäre sogar klarer als ein Anspruch, der die Zusammenwirkung der Elemente beschreibt. In der Praxis findet man trotz der obigen Gesetzesvorschrift nicht wenige „Aufzählungs"-Ansprüche. Dennoch wird von der amerikanischen Lehre gefordert, daß ein ordnungsgemäßer Anspruch zwar mit der obigen Teileliste beginnt, diese Teile dann aber miteinander in Beziehung gesetzt werden müssen, um eine funktionierenden Maschine zu bezeichnen. Die Doppelfunktion des Anspruchs als Erfindungs- und Schutzbereichsdefinition spielt also auch in den USA eine wichtige Rolle.

Die geforderte strukturelle Verbindung zwischen den Elementen (a), (b) und (c) des obigen Anspruchs findet sich in der Wendung „each of which is connected pivotally ...". Hierdurch werden die Elemente mechanisch miteinander gekoppelt.

3.1.1.3 Das Beispiel „Trockenrasierapparat"

Eine Begründung für die Anspruchsformulierung, wie sie *Faber* für das US-Patentrecht gibt und wie sie vorstehend wiedergegeben ist, findet man im deutschen oder europäischen Patentrecht kaum. Dies gilt selbst für die vom europäischen Patentamt herausgegebenen Unterlagen für die europäische Eignungsprüfung, in denen „Musterlösungen" veröffentlicht sind. In der Enleitung zum Compendium 1997[216], heißt es vorsichtig einschränkend:

„Die Antwortbeispiele sind vor ihrer Veröffentlichung weder von den Bewerbern noch vom Amt verbessert oder berichtigt worden. Sie sind also nicht in jeder Hinsicht mustergültig, sondern lediglich Beispiele für Antworten, die als brauchbar angesehen und mit den Noten 1 (höchste Note) bis 3 bewertet wurden. Keinesfalls stellen sie Standardlösungen dar, in denen alle Aspekte vorbildlich gelöst sind."

---

216 Compendium 1997, Prüfungsaufgabe A & B – Elektrotechnik/Mechanik, herausgegeben vom Europäischen Patentamt.

Aus der Sicht einer Prüfungskommission ist es verständlich, Prüfungsarbeiten im Original wiederzugeben und auf Vebesserungen, Berichtigungen oder Standardlösungen zu verzichten. Eine solche Praxis ist auch bei juristischen Staatsexamina und anderen Abschlußprüfungen üblich. Allerdings trägt eine solche Praxis nicht dazu bei, dem Nachwuchs Werkzeuge in die Hand zu geben, mit denen er konkret arbeiten kann. Nachfolgend soll deshalb der Versuch gemacht werden, ein im „Compendium 1997" wiedergegebenes Beispiel aufzugreifen und für dieses Beispiel einen Anspruch zu optimieren. Der Versuch einer Anspruchsoptimierung wurde bereits oben (III.1) im Zusammenhang mit den Transistor-Patenten unternommen. Dort handelte es sich jedoch nicht um eine klassische Vorrichtungs-Erfindung.

Es versteht sich, daß jede „Musterlösung" angreifbar ist – auch die nachfolgend zu erarbeitende –, doch sollte dies kein Grund sein, jeglichen Versuch einer Patentanspruchs-Optimierung zu unterlassen. Nur dann, wenn mit „offenen Karten" gespielt wird, kann ein Fortschritt in der Technik der Patentanspruchsformulierung erzielt werden. Überdies ist es höchst zweifelhaft, ob die noch weitgehend geübte Praxis, die Beurteilung von Prüflings-Lösungen einer gerichtlichen Überprüfung zu entziehen, verfassungsgemäß ist. In zwei Entscheidungen hat das deutsche Bundesverfassungsgericht jedenfalls klargestellt, daß die bisherige Rechtsprechung der deutschen Verwaltungsgerichte, wonach Prüfungsbeurteilungen als solche nicht gerichtlich überprüft werden können, gegen Art. 19 IV GG verstößt.[217]

Bei der erwähnten Prüfungsaufgabe des Compendiums 1997[218] sollen vom Prüfling Ansprüche formuliert werden, die sich auf einen Trockenrasierer mit einer hin- und hergehenden Schnittvorrichtung beziehen, wobei der Antrieb ein Synchronmotor ist. Da die Umlauffrequenz solcher Motoren zu gering ist, soll mit Hilfe mechanischer Getriebe diese Frequenz erhöht werden.

Die Aufgabe des Prüflings besteht im einzelnen darin, einen unabhängigen Anspruch oder unabhängige Ansprüche abzufassen, die dem Anmelder den größtmöglichen Schutz bieten und dabei gute Aussichten haben, vor dem EPA zu bestehen. Bei der Abfassung des Anspruchs oder der Ansprüche sind das Erfordernis der erfinderischen Tätigkeit gegenüber dem angegebenen Stand der Technik, die Vorschriften des Übereinkommens, insbesondere hinsichtlich der Form der Ansprüche sowie die Empfehlungen in den Richtlinien für die Prüfung im EPA zu berücksichtigen. Abhängige Ansprüche sollen ebenfalls abgefaßt werden, so daß für den Fall, daß der unabhängige Anspruch oder die unabhängigen Ansprüche nicht gewährbar sein sollen, darauf zurückgegriffen werden kann; ihre Anzahl soll sich jedoch in vertretbaren Grenzen halten.[219]

---

217 Willi Schickedanz: Die Patentanwaltsprüfung im Recht, Mitt. 1992, S. 111-117.
218 a.a.O., S. 10-20.
219 Compendium 1997, a.a.O., S. 9.

Der durch die Erfindung geschaffene Trockenrasierapparat ist in Abb. 16 dargestellt.

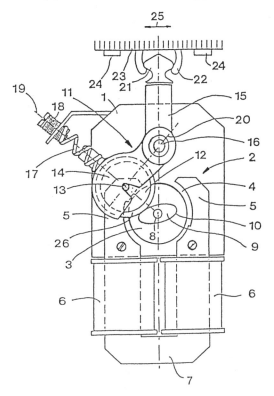

Abb. 16

Die nachfolgende Figurenbeschreibung ist eine fast wörtliche Übernahme des Textes aus dem „Compendium". Abb. 16 zeigt den Antriebsmechanismus, der an einer Wand 1, die Teil des Rasierergehäuses ist, befestigt ist. Das restliche Gehäuse ist aus Gründen der Übersichtlichkeit nicht dargestellt. Der Antriebsmechanismus wird von einem Synchronmotor 2 angetrieben, der einen Dauermagnetläufer 3 umfaßt, der in einem Luftspalt 4 zwischen zwei Polstücken 5 drehbar angebracht ist. Auf jedem Polstück ist eine Erregerspule 6 angeordnet, und die Polstücke sind durch Ständereisen verbunden. Eine Antriebswelle 8 erstreckt sich aus dem Läufer 3 aus der Zeichenebene heraus. Die Antriebswelle 8 trägt einen im wesentlichen elliptischen Nocken 9 mit einer Umfangsoberfläche 10. Ein Nockenfolger 11 ist schwenkbar an einem Drehzapfen 16 angebracht und umfaßt einen Hebel mit einem ersten und einem zweiten Arm 14 und 15, die starr miteinander verbunden sind, sowie ein Rad 12, das in einem Lager 13 auf dem Arm 14 gelagert ist. Durch die elliptische Form des Nockens, das heißt, eines Nockens, der zwei Nasen aufweist, erfährt der Nockenfolger bei jeder Nockenumdrehung zwei Auslenkungen. Der Nockenfolger schwingt also mit der doppelten Rotationsfrequenz des Läufers 3.

Das Rad 12 ist mit einem elastischen Ring oder Mantel 26 versehen und wird mittels einer Druckfeder 17 in Kontakt gegen die Nockenoberfläche 10 vorgespannt. Optional kann der elastische Ring oder Mantel weggelassen werden. Die Ruhekraft der Feder 17 ist mittels einer Stellschraube 18 einstellbar. Damit kann die gewünschte Vorspannung werksseitig vor dem Versand des fertigen Geräts eingestellt werden. Die gewünschte Kraft hängt von der Netzfrequenz des Landes ab, in dem das Gerät benutzt wird, bei höherer Frequenz und damit bei höherer Drehzahl des Motors ist eine starke Federkraft erforderlich, um den Nockenfolger 11 in Kontakt mit dem Nocken 9 zu halten.

Die Achse 19 der Feder 17 verläuft im wesentlichen durch die Achsen des Rads 12 und des Läufers 3 und rechtwinklig zur Linie 20, die den Drehzapfen 16 mit dem Lager 13 verbindet.

Das freie Ende des zweiten Arms 15 weist ein Antriebsstück 21 auf, das in einen Mitnehmer 22 einer Schnittvorrichtung 23 hineinragt. Führungen 24 erzwingen eine Hin- und Herbewegung der Schnittvorrichtung 23 in der von dem Pfeil 25 angezeigten Richtung.

Somit führt der Nockenfolger 11, wenn der Nocken 9 vom Motor 2 gedreht wird, eine Hin- und Herbewegung aus, die an die Schnittvorrichtung übertragen wird, die sich mit der doppelten Rotationsfrequenz des Läufers in der Richtung des Pfeils hin- und herbewegt.

Nachfolgend wird ein weiteres Ausführungsbeispiel der Erfindung wiedergegeben und kurz beschrieben:

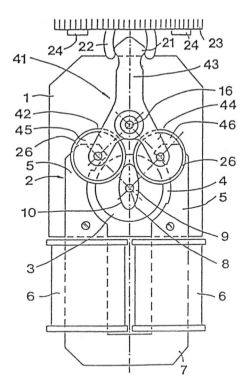

Abb. 17

In der Abb. 17 sind diejenigen Merkmale der Ausführungsform nach Abb. 16, die mit den entsprechenden Merkmalen der Ausführungsform gemäß Fig. 16 identisch sind, mit

3 Patentanspruchskategorien und Anspruchs-Sonderformen 177

denselben Bezugszeichen versehen und werden nicht mehr im Detail erläutert. Bei der Ausführungsform nach Abb. 17 erübrigt es sich, mittels einer Feder Druck auf ein Rad auszuüben, damit es mit der Nockenoberfläche in Kontakt bleibt.

Der Nockenfolger 41 unterscheidet sich von demjenigen der Ausführungsform nach Abb. 16 dadurch, daß er einen ersten, einen zweiten und einen dritten Arm 42, 43 und 44 aufweist, die starr miteinander verbunden sind, wobei auf dem ersten und dritten Arm 42 und 44 jeweils ein Rad 45 und 46 drehbar angebracht ist. Jedes Rad ist mit einem elastischen Ring oder Mantel 26 versehen, der mit der Nockenoberfläche 10 in Kontakt steht. Wie aus den nachfolgenden Abb. 18 und 19 ersichtlich, bleiben beide Räder stets der Nockenoberfläche in Kontakt. Abb. 17 zeigt die Mittelstellung des Nockenfolgers 41, in der die Räder 45,46 symmetrisch zu Längsachse liegen. Abb. 18 zeigt das Rad in Kontakt mit jedem Abschnitt des Nockens, dessen Durchmesser am kleinsten ist.

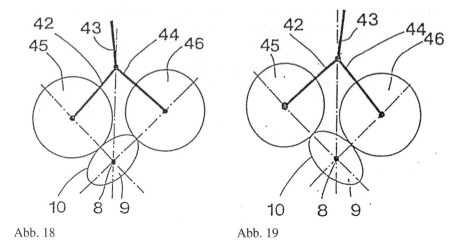

Abb. 18   Abb. 19

In dieser Stellung führt der Nockenfolger die Schnittvorrichtung 23 in die äußerst linke Stellung, wie an der Ausrichtung des zweiten Arms 43 erkennbar.

Abb. 19 zeigt das Rad 45 in Kontakt mit jenem Abschnitt des Nockens, dessen Durchmesser am größten ist, und das Rad 46 in Kontakt mit jenem Abschnitt des Nockens, dessen Durchmesser am kleinsten ist. In dieser Stellung führt der Nockenfolger die Schnittvorrichtung 23 in die äußerst rechte Stellung, wie an der Ausrichtung des zweiten Arms 43 erkennbar. Die Geometrie des Mechanismus ist derart ausgelegt, daß sich die beiden Räder in jeder Nockenstellung gegenseitig daran hindern, den Kontakt mit der Nockenoberfläche zu verlieren.

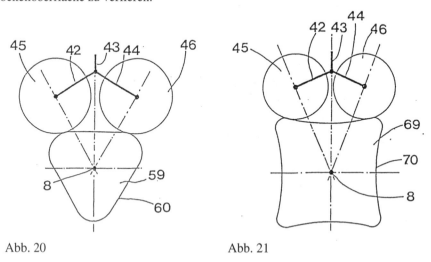

Abb. 20   Abb. 21

Als Alternative zu den elastischen Ringen oder Mänzeln 26 kann oder können einer oder beide der ersten und dritten Arme 42, 44 elastisch sein. Als weitere Alternative kann oder können das oder die Lager eines Rads oder beider Räder auf dem jeweiligen Arm elastisch angebracht sein.

In der Ausführungsform der Abb. 20 ist der elliptische Nocken aus Abb. 16 und 17 durch einen, eine Nockenoberfläche 60 aufweisenden, im wesentlichen dreieckigen Nocken 59 ersetzt, das heißt, durch einen Nocken mit drei Nasen.

Bei Verwendung eines solchen Nockens bewegt sich Schnittvorrichtung mit der dreifachen Rotationsfrequenz des Läufers hin und her. Ebenso wie im Falle des elliptischen Nockens ist die Geometrie des Mechanismus derart ausgelegt, daß sich die Räder in jeder Nockenstellung gegenseitig daran hindern, den Kontakt mit der Nockenoberfläche zu verlieren.

In der Form gemäß Abb. 21 wird ein, eine Nockenoberfläche 70 aufweisender, im wesentlichen quadratischer Nocken 69 verwendet, das heißt ein Nocken mit vier Nasen.

Dadurch wird die Schnittvorrichtung mit der vierfachen Rotationsfrequenz des Läufers hin- und herbewegt. Wie bei den anderen Nocken ist die Geometrie des Mechanismus derart ausgelegt, daß sich die Räder in jeder Nockenstellung gegenseitig daran hindern, den Kontakt mit der Nockenoberfläche zu verlieren.

Auf diese Weise ist es möglich, verschiedene Frequenzvervielfachungen durch eine Auswahl eines geeigneten Nockens zu erzielen.

3.1.1.3.1 Anspruchsformulierung ohne Kenntnis des Standes der Technik

In der Original-Aufgabe des „Compendiums" ist der Stand der Technik wiedergegeben, der bei der Formulierung der Patentansprüche berücksichtigt werden soll. An dieser Stelle soll jedoch dieser Stand der Technik erst später eingeführt werden, um das Vorgehen bei der Anspruchsformulierung zu demonstrieren, wenn nur eine Erfindungsbeschreibung vorliegt. In der Praxis kommt es nicht selten vor, daß eine Erfindung schnell zum Patent angemeldet werden muß, beispielsweise wenn der Gegenstand der Erfindung auf einer kurz bevorstehenden Messe ausgestellt werden soll. Bei einer derart kurzfristigen Patentanmeldung besteht in der Regel keine Zeit mehr für die Durchführung einer Neuheitsrecherche. Es muß also die Erfindung so angemeldet werden, wie sie vom Erfinder wiedergegeben wird. Eine derart präzise Sachverhaltsschilderung, wie sie oben wiedergegeben ist, kann der die Anmeldung ausarbeitende Patentanwalt oder Patentingenieur vom Erfinder allerdings nicht erwarten. In der Regel sind die Erfindungsmeldungen, die in Industriepatentabteilungen abgeliefert werden oder die Erfinderungsschilderungen, die dem Patentanwalt von freien Erfindern dargeboten werden, derart unvollständig und ungenau, daß es einer längeren Aufklärungsarbeit bedarf, um zu einer Figurenbeschreibung zu kommen, die mit der oben wiedergegebenen vergleichbar ist.

Nachdem der Erfindungsgegenstand hinsichtlich seines konstruktiven Aufbaus zweifelsfrei verstanden wurde und auch bekannt ist, was der Erfinder mit seiner Erfindung bezwecken will, ist es sinnvoll, sich die Frage zu stellen, welches technische Problem mit der Erfindung gelöst werden soll. Im vorliegenden Fall sollte ein leiser Rasierapparat entwickelt werden, der ohne Verwendung von Zahnrädern eine ausreichende Bewegungsgeschwindigkeit gewährleistet.[220]

Diese technische Aufgabe scheint jedoch schon relativ speziell. Um einen möglichst großen Schutzumfang zu erhalten, sollte bereits die Aufgabe allgemeiner gesehen werden. Zweifellos gehört die vorliegende Erfindung zu den Vorrichtungen, mit denen eine Drehbewegung in eine lineare Bewegung umgewandelt wird. Daß es solche Vorrichtungen gibt, ist dem Fachmann auch ohne Recherche bekannt, weil z.B. in jedem Kraftfahrzeug mit Otto-Motor eine Kurbelwelle vorgesehen ist, deren Drehung durch eine Linearbewegung von Kolben bewirkt wird .Wäre die in der obigen Abb. 16 dargestellte

---

220 „Compendium", a.a.O., S. 10.

Vorrichtung bereits auf einem Gebiet bekannt, das nichts mit der Trockenrasier-Technik zu tun hätte, könnte die Verwendung dieser Vorrichtung für Trockenrasierapparate wohl kaum mehr patentiert werden, weil es dann zumindet an einer erfinderischen Leistung für die Übertragung mangelte. Ist die Vorrichtung dagegen nicht auf anderem Gebiet bekannt, ist nicht einzusehen, weshalb der Schutzbereich auf Trockenrasierapparate eingeschränkt werden sollte.

Die Gattung eines unabhängigen Anspruchs könnte deshalb lauten:

> *„Vorrichtung für die Umwandlung einer Drehbewegung in eine Linearbewegung."*

Bewegt man die Schnittvorrichtung 23 in Abb. 16 linear, so dreht sich der elliptische Nocken 9, so daß man in der Gattung noch den Zusatz „und umgekehrt" hinzufügen könnte, um den Erfindungsgegenstand noch etwas zu verallgemeinern.

Die Linearbewegung ist im vorliegenden Fall eine spezielle, nämlich eine hin- und hergehende. Für den konkreten Trockenrasierapparat ist dies wichtig, weil die Schwingungsfrequenz der Schnittvorrichtung 23 im Vergleich zur Drehfrequenz des Nocken 9 erhöht werden soll. Von Bedeutung ist die Drehfrequenz des Nocken 9 und nicht die des Läufers 3, denn im Prinzip könnte der Nocken 9 auch mit einer Handkurbel angetrieben werden. Alle Ausführungsbeispiele, die in den Abbildungen 16 bis 21 dargestellt sind, bringen eine Frequenzerhöhung im linearen Bereich. Es fragt sich deshalb, ob die Erfindung überhaupt in der Lage wäre, eine gleichbleibende oder gar eine erniedrigte Frequenz zu erzeugen. Wie sich aus der Figurenbeschreibung ergibt, ist die Anzahl der Nasen für die Frequenzerhöhung verantwortlich. Zwei Nasen bringen eine Frequenzverdopplung, vier Nasen eine Frequenzvervierfachung. Bereits die Abbildung 16 zeigt eine Lösung mit zwei Nasen, so daß die Fragestellung naheliegt, eventuell mit nur einer Nase auszukommen und damit keine Frequenzerhöhung zu erzielen. In der Tat kann man den Nocken 9 rund ausbilden und mit nur einer Nase oder Ausbuchtung versehen. Das Rad 12 würde dann auf der runden Oberfläche des Nocken 9 aufliegen und gedreht werden, ohne den ersten Arm 14 zu bewegen. Erst wenn die Ausbuchtung erscheint, würde das Rad 12 gegen die Feder 17 gedrückt, wodurch die Schnittvorrichtung 23 kurz nach rechts bewegt würde. Die Bewegungsfrequenz der Schnittvorrichtung würde dann der Umlauffrequenz des Nocken 9 entsprechen.

Wie mit der Vorrichtung eine Frequenzerniedrigung erzielt werden kann, ist nicht ohne weiteres ersichtlich. Hierzu dürfte das Rad 12 nur bei jeder zweiten Drehbewegung des Nocken 9 angestoßen werden. Man könnte einen Mechanismus ersinnen, mit dem eine Nase bei jeder zweiten Drehbewegung eines runden Nockens nach außen geschoben wird, doch fiele eine solche Lösung nicht mehr in den Rahmen dessen, was der Erfinder offenbart hat. Die Aufgabe eines Patentanwalts oder sonstigen Erfinderberaters besteht darin, eine Erfindungsidee zu verallgemeinern, aber nicht darin, eine eigene Erfindung zu schöpfen.

Da die Erfindung in erster Linie eine Frequenzerhöhung bewirkt, aber auch durch eine naheliegende Abwandlung in eine Form gebracht werden, bei der keine Frequenzerhöhung entsteht, sollte im Gattungs- oder Oberbegriff die Frequenzerhöhung nicht erwähnt werden. Es verbleibt also bei der Gattung bzw. dem Oberbegriff

> *„Vorrichtung für die Umwandlung einer Drehbewegung in eine Linearbewegung oder umgekehrt"*

Bei der Frage, welche Merkmale charakteristisch für die Erfindung sind, fällt der besonders gestaltete Nocken 9 ins Auge. Obgleich dieser Nocken um eine Achse drehbar ist und auf seiner Oberfläche wenigstens eine Nase aufweist, könnte das erste kennzeichnende Merkmal allgemein wie folgt lauten

- ein um eine Achse (8) drehbarer Nocken (9, 59, 69)

d.h. die Oberfläche und die Nase können weggelassen werden.
Als nächstes wesentliches Element drängt sich der sogenannte Nockenfolger 11 auf. Dieser Nockenfolger 11 liegt einerseits auf dem Nocken 9 auf und ist andererseits mit der Schnittvorrichtung 23 gekoppelt. Als kennzeichnendes Merkmal formuliert könnte dies wie folgt ausgedrückt werden

- ein Nockenfolger (11), der den Nocken (9) mit einer Schnittvorrichtung (23) verbindet"

Hieraus könnte folgender Gesamtanspruch gebildet werden:

Vorrichtung für die Umwandlung einer Drehbewegung in eine Linearbewegung oder umgekehrt,

gekennzeichnet durch

a) einen um eine Achse (8) drehbaren Nocken (9)

b) einen Nockenfolger (11), der den drehbaren Nocken (9) mit einem linear bewegbaren Element (23) verbindet.

Mit dieser Formulierung ist der Erfindungsgegenstand durch eine relativ umfassende Definition erfaßt.
Es fragt sich indessen, ob der Ausdruck „Nocken" hinreichend bestimmt ist oder nicht sehr dem nichtssagenden Wort „Mittel" ähnelt. Unter einem Nocken versteht man im Maschinenbau einen auf einer Welle oder einer Scheibe angeordneter kurvenförmiger Vorsprung, mit dem die Drehbewegung der Welle oder Scheibe in Hubbewegungen eines Stößels oder Schwenkbewegung eines Hebels umgewandelt werden.[221] Hiernach ist die Verwendung des Begriffs im obigen Anspruch zulässig, weil er hinreichend bestimmt ist. Bei dem Begriff „Nockenfolger" ist die Situation nicht so klar. Dieser Nockenfolger kann ein Stößel, ein Hebel oder sonst etwas sein. Stellt man sich den Nockenfolger 11 als geraden Stab vor, der sich nur in vertikaler Richtung bewegen kann, weil eine entsprechende Zwangsführung vorliegt, so würde die Schnittvorrichtung 23 nicht horizontal-linear, sondern vertikal auf- und abbewegt. Der obige Anspruch 1 würde diese Lösung noch mitumfassen, was der Anmelder wohl nicht unbedingt anstrebt. Trotzdem scheint dieser Anspruch als „Einstieg" vertretbar, solange noch kein konkreter Stand der Technik bekannt ist, der eine derart weite Fassung des Anspruchs verbietet. In den Unteransprüchen sollten dann allerdings weitere wichtige Elemente erwähnt sein, damit diese gegebenenfalls in den Anspruch 1 aufgenommen werden können. Zu diesen Merkmalen gehört, daß wenigstens zwei Arme, z.B. die Arme 14 und 15, einen Winkel

---

221 Brockhaus Enzyklopädie, 15. Band, Mannheim 1991, S. 645.

zueinander bilden. Erst durch diese Winkelbildung kann die Drehbewegung in einer hin- und hergehende Bewegung umgeformt werden. Für die Vertreter der vollständigen Erfindungsdefinition, d.h. derjenigen, die glauben, der Patentanspruch solle den „Gegenstand der Erfindung" definieren und nicht den Schutzbereich festlegen, dürfte die Winkelbildung als wesentliches Merkmal angesehen werden.

Nachdem der vorstehende und sehr allgemeine Anspruch aufgestellt wurde, ist sicherheitshalber zu überprüfen, ob er nicht doch noch eine Überbestimmung enthält, d.h. ein Element, auf das man auch verzichten könnte. Unwesentlich für die Erfindung im engeren Sinn ist das linear bewegbare Element 23, weil schon das Antriebsstück 21 quasi-linear hin- und herbewegt wird. Das Nichterwähnen des Elements 23 hätte jedoch zur Folge, daß der Zusammenhang zwischen Dreh- und Linearbewegung nicht erkennbar wäre. Außerdem würde die Streichung des Elements 23 im Anspruch 1 de facto nur eine formelle Schutzrechtserweiterung bewirken, der keine reale gegenübersteht, weil ein Element 23 eigentlich immer vorgesehen sein muß. Der Umstand, daß bei einer Streichung des Elements 23 schon der Hersteller des „Getriebes" unmittelbarer Patentverletzer wäre, spielt in der Praxis keine große Rolle, weil die mittelbare Patentverletzung nicht weniger geahndet wird als die unmittelbare.

3.1.1.3.2 Anspruchsformulierung bei Kenntnis des Standes der Technik

Die Gattung des obigen Patentanspruchs, „Vorrichtung für die Umwandlung einer Drehbewegung in eine Linearbewegung oder umgekehrt", beruht auf keinem konkreten Stand der Technik. Vielmehr handelt es sich um eine freie Formulierung, die auch ohne Kenntnis eines Standes der Technik möglich ist. „Drehbewegung", „Linearbewegung" und „Umwandlung" sind vortechnische Begriffe, die allgemein verstanden werden. Wird ein druckschriftlicher Stand der Technik als gattungsbildend herangezogen, besteht nur noch eine eingeschränkte Freiheit bei der Formulierung des Oberbegriffs.

Als Stand der Technik, von dem im vorliegenden Beispiel als einzigem auszugehen sei, ist im „1997 Compendium" folgender angegeben (s. Abb. 22):

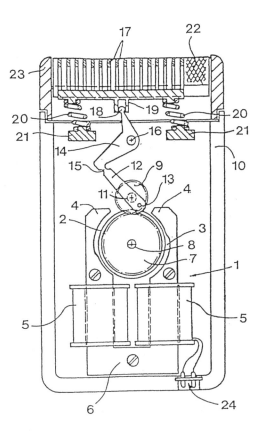

Abb. 22

Zu diesem Stand der Technik ist im „1997 Compendium" u.a. folgendes ausgeführt.

Trockenrasierer dieser Art werden im allgemeinen durch einen einphasigen Synchronmotor angetrieben. Der Motor umfaßt einen Läufer in Form eines Dauermagneten und einen Ständer aus einem U-förmigen Eisenkern mit zwei Polstücken, von denen je eines auf jeder Seite des Läufers angeordnet und von diesem durch einen Luftspalt getrennt ist. Jedes Polstück weist eine Spule auf, die mit einphasigem Wechselstrom gespeist wird, der in Europa eine Frequenz von 50 Hz und in den USA von 60 Hz hat. Der ständige Richtungswechsel des Stromflusses bewirkt, daß der Läufer mit der Stromfrequenz rotiert, da es immer einer positiven und einer negativen Halbwelle bedarf, um den Dauermagnetläufer um 360° zu drehen. Bei einer Frequenz von von 50 Hz läuft der Motor mit 50 Umdrehungen pro Sekunde. Aufgrund der konstanten Drehzahl erübrigt sich ein Drehzahlregler.

Solche einphasigen Synchronmotoren sind relativ preiswert, aber trotzdem langlebig, da der Läufer nicht mit Strom gespeist werden muß und folglich auch keine Bürsten oder sonstige Kontakte erforderlich sind, die Reibungsverluste und im Laufe der Zeit Abnutzungserscheinungen mit sich bringen. Ein Nachteil solcher Motoren ist, daß die Motordrehzahl nicht hoch genug ist, um das Schnittelement eines Trockenrasierers in eine ausreichend schnelle Hin- und Herbewegung zu versetzen.

Die vorliegende Erfindung überwindet dieses Problem durch Bereitstellung eines Antriebsmechanismus, bei dem ein solcher einphasiger Synchronmotor benutzt wird, der jedoch ein Schnittelement mit jeder gewünschten Geschwindigkeit hin- und herbewegen kann. Die Netzfrequenz ist von Land zu Land verschieden, und die vorliegende Erfindung ermöglicht eine einfache Veränderung des Antriebsmechanismus, um die gewünschte Hin- und Herbewegung zu wählen.

Die obige Abbildung 22 zeigt eine Draufsicht auf einen erfindungsgemäßen Trockenrasierapparat, bei dem ein Teil des Gehäuses entfernt wurde.

Ein Synchronmotor 1 umfaßt einen Dauermagnetläufer 2, der in einem Luftspalt 3 zwischen zwei Polstücken 4 drehbar angebracht ist. Auf jedem Polstück ist eine Erregerspule 5 vorgesehen, und die Polstücke sind durch Ständereisen 6 verbunden. Die Erregerspulen sind mit Steckerstiften 24 verbunden, damit sie ans Netz angeschlossen werden können. Der Motor treibt ein erstes Zahnrad 7 mittels einer Antriebswelle 8 an. Das erste Zahnrad 7 greift ein zweites Zahnrad 9 ein, das auf dem Gehäuse 10 mittels einer Welle 11 drehbar angebracht ist. Ein erster Hebel 12 ist mittels eines exzentrisch auf dem zweiten Zahnrad 9 angebrachten Stifts 13 schwenkbar mit dem zweiten Zahnrad 9 verbunden. Ein zweiter Hebel 14 ist durch ein Scharnier 15 mit dem ersten Hebel 12 verbunden und mittels eines Lagers 16 schwenkbar am Gehäuse 10 angebracht.

Das freie Ende des zweiten Hebels 14 ist mit einem Schnittelement 17 mittels einer auf dem freien Ende des zweiten Hebels vorgesehenen Kugel 18 verbunden, die von einer Hülse 19 aufgenommen wird, die ihrerseits Teil des Schnittelements 17 ist. Das Schnittelement 17 ist am Gehäuse 10 mittels Federn 20 angebracht, die sich zwischen dem Schnittelement und auf dem Gehäuse ausgebildeten Blöcken 21 erstrecken, wodurch sich das Schnittelement zwischen zwei Extrempositionen hin- und herbewegen kann. Ein (nur teilweise dargestelltes) Scherblatt 22 aus rostfreiem Stahl ist über dem Schnittelement angeordnet und in einem Scherkopf 23 untergebracht, der auf dem Gehäuse 10 abnehmbar angebracht ist.

Durch die Wahl von Zahnrädern 7 und 9 mit einem geeigneten Übersetzungsverhältnis kann die Drehzahl des zweiten Zahnrads und damit die Frequenz der Hin- und Herbewegung des Schnittelements variiert werden. Beim Einsatz in Ländern mit einer Netzfrequenz von 50 Hz ist es notwendig, die Drehzahl des ersten Zahnrads 7 zumindest zu verdoppeln, so daß das zweite Zahnrad 8 höchstens halb so viele Zähne aufweisen sollte, wie das erste Zahnrad 7.

Vergleicht man den oben ohne Berücksichtigung des Standes der Technik entwickelten Hauptanspruch mit dem vorstehend beschriebenen und dargestellten Stand der Technik, so stellt man fest, daß der bekannte Trockenrasierapparat ebenfalls eine Vorrichtung für die Umwandlung einer Drehbewegung in eine Linearbewegung oder umgekehrt enthält.

Er weist jedoch keinen um eine Achse drehbaren Nocken auf, sondern statt dessen ein erstes Zahnrad 7. Es ist auch kein Nockenfolger vorgesehen, so daß der obige Anspruch durchaus nicht abgegrenzt werden müßte.

Die Prüfer des Patentamts neigen indessen dazu, eine Abgrenzung auch dann zu verlangen, wenn keine Identität zwischen den Merkmalen der Erfindung und den Merkmalen des Standes der Technik vorliegt, wobei die Abgrenzung über eine Abstraktion durchgeführt wird. Obgleich im vorliegenden Fall der Stand der Technik weder Nocken noch Nockenfolger besitzt, weist er doch eine Vorrichtung (14,12) auf, die auf der Oberfläche eines sich drehenden Elements 7 aufliegt und die mit einem linear bewegbaren

Element (23) gekoppelt ist. Diese Vorrichtung (14,12) erfüllt Funktionen, die denen eines Nockenfolgers ähneln.

Berücksichtigt man diesen Sachverhalt, so ergibt sich folgender „abgegrenzter" Anspruch, der im Oberbegriff Merkmale enthält, die sowohl bei der Erfindung als auch beim Stand der Technik vorkommen:

Vorrichtung für die Umwandlung einer Drehbewegung in eine Linearbewegung oder umgekehrt, mit

a) einem um eine Achse (8) drehbaren Element (9)

b) einem linear bewegbaren Element (23) und

c) einem Koppelteil (11), welches das drehbare Element (9) mit einem linear bewegbaren Element (23) verbindet,

dadurch gekennzeichnet, daß das um eine Achse drehbare Element ein Nocken (9,59,69) und das Koppelteil ein Nockenfolger (11) ist.

Der Gegenstand des auf diese Weise abgegrenzten Anspruchs 1 ist zweifellos gegenüber dem Stand der Technik neu. Die erfinderische Tätigkeit ist auch gegeben, weil im hier einzig zu berücksichtigenden Stand der Technik nirgendwo ein Nocken bzw. ein Nockenfolger erwähnt ist und weil sich auch keine mittelbare Anregung dafür findet, einen Nocken bzw. Nockenfolger einzusetzen.

3.1.1.3.3 Vergleich mit der Lösung gemäß dem „1997 Compendium"
Der in dem Compendium wiedergegebene Anspruch 1 des Prüflings sieht anders aus als der obige Anspruch. Er lautet:

„Rasierapparat, umfassend einen Motor (2) mit einem Läufer (3), eine hin- und herbewegliche Schnittvorrichtung (23) und eine den Motor (2) mit der Schnittvorrichtung (23) verbindende Getriebeanordnung, um eine Drehbewegung des Motors (2) in eine Hin- und Herbewegung der Schnittvorrichtung (23) umzuwandeln, dadurch gekennzeichnet, daß die Getriebeanordnung
– einen Nocken (9,59,69), der mit dem Läufer (3) gekoppelt ist und eine Nockenoberfläche (10; 60; 70) aufweist und
– einen Nockenfolger (11; 41), der einerseits mit der Nocken oberfläche (10;60;70) zusammenwirkt und andererseits mit der hin- und herbeweglichen Schnittvorrichtung (23) gekoppelt ist, umfaßt.

Auch dieser Anspruch läßt hinsichtlich seiner Konstruktionsanweisung eine auf- und abgehende Bewegung der Schnittvorrichtung zu, weil er die Winkelbildung zwischen den Armen nicht erwähnt. Lediglich der Hinweis im Oberbegriff, daß es sich um eine hin- und hergehende Schnittvorrichtung handeln soll, schließt eine vertikale Bewegung dieser Vorrichtung aus.

Der vorstehende Anspruch bezieht sich im Oberbegriff direkt auf einen Rasierapparat, so daß sein Schutzbereich andere Vorrichtungen nicht umfaßt, bei denen auf gleiche Weise eine Drehbewegung in eine Linearbewegung umgewandelt wird. Außerdem geht er von einem Motor mit einem Läufer aus, obwohl es an sich gleichgültig ist, auf welche Weise die Drehbewegung erzeugt wird. Die Erwähnung einer „Schnittvorrichtung" statt eines linear beweglichen Elements koppelt die Erfindung noch einmal fester an den Trockenrasierapparat, d.h. eine Anwendung des erfindungsgemäßen Prinzips auf andere Vorrichtungen wird hierdurch praktisch ausgeschlossen. Die Hebel 12, 14 mit dem Scharnier 15 und dem Zahnrad 7 des Standes der Technik werden zu einer „Getriebeanordnung" abstrahiert und in den Oberbegriff genommen.

Im Kennzeichen erwähnt die „Compendium"-Lösung den Nocken (9,59,69), der mit dem Läufer gekoppelt ist. Dies ist eine Überbestimmung, denn wie bereits erwähnt, ist nur wichtig, daß sich der Nocken dreht, aber nicht, von wem er gedreht wird. Außerdem ist angegeben, daß der Nocken eine Nockenoberfläche aufweist. Die Erwähnung dieser Oberfläche scheint nicht sinnvoll. Zwar ermöglicht sie den logischen Anschluß des nachfolgenden kennzeichnenden Merkmals, weil dort der Nockenfolger mit der Nockenoberfläche zusammenwirkt, doch ist dieses Zusammenwirken nicht entscheidend, weil ein solches Zusammenwirken auch zwischen der Vorrichtung 9,12,14 des Standes der Technik mit der Oberfläche des Zahnrads 7 stattfindet, so daß dieses Zusammenwirken in abstrakter Form eigentlich noch in den Oberbegriff gehört. Wenn schon der Nockenfolger 11 mit dem Nocken 9 gemäß der Erfindung mit den Hebeln 12,14 und dem Zahnrad 7 des Standes der Technik verglichen und als „Getriebeanordnung" in den Oberbegriff gebracht werden, dann müßten eigentlich auch das Rad 12 der Erfindung mit dem Zahnrad 9 des Standes der Technik und der Nocken 9 der Erfindung mit dem Zahnrad 7 des Standes der Technik verglichen und in verallgemeinerter Form im Oberbegriff des Anspruchs 1 erwähnt werden. Der Anspruch des Compendiums ist somit nicht sauber abgegrenzt. Führt man die erwähnte Abgrenzung durch, so lautet der Oberbegriff des Anspruchs wie folgt:

> „Rasierapparat, umfassend einen Motor (2) mit einem Läufer (3), eine hin- und herbewegliche Schnittvorrichtung (23) und eine den Motor (2) mit der Schnittvorrichtung (23) verbindende Getriebeanordnung, um eine Drehbewegung des Motors (2) in eine Hin- und Herbewegung der Schnittvorrichtung (23) umzuwandeln, wobei die Getriebeanordnung
>
> ein sich drehendes Element (Zahnrad 7 im Stand der Technik), das mit dem Läufer (3) gekoppelt ist und das eine Oberfläche aufweist und
>
> eine Vorrichtung (9,14,14 im Stand der Technik), die einerseits mit der Oberfläche des sich drehenden Elements zusammenwirkt und andererseits mit der hin- und herbeweglichen Schnittvorrichtung (23) gekoppelt ist, umfaßt.

Im Anspruch des „Compendiums" ist also der Umstand, daß die Getriebeanordnung nach dem Stand der Technik mit der Getriebeabordnung gemäß der Erfindung Gemeinsamkeiten aufweist, nicht hinreichend berücksichtigt.

Als kennzeichnendes Merkmal verbleibt im Hinblick auf den vorstehenden Oberbegriff dann lediglich:

> *dadurch gekennzeichnet, daß das sich drehende Element ein Nocken und die Vorrichtung ein Nockenfolger ist.*

Dies entspricht im wesentlichen dem Kennzeichen des hier entwickelten Anspruchs.

Auf die zu formulierenden Unteransprüche soll an dieser Stelle nicht näher eingegangen werden. Es versteht sich jedoch, daß bei dem hier entwickelten Hauptanspruch, der sich allgemein auf eine Vorrichtung für die Umwandlung einer Drehbewegung in eine Linearbewegung bezieht, die nachfolgenden Unteransprüche einen Bezug zum Trockenrasierapparat haben sollten, beispielsweise indem erwähnt wird, daß das linear bewegliche Element eine Schnittvorrichtung eines Trockenrasierapparats ist.

Sowohl für den hier entwickelten Anspruch als auch für den Anspruch gemäß „Compendium" gilt, daß die Arme und ihre relativen Winkel in den nachfolgenden rückbezogenen Unteransprüchen Erwähnung finden sollten.

3.1.2 Einrichtungen

Der in Patentansprüchen häufig verwendete Ausdruck „Einrichtung" taucht weder im Buch „Patentbegriffe von A bis Z"[222], noch in einem der regulären Bände der Brockhaus Enzyklopädie auf. Im BROCKHAUS WAHRIG werden fünf Arten von Einrichtungen unterschieden: die Einrichtung einer Wohnung oder eines Knochenbruchs; die Gesamtheit aller Gegenstände, mit denen etwas eingerichtet wird; eine öffentliche Anstalt; eine technische Anlage, die nach einem bestimmten Plan konstruiert ist, z.B. Brems-, Heiz-, Stell- oder Lüftungseinrichtung; eine Gewohnheit, wenn z.B. etwas zu einer regelmäßigen Einrichtung gemacht wird.[223] Ähnlich im Band 26 der Brockhaus Enzyklopädie, Deutsches Wörterbuch, wo von der „Gesamtheit des Mobiliars", der „technischen Vorrichtung", der „Institution zur öffentlichen Nutzung" und der „Gewohnheit" die Rede ist.[224] Von diesen Bedeutungen ergibt im Patentrecht nur die „technische Vorrichtung" einen Sinn, die aber gegenüber der Vorrichtung als solcher nicht abgegrenzt wird. Auch bei *Schulte*[225] und *Benkard*[226] werden Vorrichtung und Einrichtung gleichgesetzt. Es scheint deshalb müßig, zwischen „Vorrichtung" und „Einrichtung" eine klare Abgrenzung finden zu wollen. Analysiert man die Patentschriften daraufhin, wie die Begriffe „Vorrichtung" und „Einrichtung" verwendet werden, so stellt man fest, daß die „Vorrichtung" meistens in Verbindung mit rein mechanischen Erfindungen verwendet wird, während die „Einrichtung" oft zur Bezeichnung von Erfindungen dient, die aus mechanischen und elektrischen Elementen bestehen. So betrifft die deutsche Patentschrift 44 20 951, die am 22.1.1998 ausgegeben wurde, eine „Einrichtung zum Erfassen von Mikroüberschlägen in Zerstäubungsanlagen", wobei die Fig. 1 dieses Patents ein Substrat und Targets als mechanische Elemente sowie eine in Form von Blockschaltbildern dargestellte Regelschaltung zeigt. Ein ähnlicher Gegenstand ist in dem Europa-Patent Nr. 591 675 mit dem Titel „Einrichtung für die Verhinderung von Überschlägen in Vakuum-Zerstäubungsanlagen" dargestellt und beschrieben bzw. in der europäischen Patentschrift Nr. 720 547 mit dem Titel „Einrichtung für die automatische Steuerung eines Scheibenwischermotors". Aus der 1955 angemeldeten deutschen Patentschrift Nr. 1 023 241 ist eine relativ einfache „Einrichtung" bekannt, die eine „Einrichtung zur Umschaltung der Netzspannung bei Plattenspielern" betrifft. Die einzige Abbildung dieser Einrichtung ist nachfolgend wiedergegeben (s. Abb. 23):

---

222 Volker Münch, Patentbegriffe von A bis Z, 1992.
223 Brockhaus Wahrig, Deutsches Wörterbuch, 1981, Band 2, S. 414.
224 Brockhaus Enzyklopädie, 19. Auflage, Band 26, Deutsches Wörterbuch, 1995, S., 859.
225 Patentgesetz, a.a.O., § 1 Rdn.86.
226 a.a.O., § 1 Rdn. 24.

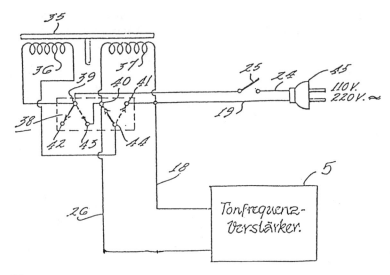

Abb. 23

Der einzige Patentanspruch hierzu lautet wie folgt:

> „Einrichtung zur Umschaltung der Netzspannung bei Plattenspielern, die aus einem Antriebsmotor mit zwei Feldwicklungen, einer Vorrichtung zum wahlweisen Parallel- und Hintereinanderschalten dieser Wicklungen und einem wechselstromgespeisten Verstärker bestehen, dadurch gekennzeichnet, daß der Verstärker fest an eine der beiden Feldwicklungen angeschlossen ist."

Soweit eine „Einrichtung" ihren Schwerpunkt mehr in der Mechanik hat, gelten die vorstehenden Ausführungen zu den Vorrichtungen. Stehen dagegen elektrische Anordnungen oder Schaltungen im Mittelpunkt, wird auf die nachfolgenden Ausführungen Bezug genommen.

3.1.3 Anordnungen und Schaltungen

Außer Vorrichtungen und Einrichtungen bestehen auch Anordnungen ihrem Wesen nach aus Mitteln, die vorwiegend körperlich sind und die unmittelbar, d.h. ohne Hinzutreten eines menschlichen Entschlusses, funktionell zusammenwirken und einen Erfolg herbeiführen.[227] Hierzu gehören z.B. auch Schaltungen.[228] Man spricht deshalb auch von Anordnungs- und Schaltungspatenten.[229] Diese Bezeichnung wird gebraucht für räumlich und zeitlich nebeneinander wirkende Arbeitsmittel, die kein körperliches Ergebnis zu zeitigen brauchen. *Reimer*[230] hält die Anordnung für einen Sonderfall der Einrichtung. Anordnungen und Schaltungen bilden deshalb nach allgemeiner Ansicht keine besonde-

---

227 BPatGE 24; 205,209.
228 BPatGE 8; 136, 139); Kunze, Bl.f.PMZ 1952, 258; BPatGE 16, 200.
229 Benkard, a.a.O., § 1 Rdn. 25.
230 a.a.O., § 1 Rdn. 83.

re Patentkategorie, sondern gehören wie Vorrichtungen und Einrichtungen zur Kategorie der sogenannten Erzeugnispatente.[231] *Kumm* definiert die Anordnung wie folgt:

> *„Die Anordnung im Sinne einer technischen Erfindung ist ein Aufbau bekannter materieller Dinge (=Bauelemente, Einzelsysteme), der durch die Art, die räumliche Gliederung und die gegenseitige Verbindung dieser Bauelemente festgelegt ist.*"[232]

3.1.3.1 Schaltungen

Unter einer Schaltung (engl. circuit, connection) versteht man einen Pfad für die Übertragung eines elektrischen Stroms. Dieser Pfad enthält eine Einrichtung, die Energie an elektrisch geladene Teilchen abgibt, die den Strom bilden, z.B. eine Batterie oder einen Generator. Elektrische Schaltungen werden auf verschiedene Weise klassifiziert. Eine Gleichstromschaltung führt Strom, der nur in einer Richtung fließt. Eine Wechselstromschaltung führt Strom, der pro Sekunde mehrmals hin- und herpulsiert. Außer zwischen Gleich- und Wechselstromschaltungen unterscheidet man noch zwischen Serien- und Parallelschaltungen. Eine elektrische Schaltung veranschaulicht somit ein technisches Prinzip (Schaltschema), wie bestimmte Elemente schaltungstechnisch miteinander verbunden sind. Sie verweist also mittelbar auf räumlich-körperliche Merkmale. Sie gehört deshalb in die Kategorie der Sachpatente.[233] Die zu den Vorrichtungen und Einrichtungen aufgestellten Regeln gelten folglich nach allgemeiner Ansicht im wesentlichen auch für elektrische Schaltungen.

Der hauptsächliche Unterschied zwischen einer Vorrichtung/Einrichtung einerseits und einer Schaltung andererseits besteht darin, daß bei der Schaltung alle Elemente oder wenigstens einige davon elektrische Elemente und keine mechanische Elemente sind. Das Zusammenwirken der Elemente ist dabei elektrisch und nicht mechanisch.

Es stellt sich die Frage, ob dieser Unterschied Auswirkungen auf die Formulierung von Patentansprüchen hat. Die elektrischen Elemente werden – anders als mechanische Elemente – in aktive und passive Elemente unterteilt. Zu den passiven Elementen zählen der ohmsche Widerstand, der Kondensator (Kapazität) und die Spule (Induktivität), während zu den aktiven Elementen der Transistor und der Thyristor zählen. Außerdem ist die Zahl der elektrischen (Bau-)Elemente relativ eng begrenzt, so daß die für sie verwendeten Begriffe eindeutig sind, während die Gestaltung mechanischer Bauelemente praktisch unbegrenzt ist, d.h. eindeutige Begriffe für mechanische Bauelemente sind eher selten. Außerdem können elektrische Bauelemente, z.B. Zener-Dioden, ihre Eigenschaft in Abhängigkeit vom durchfließenden Strom oder von der anliegenden Spannung verändern, ein Effekt, der keine Analogie bei mechanischen Bauelementen aufweist. Weiterhin können bei gleicher topologischer Anordnung die elektrischen Bauelemente einer komplexen Schaltung ganz verschiedene Werte aufweisen. Ob ein Widerstand in einer Schaltung 10 oder 1000 Ohm hat, kann über Funktion oder Nichtfunktion der Schaltung entscheiden. Eine vollständige Offenbarung einer Schaltung setzt somit eigentlich eine Angabe der Werte der Schaltungselemente sowie der Größe der

---

231 Benkard, a.a.O., § 1 Rdn. 25.
232 System ..., a.a.O., S. 92.
233 BGH GRUR 1965, 234 – Spannungsregler; BGH GRUR 1965, 239 – Verstärker; 1965, 247 – UHF-Empfänger I.

Eingangsspannung voraus. Auf diese Angabe wird jedoch in der Patentpraxis stillschweigend verzichtet.

Eine mögliche Begründung hierfür könnte darin bestehen, daß man davon ausgeht, der Fachmann wisse schon, welche konkreten Werte er für die Bauelemente auswählen müsse. Ein weiterer Unterschied zwischen mechanischen und elektrischen Bauelementen besteht in der Art der Verbindung. Mechanische Elemente können in Form von ineinandergreifenden Zahnrädern oder von Nocken und Nockenfolger bzw. über Gelenke oder starre Verbindungen miteinander gekoppelt sein. Elektrische Elemente sind dagegen in der Regel galvanisch miteinander verbunden; magnetische Kopplungen – wie beim Transformator oder Übertrager – oder optische Kopplungen – wie beim Optokoppler kommen relativ selten vor. Auf die Formulierung von Patentansprüchen auf Schaltungen haben alle diese Unterschiede allerdings in der Praxis keinen Einfluß, weil von den an sich notwendige Randbedingungen wie die Höhe der anliegenden Spannung, die Größe der Bauelemente oder die Linearität oder Nichtlinearität der elektrischen Bauelemente in den Patentansprüchen abgesehen wird. Erst durch das Weglassen dieser Randbedingungen wird die Analogie zwischen mechanischen und elektrischen Bauelementen hergestellt, so daß man mit einigem Recht sagen kann, für elektrische Schaltungen gelten die gleichen Regeln der Anspruchsformulierung wie für mechanische Vorrichtungen.

Nachfolgend wird ein Beispiel einer elektrischen Schaltung wiedergegeben, welche die bekannte Wheatstone'sche Brückenschaltung zeigt. Sir Charles Wheatstone, geboren a. 6. Februar 1802 in Gloucester, England, und am 19. Oktober 1875 in Paris gestorben, baute 1843 auf einen Vorschlag des britischen Mathematikers Samuel Christie die nach ihm benannte Brückenschaltung und machte sie einer breiten Öffentlichkeit bekannt. Seine eigenen Erfindungen betrafen eigentlich andere Gegenstände: das Stereoskop, einen Telegraphen und Chiffriermaschinen. Die von ihm gebaute Brückenschaltung ist in Abb. 24 zu sehen:

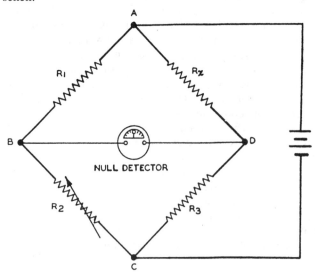

Abb. 24

Diese Schaltung kann nach Robert C. Faber[234] durch folgenden Anspruch definiert werden:

Apparatus for measuring the electrical resistance of unknown resistor R_x, which comprises:

a four-terminal electrical network (A, B,C,D) including a first resistor having a known resistance R_1 connected between the network terminals (A) and (B), a second resistor having a known resistance R_2 connected between the network terminals (B) and (C), the resistance of the second resistor being selectively variable in value up to the maximum resistance R_2, a third resistor having a known resistance R_3 connected between the network terminals (C) and (D), and the unknown resistor being connected across the network terminals (A) and (D) for measurement;

means for impressing a source of potential from an external source across the network terminals (A) and (C); and

means, connected across the network terminals (B) and (D), for detecting when the voltage developed there across falls to zero, as the resistance of the variable second resistor is adjusted, whereby the resistor of the unknown resistor is determined from the equation:

$$R_x = (R_1 \cdot R_3) : R_2$$

Man erkennt, daß eine relativ einfache Schaltung bereits einen relativ großen Erklärungsaufwand erfordert, wenn alle Elemente berücksichtigt werden. Außerdem enthält der Anspruch eine mathematische Formel, die an sich de lege lata vom Patentschutz als solche ausgeschlossen ist. Auf das Problem von Patentansprüchen, in denen mathematische Formel enthalten sind, wird weiter unten noch genauer eingegangen.

Wenn schon eine derart einfache Schaltung wie die Wheatstone'sche Brückenschaltung eine wortreiche Definition erfordert, liegt die Vermutung nahe, daß bei komplexeren Schaltungen eigentlich seitenfüllende Ansprüche zu erwarten wären. Dies ist jedoch nicht der Fall, da bei umfangreicheren Schaltungen in einem Anspruch oft nur die „wesentlichen" Elemente erwähnt werden, wobei allerdings die Grenze zur unvollständigen Beschreibung der Erfindung leicht überschritten werden kann.

Eine andere Formulierung für einen Schaltungsanspruch findet sich in dem deutschen Patent Nr. 1 042 028, das 1953 angemeldet wurde und dessen Fig.1 folgende Schaltung zeigt:

---

[234] a.a.O., III-75, § 35.

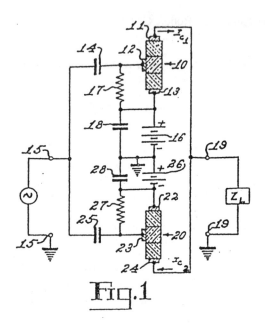

Abb. 25

Der Anspruch 1 dieses Patents, wie auch die vier Unteransprüche, enthalten keine Bezugszeichen. Zum besseren Verständnis der Erfindung werden diese Bezugszeichen in den ansonsten unverändert übernommenen Anspruch 1 eingefügt:

Gegentaktverstärker mit zwei Transistoren (10,20) entgegengesetzten Leitfähigheitstyps, deren Eingangselektroden (12,23) parallel an der Signalspannungsquelle (15) liegen,

dadurch gekennzeichnet, daß die Ausgangselektroden (11,24) der Transistoren (10,20) parallel unmittelbar an den Verbraucher (Z_L) geschaltet sind, dessen andere Klemme (19) mit dem gemeinsamen und geerdeten Pol der Speisespannungsquellen (16,26) in den Zuleitungen zu den dem Engangs- und Ausgangskreis des Verstärkers gemeinsamen Transistorelektroden (13,22) verbunden ist.

Bei der vorstehenden Schaltung handelt es sich – wie bei den meisten Schaltungen – um einen sogenannten Vierpol, der zwei Eingangs- und zwei Ausgangspole (15,15;19,19) hat. Die verwendete Bezeichnung „parallel" wird hierbei allerdings nicht in ihrer exakten Definition verwendet, sondern in einem übertragenen Sinn, den der Fachmann jedoch meistens versteht. Typisch für Schaltungs-Ansprüche sind die Begriffe „verbunden ist/sind", weil es in der Regel darum geht, darzulegen, welche Anschlüsse von Zwei- oder Vierpolen mit welchen Anschlüssen anderer Zwei- oder Vierpole in galvanischer Verbindung stehen.

3.1.3.1.1 Topologische Darstellung

Eine exakte Beschreibung von Schaltungen könnte mit Hilfe der Topologie erfolgen, bei der Graphen eingesetzt werden.[235] Graphen sind mathematische Gebilde, die aus einer Menge von Punkten („Knotenpunkten") und einer Menge von Verbindungen („Kanten") von jeweils einem Punktepaar bestehen. Bei ihnen kommt es nicht auf die genaue Lage der Punkte an, sondern auf die Tatsache und die Art der Verknüpfung. Ein NAND-Gatter, welches als Charakteristikum einen Multiemitter-Eingangstransistor aufweist und das wie folgt aussieht:

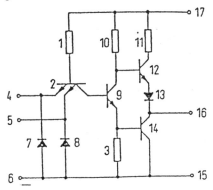

Abb. 26

wird, um es beispielsweise in einen Computer einspeisen zu können, pro Bauelemet mit einer Kennzahl versehen; d.h. jedes einzelne Bauelement wird in beliebiger Reihenfolge numeriert, wobei dann in einer Verknüpfungstafel seine Kennzahl und die Kennzahlen der benachbarten Bauelemente, mit denen es verknüpft ist, notiert wird. Es ergibt sich dann folgende Verknüpfungstafel:

---

235 Willi Schickedanz: Wege zur Automatisierung des Patentrechts, GRUR 1974, S. 761-765, 763.

194   IV. Zur formalen Beschreibung des wesentlichen Inhalts von Erfindungen

1	R	I-2_B, II-10_{II}, II-11_{II}, II-17
2	MET	B-1_I, E1-4, E1-7_{Ka}, E2-8_{Ka}, E2-5, C-9_B
3	R	II-9_E, II-14_B, I-15, I-14_E, I-8_A, I-7_A, I-6
4	V1	2_{E1}, 7_{Ka}
5	V2	2_{E2}, 8_{Ka}
6	V3	7_A, 8_A, 3_I, 14_E, 15
7	D	Ka-4, Ka-2_{E1}, A-6, A-8_A, A-3_I, A-14_E, A-15
8	D	Ka-2_{E2}, Ka-5, A-6, A-7_A, A-3_I, A-14_E, A-15
9	T_{pnp}	B-2_C, E-3_{II}, E-14_B, C-12_B, C-10_I
10	R	II-17, II-11_{II}, II-1_{II}, I-12_B, I-9_C
11	R	II-17, I-12_C, II-10_{II}, II-1_{II}
12	T_{pnp}	C-11_I, B-10_I, B-9_C, E-13_A
13	D	A-12_E, Ka-16, Ka-14_C
14	T_{pnp}	B-9_E, B-3_{II}, C-16, C-13_{Ka}, E-15, E-3_I, E-8_A, E-7_A, E-6
15	V4	14_E, 3_I, 8_A, 7_A, 6
16	V5	13_{Ka}, 14_C
17	V6	11_{II}, 10_{II} 1_{II}

Die Vorschrift der Verknüpfungstafel für das Bauelement Nr. 9 liest sich folgendermaßen: Die Basis (B) des pnp-Transistors 9 ist mit dem Kollektor (C) des Elements 2 verbunden, sein Emitter (E) ist dagegen an den oberen Anschluß (II) des Elements 3 und an die Basis (B) des Elements 14 angeschlossen. Der Kollektor (C) des pnp-Transistors 9 führt einerseits auf den unteren Anschluß (I) des Elements 10 und andererseits auf der Basis (B) des Elements 12.

Eine Darstellung von Schaltungen im Patentanspruch ist nicht gestattet.[236] In der deutschen Patentanmeldung P 23 03 492.6-34 war folgender Patentanspruch vorgeschlagen worden:

Schaltungsanordnung mit mindestens einer Lampe und einem Schalter, gekennzeichnet durch folgende Zusammenschaltung:

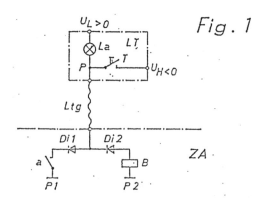

Abb. 27

---

236 Busse, Patentgesetz, 5. Auflage, 1999, § 34 Rdn. 57.

Auf den Antrag der Anmelderin, eine Neuheitsrecherche nach dem (damaligen) § 28a PatG durchzuführen, wurde der Anmelderin mitgeteilt, daß der Patentanspruch nicht dem § 3a der „Anmeldebestimmungen für Patente" entspräche. Da die Anmelderin den Mangel nicht behob, wurde ihr mitgeteilt, die Patentanmeldung sei nicht recherchierbar. Hiergegen hatte die Anmelderin Beschwerde eingelegt und beantragt, die Sache zur erneuten Bearbeitung an das Deutsche Patentamt zurückzuverweisen. Zur Begründung führte die Anmelderin aus, im vorliegenden Fall sei in zulässiger Weise am Schluß der Beschreibung in den Patentansprüchen angegeben, was als patentfähig unter Schutz gestellt werden solle. Im Patentanspruch 1 werde weder auf die Beschreibung noch auf die Zeichnung Bezug genommen. Patentansprüche der vorliegenden Art seien zulässig. Dies ergebe sich auch daraus, daß auf dem Gebiet der Chemie Ansprüche zugelassen würden, die lediglich den zu schützenden Gegenstand in einer Formelzeichnung darstellten. Was für den Chemiker die Strukturformel sei, das sei für den Elektrotechniker die Schaltungsanordnung.

In seinem (unveröffentlichten) Beschluß 22 W (pat) 120/73 vom 13. Dezember 1976 stellte das Bundespatentgericht fest, daß die von der Anmelderin gewählte Fassung des Patentanspruchs 1 gemäß den Anmeldebestimmung für Patente vom 30. Juli 1968, § 3 Ziffer 10 in Verbindung mit § 3a Ziffer 8 unzulässig sei. Danach dürften Patentansprüche keine bildlichen Darstellungen enthalten. Eine Ausnahme von dieser Bestimmung sei nur für chemische und mathematische Formeln vorgesehen. Schaltbilder seien daher nach Wortlaut und Sinn der Anmeldebestimmungen in die Reihe der nicht zugelassenen „bildlichen Darstellungen" einzuordnen. Die Anmeldebestimmungen seien ihrer Rechtsnatur nach Rechtsverordnung und auf Grund von Patentgesetz § 26 Abs. 3 in Verbindung mit DPAVO § 20 erlassen worden. Ihr Inhalt, Zweck und Ausmaß seien im Gesetz bestimmt (wie Art. 80 Abs. 1 GG es vorsehen). Auch der BGH habe die Anmeldebestimmungen als Rechtsverordnung angesehen, die gleichwertig neben Patentgesetz § 26 stehe.[237] Die von der Anmelderin geäußerten Bedenken gegen die Rechtsgültigkeit der Anmeldebestimmung in bezug auf die hier zu entscheidende Frage griffen nicht durch. Aus der Zulässigkeit von chemischen und mathematischen Formeln in Patentansprüchen und Beschreibung als Ausnahmebestimmung könne nicht gefolgert werden, daß dann auch elektrische Schaltbilder zulässig sein müßten. Es lägen hier ungleiche Verhältnisse vor. Während eine chemische Strukturformel dem Fachkundigen den chemischen Aufbau und die Zusammensetzung eines chemischen Stoffes auch quantitativ ohne weiteres aufzeige, sei der Aussageinhalt einer elektrischen Schaltung geringer. Es müßten im allgemeinen Aussagen über die Daten der einzelnen Elemente einer Schaltung hinzukommen, z.B. Widerstand, Kapazität, Induktivität. Während es oftmals schwierig sei, die Zusammensetzung eines chemischen Stoffes, insbesondere, wenn dieser aus sehr vielen Atomen aufgebaut sei, in Worten auszudrücken, bestünden derartige Schwierigkeiten nicht in gleichem Maße bei der Beschreibung durch Worte des für neu, fortschrittlich und erfinderisch Erachteten in einer elektrischen Schaltung.

Die Ausführungen des BPatG können nicht überzeugen, weil bei den zulässigen, verbal ausgedrückten Schaltungsanordnungs-Ansprüchen in der Regel gar keine Daten von Widerstand, Kapazität etc. angegeben werden. Außerdem hat das BPatG verkannt, daß in chemischen Strukturformel-Ansprüchen nicht nur Atome, sondern auch Radikale etc. allgemeiner Art erwähnt werden, so daß eine „quantitative" Angabe gerade nicht vorliegt.

---

237 Schulte, a.a.O., § 26 Rdn. 12, 22, 27 und die dort zitierte Rechtsprechung.

3.1.3.2 Blockschaltbilder

Viele Schaltungsanordnungen sind derart komplex, daß es kaum möglich ist, sie in Patentzeichnungen wiederzugeben und/oder ihre einzelnen Elemente in einem Patentanspruch aufzuführen. In solchen Fällen ist es üblich, anstelle von Schaltungsanordnungen mit diskreten Elementen sogenannte Blockschaltbilder einzusetzen.

Falls Blockschaltbilder verwendet werden, muß jederzeit nachgewiesen werden können, daß der Inhalt eines Blocks als solcher schon bekannt ist, beispielsweise durch ein Lehrbuch oder ein älteres Patent. Die Blöcke stellen also gewissermaßen „Abkürzungen" für komplexe, aber bereits bekannte Schaltungen dar. Der Durchschnittsfachman muß in der Lage sein, die verwendeten „Abkürzungen" wieder in eine nicht-abgekürzte Sprache zurückzuübersetzen. Blockschaltbilder sind allerdings nicht auf elektrische Schaltungen beschränkt, obgleich sie bei diesen sehr verbreitet sind. Auch komplexe mechanische Gebilde, z.B. mechanische Uhrwerke, können durch Blöcke in abgekürzter Form dargestellt werde,

Ein Blockschaltbild, das eine Anordnung für die Ausgabe von verbalen Gefahranzeigen in Flugzeugen darstellt, zeigt beispielsweise die Fig. 1 (hier in Abb. 28 dargestellt) des US-Patents 3 641 496, das 1969 angemeldet wurde und insgesamt vier Figuren aufweist:

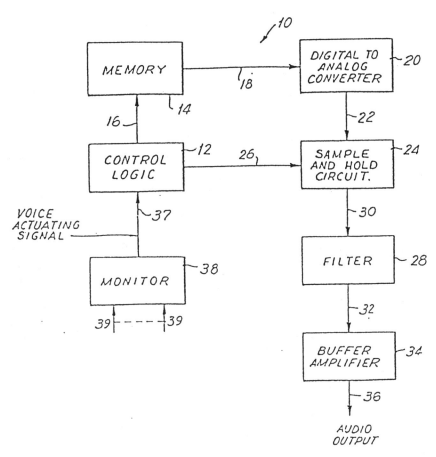

Abb. 28

Der Anspruch 1 dieses Patents lautet wie folgt, wobei Bezugszeichen eingefügt wurden, die sich auf die obige Abbildung beziehen, aber in der Original-Patentschrift nicht finden:

An electronic voice annunciating system comprising electronic memory means (14) for storing the digital data code converted equivalent to the analog audio signal of a plurality of predetermined sound components; digital to analog converter means (20) operatively connected to said memory means (14) for producing an audio signal consisting of said predetermined sound components converted from the digital data supplied thereto from said memory means (14); and control logic means (12) operatively connected to said memory means (14) for applying selected series of said sound component digital data from said memory means (14) to said digital to analog converter means (20), said selected series of sound components defining words in a desired message, said control logic (12) being operative in response to an actuating signal applied thereto associated with said desired message, said control logic means (12) including means for repetitively applying the digital data equivalent to preselected ones of said sound components from said memory means (14) to said digital to analog converter means (20) in producing the sounds defining said words, said repeated sound components representing redundancies in said sounds.

Im Grunde handelt es sich bei einem solchen Sachanspruch um einen verkappten Verfahrensanspruch. Dies wird schon durch die Pfeilrichtungen in der Figur angedeutet, die einen bestimmten Signalfluß vorgeben.

In der obigen Schaltung beaufschlagt die Steuerlogik 12 den Speicher 14 in der Weise, daß er in ihm gespeicherte digitale Signale auf einen Digital-Analog-Wandler 20 gibt. Der Speicher 14 beinhaltet digitale Signale mit denen eine beliebige Sprachausgabe realisiert werden kann, wenn eine Reihe von ausgewählten digitalen Signale nacheinander auf die Digital-Analog-Wandler 20 gegeben werden. Die auf diesen Wandler 20 gelangenden digitalen Impulse werden in analoge Spannungen umgewandelt und auf die Tast-und-Halteschaltung 24 gegeben, die aus den analogen Spannungen oder Impulsamplituden ein kontinuierliches Signal herstellt. Dieses kontinuierliche Signal wird über ein Filter 28 gegeben, welches die Spannungskomponenten beseitigt, die außerhalb des Hörbereichs liegen. Hierauf wird das bereinigte Signal über einen Pufferspeicher als Audiosignal beispielsweise auf einen Lautsprecher gegeben, der verbale Warnsignale abgibt. Aktiviert wird die Anordnung über Sensoren 39, die mit einem Monitor 38 verbunden sind, der seinerseits aufgrund von Stimm-Aktivierungssignale 37 Informationen auf die Steuerlogik 12 gibt.

Wird beispielsweise von einem Sensor 39 eine zu hohe Temperatur eines Triebwerks erfaßt, so kann über die Blöcke 12,14,20,24,28,34 erreicht werden, daß am Ausgang 36 von einem Lautsprecher das Audio-Signal „Triebwerke zu heiß" ausgegeben wird.

Dieser Ablauf könnte auch durch einen Verfahrensanspruch zum Ausdruck gebracht werden, der nachfolgend nur in groben Umrissen angedeutet ist:

Verfahren für die Sprachausgabe von Warnsignalen, gekennzeichnet durch folgende Schritte:

es werden von Sensoren erfaßte Daten über eine Steuerlogik

– einem Digitalspeicher (14) zugeführt,

– sodann in analoge Signale umgewandelt

– und anschließend als Sprachsignale ausgegeben.

Blockschaltbilder können somit dazu „mißbraucht" werden, ein Verfahren als Sachanspruch zu kaschieren. Dies resultiert aus dem Umstand, daß die Blöcke, obgleich hardwaremäßig realisierbar, nur noch als Funktionsblöcke aufgefaßt werden, die eine bestimmte Aufgabe zu lösen haben. Von der in den Blöcken enthaltenen diskreten Schaltungsanordnungen wird in der Regel abstrahiert.

3.1.3.3 Schaltungen mit drahtlosen Wellen

Schaltungen bestehen in der Regel aus diskreten Bauelementen, die galvanisch – d.h. über elektrische Leitungen – miteinander verbunden sind. Bei bestimmten Wechselstromfrequenzen lösen sich jedoch elektromagnetische Wellen von den Leitungen, so daß eine Schaltung plötzlich offen wird oder ist. Da sich elektromagnetische Wellen auch im freien Raum fortbewegen können, liegen keine festen topologischen Verbindungen mehr zwischen bestimmten Elementen vor. So sind beispielsweise die von einem Radiosender ausgestrahlten Wellen theoretisch von unendlich vielen Empfängern empfangbar, d.h. es können unendlich viele Verbindungen zwischen diskreten Bauelementen hergestellt werden. Ein Frage, die sich bei Sender-Empfänger-Erfindungen überdies stellt, besteht darin, ob ein Sender oder ein Empfänger jeweils für sich überhaupt eine komplette Erfindung darstellen. Es ist ersichtlich, daß ein Langwellensender in Verbindung mit einem UKW-Empfänger keinen Sinn ergibt. Empfänger und Sender müssen aufeinander abgestimmt sein. Ob diese Umstände einen Einfluß auf die Anspruchsformulierung haben, soll nachfolgend untersucht werden.

3.1.3.3.1 Die Marconi-Schaltung

Guglielmo Marconi (1874-1937) hatte als 20-Jähriger die Idee, Hertz'sche Wellen über große Entfernungen durch den Äther zu senden. Als er 1895 konkrete Pläne für die „drahtlose Telegrafie" hatte, wandte er sich an Italiens Minister für Post und Telegrafie, der jedoch nichts von Marconis Ideen hielt[238] Marconi war verletzt und enttäuscht und suchte Interessenten im Ausland, die er auch alsbald in England fand, und zwar in der Person des Chefingenieurs des General Post Office in London, William Henry Preece[239] Preece stellte Marconi ein Labor zur Verfügung und bald resultierten aus Marconis Experimente die ersten Patente, z.B. das britische Patent Nr. 12 039 vom 2. Juni 1896. Durch ständige Verbesserungen konnten immer größere Entfernungen überbrückt werden, z.B. bis zu 300 km zum Jahre 1901. Berühmt wurde Marconis britisches Patent Nr. 7777, das „The four seven" genannt wurde. Ein paralleles Patent wurde in den USA am 10.11.1900 angemeldet und am 28. Juni 1904 unter der Nummer 763 772 ausgegeben. Bei der Erfindung, die diesen Patenten zugrunde lag, sollte es sich um eine der umstrittensten überhaupt handeln; jedenfalls war sie der Grund für mehrere Patentverletzungsprozesse.

Die Figuren 1 und 2 der britischen Patentschrift 7777 sind nachfolgend in Abb. 29 wiedergegeben

---

238 Lars U. Scholl: Marconi versus Telefunken. Drahtlose Telegraphie und ihre Bedeutung für die Schiffahrt. In: Cottbuser Studien zur Geschichte von Technik, Arbeit und Umwelt, Band 7, 1998, herausgegeben von Günter Bayerl und Wolfgang Weber.
239 Hugh G. J. Aitken: Syntony and Spark, The origin of Radio, New York, London, Sydney, Toronto, 1976, S. 179 ff.

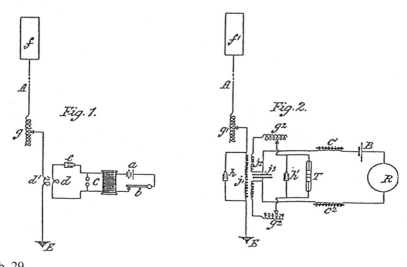

Abb. 29

Marconis Beschreibung dieser Figuren wird nachfolgend in freier deutscher Übersetzung wiedergegeben. Während die Fig. 1 einen Sender zeigt, stellt die Fig.2 einen Empfänger dar. In der Fig. 1 ist mit a eine Batterie und mit b eine Morsetaste bezeichnet. Der Buchstabe c bezeichnet eine Rühmkorff-Spule, deren Primärwicklung mit der Batterie a verbunden ist, während die Anschlüsse der Sekundärwicklung mit der Primärwicklung d eines Transformators verbunden sind, dessen einer Anschluß über einen Kondensator e verläuft; es können jedoch auch beide Anschlüsse über einen Kondensator geschaltet sein. Die Sekundärwicklung d' des Transformators ist mit einer Antenne A verbunden, die an ihrer Spitze einen metallischen Zylinder f aufweisen kann, sowie mit Erde oder einem Kondensator. Zwischen der Sekundärwicklung und der Antenne A bzw. zwischen der Sekundärwicklung und Erde kann eine Induktanz-Spule vorgesehen sein, die zahlreiche Windungen aufweist, wobei die beste Zahl der Windungen experimentell bestimmt wird.

Der Empfänger in Fig. 2 enthält eine Antenne A, die an ihrer Spitze einen Zylinder f' aufweisen kann, der über eine Induktionsspule g', die der Spule g gleicht, über eine Primärwicklung j^1 einer Induktionsspule mit Erde oder einer Kapazität E verbunden ist; ein kleiner Kondensator h ist parallel zur Primärwicklung j^1 geschaltet. Die Sekundärwicklung j^2 der Induktionsspule ist in der Mitte geteilt, wobei ihre inneren Enden mit den Platten eines Kondensators j^3 verbunden sind, während ihre äußeren Enden über Induktivitäten g^2 mit einem Detektor oder Kohärer T verbunden sind. Ein Kondensator h' kann parallel zu dem Detektor T liegen. Die örtliche Schaltung enthält eine Batterie B und ein Relais oder Telegrapheninstrument R, die über Spulen c^1 und c^2 mit den Platten j^3 des Kondensators verbunden sind.

Die vier Ansprüche des britischen Patents 7777 lauten:

1. A transmitter for electric wave telegraphy consisting of a spark producer having its terminals connected through a condenser with one circuit of a transformer the other circuit being connected to a conductor and to earth or a capacity the time period of electrical oscillations in the two circuits being the same or harmonies of each other.

2. A system of electric wave telegraphy in which both the transmitter and the receiver contain a transformer the time period of electrical oscillations in the four circuits of the two transformers being the same or harmonics of each other.
3. A system of electrical wave telegraphy in which both the transmitter and the receiver contain a transformer one circuit of which is a persistent oscillator and the other a good radiator or absorber of electric oscillations all four circuits having the same time period or being harmonics of each other substantially as described.
4. Apparatus for wireless telegraphy substantially as described and illustrated in the drawings.

Ganz anders sind die Ansprüche im korrespondierenden US-Patent 763 772 formuliert. Es handelt sich hierbei um zwanzig unabhängige Ansprüche, die äußerlich sehr ähnlich sind und die sich jeweils in nur wenigen Merkmalen unterscheiden, also genau die Form aufweisen, die *Hartig* gegeißelt hat. Auf ihre vollständige Wiedergabe soll hier aus Platzgründen verzichtet werden. Interessant ist jedoch, den amerikanischen Anspruch 1 dem britischen Anspruch 1 gegenüberzustellen:

1. At a station employed in a wireless-telegraph system, a signalling instrument comprising an induction coil, the secondary circuit of which includes a condenser discharging through a means which automatically causes oscillations of the desired frequency; an open circuit electrically connected with the oscillation-producer aforesaid and a variable inductance included in the open circuit, substantially and for the purpose described.

Sowohl der US-amerikanische Anspruch 1 als auch der britische Anspruch 1 beschreiben nur den Sender. Im britischen Anspruch sind lediglich die Elemente

- Funkenerzeuger (spark producer)
- Kondensator
- Transformator und
- elektrischer Leiter

erwähnt. Das „signalling instrument", d.h. die Morsetaste, die im amerikanischen Patent erwähnt ist, kommt dabei gar nicht vor. Auch die Induktions- oder Rühmkorff-Spule und die variable Induktanz finden keine Erwähnung. Dafür ist von Frequenzen („time period") elektrischer Schwingungen die Rede, die in zwei Kreisen dieselbe sein sollen oder Harmonische voneinander, von denen wiederum im amerikanischen Anspruch nicht die Rede ist.

Während der Anspruch 1 des britischen Patents den Empfänger mit keinem Wort erwähnt, taucht ein solcher Empfänger unvermittelt im Anspruch 2 auf, wo von einem Transformator die Rede ist, der im Empfänger enthalten sein soll. Die vier Kreise der Transformatoren im Sender und Empfänger sollen dabei Schwingungen gleicher Frequenz aufweisen. Im korrespondierenden USA-Patent wird der Empfänger in den unabhängigen Ansprüchen 13 bis 18 näher beschrieben. Der unabhängige Anspruch 10 dieses USA-Patents beschreibt darüber hinaus ein System, das sowohl Sender als auch Empfänger umfasst. In deutscher Übersetzung lautet dieser Anspruch 10 etwa wie folgt:

Ein System der drahtlosen Telegraphie, bei dem sowohl die Sendestation als auch die Empfangsstation jeweils einen Schwingungs-Transformator aufweist, dessen einer Kreis ein ein offener Kreis ist, während der andere Kreis ein geschlossener ist, wobei die beiden Kreise in jeder Station in elektrischer Resonanz zueinander sind und in Resonanz mit mit den Kreisen der anderen Station, im wesentlichen wie beschrieben.

Dieser Anspruch entspricht inhaltlich im wesentlichen den Ansprüchen 2 und 3 des britischen Patents. Betrachtet man die Ansprüche unter dem Gesichtspunkt des größtmöglichen Schutzes, so gewährt das amerikanische Patent wohl den besseren Schutz, weil es vier Aspekte der Erfindung gesondert unter Schutz stellt: den Sender, den Empfänger, das Gesamtsystem und auch Einzelelemente (Anspruch 5: „An element of an apparatus ..."). Im britischen Patent ist dagegen kein Anspruch auf den Empfänger gerichtet, so daß ein Schutz dieses Empfängers nicht aus dem Wortlaut des Anspruchs, sondern nur über eine richterliche Auslegung der vorhandenen vier Ansprüche möglich ist.

In der heutigen deutschen und europäischen Patentpraxis dürfte es allerdings kaum möglich sein, zwanzig unabhängige Patentansprüche durchzusetzen, weil die Prüfer hiergegen Einheitlichkeitsbedenken vortragen würden. Drei unabhängige Ansprüche sowie etliche diesen zugeordnete Unteransprüche wären jedoch auch aus moderner Sicht von der Sache her geboten und damit statthaft. Diese drei unabhängigen Ansprüche sollten einen Sender- und einen Empfänger-Anspruch sowie einen Sender-Empfänger-Kombinationsanspruch enthalten. Wie die Entscheidung „Rundfunkübertragungssystem" des BGH[240] gezeigt hat, kann man nicht davon ausgehen, daß mit einem auf einen Sender gerichteten Schutzanspruch auch Empfänger geschützt sind. Der BGH führt aus:

„Für die Empfangsseite, d.h. für die auf die ausgestrahlten besonderen Informationen angepaßten Empfangsgeräte beansprucht der Patentanspruch 1 keinen Schutz. Entgegen der Ansicht des BerG erwähnt er diese Empfänger nicht einmal. Die Revision hält das nicht für notwendig, weil die einleitenden Worte des Patentanspruchs 1 „UKW-RundfunkStereophonie-Übertragungssystem" und die Tatsache, daß dort die Übertragung der Informationen genannt sei, Sender und Empfänger einschlössen. Dem vermag der Senat nicht zu folgen ..."

3.1.4 Stoffe

In Chemie und Physik versteht man unter einem „Stoff" jede in chemisch mehr oder weniger einheitlicher Form – als Element, Verbindung oder Gemisch – vorliegende Materie, unabhängig von der äußeren Gestalt, jedoch gekennzeichnet durch charakteristische physikalische und chemische Eigenschaften und Stoffkonstanten.[241] Stoffe werden in heterogene Stoffe und homogene Stoffe unterteilt. Bei den homogenen Stoffen unterscheidet man wieder reine Stoffe und Mischphasen (= Lösungen). Die reinen Stoffe werden ihrerseits in Verbindungen und Elemente unterteilt. Homogene Stoffe sind einheitlich aufgebaut, d.h. alle Bestandteile erfüllen den Raum gleichmäßig bis in die Be-

---

240 GRUR 1987, S. 626-628, S. 628.
241 Brockhaus Enzyklopädie, 19. Auflage, 21. Band, 1993, S. 245; Hollemann-Wiberg, Lehrbuch der Anorganischen Chemie, 91.-100. Aufl., 1985, S. 18.

3 Patentanspruchskategorien und Anspruchs-Sonderformen

reiche der kleinsten Teilchen von atomarer Größenordnung. Heterogene Stoffe sind uneinheitlich aufgebaut. Sie bestehen aus mehreren homogenen Bereichen (Phasen), z.B. Granit, Milch. Reine Substanzen haben eine definierte Zusammensetzung und eine vom Druck abhängige Schmelz- und Siedetemperatur, z.B. Stickstoff, Wasser, Kupfer. Mischphasen sind homogene Gemische von zwei oder mehreren reinen Stoffen, z.B. Salzlösungen, Luft.[242]

Stoffe und Stoffgemische – nicht jedoch Legierungen, Mischungen und Lösungen – konnten bis zur Neufassung des Patentgesetzes vom 2.1.1968 in Deutschland nicht patentrechtlich geschützt werden.

§ 1 der alten Fassung des deutschen Patentgesetzes lautete:

(1) ...

(2) Ausgenommen sind:

1 ...

2. Erfindungen von Nahrungs-, Genuß- und Arzneimittel sowie von Stoffen, die auf chemischem Wege hergestellt werden, soweit die Erfindungen nicht ein bestimmtes Verfahren zur Herstellung der Gegenstände betreffen.

Bis 1968 war also in Deutschland ein Patentschutz für chemische Stoffe nur über ihr Herstellungsverfahren möglich. In den USA gab es dagegen schon seit jeher den Stoffschutz, und auch im europäischen Patentübereinkommen war der Stoffschutz von Anfang an möglich. Mit dem früheren Stoffschutzverbot für Nahrungs-, Genuß- und Arzneimittel hatte der Gesetzgeber des Jahres 1877 die Allgemeinheit insbesondere vor unerwünschten und ungerechtfertigten Preissteigerungen sowie vor wettbewerblichen Mißbräuchen schützen wollen, die nach seiner Auffassung zu befürchten gewesen wären, wenn diese Mittel durch die Gewährung von Patentschutz monopolisiert werden könnten.[243] Allerdings war das Stoffschutzverbot für Stoffe, die auf chemischem Wege hergestellt worden sind, erst auf eine Eingabe der „Deutschen Chemischen Gesellschaft" hin in den Regierungsentwurf zum Gesetz von 1877 eingefügt worden. Mit einer ähnlich sparsamen Begründung, mit der das Stoffschutzverbot eingeführt wurde, wurde es auch wieder abgeschafft. Während im Regierungsentwurf zum Gesetz vom 4.9.1967 noch keine Aufhebung des Stoffschutzverbots vorsah, wollte der Rechtsausschuß (12. Ausschuß) des Deutschen Bundestags das Stoffschutzverbot aufheben. Der Abgeordnete Reichel trug u.a. vor:

„... Dieses Stoffschutzverbot hat dazu geführt, daß die Anmelder von Stofferfindungen versuchen, sich möglichst alle denkbaren Verfahren zur Herstellung dieser Stoffe schützen zu lassen, um auf diese Weise im praktischen Ergebnis doch das zu erreichen, was durch das Verbot des Stoffschutzes ausgeschlossen werden soll. Die Folge ist, daß das Patentamt mit Verfahrensanmeldungen belastet wird, die möglicherweise nicht oder jedenfalls nicht in diesem Ausmaß eingereicht werden würden, wenn die Möglichkeit bestünde, für den Stoff selbst Patentschutz zu erlangen ... Die Möglichkeit der Erteilung von Stoffpatenten besteht bereits in

---

242 Brockhaus Enzyklopädie, a.a.O.
243 BGH GRUR 1964; 439, 440.

zahlreichen Industriestaaten. In dem von der Bundesrepublik Deutschland unterzeichneten Europäischen Übereinkommen über die Vereinheitlichung gewisser Begriffe des materiellen Patentrechts vom 27. November 1963 haben sich die Unterzeichnerstaaten bereits zur Einführung des Stoffschutzes verpflichtet ..." [244]

Mit dem „Vorabgesetz", das eigentlich die Entlastung des Patentamts zum Ziel hatte und deshalb die aufgeschobene Prüfung einführte, wurde der alte § 1 Abs. 2 Nr. 2 PatG ersatzlos gestrichen. Seitdem sind Anspruchsformulierungen üblich geworden, die kein Vorbild im deutschen Patentgesetz der letzten 90 Jahre hatten, etwa indem Strukturformeln verwendet werden.

Bei Stofferfindungen besteht das der Erfindung zugrunde liegende technische Problem darin, einen neuen Stoff einer näher umschriebenen Art der Konstitution bereitzustellen.[245] Als „Stoffe" kommen in der Praxis Legierungen, Mischungen und insbesondere chemische Verbindungen in Frage. Auch Zwischenprodukte sind schützbar.[246] Hierbei handelt es sich um Stoffe, deren Eigenschaften bei einer unmittelbaren Verwendung keine Patentfähigkeit begründen können, die vielmehr dazu bestimmt sind, zu Endprodukten weiterverarbeitet zu werden, die ihrerseits wertvolle Eigenschaften aufweisen, die auf den Zwischenprodukten beruhen.

Das für die Erfindung von Stoffen erteilte Patent erstreckt sich auf den erfindungsgemäßen Stoff als solchen. Der Schutz des Stoffs ist also unabhängig vom Herstellungsverfahren.Bei Stoffen kommt es auf die Konstitution an, nicht auf die äußere Form. Stoffansprüche sind an sich relativ einfach zu formulieren. Ein wichtiges Problem bei Stoffansprüchen besteht allerdings darin, die Anzahl von Beispielen in der Patentbeschreibung zu bestimmen, die notwendig sind, um einen allgemeinen Anspruch zu stützen oder wie weit man sich dem Stand der Technik nähern darf. Die Patentprüfer versuchen oft, den Anspruch auf das Ausführungsbeispiel zu beschränken, was natürlich nicht im Sinne des Anmelders ist, der möglichst einen verallgemeinerten Anspruch erhalten möchte. Ein verallgemeinerter Anspruch endet allerdings nicht selten in reinen Funktionsansprüchen, die leicht angreifbar sind.[247] Außerdem kann ein solcher Anspruch in einer versteckten Ecke eine Ausführungsform enthalten, die der Erfinder ursprünglich noch gar nicht erkannt hatte. Es ist ersichtlich, daß sich hierdurch erhebliche Offenbarungsprobleme ergeben.[248] Wegen des sehr großen Schutzbereichs, den viele Patentansprüche auf dem Gebiet der Chemie besitzen, wird eine Ausdehnung dieses Schutzbereichs über die Äquivalenz im allgemeinen abgelehnt.[249]

3.1.4.1 Chemische Verbindungen

Um eine chemische Verbindung eindeutig zu kennzeichnen, kann es genügen, ihre wissenschaftliche Bezeichnung im Patentanspruch anzugeben. Die chemische Strukturformel wird in der Regel als die beste Definition eines Stoffs angesehen,[250] was jedoch die Kenntnis seiner Konstitution voraussetzt. Ist die Konstitution nicht bekannt, kann die

---

244 Reimer, a.a.O, S. 128.
245 Benkard, a.a.O., § 1 Rdn. 83.
246 T 65/82 ABl. EPA 1983, 327 – Cyclopropan; BPatG GRUR 1974, 27.
247 Hansen/Hirsch: Protecting Inventions in Chemistry, Weinheim 1997, S. 51.
248 H. Christ: Der „Crackkatalysator" oder das Ende der Zwiebelschalen-Ideologie, Mitt. 1998, 408-413.
249 F. Lederer: Zur Äquivalenz beim chemischen Stoffpatent, GRUR 1998, S. 272-276.
250 BPatG GRUR 1978, 264.

Identifizierung auf andere Weise erfolgen,[251] z.B. durch Angabe von physikalischen und chemischen Eigenschaften, sogenannten Parametern, wenn hierdurch eine eindeutige Identifizierung möglich ist. Eine solche Kennzeichnung ist indessen gegenüber der Strukturformel oder der wissenschaftlichen Bezeichnung nach der Genfer Nomenklatur nur ein Behelf.[252]

Kann eine chemische Verbindung weder durch ihre Strukturformel noch durch die Angabe von Parametern identifiziert werden, bleibt als letzter Ausweg die Heranziehung der Herstellung.[253]

Bisweilen wird bezweifelt, ob die bloße Angabe einer Strukturformel genügt, um eine chemische Verbindung vollständig zu kennzeichnen oder ob nicht die Angabe einer Wirkung erforderlich ist. Während andere Autoren bei Erfindungen auf dem Gebiet der mechanischen Technologie davon ausgehen, daß die Wirkung oder die Zweckbestimmung für die Definition einer Erfindung unerläßlich sei,[254] soll für Stofferfindungen nach der Auffassung einiger Autoren etwas anderes gelten.[255] Hiernach soll es möglich sein, einen Anspruch schlicht „als neue Verbindung 2,3-Dichlorphenol" zu formulieren. Als Begründung wird angeführt, daß ein zweckgebundener Stoffanspruch dem Erfinder keine angemessene Belohnung gewähre und es einem Dritten erlaube, durch aufzeigen neuer Verwendungszwecke ohne große erfinderische Tätigkeit an den Verdiensten des Erfinders teilzuhaben. *Zumstein* übersieht hierbei allerdings, daß nicht jede Zweckangabe in einem Patentanspruch auch eine Zweckbindung bedeutet. Vielmehr stellen viele Zweckangaben nichts anderes dar als Gattungsbegriffe.[256] Das Problem der Wirkungs- oder Zweckangabe ist heute wieder aktuell geworden, u.a. weil ihre Behandlung durch das deutsche, europäische und amerikanische Patentamt nicht einheitlich ist.[257] Offen bleibt dabei zunächst, ob die Wirkungs- oder Zweckangabe bereits im Patentanspruch ihren Niederschlag finden soll oder ob es genügt, wenn sie in der Patentbeschreibung erwähnt wird. *Von Hellfeld*[258] ist der Meinung, der Zweck gehöre notwendig zur Erfindung und deshalb auch schon in den Patentanspruch. Insbesondere bei Arzneimittelansprüchen sollten nach Meinung einiger anderer Autoren[259] im Anspruch angegeben werden, wozu der Stoff dient. Dies entspricht jedoch nicht der derzeitigen Praxis und Rechtslage.[260]

3.1.4.1.1 Chemische Strukturformel

Soll eine neue chemische Verbindung patentiert werden, deren Strukturformel bekannt ist, so kann diese auf einfache Weise im Hauptanspruch etwa wie folgt definiert werden:

---

251 BGHZ 57; 1, 8 – Trioxan; BPatG GRUR 1983, S. 173.
252 BGHZ 92; 129, 134.
253 Bühling, GRUR 1974; 299 ff; Meyer-Dulheuer, GRUR Int. 1985, 435 ff.
254 v. Pechmann, GRUR 1967, S. 503.
255 Zumstein, GRUR 1967, S. 509.
256 Willi Schickedanz: Die wechselseitigen Beziehungen zwischen Funktions-, Anwendungs-, Auswahl- und zweckgebundenen Stofferfindungen, GRUR 1971, S. 192-203, 202.
257 v. Pechmann: Wieder aktuell: Ist die besondere technische, therapeutische und biologische Wirkung Offenbarungserfordernis bei der Anmeldung chemischer Stofferfindungen, GRUR Int. 1996, XV, S. 366-373.
258 Axel von Hellfeld: Zweckangaben in Sachansprüchen, GRUR 3-4, 1998, S. 243-246.
259 Maikowski: Der Mittelanspruch, GRUR 1977, S. 200; Klöpsch: Die richtige Anspruchskategorie für Arzneimittel, Mitt. 1977, 130.
260 BGH Bl.f.PMZ 1977, 166 – Pieranzinoalkylpyrazole.

Chemische Verbindung gemäß der Formel:

R–CH=N–S–X,

wobei R eine Alkyl-Gruppe aus der Gruppe bestehend aus Methyl, Ethyl und Isopropyl ist und X ein Halogen ist, das aus der Gruppe der Chloride und Bromide ist.

Der oben definierte chemische Stoff deckt im Grunde sechs verschiedene Verbindungen ab, weil R drei und X zwei verschiedene Stoffe darstellt. Er stellt somit eine „allgemeine Formel" dar, mit der eine größere Zahl von Verbindungen beansprucht wird. Bei anderen allgemeinen Formel kann sich eine „unrealistische Breite des Anspruchs" ergeben, was für sich allein jedoch noch kein Zurückweisungsgrund ist.[261]

Man erkennt außerdem, daß dieser Anspruch weder eine Zweckangabe noch einen Gattungsbegriff enthält. Die allgemeine Bezeichnung „chemische Verbindung" umfaßt die gesamte Chemie und kann deshalb nicht als „genus proximum" bezeichnet werden. Das von *Aristoteles, Hartig, Kumm* und anderen postulierte Haupterfordernis für eine exakte Definition scheint somit für Stoffansprüche nicht zu gelten. Der beanspruchte Stoff wird gewissermaßen wie ein Unikat vorgestellt, das mit keinem vorbekannten Stoff verglichen wird. Auch dieser Anspruch knüpft indessen an etwas Bekanntem an: die Fachsprache. Er verwendet Sprachbausteine – Alkyl-Gruppe, Ethyl, Halogen etc. –, die dem Chemiker bekannt sind; andernfalls wäre der Anspruch unverständlich. Anders als bei Patentansprüchen auf dem Gebiet der Mechanik hat der Laie kaum eine Chance, den Gegenstand des obigen Anspruchs zu verstehen. Dies ist zwar hinzunehmen, weil sich ein Patentanspruch an den Fachmann und nicht an den Laien wendet, doch wird hierdurch das klassische Schema der Anspruchsformulierung verlassen. An die Stelle einer Wörter-Sprache tritt nun (auch) eine Zeichensprache, nämlich die chemische Zeichensprache.

Unter „chemischer Zeichensprache" versteht man eine zusammenfassende Bezeichnung für die international anerkannten Symbole zur Beschreibung chemischer Stoffe und Reaktionen. Zur Kennzeichnung eines chemischen Elements dient stets das chemische Symbol, das aus dem Anfangsbuchstaben und gegebenenfalls einem weiteren Buchstaben des lateinischen oder griechischen Namens des Elements besteht, z.B. H für Wasserstoff (lateinisch: Hydrogenium) oder O für Sauerstoff (lateinisch: Oxygenium). Die chemischen Symbole sind die Grundelemente der chemischen Formeln. Bei chemischen Verbindungen, die aus Molekülen aufgebaut sind, werden in der sogenannten Bruttoformel, die auch Summenformel heißt, die Symbole der beteiligten Elemente aneinandergereiht und die Anzahl der jeweiligen Atome durch einen Index angegeben, z.B. H_2O für Wasser, CH_4 für Methan. Außer mit Hilfe der Summenformel werden chemische Verbindungen auch durch die sogenannte Strukturformel gekennzeichnet. Diese zeigt die Konstitution von Molekülen an. Kovalente Einfach-, Doppel- und Dreifachbindungen werden dabei durch eine entsprechende Anzahl von Bindungsstrichen wiedergegeben. In der organischen Chemie werden besonders bei Ringverbindungen die Symbole C für Kohlenstoff und H für Wasserstoff oft weggelassen. Polare kovalente Bindungen werden durch Angabe von Partialladungen gekennzeichnet. Zur räumlichen Darstellung von Molekülen können außerdem Konformationsformeln und Projektionsformeln verwendet werden.

---

261 BPatGE 30, S. 45.

Die Verwendung der chemischen Zeichensprache in den Patentansprüchen läßt den zweiteiligen Patentanspruch, bei dem von der nächstliegenden Druckschrift ausgegangen wird, als ungeeignet erscheinen, weil z.B. Elemente einer bekannten Verbindung, die auch in der neuen Verbindung vorkommen, nicht einfach in den Oberbegriff genommen werden können.

Der Stoffschutz für chemische Verbindung hat auch einen – obgleich in der Praxis irrelevanten – Einfluß auf den Erfindungsbegriff. Subsumiert man die chemischen Verbindungen unter die von *Müller* wiedergegebenen Erfindungsdefinitionen[262], so erkennt man, daß diese Definitionen für Chemie-Erfindungen noch weniger geeignet sind als für mechanische oder elektrische Erfindungen. Für die Praxis ist dies jedoch ohne Bedeutung, weil weder das deutsche Patentgesetz noch die EPÜ eine Erfindungsdefinition enthalten. Der Begriff, der heute gewissermaßen den Begriff der „Erfindung" ersetzt, ist der der „Technizität", weil nach wie vor als Voraussetzung für die Patentierbarkeit gilt, daß eine Erfindung auf dem Gebiet der Technik liegen muß. Fehlt die Technizität, wird eine Patentanmeldung zurückgewiesen.[263] Einem Patentanspruch, der eine chemische Summen- oder Struktur-Formel wiedergibt, sieht man nicht ohne weiteres seine Technizität an, denn diese Formel könnte auch einen Naturstoff beschreiben. Die Technizität gibt sich erst dann zu erkennen, wenn das zu der Formel gehörige Herstellungsverfahren angegeben wird. Wann eine Erfindung als „technisch" bezeichnet werden kann, scheint nicht einfach bestimmbar zu sein, insbesondere dann nicht, wenn man die herkömmlichen Erfindungs-Definitionen in Betracht zieht:

„Erfindung ist angewandte Erkenntnis auf technischem Gebiet, also eine Anweisung mit bestimmten technischen Mitteln ein technisches Ergebnis zur Lösung einer technischen Aufgabe zu erzielen"[264]

Mit Hilfe dieser Definition, die das Wort „technisch" gleich viermal verwendet, läßt sich die chemische Verbindung nicht erfassen. Auch das EPA meint offenbar, daß die häufige Verwendung des Begriffs „technisch" schon eine Definition der Technizität beinhalte:

„Die Erfindung muß insoweit technischen Charakter haben, als sie sich auf ein technisches Gebiet (R 27(1)b) bezieht, ihr eine technische Aufgabe zugrunde liegt (R 27(1) d) und sie technische Merkmale aufweist, durch deren Angabe der Gegenstand des Schutzbegehrens in den Patentansprüchen definiert werden kann (R 29(1)."[265]

Eine Definition der Technizität, in der das Wort „technisch" nicht zur Erläuterung verwendet wird, hat der BGH in der Dispositionsprogramm-Entscheidung gegeben:

---

262 Müller: Zum Begriff der „Erfindung", Mitt. 1926, S. 122.
263 T 22/85, ABl. EPA 1990, 12; BGH GRUR 1977, S. 96 – Dispositionsprogramm.
264 BGH GRUR 1965, 533 – Typensatz.
265 EPA-Prüfungsrichtlinien C IV 1.2.

> „Technisch ist eine Lehre zum planmäßigen Handeln unter Einsatz beherrschbarer Naturkräfte zur Erreichung eines kausal übersehbaren Erfolgs, der ohne Zwischenschaltung menschlicher Verstandestätigkeit die unmittelbare Folge des Einsatzes beherrschbarer Naturkräfte ist."[266]

Auch diese Definition liest sich eher auf ein chemisches Herstellungsverfahren als auf eine chemische Verbindung, die durch eine Formel dargestellt wird.

Relativ viele Erfindungen werden durch eine Definition des Bundespatentgerichts umfaßt:

> „Technisch ist jeder durch Einwirkung des Menschen entstandene Gegenstand, soweit er der Welt der (in Raum und Zeit vorhandenen) Dinge angehört; das Gebiet des Untechnischen umfaßt demgegenüber, abgesehen von den Gegenständen der Natur, die Welt der Vorstellungen."[267]

Diese letztgenannte Definition kann auch auf chemische Verbindungen gelesen werden. Sie kann sogar auf biotechnologische Erfindungen, die weiter unten behandelt werden, gelesen werden.

Während der oben wiedergegebene Chemie-Anspruch keinen Oberbegriff aufweist, gibt es auch Patentansprüche auf chemische Verbindungen, die eine Art Oberbegriff besitzen. So lautet der Anspruch 1 des deutschen Patents 25 26 633, das Gegenstand einer BGH-Entscheidung vom 17. Juni 1997 war[268] wie folgt:

α – Anomere von 4 – Desmethoxy-daunomycin der Formel

Der vorstehende Anspruch weist zwar keine Wirkungs- oder Zweckangabe auf, doch wird ein Inhalt einer bestimmten Gattung zugeordnet, nämlich der Gattung der α – Anomere von 4 – Desmethoxy – daunomycin. Als genus proximum im Sinne des *Aristoteles* wird man diese Gattungsangabe allerdings kaum bezeichnen können.

Obgleich allgemein formulierte chemische Formeln einen breiten Patentschutz zu gewähren scheinen, ist zu beachten, daß eine solche Formel nicht notwendigerweise der Neuheit einer speziellen Formel entgegensteht, die sie umfaßt.[269]

---

266 BGH GRUR 1977,96 – Dispositionsprogramm.
267 BPatGE 8, 12; 10, 1; 15, 106; Mitt. 1997, 99.
268 Vgl. Mitt. 1998, S.60-63.
269 T 7/86, ABl. EPA 1988, S. 381; T 12/81, ABl EPA 1982, 296; T 181/82 ABl EPA 1984, 401.

Beispielsweise umfaßt eine Klasse chemischer Verbindungen, die nur durch eine allgemeine Strukturformel mit mindestens zwei variablen Gruppen definiert ist, nicht notwendigerweise jede einzelne Verbindung, die sich aus der Kombination aller möglichen Varianten innerhalb dieser Gruppe ergeben kann. Die Rechtsprechung des Europäischen Patentamts ist in dieser Beziehung allerdings rigoroser als die der deutschen Gerichte, d.h. nach deutscher Rechtsprechung geht die Neuheitsschädlichkeit einer allgemeinen chemischen Formel weiter als nach der Rechtsprechung des Europäischen Patentamts.

3.1.4.1.2 Definition einer Verbindung über Parameter

Nach der Trioxan-Entscheidung des BGH[270] braucht der Patentschutz für einen makromolekularen chemischen Stoff nicht schon daran zu scheitern, daß der Stoff nicht durch eine vollständige und exakte Strukturformel gekennzeichnet werden kann. Es ist dann notwendig, aber auch ausreichend, daß der durch die Beschreibung erläuterte Patentanspruch so viel Angaben zur Kennzeichnung eines makromolekularen Stoffes unbekannter Struktur erhält, wie erforderlich sind, um seine erfinderische Eigenart durch zuverlässig feststellbare (meßbare) Charakteristiken (sogenannte Parameter) von zuverlässig feststellbaren Charakteristiken anderer (nicht beanspruchter) makromolekularer Stoffe zu unterscheiden und um die Voraussetzungen der Patentfähigkeit zuverlässig beurteilen zu können.

Unter Bezugnahme auf diese BGH-Rechtsprechung hat das BPatG einen Anspruch für zulässig angesehen,[271] der wie folgt lautete:

Kristallines Zeolithpulver des Typs A mit mindestens 99,5, vorzugsweise 99,9 Gewichtsprozent unter 45 μm Durchmesser liegenden Teilchen mit einem Teilchenspektrum

Fraktion (μm)	Anteile (Gewichtsprozent)
< 3	4 bis 5
< 5	11 bis 35
<	10 50 bis 82
<	15 79 bis 96
< 20	93 bis 100

bestimmt mit der Sedimentationswaage.

Obgleich es sich bei diesem Anspruch nicht um eine klassische „Verbindung" handelt, sind die Ausführungen des BPatG hierzu sehr instruktiv: Die im Patentanspruch beanspruchte Sache sei als Stoff anzusehen, d.h. als eine Substanz, die in der Regel zur technischen Verwendung oder zur technischen Weiterverarbeitung bestimmt sei, äußerlich nicht formgestaltet sei, sich zuverlässig von einem anderen chemischen Individuum durch Angabe ausreichender und geeigneter Parameter unterscheiden ließe. Die Substanz werde als kristallines Zeolithpulver des Typs A gekennzeichnet; hierdurch werde der Rahmen der chemischen Zusammensetzung sowie die Kristallstruktur des chemischen Stoffs festgelegt. Mit der Bezeichnung der Substanz als „Pulver" werde hervorgehoben, daß eine im makroskopischen Sinne ausgeprägte Form nicht vorhanden sei. Als weitere Kennzeichen seien statistische Angaben bezüglich des – mikroskopischen – Kollektivs der Einzelteilchen aufgeführt, und zwar dahingehend, daß mindestens 99,5

---

270 BGH GRUR 1972, S. 80-89.
271 BPatG GRUR 1983, S. 737-741 – Zeolithpulver.

Gew. % der Durchmesser der Teilchen unter 45 μm liegen und das Kollektiv ein näher bezeichnetes „Teilchenspektrum" aufweise.

Die diesbezüglichen Angaben im Patentanspruch seien nicht zu beanstanden. Der Fachmann verwende den Begriff „Durchmesser" in der einschlägigen Technik auch dann, wenn die Gestalt der Einzelteilchen, wie hier, von der Kugelform abweiche. Der Begriff „Teilchenspektrum" sei ebenfalls eindeutig, auch wenn er derzeit nicht mehr allgemein gebraucht, sondern durch den Terminus „Teilchengrößenverteilung" ersetzt werde. Numerische Werte für mittlere Teilchendurchmesser und der Verlauf der Teilchengrößenverteilungen seien in erheblichem Maße von der angewandten Untersuchungsmethode abhängig; durch die Benennung der Analysenmethode – Sedimentationswaage – zur Ermittlung des „Teilchenspektrums" seien die angegebenen Werte eindeutig.

In den USA werden Chemie-Patentansprüche, die über ihre Parameter definiert werden, „fingerprint claims" genannt. Ähnlich wie der BGH argumentierte z.B. ein US-Gericht[272]:

> „Nothing in law requires the courts to deny a patent to the inventor of a new and useful product merely because ... the chemical structure cannot be recognized and described. All that is necessary is that the patentee make as full disclosure as he reasonably can and that he describe the product with sufficient particularity that it can be identified and that those who are interested in its manufacture are enabled to determine what will and what will not infringe."

Der Patentanspruch, um den es im konkreten Fall ging, lautete wie folgt:

> „A composition comprising a substantially nonionic complex of ferric hydroxide with a dextran having an average intrinsic viscosity at 25°C at about 0.025 to about 0.25, said complex being stable in contact with water"

Das Gericht hielt diesen Anspruch für präzise genug.

3.1.4.1.3 Definition einer Verbindung über die Herstellung

Im dritten Leitsatz der bereits oben erwähnten Trioxan-Entscheidung des BGH ist ausgeführt:

> „Ein Stoffanspruch, in dem ein chemischer Stoff durch das Herstellungsverfahren gekennzeichnet ist (sogenannter product-by-process-Anspruch) ist jedenfalls dann zulässig, wenn weder die Strukturformel des chemischen Stoffs bekannt ist noch der chemische Stoff durch zuverlässig feststellbare Charakteristiken identifiziert werden kann."

Allerdings darf der Stoff nicht mit einem Herstellungsweg umschrieben sein, von dem feststeht, daß er nicht mit hinreichender Aussicht auf Erfolg ausführbar ist.[273]

In der einfachsten Form könnte ein solcher Stoffanspruch, der über den Herstellungsweg definiert wird, nach *Faber*[274], z.B. wie folgt beginnen:

---

272 Benger Labs, Ltd. v. R.K. Laros Co., 135 U.S.P.Q. (BNA) 11,14 (E.D.Pa 1962).
273 BGH GRUR 1978, 162 – 7-Chlor-6-demethyltetracyclin.
274 a.a.O., § 46, V-5.

> *Sodium hydroxide produced according to the process of claim ...*

Bei der Formulierung von Product-by-process-claims muß besondere Sorgfalt auf die Definition des Herstellungsverfahrens verwendet werden, weil sonst mit Beanstandungen im Prüfungsverfahren und mit Problemen in einem Verletzungsverfahren zu rechnen ist.[275]

Nach Art. 64 (2) EPÜ gewährt zwar auch ein Verfahrensanspruch den Schutz des durch das Verfahren unmittelbar hergestellten Erzeugnisses. Diese Bestimmung garantiert dem Patentinhaber aber nicht in jedem EPÜ-Vertragsstaat, daß die Einfuhr von Produkten, die in einem anderen Land nach dem patentgemäßen Verfahren hergestellt wurden, wirklich verboten werden. Auch aus diesem Grund hat das EPA das Bedürfnis nach product-by-process-Ansprüchen anerkannt.[276] Allerdings werden diese Ansprüche als ultima ratio angesehen.[277]

Obgleich Product-by-Process Ansprüche überwiegend zu Definition von Erfindungen auf dem Gebiet der Chemie oder der Biologie verwendet werden, sind sie hierauf nicht beschränkt, sondern können auch auf anderen technischen Gebieten zum Einsatz kommen.[278]

3.1.4.1.4 MARKUSH-Ansprüche

Unter *Markush*-Ansprüchen versteht man solche, bei denen eine Gruppe von Materialien benannt wird. Solche Ansprüche werden in der Regel dann formuliert, wenn es für eine Gruppe von Elementen oder Stoffen keinen allgemein anerkannten Oberbegriff gibt. Obgleich *Markush*-Ansprüche[279] nicht auf Chemie-Erfindungen beschränkt sind, werden sie doch auf dem Gebiet der Chemie am häufigsten verwendet. In dem oben unter 3.1.4.1.1. wiedergegebenen Anspruch ist ein *Markush*-Ausdruck enthalten, nämlich

> *„ ... a halogen selected from the group consisting of chlorine and bromine."*

Hier werden zwei Elemente aus der Gruppe der Halogene benannt, die aus fünf Elementen besteht. Da es für die beiden benannten Elemente keinen eigenen Oberbegriff gibt, schafft sich der *Markush*-Anspruch ein eigenes genus proxiumum.

Markush-Ansprüche können auch bei Verfahren zur Anwendung kommen. Es wird dann eine *Markush*-Gruppe gebildet, die aus einer bestimmten Zahl von Schritten besteht, z.B.

> *„ ... weakening the bond by a process selected from the group consisting of heating, freezing, and pulling the pieces apart ..."*

---

275 Eric P. Mirabel: Product-by-Process claims: a practical perspective, Journal of the Patent and Trademark Society, Januar 1986, S. 3-45.
276 T 150/82, ABl. EPA 1984, § 09; T 129/88, ABl. EPA 1993, 598.
277 Teschemacher in MGK, Art. 84 Rdn. 108.
278 BPatGE 20, 20, 24 = Bl.f.PMZ 1978, 54 – netzartiger Faservliesstoff.
279 Ex parte Markush, 1925 C.D. 126; 340 O.G. 839, vgl. auch Peter J. Dehlinger: A Not-so Radical Proposal for Selecting Radical Substitutions in Markush-Type Claims, Journal of the Patent and Trademark Office Society, Juli 1992, S. 463-480.

Die einen Markush-Anspruch kennzeichnende Wendung lautet somit „a _____ selected from the group consisting of _____ ... and _____ "[280]
Im Grunde entspricht der Markush-Anspruch der vor dem DPMA und vor dem EPA geläufigen alternativen Aufzählung

„Lösungsmittel, enthaltend Methanol, Ethanol, Propanol und/oder Butanol"

welche ausdrückt, daß das Lösungsmittel jeweils nur einen Alkohol oder auch mehrere Alkohole enthalten kann. Diese Wendung ist jedoch bei den amerikanischen Prüfern verpönt, weshalb sie in der Regel in einen Markush-Anspruch

„A solvent containing at least one alcohol selected from the group consisting of methanol, ethanol, propanol and butanol"

umformuliert wird.[281]

3.1.4.2 Mischungen, Lösungen, Legierungen

Mischungen können auf folgende Weise definiert werden:[282]

Mischung, gekennzeichnet durch
20 Teile an Substanz A,
10 Teile an Substanz B und
70 Teile an Substanz C

Der vorstehende Anspruch enthält weder eine Zweckangabe noch ein genus proximum im engeren Sinn. Der Begriff „Mischung" ist derart allgemein, daß er keine am nächsten kommende Gattung bezeichnet, sondern eine Gruppe von Teile-Kombinationen, die eine unendliche Vielzahl beinhaltet.

Lösungen und Mischungen werden in der Regel über die Kombination von Verbindungen definiert. Bei *Faber*[283] ist hierfür folgendes Beispiel angegeben:

A zinc electroplating solution, comprising:

(a) an aqueous solution of zinc acetate, from 30 to 90 grams per liter;

(b) citric acid, from 1.5 to 3 times the zinc acetate concentration; and

(c) an alkaline pH-modifying substance in an amount sufficient to adjust the pH^3 to a value of from 4 to 5.5.

Dieser Anspruch enthält ein brauchbares genus proximum, denn außer dem sehr allgemeinen Begriff „solution" ist im Oberbegriff noch das „zinc electroplating" erwähnt, welches den Gegenstand der Erfindung näher spezifiziert. Die „Merkmale" oder „Ele-

---

280 Robert C. Faber, a.a.O., § 50, VI-7.
281 Volker Münch, a.a.O., S. 40/41.
282 Paul Schreiber: Vorsicht bei auf Mischungen gerichteten Ansprüchen, GRUR 1987, S. 418.
283 a.a.O., § 49, VI-2.

mente" des vorstehenden „composition" claim sind chemische Elemente oder Verbindungen, die entweder sehr weit (Element c) oder sehr eng (Elemente a und b) formuliert sind. Hierbei nimmt die Formulierung „pH modifying substance" fast die Stellung einer „means clause" ein, weil sie die Funktion des Elements oder Merkmals beschreibt und nicht das Element selbst. Jede alkalische Substanz würde deshalb der Kombination genügen. „Means"-Angaben finden sich zwar selten in composition claims, doch ist kein Grund ersichtlich, weshalb sie nicht verwendet werden sollten.

Die Bezeichnung „A zinc electroplating solution" läßt nicht erkennen, ob es sich hierbei um die Angabe eines Standes der Technik handelt, von dem man ausgeht oder ob der Zweck gemeint ist, nämlich „solution for zinc electroplating".

Legierungen sind spezielle Arten von Mischungen. In der deutschen Patentschrift Nr. 22 38 609[284] wurde folgende Legierung unter Schutz gestellt:

Chrom-Nickel-Legierung, bestehend aus
20 bis 24% Chrom,
0,8 bis 1,5% Aluminium,
9,5 bis 20% Kobalt,
7 bis 12% Molybdän,
bis 0,15% Kohlenstoff,
0 bis 0,6% Titan,
0 bis 0,01 % Bor,
0 bis 0,1% Zirkonium,
0 bis 0,05% Magnesium,
0 bis 0,15% Cer und/oder Lanthan
Rest einschließlich erschmelzungsbedingter Verunreinigungen Nickel.

Die Bezeichnung „Chrom-Nickel-Legierung" ist hierbei im Grunde nicht aussagekräftiger als es der Begriff „Legierung" in Alleinstellung wäre, denn wie die Legierung zusammengesetzt ist, wird erst durch die einzelnen Merkmale festgelegt.

Einen Patentanspruch, der im „Oberbegriff" nur das Wort „Legierung" aufweist, schlägt *Spiekermann* vor:

> „*Legierung, dadurch gekennzeichnet, daß diese aus 5 bis 10 Gew.-% A, 10 bis 20 Gew.-% B, wahlweise 2 bis 5 Gew.-% C und Rest D und üblichen Verunreinigungen besteht.*"[285]

Einen Oberbegriff, der von einem am nächsten kommenden Stand der Technik ausgeht, enthält dieser Anspruch nicht.

Wie die vorstehenden Beispiele zeigen, sind die gesetzlichen Vorschriften über die Bildung eines Oberbegriffs bei einem zweiteiligen Anspruch auf dem Gebiet der Chemie nicht oder nur bedingt anwendbar.

3.1.5 Biotechnologische Sach-Ansprüche

Der Weg zu einer Lösung der patentrechtlichen Probleme der biologischen Erfindungen war und ist langwierig und schwierig. Veranlaßt durch das „Internationale Überein-

---

284 Vgl. hierzu auch BGH GRUR 1992, S. 842-845.
285 Peter Spiekermann: Legierungen – ein besonderes patentrechtliches Problem? Mitt. 1993, S. 178-190.

kommen zum Schutz von Pflanzenzüchtungen" vom 1.12.1961,[286] das die Bundesrepublik Deutschland durch Gesetz vom 10.5.1968 ratifiziert hat, wurde dem Pflanzenschutz ein Weg gebahnt, und zwar über das eigens geschaffene Sortenschutzrecht. Im Jahre 1969 ließ dann der BGH Tierzüchtungsverfahren als patentfähig zu,[287] während er 1975 Sachschutz für Mikroorganismen gewährte.[288] Auch in der Natur vorkommende Stoffe – im konkreten Fall der Stoff Antamanid, der in Pilzen vorkommt, was der Öffentlichkeit zum Zeitpunkt der Patentanmeldung aber nicht bekannt war – konnten nach einer BGH-Entscheidung von 1978[289] patentiert werden, obwohl einer solchen Patentierung zuvor die Prüfungsrichtlinien des Patentamts entgegenstanden. Schließlich hat der BGH 1987 den Patentschutz für einen erzeugten (nicht entdeckten) neuen Virus für zulässig erachtet.[290] In der Entscheidung TOLLWUTVIRUS hat der BGH betont, daß er eine Gesetzesauslegung vermeiden will, durch die „vielen wichtigen Erfindungen der verdiente Lohn nicht gewährt werden könnte", und die „für einen wichtigen Bereich der technischen Entwicklung die patentrechtliche Förderung und Absicherung versagen würde."

In den letzten Jahren hatte der BGH keine Fälle auf dem Gebiet der Biotechnologie zu entscheiden.[291] Dagegen findet sich bei den Beschwerdekammern des Europäischen Patentamts eine zunehmende Spruchtätigkeit zu Anmeldungen und Patenten, deren Gegenstände bio- und gentechnisch bestimmt sind.

Die Praxis des Europäischen Patentamts hinsichtlich der vorstehenden Punkte entspricht weitgehend der deutschen Rechtslage.[292] Die gesetzliche Regelung des Nicht-Schutzes von Pflanzen und Tieren findet sich in Artikel 53(b) EPÜ:

„Europäische Patente werden nicht erteilt für:
a) ...
b) Pflanzensorten oder Tierarten sowie für im wesentlichen biologische Verfahren zur Züchtung von Pflanzen oder Tieren; diese Vorschrift ist auf mikrobiologische Verfahren und auf die mit Hilfe dieser Verfahren gewonnenen Erzeugnisse nicht anzuwenden."

Der Ausschluß der Patentierbarkeit von Pflanzensorten und Tierarten gilt unabhängig davon, auf welchem Verfahren die Erfindung beruht: Pflanzensorten sind deshalb vom Patentschutz ausgenommen, weil es für sie mit dem Sortenschutzrecht ein spezialgesetzliches Schutzinstrumentarium gibt.[293] Der Ausnahmetatbestand für Tierarten geht auf Art. 2b des Straßburger Patentübereinkommens zurück. Aus dem Ausnahmecharakter der Bestimmungen folgt andererseits, daß der Patentschutz für einzelne Pflanzen oder Tiere grundsätzlich nicht ausgeschlossen ist.[294] Voraussetzung ist also, daß die Erfindung technisch allgemein auf die Veränderung des genetischen Materials von Pflanzen und Tieren abzielt, nicht aber auf bestimmte Pflanzensorten und Tierarten beschränkt ist.

---

286 GRUR Int. 1962, 348 ff.
287 BGHZ 52, 74, 79 – Rote Taube = Bl.f.PMZ 1970, 21 ff.
288 BGHZ 64, 101, 108 – Bäckerhefe.
289 BGH GRUR 1978, 238 – Antamanid, vgl. auch BGH GRUR 1978, 702 – Menthon-thiol.
290 BGHZ 100, 67, 70 ff. – Tollwutvirus = GRUR 1987, 231, 233.
291 Frank Peter Goebel: Bio-/Gentechnik und Patentrecht – Anmerkungen zur Rechtsprechung, Mitt. 1999, 173.
292 A.W. White: Problems in obtaining patent in biological cases, in John A. Kemp: Patent Claim Drafting and Interpretation, 1983, 188-190.
293 EPA GRUR Int. 1984, 301, 302 – Vermehrungsgut/CIBA-GEIGY.
294 Moser, GRUR Int. 1998, 209, 210.

Das trifft gerade auf gentechnische Verfahren zu, die sich regelmäßig nicht auf eine Pflanzensorte oder Tierart schlechthin richten, sondern deren Genom gezielt in einzelnen Beziehungen verändern. Das EPA legt deshalb die Verbots-Bestimmung sehr großzügig aus und entscheidet sich im Zweifel für die Patentierbarkeit.[295] Man kann somit feststellen, daß das derzeit geltende deutsche und europäische Patentrecht die Patentierung biologischer, insbesondere gentechnologischer Erfindungen in weitreichendem Umfang zuläßt.[296].

Für die weitere Entwicklung des Schutzes biotechnologischer Erfindungen ist die „Richtlinie 98/44/EG des Europäischen Parlaments und des Rates vom 6. Juli 1998 über den rechtlichen Schutz biotechnologischer Erfindungen"[297] von maßgeblicher Bedeutung. In dieser Richtlinie werden zahlreiche Vorschläge für die Harmonisierung der nationalen Patentgesetzgebungen gemacht.

Seit dem Beginn der 80er Jahre wurden auf dem Gebiet der Biotechnologie im weitesten Sinne insgesamt (Stand: März 1997) rund 15 000 europäische Patentanmeldungen eingereicht, von denen etwa 4000 der Gentechnik im engeren Sinne zuzurechnen sind. Rund 1000 dieser Anmeldungen betreffen transgene Pflanzen, 500 transgene Tiere und über 2000 betreffen DNA-Sequenzen, die aus dem menschlichen Genom isoliert und in der Entwicklung von Heilverfahren und von Medikamenten eingesetzt werden.[298]

In den USA fand eine ähnliche Entwicklung wie in Deutschland statt. Im Jahre 1980 erklärte der U.S. Supreme Court, daß alles, was von Menschenhand gemacht sei, auch patentiert werden könne, z.B. von Menschenhand hergestellte Bakterien.[299] Die damit verbundenen Offenbarungsprobleme, die insbesondere beim sogenannten „genetic engineering" auftraten, wurden alsbald erkannt.[300]

Unter biotechnologischen Erfindungen werden heute solche Erfindungen verstanden, bei denen lebende Organismen verwendet werden, um gewerblich anwendbare oder therapeutisch wertvolle Produkte herzustellen. Nicht unter diese Erfindungen fallen sogenannte Bionik-Erfindungen,[301] bei denen die Natur als Vorbild für technische Erfindungen dient. Zahlreiche wissenschaftliche Disziplinen spielen bei biotechnologischen Erfindungen eine wichtige Rolle, beispielsweise Genetik, Molekularbiologie, Biochemie, Mikrobiologie, Virologie, Zellbiologie, Enzymologie, Immunologie, Neurobiologie, Rezeptorbiologie und Fermentationstechniken.

Biotechnologische Erfindungen können sich beziehen auf: a) Beeinflussung biologischer Vorgänge durch Mittel der unbelebten Natur, z.B. durch Anwendung chemischer oder physikalischer Mittel (Kulturverfahren, Schädlingsbekämpfung, Ertragssteigerung); b) Beeinflussung unbelebter Materie durch biologische Mittel (Gärung, Bier, Hefe;

---

295 ABl. EPA 1990, 71, 76 – Hybridpflanzen/LUBRIZID.
296 Jan Busche: Die Patentierung biologischer Erfindungen nach Patentgesetz und EPÜ, GRUR 1999, S. 299-306.
297 ABl. EPA 1999, S. 101-119. Mit Beschluss vom 16. Juni 1999 hat der Verwaltungsrat den zweiten Teil der Ausführungsverordnung zum EPÜ um ein neues Kapitel VI „Biotechnologische Erfindungen" ergänzt – Einfügung der neuen Regeln 23b,23c,23d und 23e – und Regel 28 (6) neu gefaßt. Die neuen Bestimmungen traten am 1. September 1999 in Kraft, vgl. GRUR Int. 1999, 713-715.
298 Ulrich Schatz: Zur Patentierbarkeit gentechnischer Erfindungen in der Praxis des Europäischen Patentamts, GRUR Int. 1997, S. 588-595, 588.
299 GRUR Int. 1980, 627, 629 – Chakrabarty, vgl. auch Diamond v. Chakrabarty, 206 U.S.P.Q. 193 – Sup. Ct. 1980.
300 Berge Hampar: Patenting of Recombinant DNA Technology: The Deposit Requirement, JPOS 1985, S. 569 ff.
301 Willi Schickedanz: Die Patentierbarkeit von Bionik-Erfindung, Mitt. 1974, S. 232-234.

Käse, Sauerkraut[302], Stoffwechselprodukte von Mikroorganismen); c) Beeinflussung biologischer Erscheinungen durch biologische Mittel (Züchtung von Pflanzen und Tieren, Heilserumherstellung)[303]; d) Beeinflussung des Erbmaterials (Genom) durch Herausnahme interessanter Gene oder Genombereiche aus dem Erbgut eines Organismus und Einschleusen in das Erbgut eines anderen Organismus, die dabei angewandten Verfahren der Transskription, der Transformation und der Selektionstechnik und dabei anfallende Zwischenprodukte wie Plasmide, Genfähren, Clone, Hybridome.[304]

In den USA wurde „Biotechnology" wie folgt definiert:

> „Biotechnology is the application of biological systems and organisms to technical and industrial processes. The technologies employed in this area include: classical genetic selection and/or breeding for purposes such as developing baker's yeast, conventional fermentation, and vaccine development, the direct in vitro modification of genetic material, e.g. recombinant DNA, or gene splicing, and other novel techniques for modifying genetic material of living organisms, e.g. cell fusion, and hybridoma technology, etc."[305]

Insbesondere die letztgenannten Verfahren, die auch „genetic engineering" oder DNA-Technologie genannt werden, haben in den letzten Jahren nicht nur patentrechtlich große Bedeutung erlangt, sondern auch zahlreiche ethische, philosophische und gesellschaftspolitische Fragen aufgeworfen. Bei der DNA-Technologie wird das genetische Material einer Zelle in einer ganz bestimmten Weise verändert, um eine bisher noch nicht dagewesene Lebensform zu erzeugen. Diese Änderungen können entweder dadurch vorgenommen werden, daß neue DNA-Sequenzen eingefügt oder vorhandene DNA-Sequenzen beseitigt oder verändert werden.

Sehr viele Erfindungen auf dem Gebiet der Biotechnologie sind Verfahrenserfindungen. Allerdings ist für zahlreiche biotechnologische Patentanmeldungen kennzeichnend, daß sie Patentansprüche verschiedener Kategorien aufweisen. So enthält beispielsweise das deutsche Patent Nr. 197 56 214, das am 25.2.1999 veröffentlicht wurde, Ansprüche, die auf ein Polypeptid (Ansprüche 1-16), auf ein Testkit zum Nachweis von Antikörpern (Ansprüche 17-19), auf Verwendungen des Polypeptids (Ansprüche 20-22), auf eine Kombination von Antikörpern (Anspruch 23) und auf ein Antikörpergemisch (Anspruch 24) gerichtet sind.

Es fällt auf, daß nicht wenige Patentansprüche auf dem Gebiet der Biotechnologie nicht mehr in die klassischen Anspruchsschemata zu passen scheinen. Oberbegriffe im herkömmlichen Sinn findet man kaum. Nach den traditionellen Maßstäben scheinen außerdem viele biotechnologische Patentanmeldungen und Patente uneinheitlich zu sein.

Die Rechtsvorschriften zu biotechnologischen Erfindungen werden immer mehr internationalisiert, was beispielsweis schon durch den Vorschlag einer Richtlinie über den Rechtsschutz biotechnologischer Erfindungen von 1989 dokumentiert wird.[306]

---

302 BPatG GRUR 1978, 586.
303 PA Bl. f.PMZ 1924, 6 – Tuberkuloseserum.
304 Schulte, Patentgesetz, a.a.O., § 2 Rdn. 20; Zur Ausarbeitung biotechnologischer Patentanmeldungen vgl. Goldbach, Vogelsang-Wenke, Zimmer: Protection of Biotechnological Matter under European and German Law: A Handbook for Applicants, 1997.
305 B. Hampar, a.a.O., S. 570, Fußn. 2.
306 GRUR Int. 1989, 52; 1996, 652, Richtlinie 98/44/EG- ABl. EPA 1999,101; GRUR Int. 1999, 713-715 f.

3.1.5.1 Lebende Organismen, z.B. Tiere und Pflanzen

Ob und inwieweit lebende Organismen überhaupt schützbar sind oder sein sollten, wurde und wird immer noch kotrovers diskutiert.[307] § 2 Nr. 2 des deutschen Patentgesetzes schließt eine Patenterteilung für Pflanzensorten und für im wesentlichen biologische Verfahren zur Züchtung von Pflanzensorten und für Tierarten sowie für im wesentlichen biologische Verfahren zur Züchtung von Tieren aus. Alle übrigen biologischen Erfindungen sind allerdings der Patenterteilung zugänglich. Die entsprechende Regelung des EPÜ wurde bereits oben zitiert (Art. 53b). Zwei der einer Patenterteilung zugänglichen biologischen Erfindungsarten sind in diesen Vorschriften ausdrücklich genannt: erstens die mikrobiologischen Verfahren, zweitens die mit Hilfe mittels mikrobiologischer Verfahren gewonnenen Erzeugnisse.

Auf die zahlreichen ethischen und sonstigen mit dem Organismenschutz zusammenhängenden Probleme[308] soll hier nicht näher eingegangen werden. Obgleich z.B. das deutsche Patentgesetz in § 2 Nr. 1 die Patentierung von Erfindungen ausschließt, deren Veröffentlichung oder Verwertung gegen die guten Sitten verstoßen würde, ist das Patentrecht doch nicht der primäre Ort, in dem ethische Fragen erörtert werden sollten. Solche Fragen sollten vielmehr in erster Linie auf dem Gebiet der Technikfolgebeurteilung[309] gestellt und beantwortet werden. Es wird an dieser Stelle lediglich festgestellt, daß tatsächlich schon Patente auf Lebewesen erteilt wurden.

3.1.5.1.1 Tiere

Kaum ein patentrechtliches Problem hat Wellen der Emotionen nicht nur der Fachwelt, sondern auch der Allgemeinheit derart hochschlagen lassen wie die Frage nach der Patentierbarkeit tierischen Lebens über das Vehikel der Gentechnik. Im Mittelpunkt der Diskussionen steht dabei die Frage, ob die Patentierung von tierischem Leben gegen die öffentliche Ordnung oder die guten Sitten verstößt.[310] Berühmt wurde insbesondere das eine „Krebsmaus" betreffende – am 22. Juni 1984 angemeldete und am 12. April 1988 ausgegebene – US-Patent 4 736 866, dessen extrem weit gefaßter Sach-Anspruch 1 wie folgt lautete:

1. A transgenic non-human mammal all of whose germ cells and somatic cells contain a recombinant activated oncogene sequence introduced into said mammal, or an ancestor of said mammal, at an embryonic state.

In den nachfolgenden Ansprüchen 11 und 12 wurde dann ausgeführt, um welche Säugetiere es sich handeln soll.

---

307 Hugo A. Delevie: Animal Patenting: Probing The Limits Of U.S. Patent Laws, Journal of the Patent and Trademark Office Society, 1992, S. 492-509; John S. Hudson: Biotechnology Patents after the „Harvard Mouse": Did Congress Really Intend Everything Under the Sun to Include Shiny Eyes, Soft Fur and Pink Feet? Journal of the Patent and Trademark Office Society, 1992, S. 510-537; Fritz Baumbach und Dorit Rasch: Kann man das menschliche Genom und damit Menschen patentieren?, Mitt. 1992, 209-211.
308 Andreas Wiebe: Gentechnikrecht als Patenthindernis, GRUR 1993, S.88-95; Rainer Moufang: Patentierung menschlicher Gene, Zellen und Körperteile? Zur ethischen Dimension des Patentrechts, GRUR Int. 1993, S. 439-450; Bernd Appel: der menschliche Körper im Patentrecht, München, Köln,Berlin 1995.
309 Gerhard Banse:" (Erste) Annäherung an eine Technikfolgebeurteilung „ in: Nr. 13 der von der Europäischen Akademie zur Erforschung von Folgen wissenschaftlich-technischer Entwicklung Bad Neuenahr-Ahrweiler GmbH herausgegebenen Schriften, 1999, S. 96-111.
310 Ulrich Schatz, a.a.O. Fußn. 504.

11. The mammal of claim 1, said mammal being a rodent.

12. The mammal of claim 11, said rodent being a mouse.

Bei der sogenannten „Harvard-Krebsmaus" handelt es sich um eine von Menschen geschaffene Maus, die genetisch so verändert wurde, daß sie eine hohe Anfälligkeit für bestimmte Krebsarten hatte und diese Eigenschaft an ihre Nachkommen weitergibt. Die Erfindung wurde realisiert, indem künstlich hergestellte Fragmente von genetischem Material in befruchtete Eier der Vorfahren-Mäuse injiziert wurden, bevor sich die Zellen geteilt und differenziert hatten. Die modifizierten Eier wurden sodann in eine Maus implantiert, wo sie sich entwickelten. Die Nachkommen bekommen sehr leicht menschliche Krebsarten und sollten verwendet werden, um vermutete Karzinogene zu ermitteln.

In den USA wurde zunächst die Frage diskutiert, ob Patente auf Tiere gegen 35 U.S.C. § 101 verstießen. Am 7. April 1987 gab das amerikanische Patent- und Markenamt eine Stellungnahme ab, in der es u.a. hieß, daß:

„nonnaturally occuring non-human multicellular living organisms, including animals"

nicht gegen U.S.C. § 101 verstießen. Hierauf setzte eine erneute Diskussion um die Zulässigkeit von Tier-Patenten ein.[311] Einig war und ist man sich darin, daß das Krebsmaus-Patent einen tiefen Einschnitt in das traditionelle Patentsystem darstellt.[312]

Die Krebsmaus-Erfindung wurde auch beim europäischen Patentamt angemeldet. Dieses wies zunächst die Patentanmeldung mit der Begründung zurück, das EPÜ schließe die Patentierung von Tieren als solchen aus. Die vom Anmelder, President and Fellows of Harvard College, hiergegen erhobene Beschwerde hatte Erfolg und führte zur Zurückverweisung der Sache an die Prüfungsabteilung,[313] welche das Europa-Patent Nr. 0 169 672 erteilte,[314] das allerdings Gegenstand eines erbittert geführten Einspruchsverfahrens wurde.[315].

Das europäische Patent 0 169 672 enthält 25 Patentansprüche, von denen die meisten Verfahrensansprüche sind. Sachansprüche beinhalten die Ansprüche 19 bis 23 und 25, die in der offiziellen(schlechten) deutschen Übersetzung wie folgt lauten:

„19. Ein transgenisches nichthumanes Säugetier, dessen Keim- und somatische Zellen eine aktivierte Onkogensequenz als Resultat einer chromosomalen Einbringung in das Genom des Tieres oder das Genom eines der Vorfahren des genannten Tieres enthalten, worin das genannte Onkogen je nach Wahl weiter nach den Ansprüchen 3-10 definiert wird.

20. Ein Tier nach Anspruch 19, das ein Nagetier ist.

---

311 Vgl. Hugo A Delevie, a.a.O.
312 Vgl. John S. Hudson, a.a.O.
313 T 19/90 – 3.3.2 vom 3.10.1990, ABl. EPA 1990, 476.
314 ABl. EPA 1992, 588, 589.
315 Vossius/ Schrell: Die „Harvard-Krebsmaus" in der dritten Runde vor dem Europäischen Patentamt, GRUR Int. 1992, 269 ff; H.-R. Jaenichen und A. Schrell: Die „Harvard-Krebsmaus" im Einspruchsverfahren vor dem europäischen Patentamt, GRUR Int. 1993, 451, 452.

21. Ein Tier nach Anspruch 19 oder Anspruch 20, in dem die genannte chromosomale Einbringung zu einem Stadium geschieht, das nicht später als das 8-Zellen-Stadium liegt.

22. Ein Tier nach Anspruch 19 oder Anspruch 20, in dem die genannte chromosomale Einbringung zu einem Stadium geschieht, das nicht später als das 1-Zellen-Stadium liegt.

23. Ein Chromosom eines Tieres nach Anspruch 19, das ein nach den Ansprüchen 3-10 definiertes Onkogen umfaßt.

24. Eine Methode ...

25. Eine Zelle, die von einer somatischen Zelle eines transgenetischen nichthumanen Säugetiers nach den Ansprüchen 19-22 definiert erhalten wurde.

Wie man unschwer erkennt, genügen die vorstehenden Ansprüchen in formaler Hinsicht nicht den Standards, die auf anderen Gebieten der Technik (Mechanik, Elektrik) aufgestellt wurden. Der Sachanspruch 19 bezieht sich auf die Verfahrensansprüche 3-10 zurück, die jedoch bei genauerer Betrachtung gar keine Verfahrensansprüche sind. Außerdem ist in den Ansprüchen 3-10, auf die rückbezogen wird, nicht von Onkogenen die Rede, sondern von Onkogensequenzen bzw. Promotorsequenzen.

Da der Hauptanspruch nichtmenschliche Säuger allgemein umfaßt, während das einzige Ausführungsbeispiel eine Maus war, wies das Patentamt diesen Anspruch als zu weit ab, doch entschied die Beschwerdekammer gegenteilig, weil keine überzeugenden Gründe vorgetragen worden seien, weshalb die Erfindung bei Affen und Elephanten nicht funktionieren solle[316]

Zu dem Stand der Diskussionen um die rechtlichen und ethischen Probleme, die mit der Erteilung des Europa-Patents 0 169 672 verbunden sind, wird auf *Hansen* und *Hirsch* verwiesen.[317]

Inzwischen wurden vom US-Patentamt weitere Patente auf Tiere erteilt, beispielsweise die US-Patente 5 175 383; 5 175 384; 5 175 385; 5 221 778.

3.1.5.1.2 Pflanzen

Auch auf transgene Pflanzen hat das US-Patentamt bereits Patente erteilt, z.B. die US-Patente 5 484 956 und 5 508 468. Das Patent 5 484 956 betrifft eine insektenresistente Mais-Sorte. Der hierauf gerichtete Anspruch 1 lautet:

A fertile transgenic Zea mays plant of the R0 generation containing heterologous DNA encoding Bacillus thuringiensis endotoxin, wherein said DNA is expressed so that the plant exhibits resistance to an insect, wherein said expression is not present in said plant not containing said DNA, and wherein said DNA is transmitted through a complete normal sexual cycle of the R0 plant to the R1 generation, and wherein said DNA is introduced into said plant by microprojectile bombardment of Zea mays callus cells.

---

316 M. Brandi-Dohrn: Der zu weite Anspruch, GRUR Int. 1995, 541-547, 544.
317 Bernd Hansen und Fritjoff Hirsch, a.a.O., Kapitel B: Animals and animal breeding methods, vgl. auch F. Baumbach und D. Rasch, a.a.O.

Eine Pflanze wird auch im Anspruch 19 der europäischen Patentveröffentlichung 0 488 511 unter Schutz gestellt, der wie folgt lautet;

> *„Transgene Pflanze und deren Samen mit rekombinanten DNA-Sequenzen, die codieren für*
>
> *a) ein oder mehrere lytische Peptide, die kein Lysozym sind, in Verbindung mit*
>
> *b) einer oder mehreren Chitinasen und/oder*
>
> *c) einer oder mehreren beta-1,3-Glucanasen in einer synergistisch wirksamen Menge"*

Die Ansprüche 20 bis 22 waren auf weitere Ausführungsarten des in Anspruch 19 definierten Gegenstands gerichtet.

Die Prüfungsabteilung des Europäischen Patentamts wies die Patentanmeldung gemäß Art. 97 (1) EPÜ u.a. mit der Begründung zurück, daß die Ansprüche 19 bis 22 den Erfordernissen des Art. 53b EPÜ nicht genügten. Dabei zog sie eine Parallele zur Sache T 356/93[318], in der ebenfalls gentechnisch veränderte Pflanzen und Samen beansprucht worden waren. Die Kammer habe in diesem früheren Fall entschieden, daß ein Anspruch auf gentechnisch veränderte Pflanzen und Samen ungeachtet dessen, daß er nicht auf bestimmte Pflanzensorten gerichtet sei, auch Pflanzensorten umfasse, die keine Erzeugnisse eines mikrobiologischen Verfahrens seien, so daß der Anspruch nach Art. 53b) nicht gewährbar sei. Gegen den Zurückweisungsbeschluß der Prüfungsabteilung erhob der Anmelder Beschwerde. Die Beschwerdekammer legte in ihrer Vorlageentscheidung vom 13. Oktober 1997 der Großen Beschwerdekammer u.a. folgende Fragen vor:

1 ...
2. Wird mit einem Anspruch, der auf Pflanzen gerichtet ist, ohne daß dabei bestimmte Pflanzensorten in ihrer Individualität beansprucht werden, ipso facto das Patentierungsverbot des Art. 53b) EPÜ umgangen, obwohl er Pflanzensorten umfaßt?
3 ...
4. Fällt eine Pflanzensorte, bei der in jeder einzelnen Pflanze dieser Sorte mindestens ein spezifisches Gen vorhanden ist, das mittels der rekombinanten Gentechnik in eine Elternpflanze eingebracht wurde, nicht unter die Vorschrift des Art. 53b) EPÜ, die besagt. daß Patente nicht erteilt werden für Pflanzensorten sowie für im wesentlichen biologischen Verfahren zur Züchtung von Pflanzen, und die auf mikrobiologische Verfahren und auf die mit Hilfe dieser Verfahren gewonnenen Erzeugnisse nicht anzuwenden ist?[319]

Eine Stellungnahme der Großen Beschwerdekammer zu diesen Fragen lag zum Zeitpunkt des Abschlusses dieses Werks noch nicht vor.

---

318 ABl. EPA 1995, 545.
319 T 1054/96 – 3.3.4., GRUR Int. 1999, 162-171, vgl. hierzu V. Vossius und G. Schnappauf: Anmerkungen zum Vorlagebeschluss T 1054/96 – transgene Pflanze/NOVARTIS, Mitt. 1999, 253-258.

3.1.5.2 Mikroorganismen

Zu den Sacherfindungen zählen die sogenannten Mikroorganismen, die nach deutschem, europäischen und amerikanischen Recht eindeutig schutzfähig sind. Nicht zu den Mikroorganismen zählen Samenkörner[320] Bei den Mikroorganismen ergeben sich allerdings Offenbarungsprobleme, weil sie oft weder durch eine Formel oder Parameterangabe noch durch einen product-by-process-Anspruch eindeutig charakterisiert werden können. In Abweichung von den für andere Erfindungen geltenden Regeln ist es deshalb möglich, Mikroorganismen zu hinterlegen. Die Hinterlegung dient dabei als Beschreibungsersatz[321], aber nur für den nicht beschreibbaren Teil der Erfindung. Eine Hinterlegung als Beschreibungsersatz ist für das europäische Recht durch Regel 28,28a EPÜ und für das deutsche Recht durch die Rechtsprechung nur für Mikroorganismen anerkannt, nicht dagegen für andere Gegenstände, wie z.B. Tiere, Pflanzen etc.[322] Der BGH hat erst in seiner Entscheidung „Tollwutvirus" die Hinterlegung auch als Grundlage für den Schutz von Mikroorganismen anerkannt.[323] In dieser Entscheidung heißt es u.a.:

„Nachdem der Gesetzgeber durch die Neufassung des § 1 Nr. 2 Satz 2 PatG 1978 (= § 2 Nr. 2 Satz 2 PatG 1981) klargestellt hat, daß mikrobiologische Züchtungsverfahren und Erzeugnisse dem Patentschutz zugänglich sind, ist es geboten, die Schutzvoraussetzungen im einzelnen so auszugestalten, daß der gesetzlich vorgesehene Schutz auch praktisch realisiert werden kann und nicht an unerfüllbaren Forderungen scheitert."[324]

In dieser Entscheidung spricht der BGH auch die anzustrebende internationale Harmonisierung an:

„Da die Angleichung der nationalen und europäischen Vorschriften des materiellen Patentrechts der Schaffung eines weitgehend übereinstimmenden Patentrechts dienen soll, ist auch auf eine möglichst einheitliche Auslegung im nationalen und internationalen Bereich zu achten."

Genaue Regeln für die Formulierung von Patentansprüchen auf Mikroorganismen gibt es in Deutschland (noch) nicht. Nach der Rechtsprechung des BGH müssen in den ursprünglichen Anmeldungsunterlagen die Hinterlegungsstelle und die Hinterlegungsbezeichnung angegeben werden.[325] Dabei kommt es nach den Richtlinien für das Prüfungsverfahren vor dem deutschen Patentamt auf eine eindeutige Zuordnung der Anmeldung zum hinterlegten Mikroorganismus an.[326] Ist eine eindeutige Zuordnung aufgrund der am Anmeldetag vorliegenden Angaben nicht möglich, so liegt ein nicht heilbarer Offenbarungsmangel vor. Eine Hinterlegung kann die Offenbarung in Wort und Bild allerdings nicht ganz ersetzen, wenn und soweit die Erfindung auf diese Weise ausreichend offenbart werden kann. Dies bedeutet, daß – zusätzlich zur Bezugnahme auf

---

320 SuperC Kanada, GRUR Int. 1991, 154.
321 BGH GRUR 1975, 430 – Bäckerhefe.
322 BGH GRUR 1993, 651 – Tetraploide Kamille.
323 BGH GRUR 1987, 231 – Tollwutvirus.
324 a.a.O., S. 233.
325 BGH GRUR 1975, 430 – Bäckerhefe.
326 Bl.f.PMZ 1995, 269, Abschnitt 4.2.2.2.

die Hinterlegung – Angaben zum hinterlegten Material in die Anmeldungsunterlagen aufgenommen werden müssen, die das Material näher charakterisieren.[327]

In Deutschland ist seit 1974 die DSMZ-Deutsche Sammlung von Mikroorganismen und Zellkulturen GmbH, Mascheroder Weg 1b, 38124 Braunschweig, nationale Hinterlegungsstelle. Im Jahre 1981 erfolgte die Anerkennung der DSMZ als internationale Hinterlegungsstelle von Bakterien, Pilzen und Hefen sowie Bakteriophagen und Plasmiden für die Zwecke von Patentverfahren gemäß Art. 7 Abs. 1 des Budapester Vertrags. Den Anträgen auf Erweiterung der Anerkennung der DSMZ wurde im Jahre 1988 (Plasmide, im Wirt und als isolierte DNA), 1990 (pflanzliche Zellkulturen und Pflanzenviren) und 1991 (menschliche und tierische Zellkulturen, einschließlich Hybridoma) stattgegeben.

Eine Regelung, die dem § 2 Nr. 2 Satz 2 PatG inhaltlich entspricht, ist – wie bereits erwähnt -im Art. 53 b) EPÜ enthalten. Beide Regelungen gehen auf Art. 2 (b) der Straßburger Übereinkunft zurück, welche einen Schutz für Mikroorganismen vorsah. In den Regeln 28 und 28a EPÜ sind recht detaillierte Anforderungen für die Hinterlegung von Mikroorganismen angegeben. Der Verwaltungsrat der Europäischen Patentorganisation hat in seinem Beschluß vom 14. Juni 1996 die Regeln 28 und 28a neu gefaßt[328] und den Begriff „Mikroorganismen" durch „biologisches Material" ersetzt. Dieses bedeutet eine bewußte Erweiterung des Katalogs der schützbaren Gegenstände, zumal schon nach den alten Richtlinien für die Prüfung im Europäischen Patentamt (C-II 6.1.; C-IV 3.5) der Begriff „Mikroorganismus" weit auszulegen war und neben Pilzen, Bakterien, Aktinomyceten und Hefen auch Plasmiden und Viren, nicht jedoch Saatgut umfaßte.

Regel 28 Abs. 1 legt u.a. folgendes fest:

Wird bei einer Erfindung biologisches Material verwendet oder bezieht sie sich auf biologisches Material, das der Öffentlichkeit nicht zugänglich ist und in der europäischen Patentanmeldung nicht so beschrieben werden kann, daß ein Fachmann die Erfindung danach ausführen kann, so gilt die Erfindung nur dann als gemäß Artikel 83 offenbart, wenn a) eine Probe des biologischen Materials spätestens am Anmeldetag bei einer anerkannten Hinterlegungsstelle hinterlegt worden ist. b) ... c) die Hinterlegungsstelle und die Eingangsnummer des hinterlegten biologischen Materials in der Anmeldung angegeben sind ...

Außer der oben erwähnten DSMZ sind weitere Internationale Hinterlegungsstellen gemäß Art. 7 des Budapester Vertrags bekannt.[329]

In Regel 28 (6) EPÜ findet sich eine Definition des Begriffs „biologisches Material". Danach gilt jedes Material, das genetische Informationen enthält und das sich selbst reproduzieren oder in einem biologischen System reproduziert werden kann, als „biologisches Material".

Auch das EPA sieht in der Hinterlegung lediglich eine Ergänzung der Offenbarung in den schriftlichen Unterlagen.[330] Regeln für die Formulierung von Patentansprüchen auf „biologisches Material" enthält jedoch auch das europäische Patentrecht nicht.

In den USA kann auf eine Niederlegung von Mikroorganismen verzichtet werden, wenn diese eindeutig beschreibbar sind. Ist eine unzweifelhafte Beschreibung nicht

---

327 Markus Breuer: Offenbarung durch Hinterlegung, Mitt. 1997, S. 137-149, 145.
328 ABl. EPA 1996, 390.
329 Bl.f.PMZ 1999, Heft 4, S. 137.
330 ABl. EPA 1995, 275, 284; GRUR Int. 1992, 457.

möglich, wird eine öffentliche Niederlegung gefordert.[331] Im Einzelfall ist dabei nicht selten zweifelhaft, ob auf eine Hinterlegung verzichtet werden kann. Die Grundregeln für die Hinterlegung von Mikroorganismen sind in dem bereits erwähnten Budapester Vertrag niedergelegt.[332]

Für die Bundesrepublik Deutschland ist der Vertrag seit dem 20. Januar 1981 in Kraft, für die USA und für Japan seit dem 19. August 1980; darüber hinaus ist der Vertrag für weitere 42 Staaten wirksam.[333] Die Europäische Patentorganisation als zwischenstaatliche Organisation hat die Bestimmungen des Budapester Vertrags mit Wirkung vom 26. November 1980 anerkannt.[334]

Trotz des Fehlens eindeutiger Richtlinien für die Formulierung von Patentansprüchen auf Mikroorganismen hat sich, insbesonders in den USA, bereits eine Praxis herausgebildet, die zwar noch stark uneinheitlich ist, aber bereits einige Konturen einer Formulierungstechnik erkennen läßt. So lauten die Ansprüche 1 und 2 der US-Patentschrift 4 292 406:

1 ...Thermoanaerobacter ethanolicus, having the identyfying characteristics of ATCC 31550 and a Clostridium thermocellum, having the identifying characteristics of ATCC 31549 ...

2 ... having the identifying characteristics of ATCC 31550 and 31549 ...

Die Ansprüche geben somit keine vollständige Definition der Erfindung, sondern einen Hinweis auf Einzelheiten der Hinterlegung. Das bisher übliche, auf *Aristoteles*, *Hartig*, *Kumm* und anderen beruhende System der Anspruchsformulierung wird damit verlassen. Zwar könnte man „Thermoanaerobacter ethanolicus" durchaus als genus proximum ansehen, doch fehlte es dann an der „differentia specifica" im Sinne einer verbalen Beschreibung.

Was die merkwürdigen Buchstaben und Ziffern ATCC 31549 bzw. ATCC 31550 bedeuten, ergibt sich aus der Beschreibung der hinterlegten Mikroorganismen. Dort heißt es:

„The newly discovered thermophilic anacrobes were isolated in biologically pure cultures and designated a Thermoanaerobacter ethanolicus. A representative strain of this new microorganism in a biologically pure subculture, designated JW 200, has been deposited in the patent strain collection of the American Type Culture Collection, Rockville, Md., USA. ATCC 31550 is the accession number assigned by the American Type Culture Collection to this strain.

A newly isolated representative strain of C thermocellum designated JW 20 has been deposited in the patent strain collection of the American Type Culture Collectionh, Rockville, Md., USA. ATCC 31549 is the accession number assigned to this strain of C thermocellum ...

---

331 Berge Hampar, a.a.O., JPOS 1985, 575.
332 „Budapester Vertrag über die internationale Anerkennung der Hinterlegung von Mikroorganismen für die Zwecke von Patentverfahren", BGBl. 1980 II 1105 = Bl.f.PMZ 1981, 54.
333 Bl.f.PMZ 1999, S. 137.
334 ABl. EPA 1980, 380.

Mit dem am 12. August 1991 angemeldeten und am 14. März 1995 ausgegebenen US-Patent Nr. 5 397 696 ist ein Virus aus Papua Neu Guinea unter Schutz gestellt. Die Erfindung betrifft im einzelnen die Papua Neu Guinea Varianten des HTLV-I-Virus. Sie bezieht sich auf eine menschliche T-Zellen-Linie (PNG-1), die mit einem Papua Neu Guinea Virus HTLV-1 infiziert wurde. Außerdem betrifft sie Einrichtungen für die Diagnose von HTLV-I-Infektionen.

Zellen gemäß der Erfindung entwickeln virale Antigene, Typ-C-Teilchen, und weisen einen niedrigen Pegel einer Transcriptase – Aktivität auf. Das Auftreten dieser Zell-Linie, von der die erste bei einer Person aus Neu-Guinea festgestellt wurde, ermöglicht es, Melanesische Populationen zu erfassen, die eine lokale Virus-Art besitzen. Mit der Erfindung werden auch Impfstoffe erfaßt, die bei Menschen gegen Infektionen verwendet werden, die durch HTLV-I-Viren verursachte Krankheiten bewirken. Die beiden ersten Patentansprüche des US-Patents 5 397 696 lauten schlicht wie folgt:

1. A cell line, designated Papua New Guinea (pNG-1) ATCC CRL 10528.

2. A viral preparation comprising HTLV-I-variant in the cell line ATCC CRL 10528 of claim1.

Hier besteht das „Kennzeichen" des Anspruchs praktisch nur noch aus einer Registriernummer der Hinterlegung. Von einem Ermitteln der wesentlichen Merkmale der Erfindung über die objektive Aufgabenstellung kann bei diesem Beispiel keine Rede mehr sein.

3.1.5.3 Chromosomen, Gene, Nucleinsäuren und Proteine

Manipulationen an genetischen Bausteinen spielen in der modernen Biotechnologie eine immer größere Rolle. Seitdem die Biologie und insbesondere die Vererbungslehre aus der makroskopischen Phase in die mikroskopische Phase getreten ist und es an Exaktheit teilweise mit der Physik aufnehmen kann, sind solche Manipulationen immer häufiger Gegenstand von Patentanmeldungen. Dabei ergeben sich Probleme, die dem klassischen Patentrecht fremd waren. Beispielsweise lösen Patente auf das menschliche Genom bzw. auf einzelne Gene nicht nur wegen ihrer ethischen Implikationen Probleme aus, sondern drohen z.B. auch das US-amerikanische Patentamt zu überfluten.[335] Im April 1996 ging das US-Patentamt an die Öffentlichkeit und erbat Hilfe und Ratschläge, wie dieses neuartige Problem gelöst werden könne.[336] Zwar sollen beim US-Patentamt nur 100 umfangreiche DNA-Patentanmeldungen eingegangen sein, doch erhält diese Zahl eine völlig andere Dimension, wenn man berücksichtigt, daß die Anmelder zur Minimierung von Anmeldekosten zum Teil bis zu 5.000 DNA-Sequenzen in einer einzigen Anmeldung einreichen. Da das Patentamt alle diese Sequenzen auf Neuheit prüfen muß, würde z.B. ein einzelner Prüfer, wenn alle er in den bereits anhängigen Verfahren die Sequenzen zu prüfen hätte, über 90 Jahre hierzu brauchen, da es etwa 60-65 Stunden dauert, um eine Gruppe von 100 Sequenzen zu prüfen.

Eine weitere Besonderheit des „genetischen engineering" besteht darin, daß die Patentansprüche in einer hochspezialisierten Sprache abgefaßt sind, die von Außenstehenden kaum mehr verstanden werden kann.

---

335 Science, Vol. 272 vom 3.5.1996, S. 643.
336 Bodewig in GRUR Int. 1996, S. 756, r. Sp.

Das deutsche Patentgesetz und die deutsche Patentanmeldeverordnung enthalten zwar keine Vorschriften über die Formulierung von Patentansprüchen auf Nukleotid- und Aminosäuresequenzen, doch ist in der am 16. Juli 1998 geänderten Verordnung über die Anmeldung von Patenten[337] etwa gleichzeitig mit dem Inkrafttreten der EG-Biotechnologie-Richtlinie am 30.7.1998[338] – ein neuer § 5a eingefügt worden, der Bestimmungen über die Beschreibung von Nukleotid- und Aminosäuresequenzen aufweist. Hiernach sind in einer Patentanmeldung, die Nukleotid- oder Aminosäuresequenzen betrifft, Sequenzprotokolle anzugeben. Das Sequenzprotokoll hat den in der Mitteilung Nr. 11/94 des Präsidenten des Deutschen Patentamts vom 8.8.1994[339] bestimmten Erfordernissen zu entsprechen. In dieser Mitteilung werden eine „genaue Beschreibung der Erfindung, die Ansprüche und Zeichnungen, soweit diese für das Verständnis der Erfindung erforderlich sind" gefordert. Genauere Angaben zu den „Ansprüchen" finden sich in der Mitteilung nicht. Das Sequenzprotokoll soll offensichtlich nicht in einen Anspruch aufgenommen werden, denn als Sequenzprotokoll wird

„ein letzter gesonderter Teil der Beschreibung in der maschinenschriftlichen Patentanmeldung ..., in dem die Nucleotid- und/oder Aminosäuresequenzen und andere verfügbare Informationen im einzelnen offenbart werden ..."

definiert. Allerdings heißt es unter Punkt 3 der Mitteilung:[340]

3. In der Beschreibung oder den Ansprüchen der Anmeldung ist auf die im Sequenzprotokoll dargestellten Sequenzen anhand der Kennzahl zu verweisen, auch wenn die Sequenz selbst oder weitere oder abgewandelte Darstellungen der Sequenz im Text oder in den Abbildungen der Beschreibung enthalten sind.

Hiernach können die Ansprüche auf Sequenzprotokolle hinweisen. Diese Art der Anspruchsformulierung erinnert an den Omnibusanspruch, der ebenfalls einen Verweis auf Beschreibung oder Zeichnung enthielt.
In der Gentechnologie haben monoclonale Antikörper, Nucleinsäuren und DNA-Sequenzen eine besondere Bedeutung erlangt, weshalb nachfolgend auf einige dieser „Stoffe" näher eingegangen wird.

3.1.5.3.1 Monoclonale Antikörper

Antikörper sind Proteine (Immunglobuline), die als Antwort des Immunsystems auf fremde Partikel – Krankheitserreger, Allergene, Krebszellen, Selbst-Antigene – gebildet werden. Es handelt sich um komplexe Y-förmige Protein-Moleküle, deren Amino-Säure-Sequenzen oft nicht oder nur teilweise bekannt sind. Wegen ihrer großen Empfindlichkeit gegenüber bestimmten Molekülen, sogenannten Antigenen, werden sie häufig in der medizinischen Diagnostik und Therapie eingesetzt. Monoclonale Antikörper werden von hybriden Zellen eines einzelnen Klons gewonnen, die wiederum Produkte eines mikrobiologischen Prozesses sind, der von Köhler und Milstein entwickelt wurde. Der Prozeß beginnt damit, daß man ein Tier, beispielsweise ein Kaninchen, dem

---
337 Bl.f.PMZ 1998, 382.
338 Vgl. hierzu Busse, a.a.O., Einl. Rdn. 38.
339 Bl.f.PMZ 1994, S. 303 bis 331.
340 Bl.f.PMZ 1994, S. 304.

Antigen aussetzt. Fast alle Substanzen, die fremd für den Körper sind, können als Antigene angesehen werden. Antikörper spielen somit die Rolle eines Medikaments oder Indikators, weshalb ihr Schutz für die pharmazeutische Industrie interessant ist. Die Formulierung von Patentansprüchen auf Antikörper läßt noch keine einheitliche Linie erkennen, weshalb nachfolgend nur einige tatsächlich erteilte Antikörper-Patente wiedergegeben werde. So wurde in den USA das US-Patent 5 109 115 mit folgendem Anspruch 1 erteilt:

A monoclonal antibody which specifically binds to a peptide having an amino acid sequence identical to carboxy terminal heptapeptide of protein X and has the same antigen-binding specificity as antibodies produced by the deposited cell line having the ATCC number HB 0000.

Auch bei diesem Anspruch findet sich ein Hinweis auf die Hinterlegungsnummer einer Zell-Linie.

Im US-Patent Nr. 5 134 075 ist die darin beschriebene Erfindung wie folgt definiert:

A monoclonal antibody produced by hybridoma cell line ATCC No. HB 0000, which antibody binds to determinant site on a cell surface glycoprotein antigen of human tumor cells and antibodies which bind to the same antigenic determinant as does the monoclonal antibody produced by ATCC No. HB 0000 and compete with the monoclonal antibody produced by by HB 0000 for binding at that antigenic determinant, Fab, $F(ab')_2$, and Fv fragments and conjugates of said antibody.

Der Antikörper wird hier durch eine Zell-Linie hergestellt, die ihrerseit hinterlegt ist und eine Hinterlegungsnummer erhalten hat. Es handelt sich dabei gewissermaßen um einen „Product-by-product-claim". Das Produkt „monoklonaler Antikörper" wird durch das „hinterlegte Produkt" erzeugt.

Der Anspruch 1 der deutschen Patentanmeldung 197 22 888, Anmeldetag: 28.5.1997, lautet:

1. Humanverträgliche monoklonale Antikörper, welche für Human-CD28 spezifisch sind und Human-T-Lymphozyten mehrerer bis aller Untergruppen ohne Besetzung eines Antigenrezeptors der Human-T-Lymphozyten und somit antigenunspezifisch aktivieren.

Auf eine Hinterlegung ist bei diesem Anspruch nicht bezug genommen.

Jaenichen[341] gibt drei monoklonale Antikörper wieder, die von der Prüfungsabteilung und/oder der Beschwerdekammer hinsichtlich der Offenbarung beanstandet wurden.

Folgender Anspruch wurde von der Prüfungsabteilung des EPA wegen mangelnder nacharbeitbarer Offenbarung zurückgewiesen:

Monoklonaler Antikörper, der von der Hybridom-Zellinie D 8/17 oder einem Subclon davon abgeleitet ist und mit komplementären, mit rheumatischem Fieber assoziierten Antigen auf menschlichen B-Lymphozyten, nicht jedoch mit den bekannten HLA-Antigenen der Loci A, B. C, Dr-1 bis DRW 8 auf menschlichen B-Lymphozyten spezifisch reagiert.

---

341 Jaenichen, a.a.O., GRUR Int. 1992, 334.

Die Prüfungsabteilung wies die Anmeldung aufgrund der Tatsache zurück, daß die in Anspruch 1 erwähnte Hybridom-Zellinie D 8/17 nicht gemäß Regel 28 EPÜ hinterlegt wurde. Die Prüfungsabteilung folgerte, daß der monoclonale Antikörper aufgrund dieses Versäumnisses nicht nacharbeitbar offenbart sei.[342] Hieraus ist zu schließen, daß bei Antikörper-Patentanmeldungen auf eine vorherige Hinterlegung von Zell-Linien nicht verzichtet werden sollte.

3.1.5.3.2 Nucleinsäuren, DNA-Sequenzen

Wegen der vorstehend angedeuteten Offenbarungsprobleme und anderer Schwierigkeiten hat man auf internationaler Ebene bereits erhebliche Anstrengungen unternommen, um zu einer einheitlichen Regelung und Handhabung zu kommen. So gibt das Japanische Patentamt Berichte heraus, die sich auf die amerikanische, europäische und japanische Praxis auf dem Gebiet der Biotechnologie beziehen.[343] In diesen Berichten wird dargelegt, welche Anforderungen die drei Patentämter an die Offenbarung und an die Patentierbarkeit biotechnologischer Erfindungen stellen. Auf die Frage, ob es gestattet ist, einen Patentanspruch nur durch das zu erreichende Ziel zu definieren und wenn ja, wie ein solcher Anspruch interpretiert werden könne, haben die drei Patentämter geantwortet, daß ein solcher Anspruch Probleme hinsichtlich Klarheit und Lehre zum technischen Handeln mit sich bringe.

Soll eine DNA zu einer bestimmten DNA-Sequenz „hybridisiert" werden, so stellt sich die Frage, wie dies in einem Patentanspruch zum Ausdruck gebracht werden kann. Die Frage an die drei Patentämter lautete, ob folgender Anspruch möglich sei:

Eine DNA-Sequenz, die ein menschliches Protein codiert, wobei die DNA-Sequenz aus einer Gruppe ausgewählt ist, die besteht aus:

a) der DNA-Sequenz, die in Fig.1 dargestellt ist oder ihre komplementäre Variante; und

b) eine auf natürliche Weise erhaltbare DNA-Sequenz, welche unter bestimmten Bedingungen die unter a) definierte Sequenz hybridisiert.

Nach Auffassung des amerikanischen Patentamts muß das Wort „hybridisiert" nicht näher erläutert werden, weil es zwar sehr umfassend, aber doch klar sei. Das EPO meint, daß es möglich sei, einen Anspruch als DNA-Sequenz durch das Wort „hybridisieren" zu charakterisieren, aber nur dann, wenn die Hybridisierungs-Bedingungen im Anspruch benannt sind. Nach Meinung des japanischen Patentamts kann ein Hybridisierungs-Anspruch durch eine Formulierung definiert werden, die alle nachfolgenden Elemente enthält:

- eine oder mehrere Nucleotid-Sequenzen, die beispielsweise in einem Arbeitsbeispiel definiert sind;
- die Wendung „unter stringenten Bedingungen" im Anspruch (die Bedingungen können im einzelnen in der Beschreibung angegeben werden);

---

342 Vgl. ABl. EPA 1990, S. 157 = GRUR Int. 1990, 530.
343 Trilateral Project 24.1.- Biotechnology. Comparative Study on Biotechnology Patent Practices. Comparative Study Report. Am 7.3.1999 aus dem Internet abgerufen unter http://www.jpo-miti.go.jp/siryoe/contents.htm., 31 Seiten.

- Eigenschaften oder Funktion des codierten Proteins.

Zur Erläuterung sei erwähnt, daß man unter Hybridisierung die durch eine Basenpaarung verursachte Anlagerung eines DNA-Strangs an seinen Komplementärstrang versteht. Bei einer in situ – Hybridisierung findet dies in Gewebeabschnitten oder -kulturzellen statt, also nicht an isolierter DNA. Vorher müssen in den Zellen die beiden DNA-Strängen durch Lauge voneinander getrennt werden, damit die Anlagerung des anderen DNA-Strangs erfolgen kann. Diese Technik kann auch an einzelnen Chromosomen durchgeführt werden.

Bemerkenswert ist, daß auch der obige Anspruch ein Omnibus-Anspruch ist, weil er auf Fig.1 verweist. Im Gegensatz zum klassischen Omnibus-Patentanspruch enthält er jedoch auch noch andere Merkmale.

Wird ein Anspruch wie folgt definiert:

Eine DNA, welche ein Protein codiert, das die Funktion eines Proteins X hat und welches ein Derivat aufweist, mittels Aminosäure-Substitution, Beseitigung, Hinzufügung oder Einfügung der Aminosäuren-Sequenzen, wie in Fig.1 gezeigt,

so stellt sich die Frage an die drei Patentämter, ob es notwendig ist, die Anzahl der Basen anzugeben, die hinzugefügt, weggenommen oder ersetzt werden. Das amerikanische Patentamt meint hierzu, daß wegen der Klarheit des Anspruchs keine numerische Definition erforderlich sei. Allerdings resultiere hieraus ein sehr weiter Anspruch, der viele DNA umfasse. Außerdem hätten die Proteine viele Funktionen, und die Funktion des Proteins X sei nicht angegeben, wodurch die DNA unbestimmt werde. Im Gegensatz hierzu führten das europäische und das japanische Patentamt aus, daß ein Hinzufügen/Wegnehmen/Ersetzen-Anspruch mit nachfolgenden Merkmalen definiert werden kann:

- eine oder mehrere Nucleotid-Sequenzen oder Amino-Säure-Sequenzen werden in einem Ausführungsbeispiel definiert
- es besteht eine klare Definition von „Hinzufügen, Wegnehmen, Ersetzen", vorausgesetzt, die Sequenzen, welche hinzugefügt, entfernt oder ersetzt werden, haben eine hohen Grad an Identität (Homology) mit den Sequenzen von 1)
- die Eigenschaften oder die Funktion des codierten Proteins werden angegeben

Ein tatsächlich formulierter Anspruch, in dem ein isoliertes Polynucleotid unter Schutz gestellt ist, findet sich in der US-Patentschrift 5 506 133:

„An isolated polynucleotide comprising a member selected from the group consisting of:

(a) a polynucleotide encoding a polypeptide comprising amino acid 1 to amino acid 255 set forth in SEQ ID NO:2; and

(b) a polynucleotide which hybridizes to and which is at least 95% complementary to the polynucleotide of (a).

Beispiele für die Formulierung von Ansprüchen auf Enzyme u.a. finden sich in den US-Patenten 5 504 003 und 5 501 969.

Die am 11.12.1981 eingereichte und am 23.6.1982 unter der Nummer 54 331 veröffentlichte europäische Patentanmeldung Nr. 81 201 355.5 wurde vom Europäischen Patentamt zurückgewiesen, weil das in dem spezifischen Beispiel beschriebene Verfahren nicht exakt wiederholbar sei. Das resultierende Plasmid pUR könne unter den übrigen durch dieses Verfahren hergestellten Genotypen nicht identifiziert werden, da seine vollständige DNA-Sequenz nicht offenbart worden sei. Der Anspruch 1 dieser Patentanmeldung lautete wie folgt:

DNA-Sequenz, ausgewählt aus der Gruppe, die sich zusammensetzt

i) aus DNA-Sequenzen, die für

a) nicht prozessiertes Präprothaumatin nach der Formel der Abbildung 2 (Präprothaumatin-Gen) und für

b) teilweise prozessiertes Präprothaumatin nach der Formel in den Abbildungen 3 (Prothaumatin-Gen) und 4 (Präthaumatin- Gen) codieren,

ii) aus den in Abbildung 5 angegebenen verschiedenen Allelen des Präprothaumatin-Gens und

iii) aus den verschiedenen mutierten allelen Genen, die für Präprothaumatin mit einer oder mehreren Mutationen in der 47-, 507- und 513-Position nach Abbildung 6 codieren.

Auf die Beschwerde des Anmelders wurde die Entscheidung des Patentamts aufgehoben und zur weiteren Entscheidung an die Prüfungsabteilung zurückverwiesen.[344] Artikel 83 EPÜ verlange nicht, daß ein konkret beschriebenes Verfahrensbeispiel exakt wiederholbar sein müsse. Abweichungen in der Beschaffenheit eines in einem Verfahren verwendeten Mittels (hier eines genetischen Vorläufers) seien für eine ausreichende Offenbarung unerheblich, sofern das beanspruchte Verfahren zuverlässig zum gewünschten Erzeugnis führt.

Weitere Beispiele für die Patentierbarkeit bzw. Nicht-Patentierbarkeit von Biotechnologie-Erfindungen sind bei Jaenichen angegeben.[345]

3.2 Verfahrensansprüche

Neben den Erzeugnis- oder Sachansprüchen spielen die Verfahrensansprüche im Patentrecht eine große Rolle. Eine als Verfahrens-Anspruch definierte Erfindung läßt bereits eine bestimmte Lehre zum technischen Handeln erkennen, weil in diesem Anspruch die wesentlichen Schritte angegeben sind, die für die Realisierung der Erfindung durchzuführen sind.

Bei den Verfahren werden zwei Grundtypen unterschieden: das Herstellungs- und das Arbeitsverfahren. Am ausführlichsten hat sich hierzu das Bundespatentgericht in einer

---

344 ABl. EPA, 1989, S. 202-209.
345 Jaenichen, a.a.O., GRUR Int. 1992, 327-341.

Entscheidung vom 5.2.1965 geäußert, weshalb die wesentlichen Gesichtspunkte dieser Entschedung[346] nachfolgend wiedergegeben werden sollen.

Nach Auffassung des BPatG werden unter Herstellungsverfahren z.b. spanabhebende und spanlose arbeitende Formgebungsverfahren in der Metall-, Holz-, Kunststoff- sowie Glasver- und -bearbeitung verstanden, nicht jedoch chemische Herstellungsverfahren. Ein Herstellungsverfahren ist hiernach diejenige technische Einwirkung auf ein bestimmtes Substrat (z.B. Ausgangswerkstück, Ausgangswerkstoff), durch die auf dieses zum Zwecke der Veränderung eingewirkt und ein Erzeugnis hervorgebracht wird.[347]

Ein Herstellungsverfahren muß also immer von einem Substrat ausgehen und zu einem Erzeugnis führen, das sich vom Substrat infolge der Einwirkung unterscheidet. Das Substrat muß genau definiert sein, weil sonst das Herstellungsverfahren nicht eindeutig ist. Ebenso muß das Endergebnis des Herstellungsverfahren definiert sein, da sonst seine gewerbliche Verwertbarkeit nicht bestimmbar ist. Zwischen dem Substrat und dem Ergebnis müssen nach Art und Ablauf jene Einwirkungen liegen und näher bestimmt sein, die zu dem Endergebnis führen. Ohne die bestimmte Angabe der drei Kriterien – 1. Substrat, 2. lückenlose Kette der Einwirkungen bis zum Enderzeugnis, 3. Erzeugnis selbst – ist ein Herstellungs-Verfahren nicht in gewerblich verwertbarer Weise gekennzeichnet. Beispiele für das Herstellungsverfahren sind das Fräsen, Schmieden, Lochen, Auspressen, Ziehen, Stanzen, Schweißen und Sintern.

Ein Arbeitsverfahren ist jene Tätigkeit, bei der auf ein Substrat (Objekt) eingewirkt wird, ohne daß es Ziel der Einwirkung ist, dieses selbst zu verändern. Beim Arbeitsverfahren liegt also das Ziel des Verfahrens nicht in einem geänderten Substrat. Mithin sind die Kriterien des Arbeitsverfahrens 1. das Objekt, 2. die veränderungsfreie Einwirkung auf das Objekt, 3. das Ziel des Arbeitsprozesses. Nur wenn alle drei Kriterien offenbart sind, kann nach Auffassung des BPatG die gewerbliche Verwertbarkeit eines Arbeitsverfahrens anerkannt werden. Beispiele für das Arbeitsverfahren sind das Fördern, Wenden, Ordnen, Zählen, Reinigen, Messen bestimmter Objekte, um ein bestimmtes Ziel zu erreichen.

Zusammenfassend folgt aus dem Vorstehenden, daß zwar bei beiden Verfahren ein Substrat vorhanden sein muß, dieses aber beim Arbeitsverfahren im Gegensatz zum Herstellungsverfahren deswegen kein „Ausgangs"-Substrat ist, weil es nach Abschluß des Verfahrens nicht verändert ist. Demgegenüber liegt im Falle des Herstellungsverfahrens nach Abschluß des Verfahrens ein gegenüber dem Ausgangssubstrat verändertes Substrat vor.

Obgleich die Ausführungen des BPatG überzeugend erscheinen, darf doch nicht übersehen werden, daß jede Kategorisieren die Gefahr in sich birgt, Grenzfällen und und neuen Entwicklungen nicht zu genügen. Deshalb ist das BPatG einer Entscheidung des Patentamts entgegengetreten, durch die eine Patentanmeldung zurückgewiesen wurde, weil sie sich nicht in das oben wiedergegebene Schema einfügte. Es hat ausgeführt:

> *„Es gibt keine Gesetzesvorschrift und auch keine höchstrichterliche Rechtsprechung, daß nur reine Arbeitsverfahren oder nur reine Herstellungsverfahren patentierbar wären. Vielmehr sind alle Verfahren dem Patentschutz zugänglich, die technischer Natur sind."*[348]

---

346 BPatG 8, 136-143.
347 Fromme, Bl. f. PMZ 1952, 257, li. Sp.
348 BPatG Mitt. 1997, S. 368, 369.

Dem ist zuzustimmen. Zu „allen Verfahren" im Sinne der vorstehenden Entscheidung gehören selbstverständlich auch die chemischen Verfahren, die vor Inkrafttreten des Stoffschutzes in Deutschland eine überragende Bedeutung hatten.

Verfahrensansprüche – die auch Prozeß- oder Methodeansprüche genannt werden – sind im allgemeinen leichter als Vorrichtungsansprüche zu formulieren, weil es nicht erforderlich, bestimmten Elementen allgemeine oder spezielle Namen zu geben oder das mechanische Zusammenwirken dieser Elemente zu beschreiben. Im Grunde sind Verfahrensansprüche mit Kochrezepten zu vergleichen, welche die Schritte angeben, die in zeitlicher Reihenfolge ausgeführt werden müssen.

Anders als bei Vorrichtungspatenten kann bei Verfahrenspatenten bisweilen auf Patentzeichnungen verzichtet werden, weil es auf mechanische oder elektrische Strukturen in der Regel nicht ankommt. Ob ein solcher Verzicht allerdings immer sinnvoll ist, kann bezweifelt werden. So weist etwa die am 4. Juni 1998 ausgegebene deutsche Patentschrift 196 02 025 mit dem Titel „Verfahren zum Herstellen eines Flügelrahmens für ein Fenster oder eine Tür, sowie Schubstangenbeschlag zur Verwendung für das Verfahren" zwar Abbildungen von Flügelrahmen und Beschlägen auf, aber keine Darstellung einer Montage-Maschine, obwohl gerade ein Effekt der Erfindung darin bestehen soll, diese Montage-Maschinen zu vereinfachen. Da die Montage der Beschläge nicht per Hand vorgenommen werden soll, stellt sich die Frage, ob die Angabe der bloßen Verfahrensschritte schon eine Lösung darstellt oder ob das Verfahren nicht doch anhand einer konkreten und vereinfachten Maschine erläutert werden müßte.

3.2.1 Herstellungsverfahren

Gegenstand eines Herstellungsverfahrens können mechanische Produkte, beispielsweise Papier-Locher, chemische Produkte, beispielsweise Salpetersäure oder auch elektrische Schaltungsanordnungen sein. Zu den klassischen Herstellungsverfahren zählen die mechanischen und die chemischen Herstellungsverfahren.

3.2.1.1 Mechanische Herstellungsverfahren

Obgleich ein Verfahren am besten als einteiliger Patentanspruch formuliert werden kann, ist im deutschen Patent Nr. 31 20 604 vom 23.5.1981, das auch Gegenstand eines Rechtsbeschwerdeverfahrens war[349] ein zweiteiliger Patentanspruch wiedergegeben:

„Verfahren zum Herstellen eines voluminösen Streichgarns durch ein Streichgarnspinn-Verfahren mit sich an die Krempel anschließenden Florteilern, durch die der Flor in schmale Florstreifen aufgeteilt und im Nitschelwerk zum Vorgarn gerundet wird, dadurch gekennzeichnet, daß vor Zuführen der Florstreifen zum Nitschelwerk dem Flor ein Trägerfaden zugeführt und im Nitschelwerk mit dem Trägerfaden verbunden wird."

Das mechanische Produkt ist hierbei das voluminöse Streichgarn.

---

349 BGH GRUR 1987, 513 – Streichgarn.

3.2.1.2 Chemische Herstellungsverfahren

Ein Herstellungsverfahren für ein chemisches Produkt ist im deutschen Patent Nr. 1 101 431 beschrieben, das auch Gegenstand eines Patentverletzungsprozesse war.[350] Der Patentanspruch dieses Patents lautet:

Verfahren zur Herstellung von neuen Imidazolderivaten der allgemeinen Formel

$$\begin{array}{c} HC - N \\ \parallel \quad \diagdown \\ \quad \quad C-R \\ \diagup \\ O_2N - C - N \\ | \\ A - OX \end{array}$$

in der R Wasserstoff oder einen gegebenenfalls substituierten Alkyl- oder Aralkylrest, A einen gesättigten zweiwertigen aliphatischen Kohlenwasserstoffrest mit gerader oder verzweigter Kette und 2 bis 4 Kohlenstoffatomen und X Wasserstoff oder einen Acylrest bedeutet, dadurch gekennzeichnet, daß man ein Imidazolderivat der allgemeinen Formel

$$\begin{array}{c} HC - N \\ \parallel \quad \diagdown \\ \quad \quad C-R \\ \diagup \\ O_2N - C - N \\ | \\ H \end{array}$$

mit einem Derivat der Formel Z – A – OY umsetzt, wobei Z den Rest eines reaktionsfähigen Esters, insbesondere ein Halogenatom oder den Rest eines Schwefelsäure- oder Sulfonsäureesters und Y Wasserstoff oder eine leicht durch ein Wasserstoffatom ersetzbare Schutzgruppe des Alkoholrests darstellt, R und A die oben angegebenen Bedeutungen besitzen, und daß man das so erhaltene Derivat gegebenenfalls in saurem Medium hydrolysiert und, sofern X einen Acrylrest bedeutet, die entsprechenden Alkohole (X = H) nach an sich bekannten Methoden verestert.

Obgleich es sich hierbei um ein Verfahren handelt, wurde der zweiteilige Anspruch gewählt. Allerdings dient der Oberbegriff hierbei nicht dazu, bereits bekannte Verfahrensschritte anzugeben, sondern um das Produkt zu bezeichnen, das hergestellt werden soll. Der Anspruch läßt außerdem nur schwer erkennen, daß er im Grunde nur aus einem Schritt besteht („umsetzt"), denn der zweite Schritt („gegebenenfalls ... hydrolisiert") und der dritte Schritt („sofern ... verestert") können auch weggelassen werden.

3.2.2 Arbeitsverfahren

Hartig[351] unterscheidet zwischen Patentschriften, deren Anspruch die Definition eines verbalen Begriffes ist (Verfahren) und Patentschriften, deren Anspruch die Definition

---

350 BGH GRUR 1975, 425 – Metronidazol.

eines substantivischen Begriffes ist (Einrichtungen, Erzeugnisse). Die von *Hartig* getroffene Unterscheidung ist im Grunde auch heute noch gültig, wenn von „Vorrichtungen" und „Verfahren" gesprochen wird. Allerdings verwischt *Hartig* selbst die klare Trennungslinie zwischen verbalen und substantivischen Ansprüchen, wenn er meint, die Verfahrensweisen und Arbeitsprozesse, als in der Zeit verlaufend, seien das Bedeutungsvollere, in verbalen Begriffen zu denkende Allgemeinere, die Arbeitsmittel das enger Begrenzte, schon im Raum Bestehende, in substantivischen Begriffen Erkennbare.[352] Als Konsequenz hieraus empfiehlt er, eine neue Maschine, also eine Vorrichtung, aus dem Arbeitsgang heraus zu definieren.[353] Damit enthält auch der Vorrichtungs-Anspruch einen verbalen Charakter. Ohne sich auf *Hartig* zu beziehen, war das BPatG in der oben erwähnten Entscheidung mit diesem Problem konfrontiert. Es mußte dort nämlich noch einmal zwischen den reinen Arbeitsverfahren und der bloßen Arbeitsweise von Vorrichtungen differenzieren. Es führt aus:

> *„Zutreffend kommt daher auch FROMME (vgl. Bl.f.PMZ 1952, 254, insbes. S. 258, li. Sp., 2. Abs.) zu dem Ergebnis, daß die Arbeitsweise einer Vorrichtung nicht als Arbeitsverfahren, geschweige denn als Herstellungsverfahren angesprochen werden kann, weil ihr, betrachtet man sie für sich allein, also losgelöst vom durchzuführenden Verfahren, das für ein Verfahren wichtige Merkmal „Substrat" (z.B. Ausgangswerkstück) in Sinne der vorstehend gegebenen Definition des Verfahrens fehlt. Diese Auffassung findet ihre Stütze auch darin, daß Vorrichtungen unter Umständen trotz gleichbleibender Arbeitsweise, d.h. trotz Gleichlassens des bestimmungsgemäßen Funktionsablaufs ihrer Organe, verschiedene Herstellungsverfahren durchführen können ...*
>
> *Aus dem Vorstehenden ergibt sich, daß nicht nur die Vorrichtungen und ihre Organe, sondern auch deren Funktionsablauf begrifflich und der Kategorie nach von einem Verfahren streng getrennt werden müssen. Es geht auch nicht an, Vorrichtungen und den Funktionsablauf ihrer Organe als Arbeits- oder Herstellungsverfahren zu bezeichnen ..." (BPatGE 8, 140, 141).*

Der vom BPatG vertretene Kategorien-Rigorismus wird von Rechtsprechung und Lehre[354] heute nicht mehr unumschränkt geteilt. Insbesondere die Auffassung des BPatG[355], dem Anmelder stehe die Wahl der Patentkategorie nicht frei, weil diese objektiv zu bestimmen sei, kann als überholt gelten.[356] Wie *Engel* gezeigt hat, können manche Erfindungen sowohl als Vorrichtung als auch als Verfahren charakterisiert werden[357], was dem Anmelder eine Wahlfreiheit eröffnen muß. Außerdem könnten, so *Engel*, viele Verfahrensansprüche gar nicht ohne Vorrichtungs-Merkmale definiert werden. Diese Auffassung wird durch die Entscheidung BPatG Mitt. 1976, S. 238, 239 bestätigt, deren Leitsatz wie folgt lautet:

---

351 Studien, a.a.O., S. 214-217.
352 a.a.O., S. 138.
353 a.a.O., S. 140.
354 Hans Gerd Hesse: Vorrichtungsansprüche in Verfahrenspatenten, Mitt. 1969, S. 246-252.
355 die auf einer Entscheidung des Reichspatentamts vom 31.10.1906, Bl.f.PMZ 1906, 325/326 und Zeunert, Bl.f.PMZ 1952, 248 basiert.
356 Vgl. hierzu BGH GRUR 1970, 601, 602, li.Sp. – Fungizid; BGH GRUR 1972, 638, 639, r.Sp. – Aufhellungsmittel; BPatGE 14,185.
357 Friedrich-Wilhelm Engel: Patentkategorien bei Vorrichtungserfindungen, Mitt. 1976, 227-232; Paulus Belser: Sind Verfahrensansprüche mit Vorrichtungsmerkmalen zulässig?, GRUR 1979, 347-350.

234   *IV. Zur formalen Beschreibung des wesentlichen Inhalts von Erfindungen*

„Auch wenn ein Vorrichtungsmerkmal kein Verfahrensschritt sein kann, schließt dies nicht aus, daß zur besseren Verdeutlichung eines Verfahrensablaufs es erforderlich werden kann, ein Vorrichtungsmerkmal zum Bestandteil eines Verfahrensmerkmals zu machen."

3.2.2.1 Mechanische Arbeitsverfahren

In der deutschen Offenlegungschrift 41 30 640 ist ein Verfahren zum Reinigen eines Filters beschrieben. Das „Reinigen" wurde vom Bundespatentgericht in die Kategorie der „Arbeitsverfahren" eingeordnet. Zu dieser Offenlegunsschrift gibt es das korrespondierendes US-Patent Nr. 5 527 019, das am 18. Juni 1996 ausgegeben wurde und dessen unabhängige Ansprüche 13 und 16 Arbeitsverfahren beschreiben. Die Fig.1 dieses Patents ist nachfolgend wiedergegeben:

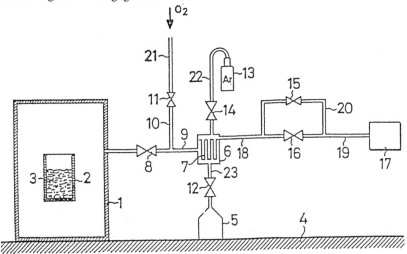

Abb. 30

Anspruch 13 des US-Patents 5 527 019 lautet – in deutscher Übersetzung – wie folgt:

Verfahren zum Reinigen eines Filters (6,7), das sich zwischen einer Staubzuführung (9) und einer Reingasdrainage (18,19) befindet, wobei der Staub mittels einer Pumpe (17) durch das Filter (6,7) gesaugt wird, enthaltend:

(a) Schließen der Staubzuführung (9) und einer Reingasdrainage (18,19) nach einem Filterprozeß;

(b) Drücken eines Edelgases auf das Filter (6,7), um dieses zu reinigen;

(c) Beenden des Zuflusses des Edelgases und Zuführen von Sauerstoff auf das Filter (6,7) bei geschlossener Staubzuführung (9) und Reingasdrainage (18,19);

(d) Absaugen der gasförmigen Oxidationsprodukte und des Edelgases sowie der nicht verbrauchten Sauerstoff-Resten vom Filter (6,7).

Obgleich der vorstehende Anspruch ein klassisches Arbeitsverfahren beschreibt, ist auch bei diesem Anspruch schon zweifelhaft, was das nicht veränderte „Substrat" im Sinne der Entscheidung des BPatG ist. In erster Linie handelt es sich bei diesem Substrat sicher um den Staub, der nur entfernt werden soll. Es wird allerdings auch Sauerstoff zugeführt, der Oxidationsprodukte erzeugt, d.h. der entgegen der reinen Lehre das Substrat verändert.

3.2.2.2 Elektrotechnische Arbeitsverfahren

Die oben unter 3.1.3.1 besprochene Wheatstone'sche Brückenschaltung kann auch als Verfahrensanspruch formuliert werden:[358]

„A method of measuring the electrical resistance of an unknown resistor R_x, which comprises: connecting the unknown resistor R_x between terminals (A) and (D) of a four-terminal electrical network (A,B,C,D), said network including a first known resistor R_1 between terminals (A) and (B), a second known resistor R_2 between terminals (B) and (C), and a third known resistor R_3 between terminals (C) and (D), at least one of said known resistor being a variable resistor; impressing a potential across terminals (A) and (c) of said network; detecting the voltage developed across terminals (B) and (D) of said network as a result of said impressed potential; and varying the resistance of at least one of said known resistors until the voltage detected across terminals (B) and (D) falls to zero, whereby the resistance of the unknown resistor R_x is determined from the equation:

$$R_x = R_1 R_3 / R_2$$

Auch dieses Beispiel zeigt, daß es oft schwierig ist, die „richtige" Kategorie einen Patentanspruchs zu wählen. Es erweist sich nicht selten, daß bei der Anmeldung eines Patents die falsche Kategorie gewählt wurde, so daß der Anmelder z.B. auch noch in einem Einspruchsverfahren gerne die Kategorie wechseln möchte. Dies ist jedoch nur in engen Grenzen möglich, wie die Technische Beschwerdekammer 3.2.2 des EPA am 21.10.1987 entschieden hat:

„1. Nach der Patenterteilung ist ein Kategorienwechsel im Hinblick auf Art. 123 (2) EPÜ nur in Ausnahmefällen zulässig.

2. Betrifft das erteilte Patent ein Arbeitsverfahren, so stellt dessen nachträgliche Umwandlung in ein Vorrichtungspatent einen solchen Ausnahmefall dar, wenn der Schutzbereich (Art. 69) des Verfahrenspatents die Vorrichtung zur Ausführung des Arbeitsverfahrens umfaßt ..."[359]

---

358 Robert C. Faber, a.a.O., § 43.
359 GRUR Int. 1988, 941.

3.2.3 Biotechnologische Verfahren

Biologische Verfahren weisen große Ähnlichkeiten mit chemischen Herstellungsverfahren auf. Dennoch unterliegen sie eigenen Gesetzmäßigkeiten, so daß es ratsam erscheint, sie als eigenständige Verfahren zu behandeln.

3.2.3.1 Herstellungsverfahren für lebende Organismen, z.B. Tiere und Pflanzen

In der Biotechnologie hat sich ein Bedürfnis nach Verfahrensansprüchen entwickelt, die jedoch nach wie vor als nicht ganz unproblematisch gelten.[360] Nachfolgend sollen indessen nur die praktischen Aspekte bei der Anspruchsformulierung betrachtet werden.

3.2.3.1.1 Tiere
§ 2 Nr. 2 PatG regelt

Patente werden nicht erteilt für Pflanzensorten oder Tierarten sowie für im wesentlichen biologische Verfahren zur Züchtung von Pflanzen oder Tieren. Diese Vorschrift ist nicht anzuwenden auf mikrobiologische Verfahren und auf die mit Hilfe dieser Verfahren gewonnenen Erzeugnisse.

Es scheint somit ausgeschlossen, Verfahren zur Züchtung von Tieren zu patentieren. Dennoch hat der BGH die Züchtung von Tauben grundsätzlich für möglich gehalten.[361] Allerdings hielt er ein Patent mit nachfolgendem Hauptanspruch für nicht gewährbar:

Verfahren zum Züchten einer Taube mit rotem Gefieder, die gegenüber anderen Tauben gleicher Farbe wesentlich größer ist, eine wesentlich größere Spannweite der Flügel aufweist, deren Gefiederfarbe wesentlich verschönt und verintensiviert ist und deren Ballon im Verhältnis zur Körpergröße extrem groß ist, bei dem ein „Altdeutscher Kröpfer" in erster Stufe mit einer „Roten Römertaube" gekreuzt wird, die aus dieser Kreuzung hervorgegangenen Tauben auf Größe und Farbe selektioniert werden, ein ausgewähltes Produkt dieser Kreuzung in zweiter Stufe mit einem „Roten Hessenkröpfer" gekreuzt wird und die aus dieser Kreuzung nach abermaliger Auslese hervorgegangene Taube in dritter Stufe mit einem „Altdeutschen Kröpfer" rückgekreuzt wird.

Der Grund für die Nichtpatentierbarkeit war im konkreten Fall die fehlende Wiederholbarkeit. Der BGH sah in der Wiederholbarkeit eine notwendige Voraussetzung für die Patentierung eines Tierzüchtungsverfahrens.

Der Patentanspruch als solcher ist gut verständlich, obwohl er nicht nach dem klassischen Muster formuliert ist. Er beginnt vielmehr mit der Angabe des (neuen, d.h. noch nicht bekannten) Ziels und benennt im Anschluß hieran die Schritte, die zu diesem Ziel führen.

In dem zum amerikanischen Krebsmaus-Patent Nr. 4 736 866 korrespondierenden europäischen Patent Nr. 0 169 672, das am 13.5.1992 ausgegeben wurde, sind zahlreiche Verfahrensansprüche enthalten. So lautet dessen Anspruch 1 in der amtlichen deutschen Übersetzung wie folgt:

---

360 Vgl. hierzu Harold C. Wegner: Biotechnology Process Patents: Judicial or Legislative Remedy, Journal of the Patent and Trademark Office Society, Januar 1991, S. 24-28.
361 BGH GRUR 1969, 672 – Rote Taube.

1. Eine Methode zur Produktion eines transgenischen, nichthumanen Säugetiers mit erhöhter Wahrscheinlichkeit der Entwicklung von Neoplasmen, worin die genannte Methode die chromosomalische Einbringung einer aktivierten Onkogensequenz in das Genom eines nichthumanen Säugetiers umfaßt.

Auch hier wird zunächst ein neues Ziel („Eine ... Neoplasmen") angegeben, worauf der einzige Verfahrensschritt („chromosomalische Einbringung") folgt.

Die nachfolgenden Ansprüche 2 und 3 – das Patent umfaßt insgesamt 25 Ansprüche – schließen sich wie folgt an:

2. Eine Methode nach Anspruch 1, wobei das Chromosom des Tieres eine endogene Kodierungssequenz enthält, die im wesentlichen dieselbe ist wie die Kodierungssequenz des Onkogens.

3. Eine Methode nach Anspruch 2, wobei die genannte Onkogensequenz in ein Chromosom des genannten Tieres an einer Stelle integriert ist, die vom Ort der genannten endogenen Kodierungssequenz verschieden ist.

Ein weiteres Verfahren für die Herstellung einer transgenen Maus ist im US-Patent 5 221 778 beschrieben, dessen Anspruch 1 wie folgt lautet:

„A method of producing a nonhuman animal which comprises introducing at least some cells of a recipient animal a vector comprising gene G, said gene being operably linked to a promotor that is functional in at least some of the cells into which said vector is introduced, such that a genetically modified animal is obtained which can express gene G."

Auch dieser Anspruch ist ein Einschritt-Anspruch, weil sich die vorzunehmende Handlung auf das Einführen des Vektors in die Zellen beschränkt („ ... cells into which said vector is introduced ...").

3.2.3.1.2 Pflanzen

Das deutsche Patent 920 217 betraf eine Pflanzenzüchtung, das mit folgendem Schutzanspruch am 25.3.1954 bekanntgemacht wurde:

1. Verfahren zum Züchten einer Rose mit etwa scharlachroter Farbe, die gegenüber anderen Sorten gleicher Farbe vier- bis sechsmal größere Blüten und eine erhöhte Zahl von Blütenkronblättern besitzt, bei dem die Polyanthahybride „Baby Chateau" und die Teehybride „Crimson Glory" gekreuzt werden, die aus dieser Kreuzung hervorgegangenen Sämlinge auf Blütengröße und Farbe selektioniert und durch Selbstung Samen aus den betreffenden Sämlingen gewonnen werden, worauf nach erneuter Auslese die gewonnenen Rosen vegetativ beliebig vermehrt werden.

Dieser Anspruch ist einteilig abgefaßt, wobei gleich zu Beginn die Eigenschaften des angestrebten Produkts angegeben und anschließend die Schritte benannt werden, die zu dem Produkt führen. In einem Beschränkungsverfahren wurde die Erfindung wie folgt umdefiniert:

Vegetative Vermehrung von Mutterpflanzen einer neuen Rose, deren Blüten etwa scharlachroter Farbe gegenüber anderen Rosensorten gleicher Farbe vier- bis sechsmal größer sind und eine erhöhte Anzahl von Blütenkronblättern besitzen, gewonnen aus einer Kreuzung der Polyanthahybride „Baby Chateau" mit der Teehybride „Crimson Glory", Selektionierung der aus dieser Kreuzung hervorgegangenen Sämlinge auf Blütengröße und Farbe durch Selbstung des ausgewählten Sämlings.[362]

Das Wort „Verfahren" ist in dem beschränkten Anspruch verschwunden und durch „vegetative Vermehrung" ersetzt. Inhaltlich stellt die vegetative Vermehrung natürlich auch ein Verfahren dar. Hieraus ist ersichtlich, daß das Wort „Verfahren" nicht unbedingt gewählt werden muß, um ein Verfahren zu kennzeichnen. Wichtig und kennzeichnend für ein Verfahren sind die zeitlich aufeinanderfolgenden Schritte.

Das obige Pflanzenzüchtungspatent wurde noch vor Inkrafttreten des Sortenschutzgesetzes vom 20. Mai 1968 angemeldet. Heute wird der Patentschutz in Deutschland nur noch dann auf Pflanzenzüchtungen gewährt, wenn die beanspruchten Pflanzenarten nicht in das Artenverzeichnis des Sortenschutzgesetzes aufgenommen sind.

Im US-Patent 5 384 253 ist folgendes Pflanzen-Herstellungsverfahren unter Schutz gestellt:

1. A method for producing a transgenic Zea mays plant comprising:

a) incubating a population of cultured Zea mays cells with at least one pectin-degrading enzyme in an aqueous osmoticum so as to partially degrade the walls of said cells to yield a population of transformation-competent Zea mays cells;

b) electroporating the population of transformation-competent Zea mays cells in a buffered aqueous osmoticum comprising recombinant DNA to yield a population of transgenic Zea mays cells stably transformed with said DNA;

c) growing transgenic Zea mays callus tissue from said cells: and

d) regenerating a population of fertile transgenic Zea mays plants from said transgenic callus tissue; wherein said plants comprise said DNA which is heritable.

Dieser Anspruch ist deutlich als Verfahren gekennzeichnet, wobei auch die einzelnen Schritte hervorgehoben sind.

3.2.3.1.3 Mikroorganismen

Auf niedergelegte Mikroorganismen als solche können naturgemäß keine Verfahrensansprüche gerichtet werden. Verfahrensansprüche sind allerdings möglich auf die Herstellung oder Bearbeitung solcher Organismen bzw. auf deren Einsatz.

In der deutschen Patentschrift Nr. 196 53 677, die am 16.12.1996 angemeldet und am 18.9.1997 veröffentlicht wurde, ist ein Verfahren unter Schutz gestellt, bei dem zwar Mikroorganismen zum Einsatz kommen, aber nicht selbst im Mittelpunkt des Verfahrens stehen. Der einzige Anspruch dieser Patentschrift lautet:

---

362 Vgl. BGH GRUR 1962, 577 – Rosenzüchtung.

"Verfahren zur Herstellung stabiler, in Anwesenheit von Mikroorganismen hergestellter Fleisch- und Wurstwaren, die einer Reifung und Trocknung unterworfen werden, dadurch gekennzeichnet, daß die Halbfabrikate nach Erreichen des gewünschten pH-Wertes mehrere Minuten bei Raumtemperatur einer Hochdruckbehandlung unterworfen und dann in üblicher Weise bearbeitet werden."

Die Bearbeitung von speziellen Mikroorganismen ist in der am 16.4.1997 angemeldeten und am 12.2.1998 veröffentlichten Patentschrift Nr. 197 15 819 unter Schutz gestellt:

"Verfahren zum Aufschluß von gasförmigen Stoffwechselprodukte erzeugenden Mikroorganismen, gekennzeichnet durch die folgenden Schritte:

a) Einbringen der Mikroorganismen in einen Druck behälter,

b) Einbringen von Nährstoffen für die Mikroorganismen in den Druckbehälter, so daß die Mikroorganismen gasförmige Stoffwechselprodukte erzeugen,

c) druckfestes Verschließen des Druckbehälters,

d) Aufbringen eines Überdrucks für eine vorgegebene Haltezeit,

e) rasches Entspannen des im Druckbehälter befindlichen Überdrucks.

Die Herstellung eines Mikroorganismus ist in der am 26.4.1997 angemeldeten Patentanmeldung 197 17 823 beansprucht, deren Anspruch 1 wie folgt lautet:

Verfahren zur Erzeugung eines Endoinulinase-produzierenden Mikroorganismus, gekennzeichnet durch folgende Verfahrensschritte:

– Sammeln von Erdproben und/oder Gewebeproben aus dem Wurzelbereich insulinspeichernder Pflanzen,

– Selektion von Mikroorganismen, die Inulin als einzige Kohlenstoffquelle nutzen, durch Zufügen von inulinhaltigem Medium über einen definierten Zeitraum,

– Vereinzeln und Kultivieren der selektierten Mikroorganismen.

3.2.3.1.4 Chromosomen, Gene, Nucleinsäuren und Proteine
Im Anspruch 1 des US-Patents 5 427 925 ist ein Verfahren für die Herstellung eines Proteins definiert:

1. A method of producing human leukemia inhibitory factor (LIF) comprising the steps of (a) transforming or transfecting suitable host cells with a recombinant DNA molecule comprising a nucleotide sequence which codes for human LIF, and (b) culturing the host cells of step (a) under conditions in which said cells express the recombinant DNA and produce human LIF, and (c) recovering said human LIF.

Der Oberbegriff dieses Anspruchs gibt das angestrebte Ziel an und zählt dann die Lösungsschritte ohne Bezugnahme auf Figuren oder Niederlegungen auf.
Anspruch 2 hierzu lautet:

2. The method of claim 1 in which said recombinant DNA molecule codes for human LIF having the amino acid seqence set forth in Fig. 26.

Die Bezugnahme auf eine Figur wird somit im Anspruch 2 nachgeholt.

3.2.3.1.4.1 Monoklonale Antikörper

Dem oben wiedergegebenen Anspruch 1 der deutschen Offenlegungsschrift 187 22 888, der einen humanverträglichen monoklonalen Antikörper betraf, folgt ein Anspruch 2, der ein Herstellungsverfahren dieses Antikörpers beschreibt. Zwar ist dieser Anspruch 2 nicht ausdrücklich als Verfahrensanspruch deklariert, doch kann er als solcher angesehen werden, weil er in der Zeit ablaufende Verfahrensschritte beinhaltet

2. Monoklonale Antikörper nach Anspruch 1, die erhältlich sind durch

(A) Herstellung von zur Produktion von monoklonalen HumanCD29 spezifischen Tier-Antikörpern befähigten Hybridomzellen im Wege einer Immunisierung mit nicht-T-Tumorzellinien, auf welchen Human-CD28 exprimiert ist,

(B) ggf. Humanisierung der aus Hybridomzellen gemäß Stufe A erhältlichen monoklonalen Tier-Antikörper durch biochemischen oder gentechnologischen Austausch konstanter Komponenten der Tierantikörper gegen analoge konstante Komponenten eines menschlichen Antikörpers bzw. Austausch den Komponenten entsprechender Gene der Hybridomzellen,

(C) Sezernierung der monoklonalen Antikörper in HybridomzellKulturen und Isolierung der monoklonalen Antikörper daraus oder Produktion der monoklonalen Antikörper durch Injektion der Hybridomzellen in Tiere, beispielsweise Mäuse, und Isolierung der monoklonalen Antikörper aus der Körperflüssigkeit der Tiere.

Formal handelt es sich bei dem obigen Anspruch um einen „Product-by-process"-Anspruch, mit dem ein absoluter Stoffschutz angestrebt ist. Der Schritt (B) ist offenbar nicht unbedingt notwendig („ggf."), so daß er eigentlich in einen Unteranspruch gehört.

3.2.3.1.4.2 Nucleinsäuren, DNA-Sequenzen

Verfahrensansprüche auf Nucleinsäuren, beispielsweise eine DNA, beziehen sich in der Regel darauf, wie diese Säuren isoliert werden können. Solche Ansprüche sind relativ selten, weil es in der Regel darauf ankommt, die DNA selbst zu beschreiben. Eine exakte Beschreibung einer DNA erfordert indessen mehr als ein Hinweis auf ihre mögliche Isolation. Beispielsweise hat es der US Federal Court (Fiers v. Sugano, 984 F.2d 1164, Fed. Cir. 1993) nicht für die Charakterisierung einer DNA ausreichend erachtet, wenn lediglich erwähnt wird, sie könne durch eine reverse Transsciption erhalten werden.

3.2.4 Computerprogramme

Computerprogramme werden derzeit als Sprachwerke über das Urheberrecht geschützt (vgl. § 2 Abs. 1 Nr. 1 UrhG für Deutschland). Dieser Schutz wird jedoch vielfach als unangemessen angesehen,[363] so daß die Forderungen nach einem Patentschutz von Computerprogrammen nicht abreißen. Diskussionen über die Patentierbarkeit von Computerprogrammen finden seit etwa 40 Jahren statt, ohne daß es bis heute zu einem befriedigenden Ergebnis gekommen wäre. Der Hauptgrund, weshalb die Computerprogramme nicht bzw. nicht vorbehaltlos in den Kreis der patentfähigen Erfindungen einbezogen wurden, liegt in ihrem tatsächlichen oder angeblichen untechnischen Charakter. Sie können wie sonstige „Sprachwerke" auf ein Blatt Papier geschrieben werden, ohne daß hierbei etwas Technisches erkennbar wäre. Die Experten sind deshalb seit Jahrzehnten auf der Suche nach der „Technizität" der Programme, um sie dem Reich der „bloßen Anweisungen an den menschlichen Geist" zu entreißen und doch noch in das gelobte Land der Patentierbarkeit zu überführen. Bei dieser Suche sind sie noch nicht ganz fündig geworden, wie die geltende Rechtslage zeigt.
§ 1 Abs. 2 Nr. 3 bzw. Abs. 3 des deutschen Patentgesetzes lautet:
(2) Als Erfindungen im Sinne des Absatzes 1 werden insbesondere nicht angesehen:

1. ...

2. ...

3. Pläne, Regeln und Verfahren für gedankliche Tätigkeiten, für Spiele oder für geschäftliche Tätigkeiten sowie Programme für Datenverarbeitungsanlagen;

4. ... (3) Absatz 2 steht der Patentfähigkeit nur insoweit entgegen, als für die genannten Gegenstände oder Tätigkeiten als solche Schutz begehrt wird.

Programme für Datenverarbeitungsanlagen sind hiernach „als solche" nicht schutzfähig. Eine entsprechende, im Wortlaut fast identische Regelung enthält Art. 52 Abs. 2 der europäische Patentübereinkunft. Im Patent Act der USA ist eine umgekehrte Regelung vorgesehen, d.h. es ist angegeben, was schutzfähig ist (United States Code; Title 35 (Patents), Section 101. Inventions Patentable: Whoever invents or discovers any new and useful process, machine, manufacture, or composition of matter, or any new and useful improvement thereof, may obtain a patent therefor ...) und nicht ‚was vom Schutz ausgeschlossen ist. Das Fehlen einer Negativliste hat die Gerichte der USA veranlaßt, „Exclusions From Patent Protection" selbst festzulegen. So hatte der Supreme Court im Fall Gottschalk v. Benson[364] entschieden, daß Computer Programme und mathematische Algorithmen nicht schützbar seien, weil es sich um bloße Ideen handele.
Im Hinblick auf diese Sach- und Rechtslage scheint es an sich müßig, die Frage der Formulierung von Patentansprüchen auf Programme überhaupt anzureißen, weil ohnehin

---

363 K.-J. Melullis: Zur Patentfähigkeit von Programmen für Datenverarbeitungsanlagen, GRUR 1998, S. 843-857.
364 409 U.S. 63, 175 USPQ 673, 1972.

keine Patente auf Computer-Programme erteilt werden können. Dennoch zeigt die Praxis, daß gerade in den letzten Jahren mehr und mehr Computer-Programme patentiert werden, wenngleich sie oft nicht so genannt werden, sondern „softwarebezogene Erfindungen" heißen. In Deutschland und Europa wird das Einfallstor für die Patentierung von Computerprogrammen durch den bereits oben erwähnten Begriff „als solche" gebildet, während in den USA die Rolle des Einfalltors von dem Begriff „any new and useful process" übernommen wird. Demgemäß haben die Gerichte in den USA eng gefaßte Ansprüche auf an sich nicht patentierbare Algorithmen zugelassen.[365] In einer Serie von Entscheidungen des United States Supreme Court, des U.S. State Court of Customs and Patent Appeals sowie seines Nachfolgers, des United States Court of Appeals for the Federal Circuit und der District Courts sowie des Patent Office Board of Interferences and Appeals, wurde der Zweifel an der Schutzfähigkeit von „computer-related" Erfindungen allmählich abgebaut. Schließlich gab das Patent and Trademark Office im Jahre 1996 Richtlinien heraus, wie die Prüfer „computer-implemented inventions" sachgemäß zu behandeln hätten.[366]

Diese Richtlinien wurden kürzlich überarbeitet, um ein wichtiges Urteil des Court of Appeals zu berücksichtigen, bei dem es um ein Computerprogramm ging, das die täglichen Änderungen der in einem Pool enthaltenen Wertpapiere ermittelt und Einnahmen und Ausgaben berechnet und sich somit auf ein nichttechnisches Problem bezieht.[367] Hierauf wird weiter unten noch zurückgekommen. Das praktische Ergebnis dieser Entwicklung in den USA sieht wie folgt aus: Die Fa. Microsoft besitzt heute (Ende 1998) etwa 400 amerikanische Patente für Computerprogramme, und jedes Jahr werden in den USA rund 12 000 Patentanmeldungen für solche Programme angemeldet. In Japan werden jährlich ca. 20 000 Patentanmeldungen für Software eingereicht. Die 1997 erlassenen Leitlinien des japanischen Patentamts folgen der liberaleren Praxis der USA.

Auch das europäische Patentamt hatte bereits 1985 Richtlinien zu software-bezogenen Erfindungen erlassen.[368] In diesen letztgenannten (aktuellen) Richtlinien heißt es u.a., daß ein allein oder als Aufzeichnung auf einem Datenträger beanspruchtes Computerprogramm nicht patentfähig sei, ohne Rücksicht auf seinen Inhalt. Daran ändere sich normalerweise auch dann nichts, wenn das Programm in eine bekannte Datenverarbeitungsanlage geladen werde. Wenn der beanspruchte Gegenstand jedoch einen technischen Beitrag zum Stand der Technik leiste, sei ihm die Patentfähigkeit nicht allein deswegen abzusprechen, weil bei seiner Verwirklichung ein Computerprogramm eine Rolle spiele. Dies bedeute beispielsweise, daß programmgesteuerte Geräte und Herstellungs- sowie Steuerungsverfahren in der Regel als patentfähig anzusehen seien.

In den 1986 erlassenen Prüfungsrichtlinien des deutschen Patentamts ist klargestellt, daß Erfindungen auch dann dem Patentschutz zugänglich sind, wenn sie ein Datenverarbeitungsprogramm, eine Rechen- oder Organisationsregel, sonstige Software-Merkmale oder ein programmartiges Verfahren enthalten. Das DPA hat die Prüfungsrichtlinien inzwischen überarbeitet.[369]

---

365 E.S. Matt Kemeny. Computers and Non-Patentable Matter: Rejections under Article I of the Constitution, Journal of the Patent and Trademark Office Society, September 1992, S. 669-674.
366 Christian Pleister: Die neuen Richtlinien des U.S. Patent and Trademark Office zur Patentfähigkeit von computerbezogegen Erfindungen, GRUR Int. 1997, 694-697.
367 GRUR Int. 1999, S. 96.
368 Teil C, Kapitel IV, Nr. 2.
369 Bl.f.PMZ 1995, S. 269, 282.

3.2.4.1 Programmebenen

Was gemeinhin als Computer-Programm bezeichnet wird, stellt sich bei genauerer Betrachtung als ein Sammelbegriff dar. Rau[370] unterscheidet beispielsweise zwischen folgenden Stufen oder Ebenen und Unterstufen:

a) Programm im Vorbereitungsstadium
Ergebnisse der Analyse
Mathematische Formulierung der Analyseergebnisse
Das Strukturdiagramm

b) Verschlüsseln und Codieren des Programms

c) Das Programm als technischer Gegenstand

Die Ebenen a) und b) seien nicht patentierbar, denn es sei offensichtlich, daß das Strukturdiagramm auch auch die fertige, allerdings in einer Maschine nicht zugängliche Form angefertigte Programmniederschrift nicht technischer Natur seien. Diese Klarheit gehe aber in dem Augenblick verloren, da das Programm auf Lochkarten, Lochstreifen, Magnetband usw. niedergelegt werde. Hier zeige sich erstmals die Doppelnatur des Pogramms.[371] In dieser Darstellungsform sei das Programm geeignet, Schaltungszustände in der elektronischen Datenverarbeitungsanlage hervorzurufen, d.h. zwangsläufig gewisse Wirkungen hervorzurufen. Das fortlaufende Herstellen bestimmter Schaltungszustände in der Maschine sei technischer Natur; denn es vollziehe sich ohne entscheidende Mithilfe menschlicher Geistestätigkeit. Durch das Ablochen trete neben die Anweisung an den menschlichen Geist die technische Funktion.[372]

Was *Rau* unter den drei Ebenen versteht, ist nicht ganz klar. In moderner Informatik-Terminologie handelt es sich aber wohl bei der Ebene a) um die Analyse des zu lösenden Problems sowie der Lösung bis zum Programmablaufplan, der in Deutschland in der DIN-Norm 66 001 geregelt ist bzw. bis zum Struktogramm nach Nassi/Shneidermann (DIN 66 261).[373] In der Ebene b) wird wohl der Programmablauf bzw. das Struktogramm in eine sogenannte höhere Programmiersprache (Fortran, Algol, Pascal, Basic, Java etc.) umgesetzt, die auch „problemorientierte Programmiersprache" genannt wird. Andere Umschreibungen der drei Ebenen sind „Spezifikation, Algorithmen, Programme".[374] Um ein Programm zu schreiben, muß zuerst das zu lösende Problem genau beschrieben, d.h spezifiziert werden. Anschließend muß ein Ablauf von Aktionen entworfen werden, der insgesamt zur Lösung des Problems führt. Ein solcher Ablauf von Aktionen, ein Algorithmus, stützt sich dabei auf eine bereits in der Beschreibungssprache vorgegebene Strukturierung der Daten.

---

370 Manfred Rau: Die Patentfähigkeit von Programmen für elektronische Datenverarbeitungsanlagen, Dissertation TH München 1967.
371 a.a.O. (Fußn. 573), S. 52.
372 a.a.O. (Fußn. 573), S. 55.
373 Vgl, Ekbert Hering: Software-Engineering, 3. durchgesehene Auflage, 1992, S. 22-55.
374 H.-P. Gumm/M.Sommer: Einführung in die Informatik, 3. Auflage, München und Wien, 1998, S. 84 ff.; der BGH spricht von drei „Entwicklungsphasen": Systemanalyse, Datenflußplan, Quellprogramm, GRUR 1985, 1046, r.Sp. – Inkasso-Programm;

Didaktisch aufgebaute Bücher der Informatik behandeln deshalb das Thema in der Regel unter der Dreiteilung „Problem" - „Algorithmus" - „Programm".[375] Das Ablochen oder Abspeichern dürfte wohl kaum Gegenstand eines von *Rau* ins Auge gefaßten Patentschutzes für Programme sein, denn wie *Rau* selbst feststellt, ist technischer Gegenstand das in speicherfähiger Form niedergelegte Programm.[376] Es bleibt deshalb letztlich unklar, welche Rolle *Rau* dem Ablochen oder Abspeichern des Programms zumessen will.

Beispiele für mögliche Patentansprüche auf Computer-Ansprüche gibt *Rau* indessen nicht. Er kommt letztlich sogar zu dem Ergebnis, daß die Patentierbarkeit von Programmen abzulehnen sei, weil sie nur durch „Zerstörung der Fundamente unseres Patentrechts" erreicht werden könne.[377] Damit kommt er zu dem gleichen Ergebnis, zu dem auch schon andere vor ihm gekommen waren[378] und das sich zu einer Art herrschenden Meinung entwickelte.

Eine weitere Stufe des Programmierens, das Erstellen des sogenannten Maschinenprogramms, erwähnt *Rau* zwar, doch mißt er ihm keine besondere Bedeutung bei. Maschinenprogramme sind erforderlich, damit die in einer höheren Programmiersprache geschriebenen Programme für einen Computer lesbar werden. Die Übersetzung von einer höheren Programmiersprache in ein Maschinenprogramm oder Maschinencode erfolgt durch sogenannte Compiler.

3.2.4.2 Abriß der Patentfähigkeit von Computer-Programmen

In den USA stand die Rechtsprechung der Patentierbarkeit von computerbezogener Software zunächst äußerst kritisch gegenüber. Bereits in einer Entscheidung vom 20. November 1972,[379] dem die U.S. Patentanmeldung Serial-No. 315 050 vom 9. Oktober 1963 zugrunde lag, welche ein Verfahren zum Umsetzen von binär kodierten Dezimalzahlen in reine Binärzahlen betraf, hatte der U.S. Supreme Court die Patentfähigkeit verneint.[380] Eine wesentliche Leitentscheidung stellte auch die Entscheidung *Diamond v. Diehr*[381] des Supreme Court aus dem Jahre 1981 dar, gemäß welcher Algorithmen und mathematische Formeln vom Patentschutz ausgeschlossen sind. In der Folgezeit wurde diese Entscheidung jedoch stark aufgeweicht, so daß es zur heutigen Rechtslage gekommen ist.[382]

In Deutschland standen sich die Befürworter der Patentierbarkeit[383] und deren Gegner[384] gegenüber. Die Befürworter vertraten dabei zumeist folgende Thesen: Da jedem

---

375 Vgl. Hans-Hermann Mühleisen und Klaus Seipel: Informatik, Grundlagen für die systematische Programmierung von Computern, Mentor Verlag München, 6. Aufl.1992.
376 Rau, a.a.O., S. 56.
377 Rau, a.a.O., S. 82.
378 Vgl. z.B. Philipp Möhring: Die Schutzfähigkeit von Programmen für Datenverarbeitungsmaschinen, GRUR 1967, S. 269 ff.
379 Gottschalk v. Benson, 409 U.S. 63, 1972.
380 Vgl. Bardehle: Die praktische Bedeutung der Patentfähigkeit von Rechenprogrammen, Mitt. 1973, 142-144, 142.
381 409 U.S. 175, 186, 1981.
382 GRUR Int. 1981, 646; GRUR 1997, S. 115.
383 Huber, Mitt. 1965, 21; 1969, 23; 1971, 101; 1975, 101; GRUR 1969, 642; Öhlschlegel, GRUR 1968, 679; Wertenson, GRUR 1972, 59; Lauschke, GRUR 1973, 342; Zipse, GRUR 1973, 123; Mitt. 1974, 246.
384 Möhring, GRUR 1967, 269; Moser, GRUR 1967, 639, 641; Rau, a.a.O.; Kindermann, GRUR 1969, 509, 510; Kumm, GRUR 1970, 73, 74; Beier, GRUR 1972, 214; Kolle, GRUR 1974, 7, 16.

Programm eine bestimmte Folge von Schaltzuständen der EDV zugrunde liegt, kann man einmal das Programm angeben oder den Verfahrensablauf der Maschine durch Angabe der einzelnen Schritte kennzeichnen. Im Prinzip seien beide Methoden gleichwertig. Daher müsse auch jedes neue und erfinderische Programm grundsätzlich patentfähig sein.[385] Eine erste Software-Entscheidung des BGH bestätigte allerdings die Meinung der Befürworter nicht; ihr Leitsatz lautet:

„Organisations- und Rechenprogramme für elektronische Datenverarbeitungsanlagen zur Lösung von betrieblichen Dispositionsaufgaben, bei deren Anwendung lediglich von einer in Aufbau und Konstruktion bekannten Datenverarbeitungsanlage der bestimmungsgemäße Gebrauch gemacht wird, sind nicht patentfähig" (BGH GRUR 1977, 96-99 – Dispositionsprogramm)

Von den weiteren Leitentscheidungen des BGH, die in den darauffolgenden Jahren ergingen[386] lehnten zwar die meisten eine Patentierbarkeit der konkreten Erfindungen ab, doch stellten sie auch klar, daß Programme nicht schon deshalb schutzunfähig sind, weil es sich um Programme handelt. So heißt es in der „Prüfverfahren"-Entscheidung:

„... Auf der anderen Seite hat der Senat keinen Rechtssatz des Inhalts aufgestellt, daß Computerprogramme schlechthin nicht patentierbar seien. An einer solchen generellen Aussage würde sich der Senat schon deshalb gehindert sehen, weil sich nicht absehen läßt, welche Arten von Aufgaben in Zukunft einer Lösung mit Hilfe des Einsatzes datenverarbeitender Maschinen zugeführt werden können ..." (BGH GRUR 1978, S. 103, linke Spalte).

Kolle[387] kommt am Ende einer Anmerkung zur „Prüfverfahren"-Entscheidung zu folgendem Zwischenergebnis:

„Zieht man nach drei Software-Entscheidungen des BGH ein vorläufiges Fazit, so scheint sich die Annahme zu bestätigen, daß für Problemlösungen auf dem Gebiet der EDV, seien sie anwendungsorientiert, seien sie maschinenorientiert, der Patentschutz in erster Linie über Hardware-Ausgestaltungen erreichbar sein wird. Ein allgemeiner Verfahrensschutz für solche Problemlösungen erscheint in der Regel nur dann gewährbar, wenn die Realisierung schaltungstechnischen Aufwand bzw. Eingriffe in die Rechnerstruktur erfordert."

Bei der Verneinung der Patentfähigkeit spielt regelmäßig die fehlende Technizität eine Rolle. Als Grundlage für die Feststellungen, ob Technizität gegeben ist oder nicht, bezieht sich der BGH auf seine oben bereits erwähnte „Rote Taube"-Entscheidung[388], in der es um die Patentierung von Tierzüchtungsverfahren ging. In der Entscheidung „An-

---

385 Vgl. Reichel: Die technische Erfindung, Mitt. 1981, 69-74, 70.
386 BGH GRUR 1977, 152 – Kennungsscheibe; BGH GRUR 1977, 675 – Straken; BGH GRUR 1978, 102 – Prüfverfahren; BGH GRUR 1978, 420 – Fehlerortung; BGH GRUR 1980, 849 – Antiblockiersystem; BGH GRUR 1981, 39 – Walzstabteilung; BGH GRUR 1986, 531 – Flugkostenminimierung; BGH GRUR 1992, 33 – Seitenpuffer; BGH GRUR 1992, 36 – Chinesische Schriftzeichen; BGH GRUR 1992, 430 – Tauchcomputer.
387 GRUR 1978, 105.
388 GRUR 1969, 672.

tiblockiersystem", in welcher der BGH die Erfindung sogar für patentfähig hielt, führte er aus:

> „Die Abgrenzung patentfähiger Erfindungen von solchen, die dem Patentschutz nicht zugänglich sind, hat der Senat in der Entscheidung „Rote Taube" (BGHZ 52,74 ff) vorgenommen und eine Lehre zum technischen Handeln in einer Anweisung zum planmäßigen Handeln unter Einsatz beherrschbarer Naturkräfte zur Erreichung eines kausal übersehbaren Erfolges gesehen. Dies ist in der Entscheidung „Dispositionsprogramm" (BGHZ 67, 22 ff.) bestätigt und dahin klargestellt worden, daß die menschliche Verstandestätigkeit selbst nicht zu den beherrschbaren Naturkräften gehört, sondern dazu nur die mit Hilfe der menschlichen Verstandestätigkeit beherrschbaren Naturkräfte zählen. Schließlich hat der Senat in der Entscheidung „Kennungsscheibe" (GRUR 1977, 152, 153) auf ein unmittelbar in Erscheinung tretendes Ergebnis abgestellt, das ohne Zwischenschaltung der menschlichen Verstandestätigkeit erreicht wird." (GRUR 1980, 850, rechte Spalte).

Vor dem Hintergrund dieser Rechtslage scheint es nicht verwunderlich, wenn das Problem der Technizität von zahlreichen Autoren diskutiert wurde und noch wird.[389]

Das europäische Patentamt ging bei seiner Software-Rechtsprechung einen etwas anderen Weg als der BGH. Im Mittelpunkt seiner Überlegungen stand weniger die Technizität als vielmehr des Gesetzwortlaut, wonach nur Programme als solche nicht patentierbar sind, was im Umkehrschluß bedeutet, daß dann, wenn Programme mit technischen Merkmalen kombiniert werden, dem Patentschutz zugänglich sind. In der VICOM-Entscheidung vom 15. Juli 1986 stellte das EPA folgende Leitsätze auf:

> „I. Auch wenn der einer Erfindung zugrunde liegende Gedanke auf einer mathematischen Methode beruht, wird mit einem Anspruch, der auf ein technisches Verfahren gerichtet ist, bei dem diese Methode verwendet wird, kein Schutz für die mathematische Methode als solche begehrt.
>
> II. Ein Computer bekannten Typs, der so vorbereitet ist, daß er nach einem neuen Programm arbeitet, kann nicht als Teil des Standes der Technik im Sinne des Artikels 54(2) EPÜ gelten.
>
> III. Ein Anspruch auf ein technisches Verfahren, das programmgesteuert abläuft (wobei das Programm durch Hardware oder Software realisiert sein kann), kann nicht als auf ein Computerprogramm als solches gerichtet angesehen werden.
>
> IV. Ein Anspruch, der als auf einen Computer gerichtet angesehen werden kann, der so vorbereitet ist, daß er ein technisches Verfahren nach einem bestimmten Programm (das durch Hardware oder Software realisiert sein kann) steuert oder

---

[389] A. Scheuber: Zur Patentierbarkeit von Hardware/Software, Mitt. 1981, S. 232-235; J. Betten: Zum Rechtsschutz von Computerprogrammen, Mitt. 1983, 62-70; D. Jander: Zur Technizität von Computersoftware, Mitt. 1991, 90, 91; M. Schar: Zum objektiven Technikbegriff im Lichte des Europäischen Patentübereinkommens, Mitt. 1998, 322-339; J. Schmidtchen: Zur Patentfähigkeit und zur Patentwürdigkeit von Computerprogrammen und von programmbezogenen Lehren, Mitt. 1999, 281-294.

durchführt, kann nicht als auf ein Computerprogramm als solches gerichtet angesehen werden."

In einer nachfolgenden Entscheidung „Röntgeneinrichtung"[390] legte sich das EPA auf nachfolgende Leitsätze fest:

„1. Das EPÜ verbietet nicht die Patentierung von Erfindungen, die aus einer Mischung technischer und nicht-technischer Merkmale bestehen.

2. Zur Entscheidung der Frage, ob ein Anspruch auf ein Computerprogramm als solches gerichtet ist, bedarf es nicht der Gewichtung seiner technischen und nicht-technischen Merkmale. Bedient sich vielmehr die im Anspruch definierte Erfindung technischer Mittel, so kann sie ... patentiert werden."

Mit dem zweiten Leitsatz hat das EPA die deutsche „Kerntheorie" abgelehnt, wonach es wichtig ist, daß der Kern einer Erfindung technisch oder nicht-technisch ist. Das Bundespatentgericht hat sich in einigen Entscheidungen seit Mitte der 80er Jahre weitgehend der Rechtsansicht des EPA genähert. Die Gesamtheit der Anspruchsmerkmale seien zu berücksichtigen[391], nichttechnische Merkmale seien als unschädlich zu betrachten[392], der technische Erfolg einer Erfindung gelte als Indiz für die Technizität[393] und bei der Prüfung auf Technizität sollen Neuheit und Erfindungshöhe unberücksichtigt bleiben.[394] Die Kriterien „Gesamtschau der Merkmale" und „keine Prüfung auf Neuheit und Erfindungshöhe" wurden durch die neueren BGH-Entscheidungen „Seitenpuffer"[395] und „Tauchcomputer"[396] bestätigt. Manche Autoren[397] meinen sogar, der BGH habe sich mit seiner Tauchcomputer-Entscheidung von der „Kerntheorie" verabschiedet. *Tauchert*[398] glaubt dies zwar nicht, meint aber ebenfalls, daß der BGH längerfristig seine Kerntheorie aufgeben müsse.

In einer weiteren Leitentscheidung vom 21. Mai 1994 hat das EPA seine bisherige Meinung bekräftigt:

„1. Eine Mischung aus konventioneller Computer-Hardware, d.h. technischen Merkmalen, und durch Software (Computerprogramme) realisierten Verarbeitungsmerkmalen, d.h. funktionalen Merkmalen, kann patentfähig sein, wenn ein technischer Beitrag zur (allgemeinen Computer-) Technik geleistet wird.

2. Bei einer solchen Mischung kann ein technischer Beitrag zur Technik gesehen werden in einem zu lösenden/gelösten Problem oder in einer technischen Wirkung, die durch die Lösung erreicht wird. Ein technischer Beitrag kann auch in technischen Überlegungen gesehen werden, die bezüglich der Einzelheiten der

---

390 GRUR Int. 1988, 585.
391 GRUR 1987, 799 – Elektronisches Stellwerk.
392 GRUR 1985, 272 – Positionsantrieb.
393 GRUR 1989, 42 – Rolladensteuerung.
394 GRUR 1991, 197 – Schleifverfahren.
395 GRUR 1992, 33 – Seitenpuffer.
396 GRUR 1992, 430 – Tauchcomputer.
397 Betten, GRUR 1995, 775; Adrian, Mitt. 1995, 329.
398 W. Tauchert: Zur Beurteilung des technischen Charakters von Patentanmeldungen aus dem Bereich der Datenverarbeitung unter Berücksichtigung der bisherigen Rechtsprechung, GRUR 1997, S. 149-155.

Implementierung der Erfindung vor der eigentlichen Programmierung (Codierung) angestellt werden müssen, da die Notwendigkeit solcher technischer Überlegungen (wenigstens implizit) ein zu lösendes Problem (Regel 29 EPÜ), die das technische Problem lösen, beinhaltet (Fortbildung von T 26/86, ABl. EPA 1988,19 und T 38/86, ABl. EPA 1990, 384). (Mitt. 1995,178-182 – Computer-Management-System SOHEI).

Ob das deutsche oder das europäische Patentamt bei der Erteilung softwarebezogener Patente „liberaler" ist, wird kontrovers diskutiert.[399] *Jander*[400] meint, daß auf Programme für technische Steuer- und Regelvorgänge oder für interne Steuerungen des Computersystems selbst sowohl beim Deutschen als auch beim Europäischen Patentamt Patente erteilt werden. Wichtig sei jedoch, daß bei der Beschreibung einer programmbezogenen Erfindung sorgfältig darauf geachtet werde, die durch das Programm erzielten technischen Effekte darzustellen. Dazu gehörten die Einsparung an Speicherplatz, höhere Verarbeitungsgeschwindigkeit, bessere technische Darstellung, neue Funktionen usw. *Melullis* stellt ebenfalls fest, daß heute nahezu einhellig Programme als grundsätzlich patentfähig angesehen werden, die unmittelbar einen technischen Effekt auslösen, das heißt auf die Welt der Dinge einwirken sollen oder sonst eine physikalische Entität aufweisen. Diese Erfindungen seien im wesentlichen gekennzeichnet durch die Kombination von Software mit gegenständlichen Elementen und deren Ansteuerung oder die Auswertung von Werten und Meßgrößen, die von der Hardware geliefert werden. Die 11 von *Melullis* angeführten Beispiele patentfähiger Software erfüllen alle die erwähnten Kriterien.[401]

Zusammenfassend ist festzustellen, daß Computerprogramme in den Vereinigten Staaten (und auch in Japan!) patentrechtlich geschützt werden können, während man sich in Europa mit einem juristischen Kunstgriff behilft, um einige Programme dem Patentschutz zuzuführen. So kommt es, daß zwar Computerprogramme als solche nach dem Münchner Übereinkommen und den innerstaatlichen Patentgesetzen der Mitgliedstaaten des EPÜ nicht patentierbar sind, es jedoch trotzdem etwa 13 000 europäische Software-Patente gibt.[402] Nach der vom EPA entwickelten Praxis ist eine Erfindung patentfähig, wenn sie einen „technischen Beitrag" zum Stand der Technik leistet. Dieses Konzept hat jedoch seine Grenzen. Ein Buchführungsprogramm oder ein Programm für den An- und Verkauf von Devisen, das wirtschaftlich von großem Wert ist, aber keinen „technischen Beitrag" leistet, kann – anders als in den USA und in Japan – in Europa derzeit nicht patentiert werden. Es wird deshalb vorgeschlagen, eine Änderung des Art. 52 (2) (c) des Europäischen Patentübereinkommens vorzunehmen und Computerprogramme aus der Liste der nicht patentfähigen Erfindungen zu streichen.[403]

3.2.4.3 Patentansprüche auf Computer-Programme

Die oben wiedergegebenen Äußerungen von *Jander* zeigen bereits die Richtung auf, die bei der Formulierung von Patentansprüchen auf Programme eingeschlagen werden

---

399 D. Jander: Die derzeitige Situation in Sachen Technizität von Computer-Software, Mitt. 1993, 72, 73.
400 a.a.O., (Fußn. 602).
401 GRUR 1998, S. 847/848.
402 Europäische Gemeinschaften. Förderung der Innovation durch Patente – Folgemaßnahmen zum Grünbuch über das Gemeinschaftspatent und das Patentschutzsystem in Europa, GRUR Int. 1999, S. 335-345, 339, 340.
403 Europäische Gemeinschaften, a.a.O., GRUR Int. 1999, S. 340.

muß. Die in der Praxis tatsächlich erteilten Patente genügen indessen nicht immer den von *Jander* aufgestellten Forderungen. *Betten*[404] kommt das Verdienst zu, erteilte Patentansprüche zusammengestellt zu haben. Einige dieser Ansprüche werden nachfolgend wiedergegeben

EP-B- 484 362

„*1. Verfahren zur Zuordnung von Datensätzen zu Zeitwerten einer zeitlichen Reihenfolge,*

dadurch gekennzeichnet, daß die Zeitwerte jeweils als Datenstrings in einem Feld gespeichert werden,

daß die Auslesung eines Zeitwerts mit dem Anfang des Datenstrings beginnt und bis zum ausgewählten Zeitwert erfolgt und daß der Zeit der Auslesung vom Anfang des Datenstrings bis zum ausgewählten Zeitwert jeweils eine Speicheradresse zugeordnet ist, die mindestens einen Datensatz adressiert."

Mit dieser Erfindung soll die vorhandene Speicherkapazität eines Computers besser ausgenutzt werden. Damit wird ein technischer Effekt angestrebt. Als Anwendung ist an die Belegungsanzeige von Hotelzimmern, an die Aufstellung von Stundenplänen und dergleichen gedacht, also an etwas Nicht-Technisches. Ob der vorstehende Anspruch allerdings als „Muster" dienen kann, erscheint äußerst fraglich, denn im Einspruchsverfahren wurde der Anspruch erheblich umformuliert. Während des Einspruchs-Beschwerdeverfahrens, das im April 1999 noch anhängig war, wurden seitens der Beschwerdekammer erhebliche Zweifel daran geäußert, ob der umformulierte Anspruch der Vorschrift des Art. 123 EPÜ genügt.

Ein anderer Programm-Anspruch lautet:

EP-B- 280 549

„*1. Verfahren zur Kompression von Textdaten, welches die Schritte umfaßt: Durchsuchen eines Wörterverzeichnisses nach einem Eingabewort, Erzeugen eines entsprechenden Codeworts, falls das Eingabewort in dem Wörterverzeichnis gefunden wird, Berechnen der Auftrittshäufigkeit des Eingabeworts und Zuweisen eines kürzeren Codewortes zum Eingabewort, falls seine Auftrittshäufigkeit ansteigt, dadurch gekennzeichnet, daß das Wörterverzeichnis Pseudoworte enthält und, falls die Suche kein gebräuchliches Wort liefert, das Eingabewort in Pseudoworte fester Länge aufgeteilt wird und nach den Pseudoworten gesucht wird, ein entsprechendes Codewort erzeugt wird, falls das Pseudowort in dem Wörterverzeichnis gefunden wird, und das Eingabewort als neues Wort in das Wörterverzeichnis eingetragen wird.*"

Es fällt auf, daß dieser Anspruch – wie auch schon der vorangegangene – in klassischer Weise aus Oberbegriff und Kennzeichen besteht. Insoweit scheinen die Software-Ansprüche leichter in das herkömmliche Anspruchs-Schema einpaßbar als etwa die mikrobiologischen Ansprüche. Allerdings enthält der vorstehende Anspruch eine Be-

---

[404] J. Betten: Patentschutz von Computerprogrammen, GRUR 1995, 775-789.

sonderheit, die man bei anderen Verfahrensansprüchen im allgemeinen nicht findet: das Wort „falls". Durch dieses Wort kommt die „Verzweigung" gemäß einem Programmablaufplan nach DIN 66 001 zum Ausdruck. Da ein Programmablauf durch eine oder mehrere Bedingungen verändert werden kann, ergeben sich mindestens zwei Ausgänge: Bedingung erfüllt = Ja und Bedingung nicht erfüllt = Nein.

Der Anspruch 1 eines weiteren erteilten europäischen Patents lautet wie folgt:

EP-B- 185 925

„1. Verfahren zum Einfügen eines Teils eines Dokuments in ein anderes Dokument, wobei das Verfahren dadurch gekennzeichnet ist, daß es die Schritte aufweist:

Anbringen eines Querverweises (Referenzieren) auf diesen Teil in einem anderen Dokument, wobei das Referenzieren bewirkt, daß der Teil des einen Dokuments automatisch in editierbarer Form in das andere Dokument eingefügt und mit ihm in der eingefügten Form angezeigt wird;

und, nach dem Referenzieren des Teils des einen Dokuments im anderen Dokument, Verbinden der Dokumente."

Bei diesem Anspruch fällt auf, daß er keinerlei Hinweis auf einen Computer, auf dessen Speicher etc. enthält. Lediglich die Wendung „daß der Teil des einen Dokuments automatisch ... eingefügt ... wird" deutet darauf hin, daß es sich nicht um ein Verfahren handelt, das nur mittels Schreibpapier ausgeführt werden kann.

In den USA ist der Schutz computerbezogener Erfindungen durch eine jüngere Entscheidung des Court of Appeals for the Federal Circuit und neues Ausbildungsmaterial für die Prüfer des Patentamts, welches diese Entwicklung aufnimmt, ausgedehnt worden. Ausgangspunkt der Entwicklung ist die Entscheidung States Trade Bank & Trust Co. v. Signature Financial Group Inc. des Court of Appeals for the Federal Circuit vom 23. Juli 1998.[405] In dem Verfahren ging es um die Patentierbarkeit eines Datenverarbeitungssystems, das der Überwachung und Aufzeichnung von Informationen über Finanzanlagen und von damit im Zusammenhang stehenden Berechnungen diente. Zugrunde liegt eine Anlagemethode, bei der verschiedene Anlagefirmen ihre Investitionen in einen Pool einbringen, der dann als einziger Anlagen-Pool gemanagt wird. Dies soll zu Kosten- und Steuerersparnissen führen. Das zum Patent angemeldete Computerprogramm ermittel die täglichen Änderungen der in diesem Pool enthaltenen Wertpapiere und berechnet täglich für die beteiligten Anlagefirmen Einnahmen, Ausgaben sowie realisierte und nicht realisierte Gewinne bzw. Verluste. Der besagte Anspruch 1 lautete wie folgt:

„1. A computerized method of allocating funds for a mutual fund among a plurality of funds in a group, comprising the steps of:

a. receiving at least one fund identifier for each of said plurality of funds;

b. receiving at least one risk ranking factor for each of said plurality of funds;

---

405 Vgl. Bodewig, GRUR Int. 1999, S. 96.

c. receiving at least one set of allocation parameters which correspond to the desired allocation of funds relative to a profile of said ranking factors;

d. storing the fund identifiers, the risk ranking factors and the allocation parameters on a computer readable medium;

e. receiving an initial investment value which is to be invested in the funds;

f. receiving an incremental investment allotment value and a period for the incremental investment allotment value;

g. receiving an indication of allowable level of investor risk; and

h. using the stored fund identifiers, the risk ranking factors and the allocation parameters in combination with the initial investment value, the incremental allotment value, the period for the incremental investment allotment value, and the indication of allowable level of investor risk to provide an optimum account allocation between the funds in the group.[406]

Dieser Anspruch läßt kaum mehr „Technizität" erkennen. Weder liegt das zu erreichende Ziel auf technischem Gebiet, noch sind besondere technische Maßnahmen erwähnt, die zu dem Ziel führen. Lediglich Merkmal d. gibt einen Hinweis auf den Speicher eines Computers. In der Beschreibung ist keine spezielle Hardware offenbart. Es sind jedoch hochkomplizierte Flußdiagramme dargestellt und beschrieben. Außerdem enthält die Beschreibung zahlreiche Formeln, die dazu dienen, die Risikofaktoren, Verteilungsbeträge, Zeitabschnitte und Ausführungsdaten vergangener Transaktionen zu berechnen. Diese sind sehr präzise angegeben, so daß man davon ausgehen kann, daß ein durchschnittlicher Programmierer in der Lage ist, entsprechende Berechnungsprogramme aufzustellen.

Ein weiterer Anspruch, der in den neuen Prüfungsrichtlinien des US-Patentamts als „Musteranspruch" diskutiert wird, lautet wie folgt:

„A processing system for performing a plurality of matrix manipulations comprising:

a. means for creating a first R-row by C-column sub matrix consisting of an offset diagonal of non-zero terms, each of the R-rows having at least N non-zero terms equal in number to C, where C is a prime number and the sum of the non-zero terms of each row is less than C !;

b. means for creating a second R-row by C-column sub matrix consisting of an offset diagonal of non-zero terms, each of the R-rows having at least N non-zero terms equal in in number to C, where C is a prime number and the sum of the non-zero terms of each row is less than C !;

---

[406] Abgerufen im März 1999 aus dem Internet unter http://www.uspto.gov/web/offices/pac/compexam/comguide.htm.

c. means for sequentially manipulating the two sub matrixes in a manner such that each matrix interleavedly exchanges a row and column until 2R-C exchanges have been made; and

d. means for matrix multiplying the manipulated matrices; and

e. means for outputting the result."

Dieser Anspruch scheint nach herkömmlichem Verständnis eigentlich nicht patentierbar, da er ein Prozess-System zum Manipulieren und Multiplizieren von Matrizen beschreibt, also im Grunde ein mathematisches Verfahren. Damit hat sich die amerikanische Rechtsprechung sehr weit nach vorne gewagt, obgleich in den USA schon seit fast 20 Jahren vergleichbare Ansprüche erteilt werden, vgl. z.B. US-Patente 4 270 182; 4314 352; 4 314 351; 4 314 347; 4314 339; 4314 338. Diese frühen Patente hatten allerdings noch einen engeren Bezug zur „Hardware" bzw. zu Problemen, die man „technisch" nennen konnte. So bezog sich das US-Patent 4 314 347 auf eine Maschine für die Verarbeitung von seismischen Signalen und für die Beseitigung von Störsignalen. Mit dieser Maschine wurde der Leistungspegel der während einer seismischen Beobachtung bestimmt. Dabei wurden solche Teile des Signals, die von einem Rest des Signals durch inakzeptable Beträge abwichen, beseitigt. Anspruch 1 lautete:

„*1. A method of processing seismic signals, from seismic surveys to reduce the effect of noise bursts on such signals, comprising the steps of:*

(a) recording a plurality of seismic signals from a seismic survey;

(b) determining the power level of a plurality of the recorded seismic signals during a common time interval;

(c) determining the average power level so determined;

(d) removing for the common time interval those seismic signals whose power level deviates from said average power by a predetermined amount to provide a corrected seismic signal in said time interval; and

(e) recording said corrected seismic signal.

Bei diesem Anspruch handelt es sich um einen typischen Tarnkappenanspruch, d.h. man sieht ihm zunächst gar nicht an, daß er er Programm beschreibt. Dies wird erst klar, wenn man die zugehörige Fig. 4 analysiert, die ein Flußdiagramm darstellt und Leistungsberechnungsmethoden enthält.

Die „Computerpogramme" wurden bisher wie selbstverständlich in die Verfahrenspatente eingeordnet. Eine Möglichkeit, Computerprogramme auch als Sachpatente zu formulieren, scheint a priori nicht gegeben, weil der zeitliche Ablauf eines Programms einen Verfahrensanspruch zu erzwingen scheint.

Dennoch ist in den USA der Versuch gemacht worden, Programme auch als Sachansprüche zu formulieren.[407] Vorbild ist hierbei der vor dem US-Patentamt im Verfahren „in re Lowry" erteilte Patentanspruch, der wie folgt lautet:

> „*A memory for storing data for access by an application program being executed on a data processing system, comprising:*
>
> *a data structure stored in said memory, said data structure including information resident in a database used by said application program and including:*
>
> *a plurality of attribute data objects stored in said memory, each of said attribute data objects containing different information from said database;*
>
> *a single holder attribute data object for each of said attribute data objects, each of said holder attribute data objects being one of said plurality of attribute data objects, a being-held relationship existing between each attribute data object and its holder attribute data object, and each of said attribute data objects having a being-held relationship with only a single other attribute data object, thereby establishing a hierarchy of said plurality of attribute data objects;*
>
> *a referent attribute data object for at least one of said attribute data objects, said referent attribute data object being nonhierarchically related to a holder attribute data object for the same at least one of said attribute data objects and also being one of said plurality of attribute data objects, attribute data objects for which there exists only holder attribute data objects being called element data object, and attribute data objects for which there also exist referent attribute data objects being called relation data objects; and*
>
> *an apex data object stored in said memory and having no-beingheld relationship with any of said attribute data objects having a being-held relationship with said apex data object."*

Der Board of Appeals and Interferences ließ diesen Anspruch zu. Im wesentlichen gab er zwei Gründe hierfür an. Wenn eine Maschine in einer bestimmten neuen und nicht naheliegenden Weise programmiert sei, so sei sie physikalisch von der Maschine ohne dieses Programm verschieden. Außerdem bildeten Datenstrukturen, die physikalische Implementierung der Datenorganisation darstellten, die von einer Maschine verarbeitet werden könnten und die nur über komplizierte Software-Systeme zugänglich seien, für in einem Speicher gespeicherte Informationen eine physikalische Organisation und stellten damit physikalische Entitäten dar, die die Leistung des Computerbetriebs dadurch erhöhten, daß bezüglich der Daten der Zugang, die Speicherung und die Löschung erleichtert werde. Vorrichtungs- bzw. Verfahrenansprüche, die diese Datenstrukturen beinhalteten bzw. sich auf diese bezögen, seien deshalb grundsätzlich patentfähig.[408]

---

407 Vgl. W. Tauchert: Elektronische Speicherelemente als Erzeugnisschutz für Computerprogramme?, Mitt. 1997, 207-210.
408 Mitt. 1996, 48-51, mit Anm. von Betten.

Bei dieser Anspruchsformulierung sind die Verfahrensmerkmale in ihrem funktionellen Ablauf oder in ihrer Wirkung als „Datenobjekte" eines Speicherelements beschrieben, also in Form einer Vorrichtung dargestellt. Dabei greift ein Anwenderprogramm über eine Datenverarbeitungsanlage auf die Daten des Speicherelementes zu, oder ist selbst auf dem Speicherelement gespeichert. *Tauchert*[409] hält die Formulierung eines derart speziellen Vorrichtungsanspruchs formal für hinnehmbar. Vergleichsweise seien auch Wirkungsangaben in Vorrichtungsansprüchen erlaubt.[410]

Die deutsche Landesgruppe der Internationalen Vereinigung für gewerblichen Rechtsschutz (AIPPI) hält es nicht für erforderlich, Regeln für die Formulierung von Software-Patentansprüchen aufzustellen.[411] Sie schlägt lediglich vor, dem in den Patentansprüchen angegebenen Verwendungszwecken größere Bedeutung beizumessen, als dies in der deutschen Praxis bei Sachansprüchen bisher der Fall sein.

3.3 Verwendungsansprüche

Verwendungspatente werden nach deutscher Praxis[412] als eine Unterart der Verfahrenspatente angesehen, und zwar entweder des Herstellungs- oder des Arbeitsverfahrens, je nachdem, ob die Verwendung ein Erzeugnis oder einen Zustand hervorbringt.[413] Sie lehren die Verwendung von neuen oder bekannten Sachen oder Vorrichtungen[414] oder Verfahren zu einem neuen Zweck.

Obgleich Verwendungspatente auf allen Gebieten der Technik denkbar sind, haben sie doch ihren eindeutigen Schwerpunkt auf dem Gebiet der Chemie/Pharmazie.

Wird ein an sich bekannter chemischer Stoff erstmals als Arzneimittel eingesetzt, so kann ein Anspruch wie folgt formuliert werden:

„*Stoffgemisch X, zur Verwendung als therapeutischer Wirkstoff*".

War ein Stoff bereits als Arzneimittel für die Behandlung einer Krankheit A bekannt, wurde aber erst später erkannt, daß auch eine Krankheit B mit diesem Arzneimittel erfolgreich behandelt werden kann, kann dies anspruchsmäßig wie folgt ausgedrückt werden:

„*Verwendung des Arzneimittels Y zur Behandlung der Krankheit Z*"

Man spricht hierbei auch oft von der 2. Indikation, auf die weiter unten noch einmal zurückgekommen wird.

In der Spreizdübel-Entscheidung des BGH[415] ist ein mechanischer Verwendungsanspruch angegeben, der vor dem BPatG aus dem deutschen Patent 32 21 917 wie folgt entwickelt wurde:

---

409 a.a.O. (Fußn. 610), S. 207.
410 BGH GRUR 1972, 707 – Streckwalze, BGH GRUR 1965, 303 – Typensatz.
411 GRUR Int. 1997, S. 118-121.
412 Prüfungsrichtlinien des DPA, Kapitel 3.3.7.2. Patentkategorie, Bl.f.PMZ 1995, 269.
413 Schulte, Patentgesetz, a.a.O., § 1 Rdn. 93.
414 BGH GRUR 1982, 162 – Zahnpasta, v. Falck: Die Beschränkung des auf ein Erzeugnis gerichteten Patentanspruchs auf eine bestimmte Art der Verwendung des Erzeugnisses, GRUR 1993, 199-202.
415 GRUR 1990, 508.

> *"Verwendung eines Dübels mit einem Halteteller und einem einen Spreiznagel in einer Kernbohrung aufnehmenden Hohlschaft, der einen in den Untergrund hineinragenden Einsteckbereich mit einem Schlitz und mit nach innen verengter Kernbohrung sowie einen zwischen Halteteller und Einsteckbereich liegenden Überbrückungsbereich aufweist, zur Befestigung von Isolierplatten in der Weise, daß die verengte Kernbohrung in den sich durch die Isolierplatte (11) erstreckenden Überbrückungsbereich (17) hineinreicht und sich der Schlitz (5) in Richtung des Halteteilers (2) bis über die verengte Kernbohrung hinaus in den Überbrückungsbereich (17) erstreckt.*

Ursprünglich hatte der Anmelder einen Dübel als solchen beansprucht und sich dann, vom Stand der Technik in die Enge getrieben, auf eine spezielle Verwendung beschränkt. In dieser Beschränkung sah der BGH einen Verzicht auf den Schutz eines durch das Verfahren etwa unmittelbar hergestellten Erzeugnisses.

Ein weiterer mechanischer Verwendungsanspruch findet sich im europäischen Patent 0 228 536, der in der Fassung der Technischen Beschwerdekammer des Europäischen Patentamts wie folgt lautet:

> *"Verwendung eines Behälters, bestehend aus einem kontinuierlichen Streifen (1) aus transparentem Material, welcher längsgefaltet und entlang Querlinien (3) verschweißt ist, um eine Vielzahl von Quertaschen (4) zu bilden, die an einem Ende geschlossen und am anderen Ende offen sind, wobei der Streifen (1) eine Vielzahl von Referenzmarken (6) aufweist, die durch einen Abstand zwischen den Achsen benachbarter Quertaschen (4) voneinander getrennt sind, als Behälter zur Aufnahme montierter (im folgenden: gerahmter) Dias, wobei jede Tasche angepaßt ist, um eine vorbestimmte Vielzahl gerahmter Dias zu enthalten, und so ausgebildet ist, daß die Dias in die Tasche durch deren offenes Ende eingeführt werden und das Einführen eines Dias das vorher eingeführte Dia in der Tasche vorwärts bewegt."*

Über den Schutzbereich dieses Anspruchs hat sich das LG Düsseldorf geäußert.[416] Hierauf soll jedoch an dieser Stelle nicht eingegangen werden. In der Regel ist der Schutzbereich eines Verwendungsanspruchs enger als der eines Verfahrens- oder Vorrichtungsanspruchs. Dies muß jedoch nicht in jedem Fall gelten, so daß *Sieckmann*[417] empfiehlt, schon bei jeder Patentanmeldung an den zusätzlichen Einbau eines Vewendungsanspruchs zu denken. Ein späterer Kategorienwechsel, der eine Erweiterung des Schutzbereichs bedeuten würde, ist im allgemeinen nicht zulässig.

Verwendungsansprüche sind in den USA (und in Spanien) nicht zulässig. Hierauf muß bei Auslandsanmeldungen geachtet werden.

3.4 Sonderformen von Patentansprüchen

Für eine Reihe von Erfindungs- und damit Anspruchsarten wurden eigene Begriffe geschaffen, ohne daß diese Begriffe eine neue Kategorie bezeichnen. Mit diesen Begriffen werden zumeist die Entstehung einer Erfindung bzw. ihre Relation zum Stand der Technik umschrieben.

---

416 Mitt. 1999, S. 155-157.
417 R. Sieckmann: Der Verwendungsanspruch, GRUR 1998, S. 85-87.

3.4.1 Mischform-Ansprüche

Eine genaue Analyse der erteilten Patente zeigt, daß der reine Vorrichtungs- oder Verfahrensanspruch eher die Ausnahme denn die Regel ist. Oft enthalten die Ansprüche neben Vorrichtungsmerkmalen auch Verfahrensmerkmale oder umgekehrt. Unzweifelhaft ist nach heutiger Rechtslage, daß in Verfahrensansprüchen auch Vorrichtungsmerkmale verwendet werden dürfen, ohne daß hierdurch aus einem Verfahrensanspruch ein Vorrichtungsanspruch wird.[418]

Andererseits ist es auch möglich, in Vorrichtungsansprüchen Funktionsangaben einzufügen, die im Grunde Verfahrensmerkmale darstellen, denn eine Funktion läuft in der Zeit ab.[419]

Beispielsweise hat in dem oben wiedergegebenen „Verfahrens"-Anspruch 1 der europäischen Patentschrift 484 362 das Merkmal

> *„daß der Zeit der Auslesung vom Anfang des Datenstrings bis zum ausgewählten Zeitwert jeweils eine Speicheradresse zugeordnet ist, die mindestens einen Datensatz adressiert."*

eigentlich nichts mit einem Verfahrensschritt zu tu, denn es beschreibt lediglich eine (statische) Zuordnung und (statische) Adressierung.

Auch der als Vorrichtung formulierte Anspruch 1 des oben erwähnten v.-Lieben-Patents enthält im Kennzeichen Verfahrens- bzw. Funktionsangaben. Während der Oberbegriff klar von einem „Kathodenstrahlrelais", also einer Vorrichtung ausgeht, wird in Kennzeichen die Lehre vermittelt, die Kathodenstrahlen „derart" zu beeinflussen, daß sie in ihrem Stromkreis Wellen gleicher Frequenz, aber höherer Amplitude hervorrufen. Die Mittel zur Beeinflussung, die eigentlich in einem Vorrichtungsanspruch angegeben werden sollten, fehlen gänzlich. Statt dessen wird das Verfahrensmerkmal des „Beeinflussens" zu Lösung des Problems vorgeschlagen.

Soweit der Inhalt eines Patentanspruchs für den Durchschnittsfachmann verständlich ist, dürfte die Abweichung von der Idealform seiner Kategorie hinnehmbar sein.[420]

3.4.2 Kombinationsansprüche

Vielfach wird angezweifelt, ob es überhaupt einen Sinn macht, von Kombinationserfindungen zu sprechen, weil sich alle Erfindungen aus bekannten Elementen zusammensetzten und somit Kombinationserfindungen seien. Richtig ist hieran, daß die überwältigende Mehrheit aller erteilten Patente Ansprüche enthält, die sich aus mehreren Merkmalen zusammensetzen. Wie jedoch schon *Pietzcker*[421] gezeigt hat, gibt es dennoch Ansprüche, die nur aus einem Merkmal bestehen, z.B.

> *Ladestock, dadurch gekennzeichnet, daß er aus Eisen besteht*

oder

---

[418] F.-W. Engel, Patentkategorie bei Vorrichtungserfindungen, Mitt. 1976, S. 227-23; G. Hesse, Vorrichtungsansprüche in Verfahrenspatenten, Mitt. 1969, S. 246-252; P. Belser, Sind Verfahrensansprüche mit Vorrichtungsmerkmalen zulässig, GRUR 1979, 347-350.
[419] Blumer, a.a.O., S. 86 ff.
[420] Blumer, a.a.O., S. 130/131.
[421] Pietzcker, Patentgesetz, Teil I, 1929, § 1 Rdn. 114.

Halter für Glühfäden elektrischer Glühlampen, dadurch gekennzeichnet, daß er aus Molybdän besteht.

Die Lehre dieser Ansprüche bezieht sich nur auf ein einziges Merkmal, nämlich die Materialeigenschaft. Eine Kombination zwischen Halter und Molybdän liegt nicht vor, weil der Halter ohne Molybdän selbst nicht existent ist. d.h. es handelt sich nicht um eine Halter-Hülle (aus einem anderen Material), die mit Molybdän aufgefüllt wird, sondern der Halter selbst besteht aus Molybdän.

Auch bei Verfahrenserfindungen sind Ein-Element-Ansprüche denkbar. Soll beispielsweise ein Fernsehgerät durch einen Näherungsschalter eingeschaltet werde, so könnte ein Anspruch wie folgt formuliert werden:

Verfahren zum Einschalten eines Fernsehgeräts mittels eines Näherungsschalters, dadurch gekennzeichnet, daß eine Hand in einen Abstand von wenigstens 10 cm zu dem Näherungsschalter gebracht wird.

Der Vorgang, eine Hand in einen vorgegebenen Abstand zu einem Näherungsschalter zu legen, ist nicht mehr in verschiedene Einzelschritte aufgliederbar. Auch der oben bereits diskutierte Verwendungsanspruch ist ein Ein-Schritt-Verfahrensanspruch, wenn man in dem Einsatz eines bekannten Mittels für einen neuen Zweck einen „Schritt" sieht.

Letztendlich kann die Frage, ob ein Kombinationsanspruch oder ein Ein-Merkmal-Anspruch vorliegt, jedoch nur beantwortet werden, wenn Klarheit darüber besteht, was man unter einem „Merkmal" oder einem „Element" versteht.[422]

Die Kombinationserfindung stellt keine eigene Kategorie dar. Ihre Bedeutung liegt vielmehr in der Bewertung von Neuheit und insbesondere Erfindungshöhe einer Erfindung. Offenbar neigen einige Prüfer auch heute noch dazu, die alte Vorstellung am Leben zu halten, daß die Gesamtwirkung einer Kombinationserfindung größer sein müsse als die Summenwirkung der Einzelmerkmale, denn anders ist es nicht verständlich, daß der BGH noch am 12. Mai 1998 einen Leitsatz formulieren mußte, der wie folgt lautet:

„*Das Naheliegen der Einzelmerkmale einer Vorrichtung begründet für sich noch nicht das Naheliegen der Kombination aus ihnen.*"[423]

Einen Rückfall in alte Ansichten scheint auch der Beschluß des EPA vom 17. Juni 1998 darzustellen, der besagt:

„*Enthält der Patentanspruch Merkmale, die einander beeinflussen können, aber nicht beeinflussen müssen und fehlt es im Patentanspruch an einer sie verknüpfenden Beziehung, ist jedes dieser Merkmale bei der Beurteilung der erfinderischen Tätigkeit für sich zu betrachten.*"[424]

---

422 Willi Schickedanz: Die Kombinationserfindung in neuerer Sicht, GRUR 1970, S. 340-350.
423 BGH Mitt. 1998, S. 356-358 – Stoßwellen-Lithotripter = BGH GRUR 1999, 145-148.
424 Mitt. 1998, S. 302-304.

3.4.2.1 Unterkombinationen

Unter Unterkombinationen versteht man Teilkombinationen eines Kombinationsanspruchs. Besteht beispielsweise ein Kombinationsanspruch aus den Elementen a), b), c), d), e), so kann sich die Frage stellen, ob die Elemente c) und d) für sich genommen patentfähig sind und einen eigenständigen Schutz gewähren. Diese Frage der Patentfähigkeit ist jedoch nicht Gegenstand des vorliegenden Werks.

3.4.3 Aggregationsansprüche

Der Aggregationsanspruch stellt ebenfalls keine eigene Patentkategorie dar. Bei ihm handelt es sich um einen Anspruch, der die (überholten und überhöhten) Anforderungen an den Kombinationsanspruch nicht erfüllt.[425] Wie oben bereits ausgeführt, wird in den USA auch bisweilen ein Anspruch als Aggregationsanspruch bezeichnet, bei dem nur einzelne Elemente aufgezählt sind, ohne deren Zusammenwirken zu erläutern.

3.4.4 Mittelansprüche

Der Mittelanspruch wird bisweilen als verkappter Verwendungsanspruch angesehen: z.B. „Herbizid, enthaltend den Wirkstoff X" statt „Verwendung des Wirkstoffes X als Herbizid".[426] Der Vorteil des Mittelanspruchs soll darin bestehen, daß das Präparat einen zweckgebundenen Stoffschutz genießt, der indes rechtstheoretisch umstritten ist. Für Mittelansprüche ist nach *Benkard*[427] seit der Aufhebung des Stoffschutzverbots kein Raum mehr.

Gemäß der BGH-Entscheidung „Sitosterylglykoside"[428] hatte der Anmelder in erster Linie Patentansprüche verfolgt, die auf ein

Arzneimittel zur Behandlung von gutartiger Prostatahypertropie und von rheumatoiden Erkrankungen, enthaltend β-Sitosterolglykosiden und/oder -glykosidester.

gerichtet waren. Mit den Hilfsanträgen hatte er die Patentansprüche auf die

Verwendung von β-Sitosterolglykosiden und/oder -glykosidestern zur Behandlung von gutartiger Prostatahypertropie und von rheumatoiden Erkrankungen

gerichtet. Die beiden Ansprüche unterscheiden sich inhaltlich kaum. Der erste erweckt zwar den Anschein eines Sachanspruchs, ist aber im Grunde ein Verwendungsanspruch. Man kann im Mittelanspruch auch einen Stoffanspruch sehen, der sich von diesem durch die Angabe der Zweckbestimmung unterscheidet,[429] z.B. Stoff zum Zwecke der Bekämpfung einer Krankheit, eines Schädlings, von Pilzen.[430] Ist die Zweckangabe

---

425 Vgl. Schickedanz, a.a.O. (Fußn. 625), S. 346 Nr. 4.
426 Volker Münch, Patentbegriffe von A bis Z, a.a.O., S. 41; Busse, a.a.O., § 1 Rdn. 155.
427 a.a.O., § 1 Rdn. 39.
428 GRUR 1982, S. 548-550.
429 BGH GRUR 1977, 652 – Benzokulfonylharnstoff.
430 BGH GRUR 1970, 601 – Fungizid.

an sich überflüssig, handelt es sich um einen reinen Stoffanspruch, sonst um einen zweckgebundenen Sachanspruch oder einen Verwendungsanspruch.[431]

3.4.5 Erste medizinische Indikation

In Art. 54(5) EPÜ, § 2(3) PatG 1978 oder § 3(3) PatG 1981 wird zugestanden, daß Stoffe oder Stoffmischungen, die zum Stand der Technik gehören, nicht vom Patentschutz ausgeschlossen sind, wenn sie in einem der in Art. 52(4) EPÜ, § 2b(2) PatG 1978 oder § 5(2) PatG 1981 erwähnten Verfahren verwendet werden; d.h. in einem therapeutischen oder diagnostischen Verfahren, und wenn diese Verfahren zum Stand der Technik gehören. Es wird also eine Patentierung bekannter Stoffe oder Stoffgemische zugelassen, sofern diese zur Anwendung bei einer chirurgischen oder therapeutischen Behandlung des menschlichen oder tierischen Körpers oder bei einem Diagnostizierverfahren gelangen. Hierdurch wird Rücksicht darauf genommen, daß medizinische Verfahren nicht patentierbar sind (§ 5 Abs. 2 PatG; Art. 54 Abs. 5 EPÜ). Im Fall einer ersten neuen und erfinderischen Verwendung eines bekannten Produkts auf einem therapeutischen Gebiet kann also Produktschutz gewährt werden. In der Entscheidung „Pyrrolidine-Derivate/Hoffmann-LaRoche"[432] (T 128/82, ABl. EPA 1984, 164) hat das Europäische Patentamt festgestellt, daß im Falle einer ersten Indikation eine spezielle Definition des Krankheitsgebiets im Patentanspruch nicht angegeben werden muß. Der Ausdruck „für die Verwendung als Arzneimittel" soll genügen. Der Anspruch 1, um den es bei der europäischen Patentanmeldung 79 100 378.3 mit der Veröffentlichungsnummer 0 003 602 ging, hatte nachfolgend wiedergegebene Form:

1. Pyrrolidin-Derivate der allgemeinen Formel

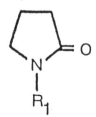

worin R1 o-Methoxybenzoyl, m-Methoxybenzyl, p- Methoxabenzyl oder p-Fluorbenzyl bedeutet als pharmazeutische Wirkstoffe.

Das EPA führte aus, daß die Anmelderin der Fachwelt eine neue Lehre vermittelt habe, die bisher nicht als pharmakodynamisch aktiv beschriebenen Pyrrolidin-Derivate der Formel I als therapeutische Wirkstoffe, insbesondere als der cerebralen Insuffizienz entgegenwirkende bzw. die intellektuelle Leistungsfähigkeit verbessernde Wirkstoffe, zu verwenden. Allerdings gehörten die den beanspruchten Wirkstoffen zugrundeliegenden Pyrrolidin-Derivate zum Stand der Technik. Die Anwendung zu irgendeinem Verfahren gemäß Art. 52 Abs. 4 EPÜ gehörten aber nicht zum Stand der Technik. Damit wird Stoffschutz gewährt, obgleich der Stoff als solcher bekannt ist und auch das Verfahren als solches, in dem der Stoff zum Einsatz kommt, zum Stand der Technik gehört. Neu muß lediglich die Anwendung des bekannten Stoffs in einem bekannten Verfahren

---

431 Schulte, Patentgesetz, a.a.O., § 1 Rdn. 89, 108.
432 T 128/82, ABl. EPA 1984, S. 164 ff.

sein, sofern dieses Verfahren zur chirurgischen oder therapeutischen Behandlung dient oder ein Diagnoseverfahren ist.

Die gesetzlichen Regelungen zur ersten medizinischen Indikation stellen eine nicht analogiefähige Sonderregelung für den pharmazeutischen Bereich als Ausnahme von dem Grundsatz, daß eine neue Verwendung nicht die Neuheit des Erzeugnisses oder der Vorrichtung begründet.[433]

3.4.6 Zweite medizinische Indikation

Das deutsche (§§ 5 (2), 3 (3) PatG) und das europäische (Art. 52 (4), 54 (5)EPÜ) Patentgesetz gewähren bei einem zweckgebundenen Stoffanspruch nur für die erste therapeutische Verwendung einen Schutz. Über einen eigenen Verwendungsanspruch kann allerdings auch eine zweite therapeutische Verwendung geschützt werden; man spricht dann von der Zweiten Indikation. Bei der Zweiten Indikation handelt es sich somit lediglich um einen besonderen Verwendungsanspruch. In dem Beschluß des BGH vom 20.1.1977[434] ist ein solcher Verwendungsanspruch wiedergegeben:

„Verwendung des Benzolsulfonylharnstoffs gemäß Anspruch 1 oder dessen Salze bei der Bekämpfung von Diabetes."

Dieser Anspruch wurde für zulässig gehalten. Ein Verfahren, so der BGH, das die Anwendung eines Stoffs zum Bekämpfen einer Krankheit zum Gegenstand habe, sei patentierbar, sofern es neben der therapeutischen Verwendung in der Hand des Arztes auch die Möglichkeit gewerblicher Verwertung biete.[435]

Das EPA teilt die Ansicht des BGH offenbar nicht. In seiner Entscheidung „Zweite medizinische Indikation/BAYER" vom 8.12.1984[436] hat es ausgeführt:

„I. Ein europäisches Patent kann nicht mit Patentansprüchen erteilt werden, die auf die Verwendung eines Stoffes oder Stoffgemisches zur therapeutischen Behandlung des menschlichen oder tierischen Körpers gerichtet sind.

II. Ein europäisches Patent kann mit Patentansprüchen erteilt werden, die auf die Verwendung eines Stoffes oder Stoffgemisches zur Herstellung eines Arzneimittels für eine bestimmte neue und erfinderische therapeutische Anwendung gerichtet sind."

3.4.7 Funktionsansprüche

Unter einer Funktionserfindung versteht man eine technische Erfindung, die auf der Entdeckung einer neuen Funktion. d.h. der spezifischen Wirkungsweise eines an sich bekannten Verfahrens oder Gegenstands beruht.[437] Der Erfinder des deutschen Patents 288 158 hatte beispielsweise erkannt, daß bei einem schon bekannten Verfahren, bei welchem Wasser über Dreh- und Hobelspäne geleitet wird, gleichzeitig eine Gasaus-

---

433 Busse, a.a.O., § 3 Rdn. 195.
434 GRUR 1977, S. 652-654 – Benzolsulfonylharnstoff.
435 Hansen/Hirsch, a.a.O., S. 256-264.
436 ABl. EPA 1985, S. 60-63.
437 Braune, GRUR 1963, 105, l. Sp.

scheidung von in Wasser absorbierten Gasen auftrat. Wird ein Patentanspruch nur auf die neu erkannte Funktion gerichtet, ohne daß eine neue technische Lehre vermittelt wird, so definiert er eine nicht schützbare Entdeckung.[438]

3.4.8 Anwendungsansprüche

Unter einer Anwendungserfindung wird eine Erfindung verstanden, bei der gelehrt wird, einen bekannten Stoff oder eine bekannte Vorrichtung zu einem neuen Zweck zu verwenden, sofern diese Lehre Erfindungshöhe besitzt. Als Anwendungserfindung gilt beispielsweise die Verwendung eines Farbstoffs zur Bodendüngung.[439] Zwischen einer Anwendungs- und einer Verwendungserfindung besteht kein Unterschied, so daß die obigen Ausführen zu den Verwendungsansprüchen auch für Anwendungsansprüche gelten.

3.4.9 Übertragungsansprüche

Von einer Übertragungserfindung im engeren Sinn wird dann gesprochen, wenn ein auf einem technischen Gebiet bereits bekanntes Mittel oder Verfahren unverändert auf ein anderes technisches Gebiet übertragen und dort verwendet wird.[440] Der Anspruch einer Übertragungserfindung kann etwa wie folgt formuliert werden:

Übertragung einer für die Ablenkung eines Elektronenstrahls dienenden und aus der Fernsehtechnik bekannten Sattelspule auf Leistungselektronenstrahlen, die zum Aufschmelzen von Metall vorgesehen sind.

Ansprüche, die als Übertragungsansprüche formuliert sind, sind extrem selten. Meistens handelt es sich um normal formulierte Ansprüche, bei denen sich erst im Laufe des Prüfungsverfahrens herausstellt, daß sie eine Übertragung eines bereits bekannten Prinzips beinhalten. Der Tatsache, daß eine Übertragung stattgefunden hat, wirkt sich dann in der Regel erschwerend für die Überwindung der Hürde der erfinderischen Tätigkeit aus. Anders ausgedrückt: Übertragungserfindungen werden selten patentiert. Im konkreten Fall der Sattelspulen-Übertragungs-Erfindung wurde ein Patent erteilt, dessen Anspruch 1 wie folgt lautet (vgl. Deutsches Patent Nr. 42 08 484, korrespondierend zum US-Patent Nr. 5 532 446):

1. Magnetisches Ablenksystem für einen HochleistungsElektronenstrahl mit einer ausgedehnten Querschnittsfläche, der zum Schmelzen oder Verdampfen von vorzugsweise metallischen Materialien verwendet wird, gekennzeichnet durch

a) ein rotationssymmetrisches Joch mit einem inneren Mantel und einem äußeren Mantel, wobei der Abstand des inneren Mantels zur Symmetrieachse des Jochs in Strahlrichtung zunimmt, und

---

438 Willi Schickedanz: Die wechselseitigen Beziehungen zwischen Funktions-, Anwendungs-, Auswahl- und zweckgebundenen Stofferfindungen, GRUR 1971, S.192-203.
439 Lutter, MuW 1941, 81, 82.
440 Benkard, a.a.O., § 1 Rdn. 77.

b) eine Sattelspule, welche an die Form des rotationssymmetrischen Jochs angepaßt ist.

Als weitere Beispiele von Übertragungserfindungen gelten die Übertragung einer im Hochofen eines Hüttenwerks gebräuchlichen Vorrichtung auf das Walzwerk eines Hüttenwerks[441] oder die Übertragung einer Saugluftfördereinrichtung für Samenbaumwolle auf eine Schnittabakzigarettenmaschine.[442]

3.4.10 Auswahlansprüche

Mit Auswahlerfindung werden vornehmlich solche technischen Lehren bezeichnet, die aus einer im Stand der Technik mit einer umfassenden Bezeichnung umschriebenen Vielzahl von Mitteln ein dort nicht ausdrücklich genanntes spezielles Mittel auswählten;[443] z.B. aus einer in einer Druckschrift mit einer Gruppenbezeichnung oder -formel umschriebenen Gruppe oder Gattung von Stoffen einen bestimmten Stoff oder eine Untergruppe – einen Alkohol zu einer bestimmten Stellung der Hydroxylgruppe aus der Stoffgattung Alkohol.[444] Bei diesen Auswahlerfindungen ist zweifelhaft, ob sie neu sind und/oder auf einer erfinderischen Tätigkeit beruhen.[445] Ein Beispiel eines Auswahlerfindungs-Anspruchs ist in BPatG 8, 18 angegeben:

„Wasserhaltige Waschmittelpasten aus oberflächenaktiven, anionogenen Substanzen des Sulfonat- und/oder Sulfattyps und Sulfaten äthoxylierter Fettalkohole, dadurch gekennzeichnet, daß sie die oberflächenaktiven Substanzen in möglichst salzarmer Form und die Sulfate solcher äthoxylierter Fettalkohole, die in der aliphatischen Kette 12 bis 14 C-Atome und maximal drei Äthylenoxydgruppen besitzen, in einer Menge von höchstens 10% bezogen auf die fertige Paste, enthalten, und daß die Menge der Äthoxylfettalkoholsulfate etwa 10 bis 17% der Gesamtmenge der waschaktiven Stoffe der Paste beträgt."

Aus der schweizerischen Patentschrift 289 042 war die allgemeine Lehre bekannt, pulver- oder pastenförmige Waschmittel aus

a) Salzen bestimmter Alkylbenzolsulfonsäuren und

b) sauren Schwefelsäureestern von Monoalkyläthern bestimmter, mehrwertiger, aliphatischer Alkohole,

wobei das Mischungsverhältnis dieser beiden Komponenten völlig offengelassen war, herzustellen. Das Bundespatentgericht sah das Verdienst der Anmelderin darin, aus der Vielzahl der möglichen Mischungsverhältnisse der beiden Waschmittelkomponenten gemäß der schweizerischen Patentschrift 289 042 einen durch diese keineswegs nahegelegten engbegrenzten Bereich des Mischungsverhältnisses gefunden zu haben, der die Herstellung stabiler lagerfähiger Waschmittelpasten erlaube. Es handele sich demnach

---

441 PA Mitt. 1932, 344.
442 RG GRUR 1943, 120, 122.
443 Bernhardt/Krasser, a.a.O., § 17, Nr. 6; ABl.EPA 1985, 209, 213 f
444 Benkard, a.a.O., § 1 Rdn. 81.
445 M. Balk: Zur Patentfähigkeit von Stoffauswahlerfindungen, Mitt. 1973, 45-46.

3 Patentanspruchskategorien und Anspruchs-Sonderformen 263

bei dem durch den geltenden Hauptanspruch gekennzeichneten Anmeldungsgegenstand um eine echte Auswahlerfindung, welcher die erforderliche Erfindungshöhe nicht abgesprochen werden könne.

In seinem Beschluß vom 27.6.1972 hat der BGH ebenfalls eine Auswahlerfindung definiert:[446]

> *1. Die Lehre, mit einem bekannten, selektiven Herbicid bestimmte Unkräuter zu vernichten, kann eine Auswahlerfindungen sein, wenn sie für den Durchschnittsfachmann nicht nahegelegen hat. Bei der Beurteilung dieser Frage ist neben der Überwindung eines in der Fachwelt bestehenden Vorurteils und der Lösung eines dringenden, bisher ungelösten Bedürfnisses auch ein überraschender Fortschritt als beispielhafter Anhaltspunkt zu berücksichtigen."*

Auch aus dieser Entscheidung ist ersichtlich, daß die Auswahlerfindung in erster Linie ein Problem von Neuheit und erfinderischer Leistung ist.

3.4.11 Pionierpatentansprüche

Von Pionierpatenten spricht man, wenn Patente für Erfindungen erteilt werden, die der Technik ein ganz neues Gebiet erschließen oder bahnbrechende Erkenntnisse vermitteln. Wegen dieses Verdienstes wird oft vorgeschlagen, den Pionierpatentansprüchen einen besonders weiten Schutzbereich zuzubilligen. Die unter III.1 erwähnten Transistor-Patente zählen zu den Pionierpatenten. Für die Formulierung von Patentansprüchen von Pioniererfindungen gilt nichts anderes als für alle anderen Erfindungen. Auch bei letzteren ist stets der größtmögliche Schutzumfang anzustreben.

3.4.12 Wegelagerer- und Sperrpatentansprüche

Wegelagerer- oder Sperrpatente werden Patente genannt, die der Inhaber nur dazu verwendet, um die Konkurrenz auf bestimmten technischen Gebieten lahmzulegen, ohne selbst danach zu arbeiten. Für die Formulierung von Patentansprüchen solcher Patente gelten keine Besonderheiten.

3.4.13 Zusatzpatentansprüche

Bezweckt eine Erfindung die Verbesserung oder weitere Ausbildung einer anderen, dem Anmelder durch ein Patent geschützten Erfindung, so kann er bis zum Ablauf von achtzehn Monaten nach dem Tag der Einreichung der Anmeldung oder, sofern für die Anmeldung ein früherer Zeitpunkt als maßgebend in Anspruch genommen wird, nach diesem Zeitpunkt die Erteilung eines Zusatzpatents beim Deutschen Patentamt betragen, das mit dem Patent für die ältere Erfindung endet (§ 16 Abs. 1, Satz 2 PatG). Das europäische[447] und amerikanische Patentrecht kennen kein Zusatzpatent.

Die Anspruchsfassung für ein Zusatzpatent ist nicht zwingend vorgeschrieben (BPatGE 5, 81). Es ist jedoch üblich, den kompletten Hauptanspruch des Grundpatents zum Oberbegriff des Hauptanspruchs zu machen und im Kennzeichen die zusätzlichen

---

446 Bl.f.PMZ 1973, 257; BPatGE 15, 266.
447 Bossung, GRUR Int. 1975, 333.337.

Merkmale der Zusatzerfindung anzugeben. Formal gleicht damit der Zusatzpatentanspruch einem Jepson-Anspruch.

4 Patentanspruchs-Vokabular

Die Sprache der Patentansprüche gehorcht unzweifelhaft eigenen Regeln und ist oft auch für Techniker schwer verständlich. Für den Außenstehenden sind die Begriffe „dadurch gekennzeichnet" oder „gekennzeichnet durch" typisch für Patentansprüche. Neben diesen Begriffen gibt es indessen noch eine Reihe anderer Ausdrücke, die häufig in Patentansprüchen verwendet werden und nicht selten eine rechtliche Relevanz besitzen.

4.1 Unbestimmter und bestimmter Artikel

Die Verwendung des bestimmten oder unbestimmten Artikels in Verbindung mit einem Substantiv hat keinen rechtlichen, sondern lediglich einen sprachlichen Hintergrund. Wird ein Substantiv, z.B. „Hülse", in einem Anspruch zum ersten Mal verwendet, erscheint es zunächst als „eine Hülse". Bei allen nachfolgenden Verwendungen wird das Wort „Hülse" in Verbindung mit dem bestimmten Artikel gebraucht, so daß der Leser weiß, daß es sich bei „der Hülse" um diejenige handelt, die vorstehend in allgemeiner Form eingeführt wurde.

Wird in einem US-Patentanspruch ein Begriff im Anspruch sofort mit dem bestimmten Artikel, z.B. „the container" eingeführt, so beanstandet dies der Prüfer in der Regel mit dem Hinweis auf „lacking antecedent", hier „a container".

Unklare Rückbezüge haben natürlich, wie alle sprachlichen Ungenauigkeiten, auch Rückwirkungen auf das Verständnis eines Anspruchs. Wird die oben erwähnte „Hülse" nicht mit dem unbestimmten Artikel eingeführt, so mag dieser Mangel behebbar sein, solange es ohnehin nur eine Hülse gibt. Verwendet die Erfindung dagegen zwei verschiedene Hülsen, so besteht die klarste Formulierung darin, von „einer ersten Hülse" und „einer zweiten Hülse" zu sprechen und diese Hülsen später im bestimmten Artikel als „die erste" bzw. „die zweite Hülse" erscheinen zu lassen. Dies ergibt zwar keinen Patentanspruch, der das Herz eines Deutsch-Lehrers höher schlagen läßt, doch ist er klar und eindeutig.

4.2 Relative Begriffe

In nicht wenigen Ansprüchen finden sich Begriffe wie „groß", „klein", „schnell", „nahe" etc., ohne daß zahlenmäßig angegeben ist, was hierunter verstanden werden soll. Solche Begriffe sollten vermieden werden, weil in einem Verletzungsprozeß kaum ermittelbar ist, welcher Bereich gemeint ist. Was heißt z.B., daß zwei Kondensatorplatten „nahe" beieinander angeordnet sein sollen? Es bleibt bei einer solchen Formulierung zumeist offen, ob 10 cm oder 10nm gemeint sind, wenngleich über das Wissen des Durchschnittsfachmanns Extremwerte oft eliminiert werden können.

Zu den relativen Begriffen zählen auch „im wesentlichen", „ungefähr", „ähnlich", „vergleichbar", „besser". Obgleich diese Begriffe ebenfalls unbestimmt sind, werden sie bisweilen zugelassen, weil sie als „Weichzeichner" von (zu) scharf definierten Ansprüchen dienen können. Beispielsweise ist es im Sinne der Klarheit eines Anspruchs sehr erwünscht, einen UV-Lichtwellenbereich exakt von der Anfangswellenlänge bis zur

Endwellenlänge anzugeben. Leider hören die mit einer Erfindung erzielten Effekte, die mit UV-Licht erreichbar sind, nicht abrupt an den angegebenen Grenzen auf, so daß die Anmelder zu dem Hilfsmittel des Begriffs „im wesentlichen" greifen. Hierdurch soll vermieden werden, daß ein Bruchteil eines Nanometers neben der angegebenen Grenze bereits der Bereich der Patentfreiheit beginnt. Eine pauschale Regel dafür, wann solche Begriffe noch vertretbar sind und wann sie als unzulässig zu gelten haben, kann nicht angegeben werde, weil dies stark vom Einzelfall und jeweiligen Fachwissen abhängig ist.

Nicht zu den vagen Begriffen zählen „mindestens", „weniger als", „oberhalb" etc., weil sie meistens eine exakte Grenze definieren. Sie sind deshalb in der Regel zulässig.

4.3   Alternativausdrücke („oder")

Der Begriff „oder" im Patentanspruch wird von vielen Prüfern beanstandet, weil er keinen klaren Schutzbereich definiert. Kann für die Realisierung einer Erfindung beispielsweise sowohl die Gravitationskraft als auch eine Federkraft dienen, wäre es nicht optimal, von „Gravitationskraft" oder „Federkraft" zu sprechen. Besser wäre es in einem solchen Fall, entweder einen Begriff zu verwenden, der beide Begriffe in sich vereint oder zwei nebengeordnete Ansprüche zu formulieren.

4.4   Positive und negative Formulierungen

Patentansprüche sollen „positiv" formuliert werden, d.h. sie sollen beschreiben, welche Merkmale die beanspruchte Erindung aufweist und nicht, auf welche Merkmale sie verzichtet.[448] Der von *Hartig* als vorbildlich angesehene Pfeffermühlen-Anspruch ist in diesem Sinn ein abschreckendes Beispiel, denn er definiert,

> „... daß die Drehachse nicht durch diesen Behälter hindurchzugehen braucht."

Wie die Drehachse verlaufen soll, ist nicht angegeben. Bereits *Wirth* hat den angeblich idealen Pfeffermühlen-Anspruch in mehrfacher Hinsicht kritisiert[449] und u.a. ausgeführt:

> *„Dem deutschen Anspruch aber könnte man vielfach den Vorwurf machen, daß er nicht logisch korrekt sei, weil man nicht durch „negative Merkmale" definieren soll, und daß eine „nicht vorhandene Achse" in einem logisch korrekten Anspruch dadurch richtig ausgedrückt werde, daß sie unter den notwendigen Merkmalen nicht genannt wird "* (S. 78).

Negative formulierte Merkmale können dennoch nicht grundsätzlich ausgeschlossen werden, wie z.B. das von *Blumer*[450] gegebenen Beispiel der „berührungslosen Lagerung" zeigt.

In den USA wurden negative Definitionen nur in außergewöhnlichen Fällen zugelassen. Heute ist jedoch in (MPEP 2173.05(i)) geregelt:

---

448 Richtlinien EPA, C-III, 4.12.
449 Wirth/Isay, a.a.O., S. 77-94.
450 Blumer, a.a.O., S. 77-81.

„The current view of the courts is that there is nothing inherently ambiguous or uncertain about a negative limitation"

Beispielsweise wird akzeptiert „not in excess of 10% structure" oder „incapable of forming a dye with.". Ausdrücke wie „noncircular", „nonmagnetic" oder „colorless" bereiteten eigentlich nie Probleme, weil anders eine Erfindungsbeschreibung oft nicht möglich ist. Obgleich negative Definitionen im Grundsatz möglich sind, sollten sie dennoch nur in Ausnahmefällen verwendet werden.[451]

4.5 „-bar"-Wendungen

Nicht selten finden sich in Patentansprüchen Begriffe wie „aufladbar", „verbindbar", „aufheizbar", „schließbar" und dergleichen. Durch die Verwendung solcher Begriffe soll eine zu strikte Festlegung vermieden werden. Heißt es beispielsweise in einem Patentanspruch, daß ein Endverstärker mit einem Lautsprecher verbunden ist, so stellt sich die Frage, ob noch eine Patentverletzung vorliegt, wenn der Verstärker vom Lautsprecher elektrisch getrennt wird. Um solche Zweifel auszuschließen, wird oft formuliert, daß der Endverstärker mit dem Lautstärker „verbindbar" sei. Allerdings beinhalten solche „-bar"-Ansprüche leicht die Gefahr, daß sie vom Prüfer als bekannt oder naheliegend zurückgewiesen werden, weil auch im Stand der Technik vorhandene Endverstärker mit einem Lautsprecher „verbindbar" sind. Auch in Verletzungsprozessen kann sich die Verwendung des Begriffs „veränderbar" statt „verändert" als Bumerang erweisen.[452] In vielen Fällen läßt sich das in der Tat oft unglückliche „-bar" durch eindeutige und nichteinschränkende Umschreibungen ersetzen.

4.6 Disclaimer

Disclaimer-Ansprüche kommen relativ häufig bei Chemie-Erfindungen vor. Sie beinhalten eine freiwillige Beschränkung, etwa indem bestimmte konkrete Lösungen einer allgemeinen Formel vom Schutz ausgenommen werden.

Ein solcher Anspruch kann etwa wie folgt lauten:

„Verbindung der allgemeinen Formel ..., ausgenommen folgende Verbindungen: ..."

Nicht selten wird eine solche Beschränkung angesichts eines Standes der Technik vorgenommen, der ohne einen Disclaimer den Gegenstand des Hauptanspruchs identisch vorwegnehmen würde.[453]

---

451 Steven J. Hultquist: The Introduction of Negative Claim Limitations During Ex Parte Prosecution: 35 U.S.C. 112 and the Issue of Antecedent Support, Journal of the Patent and Trademark Office Society, März 1991, S. 218-233.
452 R. König: Zur Beschränkung des Anspruchsinhalts durch „bar"-Derivate, Mitt. 1997, S. 62/63.
453 R. Sieckmann: Der Disclaimer im Gewerblichen Rechtsschutz in der Bundesrepublik Deutschland, GRUR 1996, S. 236; Hansen/Hirsch, a.a.O., S. 177-180.

4.7 Einschlußbegriffe „bestehend" bzw. „enthaltend"

Ansprüche, welche die Begriffe „bestehend" oder „enthaltend" aufweisen, gibt es sehr häufig in den USA, wo die entsprechenden Begriffe „comprising" und „consisting of" heißen. Zumeist werden diese Begriffe einem Kombinationsanspruch mit mehreren Merkmalen vorangestellt, wobei „comprising" eindeutig der beliebtere der beiden Ausdrücke ist, weil er offen läßt, ob nicht außer den aufgezählten Elementen auch noch andere Elemente in Frage kommen. Ein Anspruch:

„*Verfahren, bestehend aus folgenden Schritten ...*"

schließt einen weiteren Schritt aus, während ein Anspruch

„*Verfahren, enthaltend folgende Schritte ...*"

auch die Addition eines weiteren Schritts zuläßt.

4.8 Bezugszeichen

Bezugszeichen sind in deutschen und europäischen Patentansprüchen die Regel,[454] in USA-Ansprüchen jedoch die Ausnahme. Wenn man ihnen keine einschränkende Wirkung beimißt – was allgemein anerkannt ist – haben sie den Vorteil, daß sie Patentansprüche wesentlich besser lesbar machen. Nachteilig ist, daß sie bisweilen zu ungenauen Formulierungen verführen. Tritt ein Bauelement beispielsweise in doppelter Besetzung auf, wird in den USA z.B. oft von einem „first hose" und „second hose" gesprochen, während man in Deutschland stets nur von einem Schlauch spricht und meint, durch die hinter dem Wort „Schlauch" stehenden verschiedenen Bezugszahlen sei schon klargestellt, daß es sich um zwei verschiedene Schläuche handelt.

Bezugszeichen sind, obwohl in den USA kaum zu finden, dennoch dort dort zugelassen In MPEP 2173.05 (s) heißt es:

„*Reference characters corresponding to elements recited in the detailed description and the drawings may be used in conjunction with the recitation of the same element or group of elements in the claims. The reference characters, however, should be enclosed within parentheses so as to avoid confusion with other numbers or characters which may appear in the claims. The use of reference characters is to be considered as having no effect on the scope of the claims.*"

Bei einigen Prüfern stößt man auf Widerstand, wenn die im Anspruch mit einem Bezugszeichen versehenen Begriffe nicht identisch mit denen der Beschreibung sind. Eine Abweichung ist indessen oft erwünscht, weil im Patentanspruch allgemeinere Begriffe verwendet werden sollen als in der Beschreibung, z.B. Verbindungselement statt Schraube. Es empfiehlt sich deshalb, bereits in den ursprünglichen Unterlagen die im Anspruch verwendeten Bezugszahlen mit dem verallgemeinerten Begriff in Zusammenhang zu bringen.

---

454 Vgl. oben IV., 1.2.1.

4.9 Bezugnahme auf Zeichnungen

Der strenge Grundsatz, daß Patentansprüche keine Hinweise auf Zeichnungen enthalten dürfen, ist durch die neuen biotechnologischen Ansprüche durchbrochen.

4.10 „so daß"-Ansprüche

Unter den „so daß"-Ansprüchen werden aufgabenhafte Ansprüche oder gar Aufgabenansprüche als solche verstanden. Ihre Struktur ist etwa wie folgt:

Vorrichtung für die ..., dadurch gekennzeichnet, daß X so ausgelegt wird, daß sich Y ergibt.

Die Mittel, um Y zu erreichen, sind dabei nicht angegeben. Aufgabenansprüche, die alle Lösungsmöglichkeiten der Aufgabe abdecken, werden im Prinzip anerkannt.[455] Voraussetzung ist, daß die Lösungen für den Fachmann naheliegen.

4.11 Annäherungsbegriffe „etwa", „im wesentlichen" etc.

Annäherungsbegriffe werden häufig in Patentansprüchen verwendet. Zumeist werden sie auch von Prüfern nicht beanstandet, weil sie lediglich harte Schutzbereichsgrenzen aufweichen wollen. Ist für eine bestimmte chemische Reaktion ein pH-Wert von 6 vorteilhaft, so ist sie bei einem pH-Wert von 5,9 oder 6,1 sicher auch noch brauchbar. In einem solchen Fall wird man deshalb den Ausdruck „einem pH-Wert von etwa 6" verwenden können, um in einem Verletzungsprozeß lange Diskussionen zu vermeiden, ob ein pH-Wert von 5,9 oder 6,1 noch eine Patentverletzung darstellen. Die obigen Ausführungen zu den „relativen Begriffen" gelten mehr oder weniger auch für „Annäherungsbegriffe".

4.12 Der Begriff „vorgesehen ist/sind"

In zahlreichen Patentansprüchen befinden sich Wendungen wie „daß Ventile vorgesehen sind ..." statt „daß Ventile in ... befestigt sind". Durch diese Wendung wird der Schutzbereich eines Anspruchs in der Regel erweitert, weil diejenigen Elemente, denen „vorgesehen ist/sind" nachgeschaltet ist, nicht mehr mechanisch, elektrisch oder auf sonstige Weise mit anderen Elementen gekoppelt sind. Mit dem Wegfall der Kopplung zu anderen Elementen ist automatisch eine Erweiterung des Schutzumfangs verbunden.

4.13 Mathematische Formeln im Anspruch

Mathematische Formeln in Patentansprüchen, beispielsweise für die Berechnung von Linsen, sind gestattet [456], obgleich solche Formeln nicht patentierbare Algorithmen darstellen können. Das Bundespatentgericht hat in seinem Beschluß vom 18. Juli 1979 hierzu ausgeführt:[457]

---

455 Vgl. Richtlinien EPA, C-IV, 9.4.; T 2/83, ABl. EPA 1984,265; Schulte.a.a.O, § 1 Rdn 37.
456 Richtlinien EPA, C-III. 2.4.
457 BPatG 22, S. 105-108.

> „1. Bestimmte bzw. besondere Bemessungen eines Gegenstands können mittels einer Formel bezeichnet werden, auch Fadenwinkel für die einzelnen Lagen der Verstärkungseinlage eines Fahrzeugluftreifens.
>
> 2. Es fehlt aber einer Patentierung an der rechtlichen Voraussetzung, wenn mit der Formel kein neues technisches Mittel zur Erzielung eines neuen technischen Effekts aufgezeigt worden, vielmehr schon ein Gegenstand bekannt gewesen ist, der diese Formel erfüllte und so die gestellte technische Aufgabe ein für allemal gelöst hat. (Im Anschluß an RG BlPMZ 1907, 107 – Sprengkammer; BGH GRUR 1977, 657 – Straken)."

Die im zweiten Leitsatz zum Ausdruck kommende Rechtsauffassung des BPatG ist bedenklich, weil sie nicht hinreichend berücksichtigt, daß durch eine Formel in der Regel viele, bisweilen unendlich viele Lösungen vorgeschlagen werden, die nicht alle durch eine einzige empirische Zufallslösung nahegelegt sein können. Die empirische Zufallslösung könnte auch durch einen Disclaimer vom Patenschutz der Formel-Erfindung ausgeschlossen werden, wodurch der verbleibende Rest noch schützbar bliebe. Man kann eine Formel-Erfindung als reziproke Auswahlerfindung ansehen, bei der nicht aus einem großen Bereich eine spezielle Lösung ausgewählt, sondern eine bekannte spezielle Lösung auf nicht bekannte Weise verallgemeinert wird.

Der Begriff „mathematischer Algorithmus" wird oft uneinheitlich verwendet. Versteht man darunter einen Algorithmus für die Lösung eines mathematischen Problems, dann ist dieser Algorithmus nicht patentierbar. Beschreibt eine mathematische Formel dagegen lediglich eine Summe von Lösungen, ohne selbst ein neues mathematisches Problem zu lösen, dann kann diese Formel Gegenstand eines Patentanspruchs sein. *Radulescu*[458] differenziert wie folgt:

> „1) A claim which contains a mathematical „formula" or mathematical „equation" cannot be a „mathematical algorithm" unless the claim is drawn to a procedure to solve a mathematical problem,
>
> 2) A process claim not drawn to a mathematical problem cannot be a „mathematical algorithm", and
>
> 3) A claim not drawn to a procedure cannot be a „mathematical algorithm."

5 Unteransprüche

Unteransprüche beziehen sich auf andere Ansprüche, die in der Reihenfolge vor ihnen stehen. Man unterscheidet dabei zwischen unechten und echten Unteransprüchen.

---

[458] David C. Radulescu: The Status of Patentability of Subject Matter Containing „Mathematical Algorithms" after Grams and Iwahashi: Part I, Journal of the Patent- and Trademark Office Society, Februar 1992, S. 96-142, 102; Beispiele für Patentansprüche mit math. Formeln: DE 40 24 577, 195 05 437, 195 34 262, EP 650 070, 866 554, 937 960; US-A-5, 912, 707; 5, 913, 235; 5, 919, 240; 5, 926, 804.

5.1 Unechte Unteransprüche

Unechte Unteransprüche sind eine Rarität. Es handelt sich hierbei um Ansprüche, die formal das Aussehen eines Unteranspruchs haben, aber inhaltlich auf einer eigenständigen erfinderischen Tätigkeit beruhen, also eigentlich unabhängige Ansprüche sind. Auf die Ausführungen unter IV. 1 zum unechten Unteranspruch wird verwiesen.

5.2 Echte Unteransprüche

Echte Unteransprüche sind abhängige Ansprüche, d.h. sie definieren keinen eigenständigen Schutzgegenstand, sondern beziehen sich auf einen unabhängigen Anspruch, den sie weiterbilden. Sehr häufig beziehen sich die Unteransprüche auf den (einzigen) Hauptanspruch; sie können sich jedoch auch auf andere Unteransprüche rückbeziehen, die ihrerseits einen Rückbezug auf einen unabhängigen Anspruch nehmen. Wird ein unabhängiger Anspruch nicht verletzt, so kann auch der von diesem abhängige Unteranspruch nicht verletzt werden:

> „*It is axiomatic that dependent claims cannot be found infringed unless the claims from which they depend have been found to have been infringed. See e.g. Wahpeton Canvas Co., Inc. v. Frontier, Inc., 870 F. 2d 1546, 1553 & n.9 (Fed. Cir. 1989)*"

Obwohl die vorstehende Regel zwingend zu sein scheint, hat der Federal Circuit in einer Entscheidung von 1990 festgestellt:

> „*While this proposition is no doubt generally correct, it does not apply in the circumstances of this case.*" (Wilson Sporting Goods Co., v. David Geoffrey & Associates, 14 U.S.P.Q. 2d 1942 (Fed. Cir. 1990).

Man ersieht hieraus, daß selbst Grundsätze, die von niemanden in Frage gestellt wurden, doch noch hinterfragt werden können. Da es sich bei dem speziellen Fall um eine komplizierte Auslegung der „doctrine of equivalents" handelte, die nicht Gegenstand des vorliegenden Werks ist, wird auf die einschlägige Literatur hierzu verwiesen.[459]

Unteransprüche müssen nichts Erfinderisches enthalten; es genügt, wenn sie zweckmäßige Weiterbildungen eines Grundgedankens beschreiben, der seinerseit auf einer erfinderischen Tätigkeit beruht. In der Praxis haben echte Unteransprüche die wichtige Funktion, einen Anmeldungsgegenstand zu „retten", etwa wenn sich der ursprünglich eingereichte Hauptanspruch als nicht mehr neu erweist. In diesem Fall kann der alte und nun nicht mehr schutzfähige Hauptanspruch mit einem oder mehreren Unteransprüchen kombiniert werden und einen neuen Gegenstand bilden, der nicht mehr durch den Stand der Technik vorbekannt ist. Theoretisch könnte der neue Hauptanspruch zwar auch unter Zuhilfenahme der Beschreibungs-Offenbarung formuliert werden, doch wäre dann u.U. zweifelhaft, ob die nun mit dem alten Anspruch vereinten Merkmale ursprünglich als erfindungswesentlich offenbart waren. Durch die Hervorhebung dieser Merkmale in den Unteransprüchen ist ihre Bedeutung von vonherein klargestellt.

---

459 James G. Gatto: How a Dependent Claim Can Be Infringed When a Claim From Which It depends Is Not, Journal of the Patent and Trademark Office Society, Januar 1991, S. 61-69.

In den USA waren bis 1978 nur Unteransprüche mit einem einzigen Rückbezug zugelassen. In Rule 75 (c). MPEP 608.01 (n) vom Januar 1978 heißt es indessen:

„Any dependent claim which refers to more than one other claim („multiple dependent claim") shall refer to such other claims in the alternative only. A multiple dependent claim shall not serve as a basis for any other muliple dependent claim ... ... A multiple dependent claim shall be construed to incorporate by reference all the limitations of each of the particular claims in relation to which it is being considered."

Dies bedeutet, daß sich ein Unteranspruch auf einen ersten oder einen zweiten vorangegangenen Anspruch beziehen kann, nicht jedoch auf beide gleichzeitig. Zugelassen sind also folgende Formulierungen:

5. A gadget according to claims 3 or 4, further comprising ... bzw.

5. A gadget as in any of the preceding claims, in which ... bzw.

3. A gadget as in either claim 1 or claim 2, further comprising ...

4. A gadget as in claim 2 or 3, further comprising ...

Nicht gestattet ist folgende Formulierung

5. A gadget according to claim 3 and 4, in which ... bzw.

9. A gadget as in claims 1 or 2 and 7 or 8, in which ...

Ein Anspruch kann sich nicht mehrfach auf Ansprüche rückbeziehen, wenn diese selbst schon mehrfach rückbezogen sind, also:

4. The widget according to either of claims 2 or 3, further comprising ... (erster Mehrfach-Rückbezug)

5. The widget of either claims 3 or 4, wherein ... (Rückbezug auf Anspruch 4, der selbst einen Mehrfachrückbezug enthält – verboten).

In § 4 Abs. 6 PatAnmV heißt es:

„Zu jedem Haupt- bzw. Nebenanspruch können ein oder mehrere Patentansprüche (Unteransprüche) aufgestellt werden, die sich auf besondere Ausführungsformen der Erfindung beziehen. Unteransprüche müssen eine Bezugnahme auf mindestens einen der vorangehenden Patentansprüche enthalten. Sie sind soweit wie möglich und auf zweckmäßige Weise zusammenzufassen."

In Regel 29 Abs. 3,4 EPÜ heißt es entsprechend:

(3) „Zu jedem Patentanspruch, der die wesentlichen Merkmale der Erfindung wiedergibt, können ein oder mehrere Patentansprüche aufgestellt werden, die sich auf besondere Ausführungsarten dieser Erfindung beziehen.

(4) Jeder Patentanspruch, der alle Merkmale eines anderen Patentanspruchs enthält (abhängiger Patentanspruch), hat, wenn möglich in seiner Einleitung, eine Bezugnahme auf den anderen Patentanspruch zu enthalten und nachfolgend die zusätzlichen Merkmale anzugeben, für die Schutz begehrt wird. Ein abhängiger Patentanspruch ist auch zulässig, wenn der Patentanspruch, auf den er sich unmittelbar bezieht, selbst ein abhängiger Patentanspruch ist. Alle abhängigen Patentansprüche, die sich auf einen anderen oder mehrere vorangehende Patentansprüche beziehen, sind soweit wie möglich und auf die zweckmäßigste Weise zusammenzufassen."

Durch den Mehrfachrückbezug der Unteransprüche sind natürlich eine Fülle von Kombinationen möglich. *Hartig* hat in der Möglichkeit dieser Mehfachkombinationen eine Schwäche des US-Patentrechts gesehen.[460] Da die berühmte Pfeffermühle 15 Elemente enthielt, waren nach *Hartig*

$$z = 2^{15} - 1 = 32\,767$$

„Komplexionen", d.h. Ansprüche möglich. *Hartig* berücksichtigte dabei allerdings nicht, daß nicht jede Kombination eines Unteranspruchs mit einem anderen Unteranspruch eine Erfindung beinhaltet. Dennoch hat es auch in jüngerer Zeit erhebliche Diskussionen um die Unteransprüche und ihren Rückbezug gegeben.[461] Im Mittelpunkt der Kritik stand dabei nach wie vor die große Zahl der Kombinationsmöglichkeiten. *Werner*, Prüfer beim Deutschen Patentamt, beschwerte sich darüber, daß ihm eine Anmeldung mit 80 Ansprüchen vorgelegt worden sei, die 40 Qadrillionen Anspruchs-Kombinationen beansprucht habe.[462] Besonders ärgerlich sind für ihn die Unteransprüche mit Pauschal-Rückbezug, der alle vorangehenden Ansprüche enthält und etwa wie folgt formuliert wird.

9. Schreibgerät nach einem oder mehreren der vorangegangenen Ansprüche ...

In krassem Widerspruch zu den in der Literatur gegen die Unteransprüche vorgetragenen Argumente steht die Rechtspraxis, wo Unteransprüche kaum eine Rolle spielen, denn sie dienen – wie oben bereits erwähnt – in der Regel nur als Reservoir für die Änderung eines Hauptanspruchs, dessen Kernbereich durch den Stand der Technik getrof-

---

460 Studien, a.a.O., S. 141.
461 Kumm: Die Formen des Patentanspruchs aus rechtsvergleichender und rechtsgestaltender Sicht, GRUR Ausl. 1966, 76; Balk: Unteransprüche bei Stoffpatenten, Mitt. 1967,7; Kockläuner: Rückbeziehung von Unteransprüchen, Mitt. 1967, 210; Balk: Nochmals: Rückbeziehung bei Unteransprüchen, Mitt. 1970,107; Johannesson: Schutzbereich und Patentansprüche des deutschen und europäischen Patents, GRUR Int. 1974, 301; Kockläuner: Aufstellen und Rückbeziehung von Unteransprüchen, Mitt. 1987, S. 210, 211; Werner: Das Potenz (Un?) Wesen im Patentwesen, Mitt. 1988, S. 103 ff; Werber: Das deutsche Patent: Weltmeister in der Kombination, Mitt. 1989, S. 81-85.
462 Mitt. 1989, S. 82, linke Spalte.

fen ist. Deshalb stellen das Einspruchs- und das Nichtigkeitsverfahren die Haupt-Bühne der Unteransprüche dar. Weder muß ein Prüfer im Prüfungsverfahren alle Kombinationen auf Neuheit und Erfindungshöhe prüfen, noch ist er verpflichtet, den erfinderischen Gehalt der Merkmale von Unteransprüchen isoliert einer Prüfung zu unterziehen. Hat er einen ursprünglich eingereichten unabhängigen Patentanspruch als bekannt nachgewiesen, wartet er ab, welche Kombination aus altem Anspruch und Unteranspruchsmerkmalen ihm der Anmelder vorlegt. Diesen neuen Anspruch prüft er dann wieder auf Neuheit und erfinderische Tätigkeit. Da alle Unteransprüche unmittelbar oder mittelbar auf den Hauptanspruch rückbezogen sind, sind automatisch alle Kombinationen zwischen Unteransprüchen und Hauptanspruch neu und erfinderisch, wenn diese Eigenschaften auf den Hauptanspruch zutreffen. Wird etwas Neues und Erfinderisches (Hauptanspruch) mit ausschließlich bekannten und naheliegenden Merkmalen (Unteransprüche) kombiniert, so ist das Kombinationsergebnis stets neu und erfinderisch. Die Aufgabe der (deutschen) Prüfer besteht deshalb in der Regel nur darin, die Stimmigkeit der Rückbezüge zu prüfen. Diese Prüfung ist jedoch relativ schnell durchgeführt.

Problematisch kann es indessen werden, wenn verlangt wird, daß der Gegenstand eines Patentanspruchs, der sich am Ende eines längeren und harten Prüfungsverfahrens als gewährbar herauskristallisiert hat und der aus der Kombination des alten Hauptanspruchs mit einem oder mehreren Unteransprüchen besteht, exakt in dieser Form in den ursprünglichen Anmeldungsunterlagen als erfindungswesentlich offenbart nachgewiesen werden muß. Diesen Nachweis kann der Anmelder selbst bei sorgfältigster Fassung der Rückbezüge oft nicht führen. Hier ist nur der „Formalbeweis" des Pauschalrückbezugs („nach einem oder mehreren der vorangegangenen Ansprüche") möglich, wobei dem Anmelder natürlich vorgeworfen werden kann, daß er niemals bei der Einreichung seiner Patentanmeldung daran gedacht habe, etwa in der nunmehr beanspruchten Kombination der Ansprüche 1,3,9,17 und 31 seine „eigentliche" Erfindung zu sehen. Dieses Problem kann nur dadurch gelöst werden, daß man unterstellt, alle in der Patentanmeldung offenbarten Merkmale seien als miteinander kombinierbar gedacht. Da die derzeitige Rechtsprechung (noch) nicht diesem Vorschlag folgt, ist es äußerst ratsam, sich schon bei der Formulierung von Unteransprüchen darüber Gedanken zu machen, welchen Stellenwert sie bei Wegfall des geltenden Hauptanspruchs haben könnten und sie mit entsprechenden Rückbezügen zu versehen.

6 Die Bedeutung der Patentkategorie, des technischen Gebiets der Erfindung und des Patentvokabulars auf den Schutzbereich und die Formulierungstechnik von Patentansprüchen

Wie vorstehend ausgeführt, können Patentkategorien einen erheblichen Einfluß auf den Schutzbereich eines Patents haben. Während bei einem reinen Sachpatent die Sache als solche geschützt ist – also unabhängig von der jeweiligen Herstellungsart – beschränkt sich der Sachschutz bei Herstellungs-Verfahrenspatenten auf die unmittelbar durch das geschützte Verfahren hergestellte Sache (vgl. z.B. § 9 Nr. 3 PatG). Außerdem läßt sich die Verletzung eines Sachpatents leichter feststellen als die Verletzung eines Verfahrenspatents, weil das verletzende Produkt oft auf dem Markt erhältlich ist, während das verletzende Verfahren meist erst aufgrund einer Besichtigung von fremden Produktionsstätten festgestellt werden kann.

Im Grundsatz ist somit ein Sachanspruch anzustreben, um einen möglichst umfassenden Schutz zu erhalten.

Dennoch ist eine pauschale Anwendung dieses Grundsatzes in der Praxis nicht angezeigt, weil es von jeweiligen Einzelfall abhängt, welche Kategorie die optimale ist. Einer der Gründe hierfür besteht darin, daß die Grenzen zwischen den Kategorien nicht selten fließend sind. Enthält ein Sachanspruch funktionsbeschreibende Begriffe, so ist der Abstand zu einem Verfahrensanspruch nicht mehr groß. Ein topologisch formulierter Schaltungs-Anspruch (vgl. oben 3.1.3.1.1), der auch noch konkrete Angaben über die Widerstandswerte enthielte, wäre ein eindeutig und klar formulierter Sachanspruch, dennoch wäre sein Schutzumfang relativ begrenzt, weil die Widerstandswerte verändert werden können, ohne daß sich die Funktion wesentlich veränderte.

Bei Sacherfindungen, die ohne Angabe funktioneller Merkmale unmißverständlich definiert werden können, sollte auf die Erwähnung dieser Merkmale im Anspruch verzichtet, also die „Aufzähltechnik" (vgl. oben „Teile, die in einem Kasten liegen") gewählt werden, die allerdings kaum mit den Anmeldebestimmungen und Prüfungsrichtlinien kompatibel ist. Hier müßten die gesetzlichen Vorschriften de lege ferenda liberaler werden, weil die reine Aufzähltechnik die weiteste „claim-Absteckung" ermöglicht. Werden die Teile in einen bestimmen Zusammenhang gebracht, findet hierdurch eine Schutzumfangseinschränkung statt. Die Grenze für die Anspruchsformulierung sollte nur durch die Erfordernisse von Neuheit und Erfindungshöhe (= erfinderische Tätigkeit = erfinderische Leistung = Nichtnaheliegen) gebildet werden, wobei die „Meßlatte" für die Erfindungshöhe der Durchschnittsfachmann ist.[463] Die Reduktion eines Anspruchs auf eine „bloße" Merkmalsaufzählung würde auch die Arbeit eines Verletzungsrichters vereinfachen, weil es einfach ist, das Vorhandensein von Merkmalen, sofern sie eindeutig definiert sind, festzustellen.

Ist eine Schaltungsanordnungen sehr komplex, würde ein auf sie gerichteter Sach-Patentanspruch, der alle diskreten Bauelemente enthielte, nur noch einen minimalen Schutzbereich besitzen. Man stellt solche Schaltungsanordnungen deshalb als Blockschalbild dar, dessen Blöcke nur noch durch ihre (an sich bekannte) Funktionen definiert sind (vgl. oben 3.1.3.2.). Damit nähert sich aber der Sachanspruch dem Verfahrensanspruch, denn eine Reihe von hintereinander geschalteten Blöcke beschreiben im Grunde nichts anderes als aufeinanderfolgende Funktionsabläufe, also ein Verfahren. Damit erweist sich, daß der Grundsatz, Sachpatente mit rein strukturellen Merkmalen hätten den größten Schutzbereich, in dieser Allgemeinheit nicht gilt.

Zu berücksichtigen ist außerdem, daß moderne elektronische Schaltungen oft als integrierte Schaltungen realisiert werde, so daß die konkreten Bauelemente ohne Verwendung eines Elektronenmikroskops gar nicht mehr erkennbar sind. Die Beantwortung der Frage, ob ein bestimmtes Produkt ein Patent verletzt, kann in der Praxis deshalb oft nur über eine Funktionsprüfung erfolgen.

So mußte, um eine Verletzung des deutschen Patents 30 15 312, dessen Anspruch 1 - von den Erfindern und Anmeldern selbst formuliert, d.h. ohne Inanspruchnahme anwaltlicher Hilfe – in der ursprünglichen Offenlegungsschrift schlicht lautete:

---

463 Willi Schickedanz: Journal of the Japanese Group AIPPI, Vol. 36, No. 11, 1991, S. 604-607, in japanischer Sprache (engl.: Average Expert und Obviousness before the EPA and German Patent Office).

> *"Anordnung und Verfahren zur Beurteilung der Empfangseigenschaften einer Funkuhr und zur optimalen Ausrichtung der Antenne, dadurch gekennzeichnet, daß für die Kennzeichnung der Empfangsqualität der Sekundenimpulse Zahlenwerte gebildet und zur Anzeige gebracht werden."*

festzustellen, ein über 30-seitiges Gutachten eines Professors einer Technischen Universität eingeholt werden, in dem im wesentlichen Funktionen überprüft wurde.[464]

Der erteilte und vom Prüfer des Patentamts vorgeschlagene Anspruch 1 lautete im übrigen:

> *"Verfahren zum Anzeigen der Empfangsverhältnisse bei Funkuhrempfängern für die binärkodierten Zeitsignale des Senders DCF 77 nach dem Einschalten, mit einer Anzeigevorrichtung für die Uhrzeit, dadurch gekennzeichnet, daß bei jedem Sekundenimpuls die durch Störungen verursachten Abweichungen der Zeitsignale von idealen Rechtecksignalen im Empfänger selbst automatisch ermittelt werden und davon Qualitätskennzahlen abgeleitet werden, die auf der Anzeigevorrichtung im Sekundentakt zur Anzeige gebracht werden und daß diese Anzeige abgeschaltet wird, sobald ein vollständiges Zeittelegramm empfangen wurde und zur Anzeige gebracht werden kann."*

Pikanterweise wurde dieser Anspruch, nachdem seine Verletzung vor dem LG Mannheim festgestellt worden war, vor dem Bundespatentgericht für nichtig erklärt, weil der Gegenstand des Patentanspruchs 1 über den Inhalt der Anmeldung in der ursprünglich eingereichten Fassung hinausging (§ 21 Abs. 1 Nr. 4, § 22 Abs. 1 PatG).[465] Da der unzulässig erweiterte Anspruch 1 vom Prüfer des Deutschen Patentamts selbst vorgeschlagen worden war, mußten die Anmelder den falschen Formulierungsvorschlag des Prüfers „ausbaden". Dieses Beispiel zeigt, obgleich die o.g. Entscheidungen – soweit ersichtlich – zur Zeit der Abfassung dieses Werks noch nicht rechtskräftig waren, welche Vorsicht bei der Formulierung von Patentansprüchen angebracht ist.

Die durch den vorstehend wiedergegebenen Anspruch definierte Funkuhr-Erfindung kann rein hardwaremäßig realisiert werden, also Gegenstand eines klassischen Sachanspruchs sein („Einrichtung zum …, welche …"). Ein solcher Sachanspruch wäre jedoch enger als der Arbeits-Verfahrensanspruch, es sei denn, er wäre nach dem Muster „means plus function" definiert worden. Der Grundsatz, Sachansprüche hätten einen größeren Schutzbereich als Verfahrensansprüche, ist jedenfalls für Schaltungen, die mit Hilfe integrierter Schaltungen aufgebaut sind, weitgehend aufgehoben. Uneingeschränkt gilt er wohl nur noch bei klassischen mechanischen Erfindungen, etwa bei Papierlochern oder – heftern, die aus relativ wenigen mechanischen Elementen bestehen und bei chemischen Stoffen. Allerdings können auch chemische Stoffe oft nur über Parameter (vgl. oben 3.1.4.1.2) oder über Herstellungsverfahren (vgl. oben 3.1.4.1.3) definiert werden.

Biotechnologische Patentansprüche werden in der Regel am besten durch Sachansprüche geschützt, doch zeigt gerade das Gebiet der Biotechnologie deutlich, daß es kaum möglich ist, eine Erfindung durch nur eine Kategorie zu schützen. Unabhängige Sach-, Herstellungs-Verfahrens- und Verwendungsansprüche finden sich deshalb oft in einer einzigen biotechnologischen Patentschrift. Um den Sachanspruch bei Mikroorganismen hinreichend deutlich zu formulieren, ist außerdem meistens ein Bezug auf eine

---

464 LG Mannheim, Urteil vom 3. April 1998, Aktenzeichen: 7-O-144/95.
465 Urteil des BPatG vom 13. Mai 1998, Aktenzeichen 2 Ni 19/97.

Hinterlegung erforderlich. Bei Antikörpern, Nucleinsäuren und dergleichen wird in den Ansprüchen in der Regel auf detaillierte Darstellungen in der Patentbeschreibung verwiesen.

Daß Computerprogramme am besten über Verfahrensansprüche geschützt werden können, wurde bis vor kurzem nicht bezweifelt.

Auch diese Regel scheint nicht mehr unumschränkt zu gelten, seitdem Patente bekanntgeworden sind, bei denen ein Programm durch Sachansprüche geschützt werden sollen (vgl. oben 3.2.4.3).

Es zeigt sich somit, daß es keine eindeutige Antwort auf die Frage gibt, welche Anspruchskategorie die „beste" oder auch nur „zweckmäßigste" ist. Hieraus sollte der Patentpraktiker die Konsequenz ziehen und bei jeder Erfindung prüfen, ob nicht neben einem Sachanspruch auch noch ein Verfahrensanspruch und/oder ein Verwendungsanspruch möglich ist. Obgleich der Verwendungsanspruch als ein Unterfall des Verfahrensanspruchs angesehen wird, wird er vielfach doch als eine eigenständige Kategorie behandelt und als „dritter im Bunde" akzeptiert.

Die Sonderformen wie Kombinations-, Auswahl-, Pionier- oder Übertragungserfindungsansprüche, die in der Literatur diskutiert werden, stellen keine eigenständigen Kategorien dar. Vielmehr spielen sie nur bei der Beurteilung der Erfindungshöhe eine Rolle.

Das Vokabular, das in Patentansprüchen Verwendung findet, kann einen erheblichen Einfluß auf den Schutzbereich einer Erfindung haben. So hat ein Anspruch, der aus mehreren Merkmalen besteht, einen größeren Schutzbereich, wenn es heißt, „Vorrichtung, enthaltend folgende Merkmale..." als wenn die Formulierung „Vorrichtung, bestehend aus folgenden Merkmalen..." gewählt wird. Die letztgenannte Formulierung umfaßt keine Lösung, bei der ein zusätzliches Merkmal verwendet wird, während bei der erstgenannten Formulierung eine solche Lösung mitumfaßt wird (vgl. oben 4.7). Bei der Verwendung schutzbereichsdehnender Ausdrücke muß allerdings stets bedacht werden, daß es leicht zu einer Überdehnung kommen kann, die eine Einschränkung des Schutzbereichs bewirkt (oben 4.5).

Vergleicht man die Relevanz der Patentkategorien und des Patentvokabulars mit derjenigen der formalen Anspruchsgestaltung – z.B. einteiliger oder zweiteiliger Anspruch – im Hinblick auf den Schutzbereich eines Patents, so ist festzustellen, daß Kategorien und Vokabular wichtiger sind als eine Hartig'sche oder Windisch'sche Anspruchsfassung. Während der Hartig'sche Anspruch dem Prüfer des Patentamts und der Windisch'sche Anspruch dem Verletzungsrichter die Arbeit erleichtern, bringen sie für den Erfinder oder Patentanmelder kaum Vorteile. Da es jedoch bei der Formulierung von Patentansprüchen darum geht, eine Erfindung optimal zu schützen, müssen die von den Patentämtern und Gerichten vorgetragenen Wünsche und Forderungen in den Hintergrund treten. Dem Interesse der Öffentlichkeit ist Genüge getan, wenn der Patentspruch in klarer und unmißverständlicher Sprache den Bereich definiert, den der Anmelder für sich als sein geistiges Eigentum beansprucht. Das „Wesen der Erfindung" muß sich der Öffentlichkeit nicht aus dem Anspruch erschließen. Dieses kann sich aus der Patentbeschreibung und/oder aus einer Zusammenfassung ergeben.

Bei der Formulierung von Patentansprüchen sollten diese Grundsätze berücksichtigt werden, die durchaus mit den Regeln kompatibel sind, die Praktiker als Konsequenz aus dem Epilady-Fall[466] gezogen haben:

---

466 Busche, Mitt. 1999, S. 162, Fußn. 5.

- An essential function is to encourage new inventions which work around the patent („designing around"). Always consider what is inside and outside your claims.
- Never rely on the „theory of equivalents" in the expectation that a Court will broadly interpret your claim to catch an „infringer".
- Always consider how third parties may try and evade your claim.
- Analyse alle features critically to get to the essentials that achieve the technical result.
- Use generic definitions or alternatives to cover all possibilties.
- As you broaden claim wording, add support for alternative embodiments covered by the claim.
- Don't be afraid to generalise features known from the prior art ...[467]
- Check the terminology of the technical features: broad/narrow.
- Check that the claim covers all embodiments of the invention. Adjust if necessary.
- Can all subject matter be covered by one claim or capped under several related claims (unity)?
- Consider different claim categories: device, process, use, combinations, sub-combinations, intermediate or finished products etc.
- Does the claim cover further embodiments: useful/useless?
- Organise secondary features into sub-claims.
- Bearing in mind how generalised the draft claim is, what sort of prior art would you expect? Develop sub-claims and fall-back positions.
- How could the claim be avoided? Can the claim be broadened and still remain patentable over the known prior art?
- Keep checking and improving the claim.[468] ...
- When seeking a broad claim it is essential to consider all hypothetical embodiments in order to anticipate future developments and provide adequate support for the claims.
- Broad claims are vulnerable to invalidation. Any single piece of prior art which anticipates or renders obvious any single embodiment of the claim is enough to invalidate the entire claim. This is why developing fall back positions through subclaims is important.
- if a broad claim is vague (unclear) and speculative (without adequate support for the range of embodiments covered) it will be open to objection during examination and later ..."[469]

---

[467] Management Forum Ltd. Seminar vom 14. und 15. Juni 1999 in London: European Claim Drafting, Scriptum, S. 33.
[468] Management Forum, a.a.O. (Fußn. 671), S. 105.
[469] a.a.O., Fußn. 671, S. 121.

V. Zur Beschreibung des wesentlichen Inhalts von Gebrauchsmustern

Zwischen der Formulierung eines Patentanspruchs und eines Schutzanspruchs für ein Gebrauchsmuster besteht kein prinzipieller Unterschied. Das deutsche Gebrauchsmustergesetz schließt bestimmte Erfindungen – z.B. Verfahrenserfindungen – vom Gebrauchsmusterschutz aus und verlangt für die Rechtsbeständigkeit eines Gebrauchsmusters nur einen „erfinderischen Schritt" (§ 1 Abs. 1 GebrMG) statt einer „erfinderischen Tätigkeit" (§ 4 PatG). Diese Unterschiede haben jedoch keinen Einfluß auf die Formulierung von Patent- oder Schutzansprüchen. Auf die vorstehenden Ausführungen zur Formulierung von Patentansprüchen kann deshalb voll und ganz verwiesen werden.

VI. Zur Beschreibung des wesentlichen Inhalts von Geschmacksmustern

Im Mittelpunkt des Geschmacksmusters, ob zweidimensionales Muster oder dreidimensionales Modell, steht die optische Darstellung. Demgegenüber tritt die Beschreibung in der Regel zurück. Sowohl bei deutschen oder internationalen bzw. amerikanischen Geschmacksmustern ist deshalb in der Regel nicht mehr als ein kurzer Titel angegeben, z.B. „Eßteller" (deutsches Geschmacksmuster M 96 09 447), „Golf training device" (Internationales Geschmacksmuster DM/039447) oder „The ornamental design for amotor housing of a hand-hold kitchen machine, as shown and described (U.S. Geschmacksmuster 362 587). Ob es nicht empfehlenswert wäre, auch für Geschmacksmuster Schutzansprüche aufzustellen, wird erst in Ansätzen diskutiert.[1] Prinzipiell ist eine Geschmacksmusterdefinition mit Hilfe der aus der Patentpraxis bekannten Technik möglich.

---

1 Willi Schickedanz: Zur Offenbarung des Geschmacksmusters, GRUR 1999, S. 291-297.

VII. Zur Beschreibung des wesentlichen Inhalts von Typographischen Schriftzeichen

Für die Beschreibung typographischer Schriftzeichen gilt ähnliches wie für die Beschreibung von Geschmacksmustern, wobei allerdings die Schwierigkeiten der Beschreibung erheblich größer sind.[1] Brauchbare Vorschläge für eine praktikable Beschreibung liegen derzeit noch nicht vor.

---

1 Willi Schickedanz: Eigentümlichkeit und Offenbarung typographischer Schriftzeichen unter besonderer Berücksichtigung außereuropäischer Zeichen, Mitt. 1998, S. 281-288.

VIII. Zur Beschreibung des wesentlichen Inhalts von Sorten

Das deutsche Gesetz über den Schutz von Pflanzensorten, kurz Sortenschutzgesetz genannt, trat erst am 20. Mai 1968 in Kraft. Vorläufer dieses Gesetzes war das Saatgutgesetz vom 27.6.1953 (BGBl. I, S. 450). Die Abgrenzung zwischen Sorten- und Patentschutz ist nicht immer einfach.[1] Es gilt indessen die Regel, daß für Erfindungen von Pflanzensorten, die nicht dem Sortenschutz zugänglich sind, und sämtliche Verfahren zur Züchtung von Pflanzensorten, die nicht im wesentlichen biologischer Natur sind, die Patenterteilung unter den allgemeinen Voraussetzungen möglich ist.[2] Gemäß § 32 SortSchG muß der Sortenschutz beim Bundessortenamt beantragt werden. Dies setzt eine schriftliche Anmeldung der neuen Sorte voraus, d.h. es muß ein entsprechender Antrag nebst Sortenbeschreibung beim Bundessortenamt eingereicht werden (§ 1 Satz 2 Nr. 1 und 2 SortSchVO), und zwar für jede Sorte gesondert. Die Formulare für die Sortenbeschreibung sind für jede im Artenverzeichnis enthaltene Pflanzenart unterschiedlich und werden auf Anforderungen vom Bundessortenamt ausgegeben. Besondere Techniken bei der Abfassung von Sortenbeschreibungen sind bisher weder aus Gerichtsentscheidungen noch aus der Literatur bekannt, weshalb an dieser Stelle auf diese Problematik nicht näher eingegangen werden soll. Da jedoch zwischen einem patentrechtlichen und sortenschutzrechtlichen Schutz kein prinzipieller Unterschied besteht[3] kann auf die vorstehenden Ausführungen zum patentrechtlichen Pflanzenschutz und im übrigen auf die spärliche Literatur zum Sortenschutzgesetz[4] verwiesen werden.

---

1 Straus/v.Pechmann: Verhältnis zwischen Patentschutz für biotechnologische Erfindungen und Schutz von Pflanzenzüchtungen. Patentierbarkeit von Tierrassen, Ber. AIPPI, GRUR Int. 1988, 58 ff.
2 Benkard, a.a.O., § 2 Rdn. 14, Hubmann/Götting, Gewerblicher Rechtsschutz, 1998, 133, 134.
3 Benkard, a.a.O.; § 2 Rdn. 15.
4 Busse, a.a.O, § 2 Rdn. 34; Wuesthoff/Leßmann/Würtenberger: Handbuch zum deutschen und europäischen Sortenschutz, 1999.

IX. Zur Beschreibung des wesentlichen Inhalts von Halbleiterschaltungen

Das Gesetz über den Schutz der Topographien von mikroelektronischen Halbleitererzeugnissen trat am 1. November 1987 in der Bundesrepublik Deutschland in Kraft.[1] Seitdem führt es ein Schattendasein und ist selbst bei Fachleuten kaum bekannt. Anmelder sind zumeist amerikanische und japanische Elektronikkonzerne. Basis für dieses Gesetz war eine EG-Richtlinie, die auf Druck der USA zustandekam, die vorher schon ein „Semiconductor Chip Protection Act of 1984" erlassen hatten. Das Gesetz zeichnet sich durch die Statuierung eines neuen gewerblichen Schutzrechts sui generis aus, das sowohl Elemente des urheberrechtlichen Schutzes als auch der gewerblichen Schutzrechte in sich birgt. Schutzgegenstand ist eine „Topographie", die dem amerikanischen „mask work" bzw. dem japanischen „circuit layout" entspricht. Hierbei handelt es sich per definitionem um „dreidimensionale Strukturen von mikroelektronischen Halbleitererzeugnissen". Gemäß § 3 Abs. 2 Nr. 2 des Gesetzes muß eine Anmeldung enthalten:

Unterlagen zur Identifizierung oder Veranschaulichung der Topographie oder eine Kombination davon und Angaben über den Verwendungszweck, wenn eine Anordnung nach § 4 Abs. 4 in Verbindung mit §9 des Gebrauchsmustergesetzes in Betracht kommt;

In der Halbleiterschutzanmeldeverordnung vom 4.11.1987 ist in § 2 Nr. 2 noch einmal auf die vorstehende Vorschrift hingewiesen. In § 4 Abs. 1 HalblSchAnmV ist näher ausgeführt, was zur Identifizierung oder Veranschaulichung der Topographie einzureichen ist:

1. Zeichnungen oder Fotografien von Layouts zur Herstellung des Halbleitererzeugnisses, oder

2. Zeichnungen oder Fotografien von Masken oder ihren Teilen zur Herstellung des Halbleitererzeugnisses, oder

3. Zeichnungen oder Fotografien von einzelnen Schichten des Halbleitererzeugnisses.

Im Absatz 2 des § 4 HalblSchAnmV ist außerdem folgendes geregelt:

[1] Bl.f.PMZ 1987, 366.

(2) Ergänzend zu den in Absatz 1 genannten Unterlagen können Datenträger oder Ausdrucke davon oder das Halbleitererzeugnis, für dessen Topographie Schutz beantragt wird, oder eine erläuternde Beschreibung eingereicht werden.

Die Beschreibung ist hier nur als ergänzende und nicht zwingende Maßnahme vorgesehen. Wie derartige Beschreibungen formuliert werden könnten oder sollten, ist nicht bekannt. Patentanspruchsähnliche Formulierungen sind nicht vorgesehen. Da keine Veröffentlichung der angemeldeten Topographien erfolgt, ist nicht feststellbar, welche Beschreibungen bisher eingereicht wurden. Es erscheint deshalb müßig, eine angemessene Beschreibung von Topographien herauszuarbeiten oder vorzuschlagen. Es gilt, was *Koch*[2], schrieb:

„Diese Regelung läuft der jahrhundertealten Tradition des Urheberrechts und des gewerblichen Rechtsschutzes zuwider. Der Verfasser möchte an dieser Stelle seiner Auffassung Hoffnung verleihen, daß dies ein einmaliger „Ausrutscher" im Urheberrecht und gewerblichen Rechtsschutz bleiben möge."

Auch *Hoeren*[3] fragt kritisch:

„Hätte das Patent- und Urheberrecht nicht doch einen rechtsdogmatisch sauberen und wirksamen Schutz vor Chippiraterie ermöglicht? Ist das Halbleiterschutzgesetz nicht doch vorschnell und aus unlauteren protektionistischen Motiven verabschiedet worden?"

Auch in den USA scheinen die Motive für die Schaffung des Semiconductor Chip Protection Act nicht klar oder doch wenig überzeugend.[4]

Über den aktuellen Stand des Halbleiterschutzgesetzes wird auf *Busse*[5] verwiesen.

---

2 CR 1987, S. 78.
3 T. Hoeren: Der Schutz von Microchips in der Bundesrepublik Deutschland, 1988, S. 35.
4 David I. Wilson; James A. La Barre: The Semiconductor Chip Protection Act of 1984: A Preliminary Analysis, Journal of the Patent and Trademark Office Society, 1985, S. 57-92.
5 Patentgesetz, a.a.O., Halbleiterschutzgesetz, S. 1291 ff.

X. Zur Beschreibung des wesentlichen Inhalts von Kunstwerken

Nach § 2 Abs. 1 des deutschen Urheberrechtsgesetzes zählen zu den geschützten Werken der Literatur, Wissenschaft und Kunst insbesondere:

1. Sprachwerke, wie Schriftwerke, Reden und Computerprogramme;
2. Werke der Musik;
3. pantomimische Werke einschließlich der Werke der Tanzkunst;
4. Werke der bildenden Künste einschließlich der Werke der Baukunst und der angewandten Kunst und Entwürfe solcher Werke;
5. Lichtbildwerke einschließlich der Werke, die ähnlich wie Lichtbildwerke geschaffen werden;
6. Filmwerke einschließlich der Werke, die ähnlich wie Filmwerke geschaffen werden;
7. Darstellungen wissenschaftlicher oder technischer Art, wie Zeichnungen, Pläne, Karten, Skizzen, Tabellen und plastische Darstellungen.

Als Werke im Sinne des Gesetzes gelten nur persönliche geistige Schöpfungen (§ 2 Abs. 2 UrhG).

Geschützt ist durch das Urheberrecht zunächst die Form des Werkes, d.h. die sinnlich wahrnehmbare Gestaltungsform, die das Werk konkret gefunden hat. Das Werk muß in seiner konkreten Ausdrucksform der sinnlichen Wahrnehmung zugänglich sein.[1] Dabei findet ein allgemeiner Schutz des Stilmittels, d.h. der vom Inhalt losgelösten, äußeren Formgestaltung als Merkmal eine bestimmte Gattung von Kunstwerken, nicht statt.[2] Deshalb kann jedermann die Malweise anwenden, in der Lyonel Feininger oder Oskar Kokoschka gearbeitet haben, solange ein selbständiges Werk geschaffen wird. Dies gilt auch dann, wenn das Stilmittel von einem Künstler neu geschaffen wurde; die Zwölftonmusik steht, obwohl sie von Arnold Schönberg eingeführt wurde, jedermann zur kompositorischen Benutzung offen.[3]

Damit scheint es unmöglich, den wesentlichen Inhalt von Kunstwerken zum Zwecke eines Schutzes zu beschreiben; die Beschreibung müßte sich vielmehr stets auf die ganz konkrete Form des Werks und nicht auf seinen wesentlichen Inhalt beziehen. Damit wäre z.B. die Beschreibung des Inhalts eines Romans identisch mit dem Roman selbst. Eine kurze „Inhaltsangabe" könnte die Grundzüge eines Romans nicht schützen, weil die bloße Idee dem Urheberrechtsschutz nicht zugänglich ist.[4]

Es scheinen indessen Zweifel angebracht, ob die Rechtspraxis stets den vorstehend beschriebenen Weg geht. So können auch Werkteile Schutz genießen, wenn sie für sich

---

1 BGHZ 94, 276, 281 – Inkasso-Programm.
2 BGHZ 18, 175, 177 – Nachschlagewerk.
3 Fromm/Nordemann: Urheberrecht, Stuttgart/Berlin/Köln, 1994, 8. Aufl., § 2 Rdn. 24.
4 OLG München, ZUM 1990, 311; OLG Frankfurt, GRUR 1992, 699.

allein als persönlich geistige Schöpfung anzusehen sind[5] Auch wurde die frühere Meinung aufgegeben, der Inhalt eines Werkes sei nicht schutzfähig. In der Begründung zum Urheberrechtsgesetz heißt es heute ausdrücklich, daß unter Werken „Erzeugnisse, die durch ihren Inhalt oder durch ihre Form etwas Neues und Eigentümliches darstellen" verstanden werden sollen. Schutzunfähig sollen jetzt nur noch „Ideen" sein.

Nach der hier vertretenen Auffassung wäre es deshalb durchaus möglich, patentanspruchsähnliche Beschreibungen von Kunstwerken zu verfassen. Da jedoch Kunstwerke in Deutschland ohnehin nicht bei einem Amt angemeldet werden müssen, würde sich die „Anspruchsformulierung" auf die Verletzungsgerichte verlagern, deren Aufgabe es wäre, vor der Verurteilung eines Verletzers den Schutzgegenstand des Kunstwerks herauszuarbeiten. Versuche in dieser Richtung sind indessen auch nicht ansatzweise erkennbar, so daß es müßig erscheint, dieses Thema hier zu vertiefen. Es sei jedoch darauf verwiesen, daß sich z.B. Beethovens Hauptsatz des opus 1,2 in folgenden Anspruch umsetzen ließe:

Hauptsatz für die Exposition einer Sonate, dadurch gekennzeichnet, daß ein 8-taktiger Satz aus je einem viertaktigen Vorder- und Nachsatz besteht, wobei die Takte 3 bis 4 die Wiederholung der Takte 1 bis 2 auf einer Dominante, die Takte 5 und 6 dagegen die Wiederholung eines abgespalteten Motivs eines Vordersatzes zunächst auf einer Tonika, dann auf einer Dominanten sind, und die Takte 7 und 8 eine den Hauptsatz beschließende Kadenz bringen.[6]

Die Verletzungsgerichte müssen bei Urheberrechtsverletzungen im Urteilstenor nicht selten Eigenschaften eines Kunstwerks benennen, die nicht nachgeahmt werden dürfen. Diese Benennung kommt einer Patentanspruchsformulierung sehr nahe.

---

5 BGHZ 28,234,237 – Verkehrskinderlied.
6 Willi Schickedanz: Kunstwerk und Erfindung, GRUR 1973, 343-348, 346.

XI. Zur Beschreibung des wesentlichen Inhalts des UWG-Produktschutzes

Neben den klassischen Schutzrechten wie Patenten, Gebrauchsmustern, Geschmacksmustern, Marken oder Urheberrechte hat sich in den letzten Jahren immer stärker ein „Schutzrecht" in den Vordergrund gedrängt, das aus dem Wettbewerbsrecht abgeleitet wird. Es handelt sich dabei um den sogenannten UWG-Nachahmungsschutz, der auch dann greifen kann, wenn ein Kläger gar kein Schutzrecht besitzt.[1] Dieses „Wegelagerer-Schutzrecht" sollte nach der hier vertretenen Ansicht abgeschafft werden. Da die Chancen für eine Abschaffung jedoch extrem gering sind, kann es nur noch darum gehen, ihm seine Spitzen zu nehmen. Eine Spitze könnte genommen werden, wenn die Verletzungsrichter vor der Verurteilung eines angeblichen Verletzers den Schutzgegenstand in Form eines „Schutzanspruchs" umschreiben würden, wobei dieser Schutzanspruch auf Schutzfähigkeit zu prüfen wäre. Leider geschieht dies derzeit oft nicht, wie das – nicht veröffentlichte und noch nicht rechtskräftige – Urteil 8 O 177/97 des Landgerichts Bochum vom 21.9.1998 zeigt, wo im Urteilstenor der Beklagte verurteilt wird, das Feilbieten eines Motorrads „gemäß nachfolgender Abbildung" zu unterlassen. Welche Merkmale des Motorrads schutzfähig sein sollen, ist in diesem Urteilstenor nicht angegeben.

---

1   T. Sambuc: Der UWG-Nachahmungsschutz, München 1996.

XII. Zur Beschreibung von derzeit nicht schützbaren geistigen Leistungen

Bekanntlich ist nicht jede gute Idee einem Spezialschutz zugänglich. So zählt § 1 des deutschen Patentgesetzes im Absatz 2 auf, was alles nicht patentiert werden kann:

> „(2) Als Erfindungen im Sinne des Absatzes 1 werden insbesondere nicht angesehen:
>
> 1. Entdeckungen sowie wissenschaftliche Theorien und mathematische Methoden;
>
> 2. ästhetische Formschöpfungen:
>
> 3. Pläne, Regeln und Verfahren für gedankliche Tätigkeiten, für Spiele oder für geschäftliche Tätigkeiten sowie Programme für Datenverarbeitungsanlagen;
>
> 4. die Wiedergabe von Informationen

Absatz 3 schränkt allerdings ein

> „(3) Absatz 2 steht der Patentfähigkeit nur insoweit entgegen, als für die genannten Gegenstände oder Tätigkeiten als solche Schutz begehrt wird.

Wie oben schon im Zusammenhang mit den Computerprogrammen ausgeführt, ist der Absatz 3 das Einfallstor für den Schutz von an sich schutzunfähigen Ideen. Für Entdeckungen ist schon seit langem anerkannt, daß sie (derzeit) zwar als solche nicht patentierbar sind, aber die Grundlage für einen Patentschutz bilden können.[1] Ob ein eigener Schutz für wissenschaftliche Entdeckungen sinnvoll sei, wurde mehrfach diskutiert.[2] In der Sowjetunion gab es sogar einen solchen Schutz seit längerem.[3]

Sollten eines Tages die jetzt noch vom Patentschutz ausgenommenen Ideen patentierbar sein, könnte man bezüglich der Wiedergabe ihres wesentlichen Inhalts weitestgehend auf die Techniken zurückgreifen, die aus dem geltenden Patentrecht bekannt sind. Zahlreiche der heute unter „Erfindungen" subsumierten Ideen kommen ohnehin bereits Entdeckungen sehr nahe; dies gilt sogar für den Transistor und den Laser, von den biotechnologischen Erfindungen ganz zu schweigen. Mathematische Methoden könnten leicht in Form eines Anspruchs gebracht werden, der das Lösungsschema (den Lösungs-

---

1 Willi Schickedanz, GRUR 1972, S.161-165; ders., Mitt. 1974, 232-234.
2 Beier/Strauss: Der Schutz wissenschaftlicher Forschungsergebnisse, 1982; Gottlob: Der Schutz wissenschaftlicher Entdeckungen, GRUR 1983, 100.
3 Boguslawski: Der Rechtsschutz von wissenschaftlichen Entdeckungen in der UdSSR, GRUR Int. 1983, 484.

Algorithmus) enthält. Für „ästhetische Formgebungen" könnten Ansprüche formuliert werden, wie sie oben im Zusammenhang mit Geschmacksmustern bereits vorgeschlagen wurden. Spiele, geschäftliche Tätigkeiten etc. wären wohl am besten als Verfahren definierbar. Somit wären keine besonderen Formulierungsschwierigkeiten zu erwarten.

Die Probleme der z.Zt. nicht patentierbaren Ideen liegt auf einem anderen Gebiet: dem Schutzbereich. Insbesondere bei anwendungsfernen Ideen, z.B. auf dem Gebiet der Astronomie, stellt sich die Frage, was mit einem Entdeckungsschutz bezweckt werden soll. Hat ein Astronom einen neuen Mond bei irgend einem Stern entdeckt, so ist nicht erkennbar, was mit einem Schutz dieser Erkenntnis „verboten" werden könnte.

XIII. Zusammenfassung

Ausgehend von den historischen und philosophischen Grundlagen der Theorie und Praxis zusammenfassender Darstellungen werden unter Einbeziehung zahlreicher praktischer Beispiele die Formulierungen von Patentansprüchen in Deutschland, in den USA und vor dem Europäischen Patentamt analysiert. Um eine Annäherung an das angestrebte Ziel einer nachvollziehbaren Technik der optimalen Patentanspruchsformulierung zu finden, werden zunächst die verschiedenen Funktionen eines Patentanspruchs beschrieben und bewertet. Dabei wird die Funktion der Schutzbereichsbestimmung als die wichtigste erkannt, die deshalb auch die Anspruchsformulierung in erster Linie bestimmen sollte. „Wesentlichen Merkmale" eines Patentanspruchs sind folglich diejenigen, die der Anmelder geschützt haben möchte und nicht solche, die etwa der Patentprüfer als „zum Wesen der Erfindung" gehörig ansieht. Die Grenzen der Patentierbarkeit werden nur durch die Kriterien der Neuheit, der Erfindungshöhe und der gewerblichen Verwertbarkeit gebildet. Ob ein unter Berücksichtigung dieser Gesichtspunkte definierter Patentanspruch als einteiliger oder zweiteiliger Patentanspruch, in einem Satz oder in mehreren Sätzen, unter Berücksichtigung von genus proximum und differentia specifica oder auf andere Weise formuliert ist, ist von untergeordneter Bedeutung. Die klassischen und modernen Definitionstheorien erzwingen keine bestimmte Anspruchsform; sie geben noch nicht einmal praktisch anwendbare Hinweise für die zweckmäßigste Formulierung eines Patentanspruchs. Einen beachtlichen Einfluß auf den Schutzbereich eines Patentanspruchs hat indessen die gewählte Patent-Kategorie, denn ein Sachanspruch gewährt einen anderen Schutz als ein Verfahrensanspruch. Da nicht nachgewiesen werden kann, daß bei allen Erfindungsarten die eine Kategorie der anderen überlegen ist, sollten Patentanmelder – soweit möglich – stets alle Kategorien in unabhängigen Ansprüchen berücksichtigen. Wichtig für den Schutzbereich ist auch das gewählte Patentvokabular. Es ist deshalb darauf zu achten, möglichst allgemeine Begriffe zu wählen, wobei jedoch die Schwelle der Unbestimmtheit nicht überschritten werden darf.

Den Abschluß der Arbeit bilden Überlegungen, ob und inwieweit die für Erfindungen als richtig erkannten Anspruchsformulierungen auch auf andere geistigen Leistungen, z.B. Gebrauchsmuster, Geschmacksmuster, Urheberrechte, Sortenschutzrechte und dergleichen übertragen werden können.

Stichwortverzeichnis

(Die Zahlen bedeuten die Seitenzahlen)

A

Abgegrenzter Anspruch 128
Abgrenzung 79, 158
Abgrenzungsprobleme 104
Abgrenzungsstrategie 105
Abhängige Erfindung 16
Abhängige Patentansprüche 24, 174
Abstract 6
Abstraktion aus dem Stand der Technik 127
Abstraktionsebene 132
Aggregation 98, 173
Aggregationsansprüche 258
AIPPI 254
Aktinomyceten 222
Akzidenz 136
Algorithmen 243, 289
All Elements Rule 20
Allergene 225
Allgemeine Formel 206
Allgemeine Strukturformel 209
Allgemeiner Erfindungsgedanke 16
Allgemeines Fachwissen 63
Allgemeinheit 20
Alternativausdrücke 265
Amerikanisches Patentamt 227
Aminosäuresequenzen 225
Analyse des zu lösenden Problems 243
Angepaßtes Herstellungsverfahren 59
Anleitung zum Nachbau 50
Anmeldebestimmung 126
Anmeldeverordnungen 23
Anmeldungsunterlagen 63
Annäherungsbegriffe 268
Anordnungen 167, 168, 188
Ansprüche
– abhängige 24, 174
– unabhängige 58
Anspruchsformulierung 135, 153
Anspruchsgegner 7
Anspruchsgrundlage 7
Anspruchsinhaber 7
Anspruchs-Kombinationen 273

Anspruchsoptimierung 174
Anspruchs-Sonderformen 10, 164
Anspruchsstrategien 8
Anspruchsteil 148
Anspruchswortlaut 13
Antikörper 216
Antikörpergemisch 216
Anwendungsansprüche 261
Anzahl der Patentansprüche 24
Äquivalente 14, 155
Äquivalente Ausführungsformen 13
Äquivalenzbegriff 17
Äquivalenzbereich 16, 17
Äquivalenzlehre 20
Arbeitsgang einer Maschine 166
Arbeitsmaschinen 166
Arbeitsmittelpatente 165
Arbeitsverfahren 230, 232
Aristoteles 4, 96, 135, 137
Aristotelische Definition 110, 136
Aristotelische Definitionstechnik 119
Aristotelische Wortdefinition 137
Aristotelisches Definitionssystem 138
Artgebende Unterschiede 141
Article of manufacture 165
Arzneimittel 254
Arzneimittelansprüche 205
Aufgabe 30, 31
– objektive 30
– subjektive 30
Aufgabenansprüche 268
Aufgabenhaft 104
Aufgabenhafte Ansprüche 268
Aufgabenstellung 70
Aufgabenteile 97
Auflistungen von Bauteilen 155
Aufzähltechnik 274
Ausreichende Offenbarung 32
Auswahl von Entgegenhaltungen 96
Auswahlansprüche 262
Auswahlerfindungen 262
Automatischer Scheibenwischer 82

B

Bakterien 222
bar-Ausdrücke 266
Basiselektrode 37
Behauptungen in der Sprache 139
Behauptungen über die Sprache 139
being 171
BENZ-Fahrzeug 115
Beschränkung des Schutzumfangs 51
Beschreibung 65
Beschreibungseinleitung 66
Beschreibungs-Offenbarung 271
Bestimmter Artikel 264
Bewegung 166
Bewertung der Anspruchstypen 110
Bezeichnung des Gegenstands der Erfindung 149
Bezugnahme 71
Bezugnahme auf Zeichnungen 268
Bezugszeichen 24, 77, 78, 267
Bildliche Darstellungen 195
Bildung des Oberbegriffs 96, 97
Biochemie 215
Biologisches Material 222
Bionik-Erfindungen 215
Biotechnologie 215, 216
Biotechnologie-Richtlinie 225
Biotechnologische Erfindungen 215
Biotechnologische Verfahren 236
Blockschaltbilder 196, 275
Board of Appeals and Interferences 253
Body 98, 170
Botanische Klassifizierung 145
Brauchbarkeiten 167
Britisches Anspruchssystem 153
Broad claims 278
Bruttoformel 206
Buchführungsprogramm 248
Budapester Vertrag 222
Bundespatentgericht 96
Bundessortenamt 282
Bundesverfassungsgericht 174

C

Characterized by 109
Characterized in that 109

Chemie-Patentansprüche 82
Chemische Herstellungsverfahren 231
Chemische Strukturformeln 204, 205
Chemische Verbindungen 204
Chemisches Symbol 206
Chromosomen 224, 239
Circuit 189
Claim Drafting 169
Claim-Absteckung 21, 274
Clone 216
Combination 98
Compendium 1997 173
Compendium-Lösung 186
Compiler 244
Composition claims 213
Composition of matter 165
comprising 171
Comprising 87
Computerbezogene Software 244
Computer-implemented inventions 242
Computerized method of allocating funds 250
Computerprogramme 241, 276, 285, 288
Connection 189
Contributory infringement 123
Cooperative relationship of elements 28, 172
Co-ordinated claim 74
Court of Appeals 242
Court of Customs and Patent Appeals 123

D

Dachdefinition 59, 60
Dadurch gekennzeichnet 77, 79, 84, 98, 120, 129
Datenobjekte 254
Deduktive Methode 9
Definiendum 4, 138
Definiens 4, 138
Definition 1, 136
Definitionen 3
Definitions-Stufe 87
Definitionstheorien 4
– klassische 4
– moderne 4
Definitum 4
dependent claim 74

Dependent claim 271
Deutsche Patentbehörden 92
Deutsches Anspruchsschema 135
Deutsches Patentamt 92
Deutsch-europäischer Anspruch 120
Deutsch-europäischer zweigeteilter Anspruch 124
Dieselmotor 81
Differentia specifica 79, 110, 134, 146
Differentiae specificae 5
Digital-Analog-Wandler 198
DIN-Normen 2
Disclaimer 125, 267
Disclaimer-Anspruch 129, 148, 150
Disclaimer-Oberbegriff 129, 146, 147, 149
Disclaimer-Wirkung 149
Discovery 25
Diskrete Bauelemente 198
Dissenting opinion 123
Distinctly claiming 121
District Court 123
DNA-Sequenzen 215, 216, 227, 229, 240
DNA-Technologie 216
Doctrine of equivalents 271
Dotierung 47
Double patenting rejection 146
Drahtlose Telegrafie 199
Drahtlose Wellen 198
Dreidimensionales Modell 280
Dreielektrodenkristall 45
Druckschriftlicher Stand der Technik 67
Durchschnittsfachmann 256, 274

E

Echte Unteransprüche 270
Edison-Patent 150
Eigenständiger Schutz 71
Ein-Chip-Computer 86
Ein-Element-Ansprüche 257
Ein-Entgegenhaltung-Anspruch 129
Ein-Entgegenhaltungs-Oberbegriff 126
Eingeschränkter Schutzumfang 65
Einheitliche Entgegenhaltung 95
Einheitlicher Erfindungsgedanke 89
Einheitlichkeit 59, 69
Einheitlichkeit durch Abhängigkeit 72

Ein-Merkmal-Anspruch 257
Einphasiger Synchronmotor 184
Einrichtung 159, 162, 163, 167, 187
Einrichtung plus Zielangabe 131
Ein-Satz-Anspruch 87, 89, 110, 111, 115, 119
Ein-Satz-Definition 89, 110
Ein-Satz-Patentanspruch 88
Einschlußbegriffe 267
Ein-Schritt-Verfahrensanspruch 257
Einteilige Anspruchsfassung 164
Einteiliger Anspruch 78, 79, 87
Einteiliger und ungegliederter Anspruch 102
Ein-Wort-Begriff 130, 133
Ein-Wort-Gattungsbegriffe 153
Einzelteile eines Satzes 112
Elektrik 219
Elektromagnetische Wellen 199
Elektrotechnische Arbeitsverfahren 235
Elemente eines Patentanspruchs 19
Elementenschutz 20, 147
Elementenschutz für Unteransprüche 147
Emitter 37
Empfänger 200, 202
Empfangsstation 202
Endprodukte 204
Entdeckungen 288
Entlastung des Patentamts 204
Enzymologie 215
Erbgut 216
Erbmaterial 216
Erfinderische Tätigkeit 33, 38, 63, 71
Erfindungsdefinition 2, 3, 21, 34, 63, 111
Erfindungshöhe 92
Erfindungsteil 17
Erfindungswesentlich 115
Erfordernis der Klarheit 26
Erklärung eines Begriffsinhalts 139
Erste medizinische Indikation 259
Erster Patentanspruch 69
Erteilungsbehörde 34
Erweiterter Äquivalenzbereich 16
Erzeugnis 59, 165
Erzeugnisansprüche 167
Erzeugniserfindung 166
Essential elements 28
Essentialisten 145
Europäische Eignungsprüfung 90, 159

Europäische Patentorganisation 223
Europäisches Patentamt 220, 222, 229
Europäisches Patentübereinkommen 203
Exclusions From Patent Protection 241
Expansive doctrine of equivalents 155
Ex-post-Betrachtung 48
Extremfälle 66

F

Fachkenntnisse 15
Fachmännisches Verständnis 15
Fachsprache 142
fall-back positions 277
Falschdefinition 137
Fassung der Patentansprüche 97
Fermentationstechniken 215
Festkörper 38
Festkörper-Bauelement 41, 54
Festkörper-Triode 40, 44
Festlegung des Schutzbereichs 64
Fingerprint claims 210
Flächentransistor 55
Flußdiagramm 252
Formaler Aufbau des unabhängigen
 Patentanspruchs 77
Formstein 13
Formstein-Einwand 17
Formstein-Entscheidung 12, 14, 18
Formulierungstechnik 274
Freie Formulierung 67, 182
Frequenzerniedrigung 180
Frequenzvervielfachung 179
function of the claim 19
Funktion 162
Funktionelle Merkmale 26
Funktionen 167
Funktionsangabe 159, 256
Funktionsansprüche 261
Funktionsblöcke 198

G

Gattung 97, 105, 136, 138, 146
Gattungsbegriff 106, 107, 131, 136, 142, 206
Geänderte Patentansprüche 66

Gebrauchsmuster 279
Gebrauchsmustergesetz 11
Gegenstand der Erfindung 11, 21, 50
gesetzliche Regelungen 21
Gegenstand des Schutzbegehrens 23
Gegentaktverstärker 192
gegliederte Patentansprüche 77
Gegliederter einteiliger Anspruch 84
Gegliederter Mehrsatz-Patentanspruch 88
Gegliederter Patentanspruch 86
Gegliederter zweiteiliger Anspruch 107
Geistige Leistungen 10
Gekennzeichnet durch 77, 79, 84, 98, 120, 129
Gemische 167
Gene 216, 224, 239
generic definitions 277
Genetic engineering 215
Genetische Definitionen 140
Genetische Konstitution 145
Genfähren 216
Genfer Nomenklatur 205
Genom 215
Genombereiche 216
Gentechnik 215
Genus proximum 5, 79, 96, 110, 129, 134, 146, 152
Genus-Proximum-Anspruch 129
Genus-Proximum-Oberbegriff 129, 149
Germanium 46
Geschichtete Ladung 81
Geschmacksmuster 8, 280
Gewerblich anwendbar 38
Gleichrichter 44
Gleichrichterröhre 105
Gleichstromschaltung 189
Grammatikalische Struktur 112
Große Beschwerdekammer 220
Grundkategorien 165

H

Halbfabrikate 167
Halbleiter 43
Halbleiterschaltungen 283
Halbleiterzonen 51
Hartig 96

Hartig'sche Fassung eines Patentanspruchs 151
Hartig'sche Gattung 152
Hartig'sche Methode 131
Hartig'sche Urform 152
Hartig'scher Anspruch 78, 90, 135, 277
Harvard-Krebsmaus 218
Hauptanspruch 8, 68, 69
Haupterfindungsgedanke 72
having 171
Hefen 222
Heilverfahren 215
Herstellungsverfahren 230, 231
Heterogene Stoffe 202
hind sight 48
Hinterlegungsbezeichnung 221
Hinterlegungsstelle 221
Höhere Abstraktionsebene 60
Höhere Gattung 139
Höhere Programmiersprache 243, 244
Homogene Stoffe 202
Homonymie 138
Hybridisierung 228
Hybridome 216

I

Immunologie 215
In bekannter Weise 102
Including 87, 171
Incomplete claims 28
Independent claim 74
Induktion
– unvollständige 9
– vollständige 9
Induktive Methode 9
Inferential claiming 171
Infirma species 145
Inhalt der Patentansprüche 68
Interesse der Öffentlichkeit 63
Interesse des Erfinders 63
Internationale Hinterlegungsstelle 222
Internationale Patentklassifikation 143, 145
Internationales Klassenverzeichnis 106
Interner Stand der Technik 95
Intervening barrier 58
Introductory phrase 89

Invalidation 278
Invention 23, 25

J

Japanisches Patentamt 227
Jepson-Anspruch 90, 91, 92, 109, 124, 127, 129, 264

K

Kanten 193
Karzinogene 218
Kategorie 23, 69
Kategorieneinteilung 166
Kategorien-Rigorismus 233
Kategorienwechsel 235
Kathodenstrahlrelais 100
Kennzeichen 90
Kennzeichen des zweiteiligen Anspruchs 98
Kennzeichnender Teil 23, 24
Kern der Erfindung 30, 98
Kerntheorie 247
key words 7
Klageanspruch 76
Klarheit des Patentanspruchs 27
Klassifikationen 135
Klassifizierung 152
Klassifizierung einer Erfindung 141
Klassische Definitionslehre 89
Klassische Realdefinition 135
Klassischer Nebenanspruch 71
Knotenpunkte 193
Kollektor 37
Kombination 95
Kombinationsansprüche 256
Kombinationserfindungen 149
Komplexe Erfindung 66
Komplexionen 272
Konflikt zwischen verschiedenen Funktionen des Patentanspruchs 34
Konformationsformeln 206
Konkrete Ausführungsform 16
Kooperationshinweise 99
Kovalente Bindungen 206
Krebsmaus 217

Kumm'sche Definitionsmethoden 143
Kunstwerke 285
Kupferoxydul 44
Kurzfassung 2
Kurzform 66

L

Lacking antecedent 264
Laufzeit eines Patents 146
Lebende Organismen 217
Legaldefinition 1, 3, 7
Legierungen 203, 212, 213
Leistungslose Steuerung 55
Leitfähigkeitstyp 60
Lexikalische Definitionen 5
lingua franca 6
Linné'sches System der Technologie 92
Linné'sches System der Pflanzenklassifikation 144
Lochkarten 243
Lochstreifen 243
Logik der Grammatik 85
Logische Definition 134
Logische Ordnung 172
Lösung 70
Lösung der technischen Aufgabe 30
Lösungen 202, 203, 212
Lösungsmerkmale 27

M

Machine 165
Magnetband 243
Magnetische Kopplungen 190
Main claim 74
Manual of Patent Examining Procedure 28, 78
Markush-Ansprüche 211
Maschinencode 244
Maschinenprogramm 244
Mathematische Formeln 195
Mathematische Formeln im Anspruch 269
Mathematische Methoden 288
Mathematische Verfahren 252

Mathematischer Algorithmus 269
Means 162
Means-Angaben 213
Means-plus-function 20
Means-plus-function-Ansprüche 160, 162, 163
Means-plus-function-Elemente 161
Means-plus-function-Formulierung 35
Mechanik 219
Mechanische Arbeitsverfahren 234
Mechanische Herstellungsverfahren 231
Mechanischer Verwendungsanspruch 255
Medikamenten 215
Mehr-Anspruchssystem 8
Mehrfachfunktion des Patentanspruchs 34
Mehrfachrückbezug 272
Mehr-Satz-Anspuch 87, 88, 89, 110, 111, 112, 115
Mehrwort-Definition 133
Mehr-Wort-Gattungsbegriffe 153
Merkmale des Oberbegriffs 95
Merkmale 144
Merkmalkomplex 96
Merkmalsanalyse 84, 85, 135
Merkmalsanalysierender Patentanspruch 120
Merkmalsgruppen 24
Merkmalskombination 79
Metapher 138
Metatheorie formaler Systeme 5
Methodeansprüche 231
Metylenblau-Patent 81
Mikrobiologie 215
Mikroorganismen 214, 220, 221, 238, 276
Mischform-Ansprüche 256
Mischphasen 202
Mischungen 203, 212, 213
Mittel 162
Mittel zur Ausführung des Verfahrens 59
Mittelansprüche 258
Mittelbare Patentverletzung 123
Molekularbiologie 215
Moleküle 206
Monoclonal antibody 226
Monoklonale Antikörper 225, 226, 240
Monsteransprüche 89
Münchner Übereinkommen 248
Mündliche Beschreibung 95
Musteranspruch 159
Musterlösungen 90, 174

N

Nachholbarkeit des Patentanspruchs 75, 77
Nachreichung eines Patentanspruchs 77
Nächste Gattung 139
Nächsthöhere Gattung 136
Nächsthöherer Gattungsbegriff 124, 142
Nächstkommende Druckschrift 96
Nächstliegender Stand der Technik 95, 97, 128
Nähe des Standes der Technik 48
Nebenansprüche 25, 68, 69, 72
Nebenanspruchstypen 70
Nebenordnung 74
Negative Definitionen 266
Negative Formulierungen 265
Neuartige Erfindung 136
Neue technische Gattung 136
Neuheit 33, 63
Neuheitsrecherche 92
Neurobiologie 215
Nicht-glatte Äquivalenz 16
Nichtigkeits-Berufungsverfahren 66
Nichtigkeitsverfahren 72, 99
Nicht-Schaltungsanordnung 163
Nichttechnische Angaben 26
Nicht-Verfahren 163
Niedere Gattung 139
Nocken 175
Nockenfolger 175
Nockenoberfläche 177
Nominaldefinition 4, 138, 140
Non-statutory 90
Notwendige Lösungsmerkmale 27
Nucleinsäuren 224, 227, 239, 240
Nucleotid-Sequenzen 227, 228

O

Oberbegriff 24, 68, 90, 107, 126, 128, 186
Oberbegriff eines zweiteiligen Anspruchs 94, 95
Oberbegriff, der einen aus mehreren Druckschriften zusammengesetzten Stand der Technik aufweist 150
Objektiv ermittelterStand der Technik 126
Offenkundige Vorbenutzung 95, 126

Offenlegungsschrift 111
Offensichtlichkeitsprüfung 111
Öffentliche Niederlegung 222
Öffentliches Recht 7
Öffentlichkeit 21
Omnibus-Anspruch 80, 89, 153, 154, 225, 228
Onkogene 219
Optimale Formulierung 74
Optimaler Patentanspruch 35
Optische Kopplungen 190
Otto-Motor 81
Overclaiming 120, 124, 128, 135, 143
Overclaiming-Doktrin 123

P

Papua Neu Guinea Virus HTLV-1 224
Parameter 205, 209, 276
Parameterangabe 221
Particularly pointing out 121
Patent Cooperation Treaty 11
Patentanspruch 1
– Doppelfunktion 10
– Funktionen 11
Patentansprüche 8, 22
– deutliche 22
– knapp gefaßte 22
– nebengeordnete 58
– von der Beschreibung gestützte 22
Patentansprüche auf Computer-Programme 248
Patentanspruchskategorien 164
Patentbeschreibung 66
Patente auf Schaltungen 165
Patentfähigkeit 74
Patentkategorie 73, 274
Patentkategorien 10, 167
Patentklassen 141
Patent-Klassifzierungssysteme 143
Patentpraktiker 66
Patentvokabular 274
Pauschal-Rückbezug 273
Perpetuum Mobile 111
Persönlich geistige Schöpfung 286
Pfeffermühle 132, 149
Pfeffermühlen-Anspruch 134

Pflanzen 217, 219, 236, 237
Pflanzensorten 167, 214, 217, 282
Phenylblau 81
Philosophie des Lebens 9
Pilzen 222
Pionierpatentansprüche 263
Plasmide 216
Plasmiden 222
Polymerisationsbeschleuniger-Patent 82
Präambel 170
Preamble 91, 98
Preamble elements 92
Prioritätsanmeldungen 68
Prioritätstag 111
Privatrecht 7
Process 165
Product-by-process-Anspruch 210, 221
Product-by-process-claims 211, 226
Produkterfindung 165
Professionelle Recherche 67
Programmablaufplan 243
Programmbezogene Erfindung 248
Programme 243
Programme als Sachansprüche 253
Programmebenen 243
Projektionsformeln 206
Promotorsequenzen 219
Proprium 136
Proteine 224, 239
Protein-Moleküle 225
Protokoll vom 5. Oktober 1973 über die
    Auslegung des Art. 69 I EPÜ 13
Prozeßansprüche 231
Prüfbarkeit auf Neuheit 146
Prüfungsbeurteilungen 174
Prüfungsrichtlinien 26, 123

R

Radiusfräsvorrichtung 157
Raumform 12
Realdefinition 4, 135, 138, 140
Realdefinition des Aristoteles 135
Rechtsbeschwerdeverfahren 231
Rechtsprechung des EPA 94
Reference characters 78, 268
Regeln 23

Regeln der Grammatik 112
Reine Stoffe 203
Relation der Merkmale 95
Relative Begriffe 265
Reservoir für die Änderung eines
    Hauptanspruchs 273
Restrictive doctrine of equivalents 155
Resumée der Erfindung 19
Rezeptorbiologie 215
Reziproke Auswahlerfindung 269
Richtlinien für die Prüfung im Europäischen
    Patentamt 26
Röhren-Triode 40
Rote Taube-Entscheidung 245
Rückbezogener Nebenanspruch 71
Rückbezug 71, 72, 271
Rückblickende Betrachtungsweise 48
Ruhezustand 166
Rules of Practice 25, 26, 74, 92
Rumpfsatzbildung 110

S

Saatgut 222
Sachansprüche 73, 85, 164, 274
Sachen 167
Sacherfindungen 167
Sacherklärungen 138, 139
Sachpatente 165, 274
Said 171
Samenkörner 221
Satzmonstrum 84, 86, 100
Satzungeheuer 120
Schaltungen 188, 189
Schaltungen im Patentanspruch 194
Scheibenwischersteuerung 107
Schlüsselwörter 7
Schnittvorrichtung 186
Schriftliche Beschreibung 95
Schutzansprüche 8, 279
Schutzbegehren des Anmelders 27
Schutzbereich 11, 12, 13, 63, 154, 164, 274
Schutzrechtsansprüche 7
Schutzumfang 13
Schutzumfang eines Patentanspruchs 30
Schwellwertdetektor 82
secondary features 277

Selektionstechnik 216
Semantischen Definitionen 4
Semiconductor Chip Protection Act 283
Sender 200, 202
Sender-Empfänger-Kombinationsanspruch 202
Sendestation 202
Sequenzprotokolle 225
Serien- und Parallelschaltungen 189
Single sentence 89
Sinngehalt eines Patentanspruchs 15
So daß-Ansprüche 268
Softwarebezogene Erfindungen 242
Sonderformen von Patentansprüchen 255
Sorten 282
Sortenschutzgesetz 282
Sortenschutzrecht 214
Specification 25
Sperrpatentansprüche 264
Sperrschichtbereich 60
Speziesbegriff 144
Spezifikation 243
Spitzentransistor 37
Spitzentransistor-Patent 49, 52
Sprachlogik 112
Sprachwerke 241, 285
Stand der Technik 14, 31, 39, 125, 128, 152
Standardlösungen 173
Standard-Patentanspruch 120
Statutory Classes 165
Stellung der Wörter 113
Step-plus-function-Ansprüche 160
Steuergitter 103, 104
Steuerung elektrischer Größen 56
Stichwortverzeichnis 145
Stoffe 167, 202
Stofferfindungen 205
Stoffgemische 203
Stoffkonstanten 202
Stoffschutz 203
Stoffschutzverbot 11, 203
Störstellenleitung 41
Straßburger Patentübereinkommen 214
Struktogramm nach Nassi/Shneidermann 243
Strukturdiagramm 243
Strukturelle Begriffe 161
Strukturelle Beschränkung 26
Strukturelle Einzelmerkmale 162

Strukturelle Ordnung 172
Strukturformeln 204, 205, 206
Subject matter 25
Substantially as described 154
Substantivische Begriffe 233
Summenformel 206
Summum genus 145
Supreme Court 121, 241
Symbolsprache 5
Syntaktische Definitionen 4
Synthetisches Genus Proximum 151

T

Tarnkappenanspruch 252
Technikfolgebeurteilung 217
Technisch zusammengehörige Merkmale 79
Technische Aufgabe 32, 72
Technische Bezeichnung 64, 126
Technische Lehre 72
Technische Merkmale 23, 26, 96
Technische Zweckerfüllung 136
Technischer Fortschritt 12
Technisches Gebiet der Erfindung 274
Technizität 207, 241, 245, 247, 251
Teile-Kombinationen 147, 212
Teileliste 173
Teileschutz 147
Teilschutz 17
Teilweise gegliederter zweiteiliger Anspruch 108
Teleologische Anspruchsformulierung 9
Terminal disclaimer 146
Theorie der Anspruchsformulierung 155
Theorie of Overclaiming 120
theory of equivalents 277
Therapeutische Wirkstoffe 260
Tierarten 214, 217
Tiere 217, 236
Tierzüchtungsverfahren 214
Topographien 283
Topologie 193
Topologisch formulierter Schaltungs-Anspruch 274
Tragweite des Schutzbegehrens 98
Transformation 216
Transgene Pflanzen 219

Stichwortverzeichnis

Transgene Tiere 215
Transistor 36
Transistor-Definition 36, 43
Transskription 216
Trennung der Merkmale 78
Triode 100
Trocken-Gleichrichter 52
Trockenrasierapparat 173, 175
Typographische Schriftzeichen 281

U

Über- oder Unterordnung 73
Überbestimmung 182, 186
Überbestimmungen des Patentanspruchs 138
Überdehnung 277
Übergeordnete Gattung 87
Übertragungsansprüche 261
Umfang des Patentschutzes 11
Umwandlung einer Drehbewegung in eine Linearbewegung 180
Unabhängige Ansprüche 68, 69, 80, 174
Unabhängige Kategorien 166
Unabhängiger einteiliger Patentanspruch 78
Unabhängiger zweiteiliger Anspruch 90
Unbestimmter Artikel 171, 264
Unechte Unteransprüche 72, 270
Uneinheitlich 118
Ungegliederte einteilige Patentansprüche 79, 80
Ungegliederte Patentansprüche 77
Ungegliederter zweiteiliger Anspruch 99
United States Code 241
Unklare Rückbezüge 265
Unnötige Merkmale 29
Unteransprüche 8, 25, 65, 270, 271
Unteranspruchsmerkmale 273
Unterkombination 15, 17, 257
US Supreme Court 143
UWG-Nachahmungsschutz 287
UWG-Produktschutz 287

V

VDE-Vorschriften 2
Vegetative Vermehrung 238
Verbale Begriffe 233
Verbesserungserfindungen 91

Verfahren 159, 165, 167, 168
Verfahrensansprüche 73, 82, 164, 229
Verfahrenserfindung 166
Verfahrensmerkmale 73, 256
Verfahrenspatent 274
Verfahrenspatente 165
Verkappter Verfahrensanspruch 198
Verkappter Verwendungsanspruch 258
Verletzungsgerichte 34
Verletzungsprüfung 74
Verschiebungen von Merkmalen 155
Verstärker 38
Verstärkerröhre 105
Vertreterzwang 110
Verunreinigungen in Halbleitern 46
Verwendung 59, 165
Verwendung der Erfindung 26
Verwendungsansprüche 254, 260
Verwendungszweck 167, 205
Verzicht auf isolierten Schutz von Merkmalen 147
Verzichtteil 148
Verzweigung 250
Viertaktmotor 81
Virale Antigene 224
Viren 222
Virologie 215
Vollständig gegliederter zweiteiliger Anspruch 107
Vollständige Lehre zum technischen Handeln 50, 63
Vorabgesetz 204
Vorgesehen ist/sind 269
Vorjuristische Kategorien 166
Vorpatent 96
Vorrichtung 159, 162, 163, 165, 167, 168
Vorteile 167
Vorveröffentlichung 97

W

Wahl der Gattung 97
Wechsel der Patentkategorie 73
Wechselstromschaltung 189
Wegelageransprüche 264
Weichzeichner 265
Weiterentwicklung des Standes der Technik 91

Werteentscheidung 63
Wesen der Erfindung 21, 63, 146, 277
Wesensbestimmende Definition 140
Wesensdefinition 4
Wesentliche Merkmale 29, 31, 32, 50, 54
Wesentliche Merkmale der Erfindung 23, 28
Wesentlicher Inhalt von Erfindungen 68
Wesentlichkeit 7, 30
Wheatstone'sche Brückenschaltung 190
Windisch'sche Anspruchsfassung 277
Wirkungen 167
Wirkungsangaben 80
Wirkungsangaben in Vorrichtungsansprüchen 254
Wissenschaftliche Aufsätze 6
Wissenschaftliche Entdeckungen 288
Worterklärung 138
Wortlaut der Patentansprüche 155
Würdigung des Standes der Technik 66

Z

Zeichen 4
Zeichnungen 65

Zellbiologie 215
Zell-Linien 227
Zufällige Ähnlichkeit 98
Zusammenfassung 1, 2, 5, 6, 277
Zusatzpatent 73
Zusatzpatentansprüche 264
Zweck 11
Zweckangaben 9, 66, 159, 205, 206, 208, 212, 258
Zweckbestimmung 205, 258
Zweckbindung 205
Zwecke 167
Zweidimensionales Muster 280
Zweigeteilter Anspruch 32, 79, 90, 92, 93, 120, 125, 128, 155
Zweigeteilter Anspruch mit gegliedertem Oberbegriff 109
Zweitaktmotor 81
Zweite medizinische Indikation 260
Zweiteiliger Anspruch mit gegliedertem Kennzeichen 109
Zwei-Zonen-Halbleiter 60
Zwischenprodukte 167, 204